JN075395

社会福祉
学習双書
2024

第 2 巻

福祉サービスの
組織と経営

『社会福祉学習双書』編集委員会　編
社会福祉
法　　人 全国社会福祉協議会

社会福祉士養成課程カリキュラムと
『社会福祉学習双書』目次の対比表

第2巻　福祉サービスの組織と経営

養成カリキュラム「教育に含むべき事項」	社会福祉学習双書「目次」
①福祉サービスに係る組織や団体の概要と役割	・第1章「福祉サービスの特質と理念」 ・第2章「福祉サービス発展の経緯と地域共生社会」 ・第3章「福祉サービスに係る組織や団体の概要と役割」
②福祉サービスの組織と運営に係る基礎理論	・第4章第1節「福祉サービス提供組織の経営に関する理論」
③福祉サービス提供組織の経営と実際	・第4章第2節「福祉サービス提供組織のコンプライアンスとガバナンス」 ・第4章第3節「福祉サービス提供組織の経営体制」 ・第5章「福祉サービスの品質管理と経営資源の管理」
④福祉人材のマネジメント	・第6章「福祉人材のマネジメント」

刊行にあたって

　現代社会にあって、地域住民が直面する多様な課題や個々人・家族が抱える生活のしづらさを解決するためには、従来の縦割り施策や専門領域に閉じこもった支援では効果的な結果を得にくい。このことは、社会福祉領域だけではなく、関連領域でも共有されてきたところである。平成29（2017）年の社会福祉法改正では、「地域共生社会」の実現を現実的な施策として展開するシステムの礎を構築することとなった。社会福祉に携わる者は支援すべき人びとが直面する課題を「他人事」にせず、また「分野ごと」に分断せず、「複合課題丸ごと」「世帯丸ごと」の課題として把握し、解決していくことが求められている。また、支援利用を躊躇、拒否する人びとへのアプローチも試みていく必要がある。

　第二次世界大戦後、社会福祉分野での支援は混合から分化、そして統合へと展開してきた。年齢や生活課題によって対応を「専門分化」させる時期が長く続くなかで、出現し固着化した縦割り施策では、共通の課題が見逃される傾向が強く、制度の谷間に潜在する課題を生み出すことになった。この流れのなかで、包括的な対応の必要性が認識されるに至っている。令和5（2023）年度からは、こども家庭庁が創設され、子ども・子育て支援を一体的に担うこととなった。加えて、分断隔離から、地域を基盤とした支援の構築も実現されてきている。地域から隔絶された場所に隔離・収容する対応は、在宅福祉の重要性を訴える当事者や関係者の活動のなかで大幅な方向転換を行うことになった。

　措置制度から利用制度への転換は、主体的な選択を可能とする一方で、利用者支援や権利擁護も重要な課題とした。社会資源と地域住民との結び付け、継続的利用に関する支援や苦情解決などが具体的内容である。地域や家族、個人が当事者として参加することを担保しながら、ともに考える関係となるような支援が求められている。利用者を支援に合わせるのではなく、支援を利用者のニーズに適合させることが求められている。

　「働き方改革」は働く者全体の課題である。仲間や他分野で働く人々との協働があってこそ実現できる。共通の「言語」を有し、相互理解を前提とした協

働こそ、利用者やその家族、地域社会への貢献を可能とする。ソーシャルワーカーやその関連職種は、法令遵守（コンプライアンス）の徹底と、提供した支援や選択されなかった支援について、専門職としてどのような判断のもとに当該支援を実施したのか、しなかったのかを説明すること（アカウンタビリティ）も同時に求められるようになってきている。

　本双書は、このような社会的要請と期待に応えるための知識やデータを網羅していると自負している。

　いまだに終息をみせたとはいえない、新型コロナウイルス（COVID-19）禍は引き続き我われの生活に大きな影響を与えている。また、世界各地で自然災害や紛争・戦争が頻発している。これらは個人・家族間の分断を進行させるとともに、新たな支援ニーズも顕在化させてきている。このような時代であるからこそ、代弁者（アドボケーター）として、地域住民や生活課題に直面している人々の「声なき声」を聴き、社会福祉領域のみならず、さまざまな関連領域の施策を俯瞰し、地域住民の絆を強め、特定の家族や個人が地域のなかで課題解決に取り組める体制づくりが必要である。人と諸制度をつなぎ、地域社会をすべての人々にとって暮らしやすい場とすることが社会福祉領域の社会的役割である。関係機関・団体、施設と連携して支援するコーディネーターとなることができる社会福祉士、社会福祉主事をはじめとする社会福祉専門職への期待はさらに大きくなっている。社会福祉領域で働く者も、エッセンシャルワーカーであるという自覚と矜持をもつべきである。

　本双書は各巻とも、令和元（2019）年度改正の社会福祉士養成カリキュラムにも対応し、大幅な改訂を行った。また、学習する人が制度や政策を理解するとともに、多職種との連携・協働を可能とする幅広い知識を獲得し、対人援助や地域支援の実践方法を学ぶことができる内容となっている。特に、学習する人の立場に立って、章ごとに学習のねらいを明らかにするとともに、多くの工夫を行った。

社会福祉制度は、かつてないスピードで変革を遂げてきている。その潮流が利用者視点から点検され、新たな改革がなされていくことは重要である。その基本的視点や、基盤となる情報を本双書は提供できていると考える。本双書を通じて学ばれる方々が、この改革の担い手として、将来的にはリーダーとして、多様な現場で活躍されることを願っている。担い手があってこその制度・政策であり、改革も現場が起点となる。利用者自身やその家族からの信頼を得ることは、社会福祉職が地域社会から信頼されることに直結している。社会福祉人材の育成にかかわる方々にも本双書をお薦めしたい。

　最後に、各巻の担当編集委員や執筆者には、改訂にあたって新しいデータ収集とそれに基づく最新情報について執筆をいただくなど、一方ならぬご尽力をいただいたこともあらためて読者の方々にご紹介し、総括編集委員長としてお礼を申し述べたい。

　令和5年12月

『社会福祉学習双書』総括編集委員長

松　原　康　雄

目　次

刊行にあたって

序章

1　福祉経営を取り巻く状況の変化−健全経営をめざして ―――――― 2

2　政策、経営、援助を一体のものと考える視点をもつ ――――――― 3

第1章　福祉サービスの特質と理念

第1節　福祉サービスの特質 ――――――――――――――――――― 6

1　福祉サービスに対する違和感 ―――――――――――――――― 6

2　措置からサービスへの転換 ――――――――――――――――― 7

3　社会福祉もヒューマンサービスの一つ ――――――――――― 10

4　福祉サービスの特性 ―――――――――――――――――――― 11

5　福祉経営と行政の関与 ――――――――――――――――――― 13

第2節　福祉サービスの理念 ――――――――――――――――――― 15

1　変容する福祉サービスの理念−変わらないもの、変わるべきもの ― 15

2　社会福祉基礎構造改革における福祉サービスの理念 ―――― 15

3　個人の尊厳及び基本的人権の尊重 ――――――――――――― 17

4　自己決定の支援 ―――――――――――――――――――――― 18

5　良質かつ適切な福祉サービスの提供 ――――――――――― 18

6　地域を基盤としたサービスの提供 ――――――――――――― 19

7　サービスマネジメント体制の確立 ――――――――――――― 19

第2章　福祉サービス発展の経緯と地域共生社会

第1節　福祉サービスの沿革と概況 ―――――――――――――――― 22

1　福祉サービスの歴史と制度環境の変化 ――――――――――― 22

2　社会福祉基礎構造改革における福祉サービスの理念 ―――― 37

3　社会福祉法人制度のあり方検討と社会福祉法人制度改革 ― 46

4　公益法人制度改革と社会福祉法人 ――――――――――――― 52

5　地域共生社会をめざす新たな福祉サービスの姿 ―――――― 55

第2節　地域共生社会と組織間の連携・協働のあり方 ――――――― 61

1　地域における公益的な取組の推進 ――――――――――――― 61

2　地域共生社会の実現に向けて−多機関協働の体制づくり ―― 63

3　多機関協働に基づく包括的な支援体制の構築 ――――――― 64

　　4　地域連携と地域マネジメント ─────────────── 69

　　5　地域包括ケアシステムの構築と地域マネジメント ─────── 72

　　6　地域連携・多職種連携と地域マネジメント ───────── 74

第3章　福祉サービスに係る組織や団体の概要と役割

　第1節　福祉サービスを提供する組織 ──────────────── 78

　　1　福祉サービスを提供する組織の概要 ───────────── 78

　　2　法人の性格－営利・非営利とは ────────────── 79

　　3　社会福祉施設等の現状や推移 ───────────────── 81

　第2節　社会福祉法人 ──────────────────────── 84

　　1　福祉サービス供給主体の多様化 ────────────── 84

　　2　供給主体の多様化と社会福祉法人の位置付け ──────── 84

　　3　社会福祉法人制度の趣旨 ───────────────── 85

　　4　社会福祉法人の性格 ─────────────────── 86

　　5　新たに求められる社会福祉法人の役割と責任 ──────── 87

　　6　新たな経営モデルの創出－社会福祉連携推進法人 ────── 89

　　7　社会福祉法人の設立について ───────────────── 89

　　8　法人組織 ───────────────────────── 90

　　9　社会福祉法人に対する監督規制 ────────────── 94

　　10　社会福祉法人に対する優遇措置 ────────────── 96

　第3節　特定非営利活動法人 ──────────────────── 97

　　1　特定非営利活動法人制度創設の趣旨 ───────────── 97

　　2　特定非営利活動法人の役割 ───────────────── 97

　　3　特定非営利活動法人の性格 ───────────────── 97

　　4　特定非営利活動法人の設立について ───────────── 98

　　5　法人組織 ───────────────────────── 99

　　6　特定非営利活動法人に対する監督規制 ─────────── 99

　　7　特定非営利活動法人に対する優遇措置 ─────────── 100

　　8　認定NPO法人制度 ────────────────────── 100

　第4節　医療法人 ──────────────────────── 102

　　1　医療法人制度の展開 ─────────────────── 102

　　2　医療法人の形態と性格 ───────────────── 104

　　3　医療法人の役割 ─────────────────────── 105

　　4　医療法人の設立 ─────────────────────── 106

　　5　組織の運営 ───────────────────────── 106

　　6　医療法人に対する監督規制 ───────────────── 107

　　7　医療法人に対する税制上の取扱いについて ────────── 107

第5節　一般社団法人、学校法人、協同組合、株式会社など ——————— 108

 1　一般社団法人 ——————————————————————— 108

 2　学校法人 ——————————————————————————— 108

 3　協同組合 ——————————————————————————— 109

 4　株式会社等営利法人 ————————————————————— 110

 5　市民団体や自治会等法人格を有していない団体 ——————— 110

 6　福祉サービスと連携するその他の法人 ——————————— 111

第4章　福祉サービス提供組織の経営理論と経営体制

第1節　福祉サービス提供組織の経営に関する理論 ——————————— 114

 1　福祉サービス提供組織の経営とは ————————————— 114

 2　事業所の運営管理に求められるもの ———————————— 119

 3　組織における意思決定 ——————————————————— 126

 4　組織における問題解決の思考と手順 ———————————— 128

 5　モチベーション向上と組織の活性化 ———————————— 132

 6　福祉サービス提供組織と集団の力学 ———————————— 136

 7　福祉サービス提供組織におけるチームアプローチの実際 ——— 140

 8　福祉サービス提供組織の事業とリーダーシップ ——————— 144

第2節　福祉サービス提供組織のコンプライアンスとガバナンス ————— 151

 1　福祉サービス提供組織の理念・使命の明確化 ———————— 151

 2　福祉サービス提供組織のリスク管理とコンプライアンス ——— 152

 3　福祉サービス提供組織のあり方 —————————————— 154

 4　ガバナンスの形成と内部統制 ——————————————— 155

第3節　福祉サービス提供組織の経営体制 ——————————————— 164

 1　理事会、評議員会等の役割 ———————————————— 164

 2　経営戦略、事業計画 ——————————————————— 169

 3　マーケティングの基本 ——————————————————— 174

第5章　福祉サービスの品質管理と経営資源の管理

第1節　福祉サービスの品質管理 ——————————————————— 184

 1　品質マネジメントシステム ———————————————— 184

 2　PDCAとSDCA管理サイクル ——————————————— 188

 3　リスクマネジメント ——————————————————— 194

 4　権利擁護制度と苦情解決体制 ——————————————— 205

 5　福祉サービスの質と評価 ————————————————— 213

 6　福祉サービスの生産性 ——————————————————— 216

第2節　福祉サービス提供組織の情報管理 ——————————— 221

 1 福祉サービス提供組織と情報化社会 ——————————— 221

 2 福祉サービス提供組織と個人情報保護法 ——————————— 223

 3 福祉サービス提供組織と公益通報者保護法 ——————————— 228

 4 情報公開とパブリックリレーションズ ——————————— 231

 5 ICTの活用と情報管理 ——————————— 233

第3節　福祉サービス提供組織の財務管理 ——————————— 236

 1 企業会計と社会福祉法人の会計 ——————————— 236

 2 社会福祉法人会計の原則と具体的な特徴 ——————————— 238

 3 福祉サービスの収入の種類と留意点 ——————————— 246

 4 財務管理と経営戦略 ——————————— 250

 5 財務諸表分析と組織のマネジメント状況の把握 ——————————— 253

 6 福祉サービス提供組織等の資金確保 ——————————— 258

 7 福祉サービス提供組織に求められる財務規律 ——————————— 262

第6章　福祉人材のマネジメント

第1節　人材マネジメントの基本と福祉人材を取り巻く状況 ——————————— 266

 1 人材マネジメントとは ——————————— 266

 2 福祉人材を取り巻く状況 ——————————— 267

 3 福祉人材マネジメントの特性と構成要素 ——————————— 270

 4 人事方針の策定とトータルに管理されるシステムの運用 ——————————— 272

第2節　雇用管理システム（雇用管理、採用、配置システム、福祉人材の確保） ——————————— 273

 1 職員区分とその採用、確保の現状と課題 ——————————— 273

 2 採用、募集活動の現状と課題 ——————————— 276

 3 有料職業紹介事業者の現状と課題 ——————————— 279

 4 配置・異動 ——————————— 280

 5 福祉人材の確保のために ——————————— 281

第3節　福祉人材マネジメント ——————————— 283

 1 キャリアパスの構築と支援 ——————————— 283

 2 目標管理制度とは ——————————— 287

 3 人事考課、評価のためのシステム ——————————— 291

 4 報酬システムのあり方と活用 ——————————— 297

第4節　福祉人材の育成 ——————————— 304

 1 職員の育成と資質の向上 ——————————— 304

 2 職務能力別・機能別研修と職務階層別研修 ——————————— 314

 3 職場研修の内容、体制、形態 ——————————— 319

第5節　働きやすい労働環境の整備 ──────────────── 326

   1　福祉サービス提供組織の労働環境の特徴 ──────────── 326

   2　福祉サービス提供組織に係る労働関係法令 ──────────── 328

   3　休暇・休業制度と福利厚生制度 ──────────── 336

   4　メンタルヘルス対策 ──────────── 339

   5　ハラスメントへの対策 ──────────── 341

   6　働き方改革と福祉サービスを提供する職場に求められる対応 ─────── 346

さくいん ──────────────── 350

＊本双書においては、テキストとしての性格上、歴史的事実等の表現については当時のまま、
また医学的表現等についてはあくまで学術用語として使用しております。
＊本文中では、重要語句を太字にしています。

表紙デザイン：株式会社ビー・ツー・ベアーズ

序章

福祉サービスを提供する組織のあり方と
──経営をめぐって

学習のねらい

　ソーシャルワークは、個々の担い手と利用者の間でのさまざまな相談援助、介護などの生活支援サービスの提供を通じて展開されるが、マクロレベルで見ると、制度及び政策に基づくものであると同時に、メゾレベルでは、社会福祉サービスと組織と経営を通じて実践される。ソーシャルワークにかかわる専門職は、国や地方自治体に専門職として雇用され、個別の実践にかかわるほかに、社会福祉法人や医療法人、株式会社などに雇用されて、利用者の支援を行う。ソーシャルワークの専門性を発揮するためにも、法人組織のあり方や経営の課題についての基礎的な理解が必要といえる。

　また、社会福祉の組織のなかで働いている中堅職員にとっても、あらためて福祉サービスと組織と経営について学ぶ上で、入門書となるであろう。

　社会福祉制度の歴史的な展開過程をふまえ、社会福祉法人をはじめとする福祉サービス組織のあり方が問われている制度環境の変化、福祉サービス組織の現状や特徴について解説する。その上で、組織と経営にかかわる基礎理論、サービスマネジメント、財務管理、労務管理など、経営と管理運営の実際などを学ぶ。

1 福祉経営を取り巻く状況の変化
－健全経営をめざして

　社会福祉基礎構造改革後、民間企業やNPOなどの新たな事業参入が進み、福祉サービスの提供主体が多元化した。なかでも、介護サービスなどは今後とも需要が拡大するので、自治体としてはこれに対応した供給の拡大が求められている。しかし、事業に対するニーズが拡大しているにもかかわらず、現状を見ると、新規に参入した事業者の経営は必ずしも安定したものとはいえない。例えば、予定の収入を確保できない、人件費がかさむ、必要な人材を確保できないなどの問題を抱える事業者も存在する。こうしたことは、必ずしも新規参入の事業者だけに限られない。もはや与えられた財源の中で、職員が真面目に利用者にサービスを提供することで、収支面でも継続的に安定した経営が約束されていた時代ではない。実際、事業撤退、倒産する事業所も報告されている。

　人口減少・少子高齢化は、国全体で見ると将来の税収減を引き起こすことは確実であり、社会保障制度の抜本的な見直しも、経営者であれば事業リスクの一つとして想定しておく必要がある。つまり、現在の事業をそのままの形で維持することがむずかしく、しかも、将来どうなるのか誰にも明確にわからないという不確実な経営環境に直面しており、福祉経営者にとって、事業経営のかじ取りがむずかしい状況となっている。

　措置制度から契約制度への転換は、事業者による経営の裁量を拡大したが、このことは、行政による監督指導から経営組織のガバナンスにゆだねられる部分が大きくなったことを意味している。先に行われた社会福祉法人制度改革は、あらためてこのことを確認する改革であったといえる。経営組織にかかわる者は、健全経営をめざし、人材確保及び育成に力を入れ、コンプライアンスを徹底させ、サービス管理を適切に行い、情報公開を通じ社会的な信頼を得る取り組みが求められる。こうした経営のあり方が、中長期的に見ると財務会計や管理会計にも、結果として反映される。

　健全な経営組織においては、法人組織一体となって、組織がめざすべき理念・方向に向かって事業を展開するように努力している。したがって、経営において何が課題とされているかは、法人に雇用されている職員全体で共有されるべきと考えている。苦情対応に否定的、サービスの向上に遅れている、職員教育に不熱心、現場職員の規律・モチベーションのゆるみ、コミュニケーションがとられず職場の雰囲気がよくないな

どの問題は、極めて重要な経営問題といえる。理事長や施設長だけが対応するべき問題ではない。こうした意味では、社会福祉士の資格を取得し、現在及び将来福祉サービス提供の現場において中心的な役割を担う職員には、与えられた職階・役職にかかわらず、「福祉サービスの組織と経営」を学んでいただきたいと考えている。本書は、実務にも精通した学識経験者、先駆的かつ実践経験豊富な経営者によって執筆されており、将来の福祉経営を考える上でもわかりやすく、安心して学べる最もスタンダードな教科書づくりをめざしている。

　本書は、社会福祉士養成カリキュラムの抜本的な見直しを受けて、従来の社会福祉学習双書2020『第2巻－福祉行財政と福祉計画／福祉サービスの組織と経営』を改訂したものである。「福祉行財政と福祉計画」の部分は、『第1巻－社会福祉の原理と政策』『第6巻－社会保障』『第8巻－地域福祉と包括的支援体制』において取り扱うものとなった。社会福祉の政策や制度、福祉行財政と福祉計画は、これからも、福祉サービスの組織と経営と直接関係するものであるから、実際は連続・関連させて学習することをお勧めする。

　本書は、社会福祉基礎構造改革、社会福祉法人制度改革、地域共生社会の実現等、最近の経営環境の変化を盛り込んだ最新の内容となっている。なかでも、社会福祉法人の経営は、社会福祉事業の主たる担い手として、制度が対応しない新たな福祉課題に対しても積極的に対応することが求められている。制度分野ごと縦割りの事業経営から、「複合的な福祉課題を抱える世帯丸ごと」受け止めて、相互連携し制度を超えて包括的にニーズに対応する支援体制をつくり出すことが、重要な経営課題の一つといえる。地域共生社会の実現に向けて、経営組織としても、新たな経営モデルへの転換をめざし、現在の事業展開を通じ地域を基盤とするソーシャルワークを実践できる福祉人材の育成が必要と考える。本書はこうした読者のニーズに応える格好の一冊といえる。

２ 政策、経営、援助を一体のものと考える視点をもつ

　社会福祉の政策及び制度に基づいてサービスを提供する法人・組織は、制度が定めるニーズに対応するサービスを所定の運営基準等に則って事業として提供する。ソーシャルワークも含め、高齢者福祉、障害者福祉、児童・家庭福祉、生活困窮者に対する支援などは、いずれも福祉サービ

スに含まれ、福祉サービスを提供する組織及び経営のあり方が問われてくる。経営を安定させる収入は、国及び地方自治体が支払う公費であり、サービスに対する報酬単価も主として国が決定する。サービスの供給も、地方自治体が定める各福祉計画によって規定されており、補助金の対象となる福祉施設の整備などのように、もっぱら経営組織の判断だけで自由に事業を始めることのできないものが多い。

　福祉サービスの経営とは、法律に定められた制度的枠組みに基づき、経営組織がもつ権限、職員（ヒト）、土地・建物（モノ）、財源（カネ）、情報などの経営資源を投入し、行政の許認可・指定により事業を開始する。もちろん、事業を始めるにあたって、マーケティングの立場から、地域における現在及び将来のニーズ動向を把握し、将来的にも安定的な事業経営が可能かの判断が必要となる。

　こうして始めた事業組織を管理・経営し、最終的に雇用する職員集団が連携し、援助の対象となる人に対し、ソーシャルワークの援助技術を用いて福祉サービスを提供するという構造になっている。個別援助も経営組織が提供する福祉サービスにあたるので、組織としてもコンプライアンスを徹底させつつ、サービスの質を向上させるために、PDCAの管理サイクルのもとで継続的改善、適切なサービス管理に取り組むことが、福祉経営として求められている。適切な職員配置、働きやすい職場環境の整備、職員研修による人材育成なども、個別援助の内容にかかわる組織基盤といえる。

　国の制度や政策がマクロの社会福祉の分野として位置付けられるとすれば、ミクロの分野でソーシャルワークによる個別援助が成り立つのは、メゾの分野として福祉サービスを提供する組織と経営が存在するからである。ソーシャルワークによる個別援助も、専門職の倫理や判断だけで行われるものはない。福祉サービスを提供する組織と経営のあり方に影響される部分が大きい。こうして見ると、政策、経営、援助の一体をもって、福祉サービスの総体が成り立っていると考えるべきであろう。

第1章
福祉サービスの特質と理念

学習のねらい

　かつて社会福祉とは、高齢者、障害者、児童、母子、生活困窮者などのうち、本人の力のみでは自立した生活が困難である社会的弱者を対象にし、生存権保障の目的から、国または自治体の責任に基づいて行われる社会的な保護が中心と考えられていた。しかし、社会福祉基礎構造改革を経て、今日では利用対象者が普遍化し、介護・障害福祉・保育などは、生活する上で誰にでも必要とされるものであり、社会的弱者に限られないと考えられるようになっている。想定される福祉の利用者も、個人として独立した生活をしており、介護や保育などの生活ニーズに対し、家族以外の外部の社会資源を利用し、ニーズの充足を図ることが可能となる。利用者は自ら外部資源を選択し、契約を締結し、サービスを調達することによってニーズを充足させるものと理解できる。

　本章では、福祉専門職による対人援助サービスを福祉サービスと位置付け、福祉サービスの特徴及び理念について解説する。提供する組織や経営においても、福祉サービスの理念や基本方針は重要である。組織の福祉サービスに対する考え方や姿勢を示すものといえるからである。マネジメントはサービス提供の基礎となるものであるから、ソーシャルワークにかかわる者として、理解することが求められる。

第1節　福祉サービスの特質

1 福祉サービスに対する違和感

　介護保険法[*1]をきっかけにし、民間参入も進み、「介護サービス」という用語が普通に使われるなど、福祉に対する意識も変容した。介護保険のもとでは、利用者の多くは「介護サービス」と受け止めていると思われる。

　また、障害福祉における支援、子ども・子育て支援法における教育・保育についても民間企業による参入が進んでおり、これらも、「福祉サービス」に含まれるであろう。ただし、例えば児童自立支援施設や児童養護施設においては、対象者に対する指導の性格を考えると、「福祉サービス」という表現には若干の違和感をもってもおかしくない。サービスを受けることを強制されること自体がおかしいと考えるわけである。[*2]

　福祉サービスと呼ぶことに対する違和感は、措置制度のもとで起こりがちである。また、「福祉サービス」が施設処遇とよばれた時代には、福祉をサービスと結び付けることに対し、福祉を産業化するのかといった批判的な意見が多かった。

　このような意見に対し、専門職による対象者に対するパターナリスティックな価値観がこめられていると分析する論者もいる。田尾雅夫は、『ヒューマン・サービスの組織』において、施設の中で利用者に対する支配という構造がつくられ、そうした組織構造のもとで、専門職による施設処遇が行われてきたとみている。[*3]確かに、児童養護施設などで起こる職員による虐待や不適切な指導の問題は、職員のパターナリスティックな考えが背景原因であることも少なくない。そして、このような組織構造の中で形成・継承されてきた価値観が、「福祉サービス」とよぶことを受け入れられない理由の一つになっていたのではないだろうか。

　専門職モデルのもとで培われた経験に基づく実際の支援内容には、市場において取引される「サービス」という意味合いではとらえきれない面がある。しかし、「当人にとってよかれと思って決めてきた」専門的支援のあり方が、苦情につながる場合もある。福祉はサービスなのかと疑問に思う立場においても、苦情解決の取り組みは必要である。

　さらには、福祉サービスの提供の理念や提供の原則については、否定されてはならない。例えば、基本的人権及び個人の尊厳の尊重、自己決

*2
清水 滋の『入門「サービス」の知識』によれば、一般的に「サービス」という用語には、①態度的な意味合い、②犠牲的な意味合い、③精神的な意味合い、があると説明する。確かに、こうした理解を前提にすると、態度的な意味合いからは、①利用者にいつも笑顔でていねいな言葉で応接することを求められている。犠牲的な意味合いからは、②提供するべき業務以外のニーズまで対応しなければならなくなる。精神的な意味合いからは、③利用者に対し奉仕の気持ちをもつことが大切となる。したがって、これまでの処遇論からすれば、こうした「サービス」という概念は、相いれないものと映るのであろう。

*3
施設という組織が、利用者の生活を管理することを前提にして、利用者処遇のあり方を決定する。こうした組織構造の中で培われた意識が「サービス」という表現に受け入れ難い違和感をもたらすのであろう。

定に基づく支援方法の決定などについては、すべての施設で共有される
べきであろう。また、適切なアセスメントのもと個別支援計画を作成し、
PDCAのサイクルをふまえて支援を行う[*4]。標準的な支援内容や方法につ
いても文書で示され、かつ支援のプロセスが妥当か定期的に確認されて
いる必要がある。

　これらはサービス管理の基本であるが、児童養護施設など措置施設を
含むすべての施設・事業においても確立されるべきものと考える。

*4
本書第 5 章第 1 節 2 参照。

2　措置からサービスへの転換

（1）福祉関係 8 法改正の意義

　措置制度のもとで、初めて「福祉サービス」という用語が使われたの
は、平成 2 （1990）年の**福祉関係 8 法改正**[*5]からである。これは、措置か
らサービスへと転換する扉を開いた重要な法改正であった。高齢社会の
到来による福祉対象者の拡大、ニーズの高度化・多様化を見越し、「福
祉サービスを必要とする者」と定義したことが意義深い。

*5
本書第 2 章第 1 節 1
（2）❹参照。

　福祉関係 8 法改正において、福祉の措置が「福祉サービス」と位置付
けられたことは、大きく 2 つの意味をもつ。

　第一に、社会福祉の制度上、要保護者を施設へ入所させることが、福
祉サービスの給付と認められたことである。制度論として、入所の措置
をサービス給付として再構成したのである。福祉は、生活困窮者や低所
得者に限定していたが、対象を国民全体に拡大し普遍化させるねらいが
あった。当時は、高齢者保健福祉推進十か年戦略（ゴールドプラン）[*6]が
作成され、特別養護老人ホームや在宅福祉の緊急整備に取り組んでいた。

*6
本双書第 3 巻第 2 章第
4 節 1 参照。

　三浦文夫は、1970年代から**措置制度**[*7]のもとでの保護を「福祉サービ
ス」給付として再構成するべきであると論じていた。例えば、『社会福
祉経営論序説』において、普遍主義的なサービス提供の仕組みへの転換
を主張し、社会福祉サービス論を展開していた。非貨幣的ニードに対す
る現物または役務サービスを対人福祉サービスとよび、社会福祉のニー
ズが経済的貧困によって発生するものでないことを理由に、選別主義的
サービスの提供から普遍主義的サービスの提供に転換するべきことを論
じていた。

*7
本書第 5 章第 3 節 3
（2）参照。

　福祉関係 8 法改正では、三浦が主張するように、拡大・多様化する福
祉のニーズに対し、国民一般を福祉サービスを提供する観点から、社会
福祉事業法のもとで定められていた「援護、育成又は更生の措置を要す

る者」との表現を、「福祉サービスを必要とする者」という表現に改めたのである。

　第二には、社会福祉施設が実施機関から委託されて行ってきた入所者の処遇に、対人福祉サービスにふさわしい質が問われることを意味していた。しかしながら、措置制度のもとでは、「福祉サービス」と定義し直したものの、施設における処遇方法を批判的にとらえ、処遇から利用者本位のサービスへの転換を求めるものとはならなかった。福祉関係8法改正当時は、福祉サービスの提供者は、自治体や社会福祉法人等に限定されており、措置に基づき福祉サービスが必要な者を社会福祉施設に入所させる制度構造はそのままであった。そのため、社会福祉施設の現場において、福祉がサービスであるという意識は必ずしも十分に広がらなかった。

　平成9（1997）年、介護保険法の制定は、老人福祉施設における施設処遇のパラダイムに大きな転換を求めるところとなった。すなわち、介護保険制度は、「福祉サービスに係る給付を行う」ことを定め、措置制度から利用契約制度に改められた。利用者は、事業者と契約し、介護サービスを受ける立場となった。つまり、保護の対象であった者が、介護サービスを選択し利用する消費者として立ち現れることになった。

　介護の市場も形成され、居宅サービスにおいては、民間参入がいっそう推進された。介護施設も、有料老人ホーム、ケアハウス、グループホームなどが、居住系サービスと位置付けられた結果、民間企業がこの分野に参入し、特別養護老人ホームなど介護施設の経営とも事実上競合する経営環境がつくられた。こうした制度構造の転換が、施設経営者や職員の意識を大きく変えるところとなった。

　あらためて、福祉関係8法改正の意義について振り返ってみると、福祉サービスの対象が普遍化し、ニーズが高度化・多様化すると、従来の「措置に基づく施設処遇」の枠組みでは、利用者のニーズ充足が困難になることは明らかであった。このような問題を解決するために、介護保険の創設や社会福祉基礎構造改革など制度的な対応がなされ、社会福祉施設の経営には、職員に意識改革を求め、施設処遇を根本から見直し、新たにサービスマネジメントのあり方を確立する必要に迫られたのである。

（2）社会福祉法制定のねらい

　社会福祉法は、措置制度から利用契約制度への転換を軸にした**社会福**[*8]

*8
本書第2章第1節2参照。

祉基礎構造改革を進めることをねらいとして、平成12（2000）年に成立した。ここでは「福祉サービスを必要とする者」は「福祉サービスの利用者」へと改められた。これは、与えられる福祉から選択・利用する福祉へと社会福祉の基礎構造が転換したことを意味している。

　社会福祉法は「福祉サービスの理念」及び「福祉サービスの提供の原則」を定め、利用者本位の考えを重視した。『社会福祉法の解説』では、[*9]こうした福祉サービスの理念について次のように述べている。「従来は、福祉サービスを必要とする者は、社会福祉事業その他の社会福祉を目的とする事業の実施によって、援護、育成、更生されるべき対象であったが、福祉サービスの利用者は、自らの意思と選択により自立していく主体としてとらえられることになり、福祉サービスは、利用者の自己決定による自立を支援するものでなければならないこととなる[1]」。そこで、社会福祉法は、事業者に対し、①福祉サービスの情報の提供、②利用契約の申込時の説明、③利用契約の成立時の書面の交付、④福祉サービスの質の向上、を定めた。

　社会福祉法の成立によって、生活保護法に規定する救護施設のように利用契約制度に移行していない行政措置による社会福祉の実施についても、社会福祉事業である以上、福祉サービスを提供するにあたって、事業者に対し利用者の意向を十分に尊重することを求めるところとなった。

　利用者が、職員の対応や態度を含め、福祉サービスに対し苦情がある場合には、事業者に対し苦情を申し立てることができ、かつ事業者はこうした苦情に対し、ていねいな対応とサービス提供のあり方を見直すなどの解決を図ることが求められた。さらに、利用者・事業者間で解決できない場合は、**運営適正化委員会**による苦情解決の仕組みが用意されている。[*10]

　また、**福祉サービス第三者評価**の仕組みを整備し、その基準には、サービスの質を標準化するためのサービスマニュアルの作成やPDCAによる改善、サービスの個別化などの基準が盛り込まれた。[*11]福祉サービス第三者評価は、児童自立支援施設や児童養護施設を含むすべての社会福祉施設を対象とするものであり、社会福祉施設の運営のあり方にも、条例で定める施設の設備及び運営についての基準の遵守にとどまらず、サービスマネジメントという新たな発想と手法が必要となっている。

第1章

*9
福祉サービスの基本的理念では、「福祉サービスは、個人の尊厳の保持を旨とし、その内容は、福祉サービスの利用者が心身ともに健やかに育成され、又はその有する能力に応じ自立した日常生活を営むことができるように支援するものとして、良質かつ適切なものでなければならない」と定めた（第3条）。

*10
本書第5章第1節4（5）参照。

*11
本書第5章第1節5（3）参照。

3 社会福祉もヒューマンサービスの一つ

　社会福祉施設において職員により提供される業務を、処遇とよぼうが
サービスとよぼうが、入所者に対し職員が行うべき役務であることには
違いがないかもしれない。介護サービスの分野では、すでに民間企業も
参入しており、この間に大きな変容を遂げている。社会福祉法人の経営
においても、サービスマネジメントが、組織の存続を決定付ける重要な
経営事項であるとの理解が広がっているように思われる。しかし、社会
福祉施設の種別によっては、自らの業務による行為や組織の活動が「サー
ビス」といわれた場合に少なからず違和感を覚える場合もあろう。福
祉関係者における福祉サービスに対する受け止め方の違いは、いったい
どこからくるのであろうか。

　介護サービスについては、介護保険から給付を得て、利用者が介護サー
ビスを事業者から「買う」仕組みがつくられている。サービスの内容
は、法律により決められており、価格も公定価格である。介護保険の財
源に対し、公費の助成もある。しかし、他方では、市場において提供さ
れる商品としてのサービスという性質からは、共通する経営上の課題が
浮かび上がる。

　例えば、施設管理者がサービスの質の向上に取り組まず、従来どおり
の事業運営を続けるならば、民間事業者などが新たに参入し得る福祉分
野においては、次第に利用者から見放され将来的に事業の継続が困難と
なるリスクも意識しなければならない。

　「サービスとは何か」については、経営学の分野においても、議論さ
れてきたところである。近藤隆雄は、「サービスとは、人間や組織体に、
なんらかの効用をもたらす活動で、そのものが市場で取引の対象となる
活動である[2]」と説明する。こうした定義に従えば、福祉サービスも、福
祉サービスの利用者はもちろんのこと、実施責任をもつ自治体にとって
も、家族機能の代替・生活支援という効用をもたらす活動と考えること
ができる。

　問題となるのは、市場における取引の対象となる活動といえるか、で
ある。児童自立支援施設の活動・業務のように、措置制度のもとで提供
される代表的なサービスのいくつかは、福祉の市場において取引されな
いものが含まれる。しかしながら、措置施設であっても、利用者が費用
の一部を負担する仕組みとなっている。措置施設における支援や指導も、
対人サービスにかかわる役務であり、役務の対償として費用の支払いを

受ける仕組みの中で提供されるものであることを考えると、経営の対象としてのサービスの提供に含めてよいと考える。

　以上をふまえるならば、福祉サービスは、対人援助サービスの性格をもち、ヘルスケアサービスと同様に、ヒューマンサービスの一つと考えてよいであろう。ヒューマンサービスとは、山崎美貴子によれば、「人に直接かかわりをもつ、対人援助サービス[3]」と定義できる。また、田尾雅夫も、ヒューマンサービスとは「人が人に対して、いわば対人的に提供されるサービスである。具体的には、医療や保健、福祉、さらには教育などのサービスを包括的にとらえた概念である。また、それらのサービスが個人の基本的な福利にかかわることが多く、公的にサービスが提供されることも多いので、行政サービスと重なり合っている。実際、以上のサービスは行政と絡まり、さらに公共そのものを支えるサービスであることが多い[4]」と述べている。つまり、福祉は、医療・保健、教育などと同様に、行政の関与のもと、公共サービスの一つとして提供されるヒューマンサービスと見ることができる。

4 福祉サービスの特性

　こうして見ると、福祉も広い意味で、利用者に提供される役務であって、利用者などに対価の支払いを求めるもの、つまり「サービス」であることに間違いはない。しかし、商品として市場において提供される一般のサービスとは、明らかにいくつか異なる性格をもつと考えられる。

　第一に、福祉サービスの特性として、**情報の非対称性**がある。事業者と利用者とを比較すると、福祉サービスについての情報の入手に顕著な不均衡が存在する。サービスを提供する事業者側はサービスの仕組みに精通しサービス内容に専門的知識をもっているが、これに対し、利用者の多くが自らのニーズやサービスの種類や内容、制度や仕組み、利用の手続などについて十分な情報や知識をもっていないことが通常である。したがって、利用者がサービスを選択する場合に、国や地方自治体が、福祉サービスへのアクセスを公的に保障する立場から、ケアマネジャーのような福祉の専門職による情報の提供及びサービス利用の助言や提案を受けられる仕組みを整備することが必要となる。

　第二に、福祉サービスのニーズには、暮らしにかかわる社会問題が根底に存在する。例えば、利用者の生活をアセスメントすると、経済的な格差の問題や社会的排除の問題が存在する場合がみられる。もちろん、

サービスの対象は、国民全体であるから、利用者のすべてが経済的に困窮しているわけではないが、虐待や排除の対象となりやすい人たちも依然として少なくないことも事実である。利用者に対する福祉サービスの提供は、個人の福利や便益につながる面をもちながら、社会問題を解決する手段としても重要である。社会問題の解決のために、国や自治体の関与が必要となる。このため、経済的理由から福祉サービスの利用ができないことがないように、公定価格の設定や利用料についての減免制度もある。そのために公費財源も投入されている。

　第三に、福祉サービスの市場は、政府がコントロールする準市場として形成される。福祉サービスの提供を完全に自由な市場機能に委ねることはできない。なぜなら、自由な市場取引に委ねる結果、国民生活に必要なサービスが特定の利用者や一部の地域に提供されないなど、「市場の失敗」とよばれる問題が起こるからである。こうしたことから、福祉サービスの基盤整備も国や地方自治体が計画的に行うことが求められている。事業者及びサービス内容についての規制が存在し、サービスの価格や利用料も公定価格である。また、第一種社会福祉事業に該当する社会福祉施設の経営は、国、地方公共団体の他は、原則としてその設立や運営に対し厳しい監督規制を受ける社会福祉法人に限定されている。[*12]

　第四に、福祉サービスには、小規模化し脆弱な家族機能を福祉国家が代替し補完するという性格がある。なかでも老人福祉や児童福祉については、こうした特性が強い。将来的に増大する介護や保育のニーズに対し、家族機能に期待することがもはや困難となった。国は介護福祉士[*13]や保育士[*14]といった資格制度を設け、家族に代わって介護福祉士や保育士の専門職がサービスを提供する仕組みを整備した。こうして、国及び地方自治体が家族機能を代替する制度を設け、専門職にその実践を委ねた。

　日常生活の援助などは、家族でも行うことできることから、医療に比較し専門性は高くないという見方もできようが、家族による介護や子育てと比較し、アセスメントや家族関係の調整など、より高度な専門知識や技術が求められる。障害者福祉の支援は、医療やリハビリテーション、就労支援など、家族によって行うことができないものを含んでいる。家族機能の代替であるとしても、専門職によるサービス提供が特徴といえる。

5 福祉経営と行政の関与

（1）福祉サービス提供の社会的責任

　福祉サービスは、対人援助を内容とするヒューマンサービスの一つであるが、前述のような特性から、行政の関与が必要である。住民に対するサービスの提供が、国や地方自治体の責任と関係しているという点では、社会福祉サービスは、医療や教育、消防・警察などとともに、誰でも必要とする公共サービスの一つである。つまり、福祉サービスの多くは、民間企業も参入可能な市場において提供されるサービスではあるが、国や地方自治体による公的な関与のもとで、国民や住民に対し提供するべき公共性の高い役務・サービスである。

　公共サービスにかかわる事業は、民間の自由な経済活動に委ねていては、すべての住民に必要なサービスの提供が困難と考えられ、国や地方自治体の公的責任において運営されてきた。措置制度のもとで社会福祉事業が地方自治体の公的責任によって実施されてきたのも、同様な考えによる。しかしながら、その後の公共サービス改革法の成立もあり、福祉に限らずさまざまな行政分野において、民間事業経営の対象となっている。

　福祉サービスを提供する施設や事業の経営は、福祉行政の実施体制の中で、さまざまな制約を受ける。公共サービス提供の主体であるという性格から、完全に市場原理や経営の自由に委ねるわけにはいかない。福祉サービスの利用者の中には社会的弱者も含まれている。行政の関与のもと、彼らが利用から排除されず、誰でも安心して利用できる仕組みづくりが求められる。社会福祉が人の生存と尊厳にかかわるものである以上、法令を遵守するのみならず、サービス提供のあり方には、事業を経営する側の倫理も問われてくる。

（2）福祉経営と福祉計画

　福祉サービスの内容や組織運営のあり方も、福祉サービスのもつ公共的性格から、法律によって運営基準などが定められている。法人設立の手続や組織運営に対する規制は異なるものの、福祉サービス提供の内容や体制については、実施主体が社会福祉法人であろうと民間企業であろうと、法律が定める指定・確認などの制度の運用を通じ、同じように都道府県や市町村の監督規制を受ける。こうした法律上の規制に違反して、不適切なサービスを提供したり、不当な利益を上げることは許されない。

福祉サービスの組織と経営は、福祉行政の実施体制の中に位置付けられ、住民の生活に対する公的責任に基づき、行政の関与を受ける。

公共サービスの提供は、国や地方自治体が徴収する税金や社会保険料でまかなわれている。サービス提供の対価も、報酬単価などは公定価格とされており国が決定する。利用者が支払う利用料も国や自治体が決定する。公共サービスであるから、誰でも利用できるように、事業者の自由な価格設定が認められていない。

福祉サービスの経営は、国や自治体の福祉行政、なかでも福祉財政に影響を受ける。実際、サービス対象範囲の見直し、報酬単価の引き下げ、利用料の引き上げなど、財政支出の抑制をねらいとした制度改革も行われてきた。経営者は常に制度改革に応じた経営の修正、経営改善が必要となる。

福祉サービスの需要と供給のバランスも、国や地方自治体によってコントロールされている。身近な地域において必要なサービス量が確保されていないと、住民はサービスの利用ができなくなる場合が懸念される。そこで、福祉の法律は、都道府県や市町村に対し、利用者の意向や需要を調査した上で福祉計画の作成を義務付け、需要の変化に応じた供給体制の整備を求めている。[*15] 福祉サービスの組織と経営を基礎付ける福祉サービスの市場、需要と供給のメカニズムの機能と構造は、福祉行政のもとで作成される計画に基づき国や地方自治体の統制を受け、成り立っている。事業参入の機会も、地方自治体が作成する福祉計画によって、事実上制約されている。施設などの整備が計画されている地方自治体においては、事業参入ないし事業拡大のチャンスがある。

*15
介護保険事業計画、子ども・子育て支援事業計画などは、中長期的な需要の変化を調査し、施設や事業の計画的整備について定めている。地方自治体がこれに基づいて整備事業者を公募し、選考された事業者に施設整備に必要な補助を交付するのである。逆に、新たに事業を始めようとしても、こうした計画の中で施設整備が必要とされていないと認可されないなど、事業参入が制限されている場合もある。本双書第8巻第1部第6章参照。

第2節　福祉サービスの理念

1 変容する福祉サービスの理念 －変わらないもの、変わるべきもの

　社会福祉基礎構造改革によって、福祉サービスの利用方式の主流が措置から契約へと転換したが、その制度改革は、社会福祉システムを基礎付ける「社会福祉の原理」に大幅な修正を求めるものではない。[*16]むしろ、福祉実践の場面においてこうした理念を徹底させるために、社会福祉制度の基本構造である措置制度を見直す必要があると考えたとみるべきであろう。

　措置の時代のように、施設の職員が、利用者を保護の対象と見ていると、対等な利用関係の構築はむずかしい。しかし、前節で述べたような民間サービスとの違いも理解しておく必要がある。こうした特性をふまえ、社会福祉法人などが提供する福祉サービスとは、どのような理念のもとで提供されるべきなのか、どのような姿をめざすべきであろうか。

　福祉経営が取り組むべき課題の一つに、サービスの質の向上があげられる。措置の時代にも、処遇の向上が求められてきた。利用者の処遇を向上させることは、職員一人ひとりの努力はもとより、施設の運営管理においても、重要なテーマの一つであった。

　例えば、長谷川（はせがわ）力（つとむ）がかつて指摘した処遇向上の原則[*17]は、福祉サービスの理念としてみても、十分に通用するものといえる。これは、社会福祉施設の経営者として、すでに21世紀の福祉サービスのありようが見えていたともいえる。また、処遇が福祉サービスに転換したとしても、新しい福祉サービスの理念を考える場合にも、これまでと「変わらないもの」と「変わるべきもの」があることを意味している。

2 社会福祉基礎構造改革における 福祉サービスの理念

　前述したように、社会福祉基礎構造改革においては、社会福祉に関する新しい理念を掲げて、改革の方向を明確にした。当時の中央社会福祉審議会社会福祉構造改革分科会の中間まとめでは、これからの社会福祉の理念を、国民全体を対象に社会連帯のもとでの支援を行い、「個人が

*16
例えば、岡本栄一は、平成4（1992）年に発行した『新版 社会福祉原論』において、社会福祉を支える原理として、以下のような基本原理をあげていた。すなわち、①人間尊重の原理、②社会的責任性の原理、③生活の全体性の原理、④主体性援助の原理、⑤地域生活尊重の原理、⑥連帯と共生の原理、である。これらは、社会福祉の仕組みを正当付ける理念として論じられており、必ずしもすべてを福祉サービスの理念と読み替えることはできないが、社会福祉の実践として福祉サービスの提供をとらえた場合には、共有されるべき理念を含んでいる。例えば、個人の尊厳、基本的人権の尊重、生活をトータルなものとして理解する、自立を支援する、ノーマライゼーションの実践などは、福祉サービスの理念としても共通するものと考えられる。

*17
聖隷福祉事業団の元理事長、長谷川 力は『社会福祉士養成講座10 社会福祉援助技術各論Ⅱ』（1989年）において次のように社会福祉施設の運営管理がめざすべき処遇向上の原則について整理している。①人格の尊厳、基本的人権を基礎とすること、②利用者の自立をめざしての運営を心がける、③個人生活を重視する、④地域社会との連携に努める。

人としての尊厳をもって、家庭や地域の中で、障害の有無や年齢にかかわらず、その人らしい安心のある生活が送れるよう自立を支援すること」にあると述べていた。

こうした改革の基本方向をふまえ、主として、①対等な関係の確立、②地域での総合的な支援、③質と効率性の向上、をもとに、社会福祉法では「福祉サービスの基本的理念」及び「福祉サービスの提供の原則」が打ち立てられた。[18]

具体的には利用者個人が尊厳をもって、その人らしい生活を送れるよう支援するこれまでの社会福祉の原理を徹底させるために、サービスの利用者と提供者との間に対等な関係を確立することを福祉サービスの理念に明記した。処遇からサービスに転換することの意義から見ても、こうした福祉サービスの理念は重要である。すなわち、恩恵的な視点から社会的な弱者を救済するのではなく、福祉サービスの利用関係も対等な関係を原則にして、誰もがサービスの選択を通じて、自らの生活について自己決定でき、多様な自己実現につながるように専門職が支援するという立場を明確にするものであった。こうした理念に基づきながら、社会福祉施設における集団処遇も個別支援に転換することが必要となる。

こうした制度改革の理念は、社会福祉法人等の経営にも大きな影響を及ぼすところとなった。

第一に、恩恵的な視点から社会的弱者を対象とした「与える福祉」「保護する福祉」からの決別である。すなわち、利用者が「選択する福祉」、利用者の「自己決定を支援する福祉」への転換である。福祉サービスとは、利用者個人の尊厳を大切にし、利用者の自己決定に基づく自立を支援することをめざすものとされた。こうしたサービスのあり方は、利用者と提供者との対等な関係を確立した上で、初めて実現されるものと考えられた。

第二に、福祉サービスの理念として、提供される福祉サービスは、利用者や家族から信頼され納得が得られる良質かつ適切なものである必要がある。決して、保護・収容の時代のようにサービスの内容や質がミニマムなものであってはならない。利用者が主体的にサービスを選び、サービス提供者に対しても自ら納得できるサービスの質を求めるように行動することを想定している。サービスを提供する側には、常にこうした福祉サービスを受ける側の立場に立った良質かつ適切なサービスの提供が求められる。そのためには、自ら提供する福祉サービスの質を評価・管理し、ていねいな苦情解決に努める必要がある。

*18
社会福祉法第3条は、＊9にあるように福祉サービス提供の基本的理念を定めた。第5条において、福祉サービス提供の原則として「社会福祉を目的とする事業を経営する者は、その提供する多様な福祉サービスについて、利用者の意向を十分に尊重し、地域福祉の推進に係る取組を行う他の地域住民等との連携を図り、かつ、保健医療サービスその他の関連するサービスとの有機的な連携を図るよう創意工夫を行いつつ、これを総合的に提供することができるようにその事業の実施に努めなければならない」とした。

　第三に、福祉サービスを提供する者に対して、「地域で暮らす利用者のニーズ」をトータルにとらえて、利用者の自立した生活をトータルに支援することを求めている。すなわち、利用者本位の考え方に立って、地域において暮らす利用者のニーズを総合的かつ継続的に把握し、必要となる保健・医療・福祉の総合的なサービス提供の工夫を求めている。福祉サービスを提供する者には、ともすると社会福祉施設が提供する福祉サービスに利用者のニーズを合わせる、あるいは自ら提供できる範囲において利用者ニーズを把握するなど、サービスを提供する側の論理から利用者を把握する傾向があった。これに対して、社会福祉基礎構造改革では、利用者の生活をトータルなものとして理解し、総合的なサービスのマネジメントを求めている。利用者の多様なニーズに応えるためには、地域の社会資源とつながり、地域における新たなサービスの仕組みづくりにも、積極的にかかわることが求められる。

3 個人の尊厳及び基本的人権の尊重

　人権の尊重は、社会福祉の原理の一つでもあり、処遇向上の原則の一つでもあった。福祉サービスの理念として継承されるべきものといえる。基本的人権の尊重から見れば、虐待や不当な拘束、体罰など許されるべきものではない。新しい福祉サービスの理念のもとでも同様であり、虐待や不当な拘束、体罰などは、利用者の個人の尊厳を踏みにじるものである。基本的人権の尊重を福祉サービスの理念に掲げておきながら、福祉現場においてこうしたことが繰り返されるのは、サービスマネジメントのあり方に問題があるといわざるを得ない。

　基本的人権の中でも、利用者のプライバシーの保護、個人情報の保護は、憲法上保護されるべき新しい基本的人権である。社会福祉施設においては、サービス提供のプロセスについて、こうした基本的人権に十分に配慮することが求められる。

　福祉サービスを必要とする者が、身体的、社会的、経済的な理由によって、社会から排除され、その生存が脅かされることがあってはならない。社会福祉施設それ自体が、利用者の人間としての尊厳を守り、健康で文化的な最低限度の生活を保障する仕組みの一つである。施設における生活支援のサービスには、権利擁護すなわち、利用者の幸福追求権や生存権を擁護し、社会に対し代弁することが含まれている。また、サービスを必要とする者に対する利用支援も権利擁護の一つといえる。福祉

*19
本双書第1巻第2部第1章2、3参照。

17

サービスにあたる職員の育成にも、こうした視点を培うことを重視することが大切である。

4 自己決定の支援

＊20
本双書第1巻第2部第1章第1節4（2）参照。

　人権の尊重には、利用者の自己決定権[20]の尊重も含まれる。また、新しい福祉サービスの理念においても、福祉サービスはこうした利用者の自己決定を支援することをめざすものと位置付けられている。利用者・家族に対するていねいな説明・同意とともに、エンパワメントを基調とする援助技術を用いて、利用者の自己決定を支援することが大切である。利用者や家族は、自らのニーズに気が付いていないこともある。潜在的なニーズをアセスメントにより明らかにし、自己決定に結び付けていくことが大切である。

　福祉サービスが必要であるとしても、利用者は家族や社会に依存する存在、保護されるべき存在ではない。彼らに対する福祉サービスの提供においても、自らの意思と選択により自立する主体として、自立に向かって支援がなされるべきである。自立支援とは、福祉サービスを必要としない状態をめざしてサービス提供されるものではない。利用者自らの意思に基づいて本人らしい生き方を選択できるように、側面から支援することが大切である。

5 良質かつ適切な福祉サービスの提供

　社会福祉施設は、施設における集団処遇型のサービス提供を行ってきた。新しい福祉サービスの理念として、良質かつ適切なサービスの提供が掲げられた。良質かつ適切なサービスとは、利用者本位でかつ自立支援に資するものでなければならない。

　ただし、利用者本位とは、必ずしも利用者の望むことを求められるがままに、そのすべてをかなえなければならないというものではない。むしろ、利用者の残存能力を高め、人として社会的に生きていることを支援するサービスが良質かつ適切なサービスといえる。

　こうした福祉サービスの提供には、地域における生活の連続性に配慮し、一人ひとりの生活ニーズ全体を把握した上で、専門職による個別ケアの実践が必要となる。

6 地域を基盤としたサービスの提供

社会福祉施設もその利用者も地域社会の構成員である。利用者に対するサービスは、施設が自ら提供できるサービスに限られるものではない。地域における暮らしの連続性に十分に配慮し、地域の社会資源を活用したサービスを組み立て、提供することが求められる。また、福祉サービスの内容も、地域における生活に可能な限り近づける取り組みが望まれる。[21]

さらには、利用者の生活を地域とつなぎ、利用者が地域社会に参画する支援も大切であり、これは社会的包摂（ソーシャルインクルージョン）を進めることにもつながる。[22]施設の経営も、地域のネットワークの中で連携・協働した姿が探られねばならない。

*21
本双書第9巻第3章第4節参照。

*22
本双書第1巻第2部第1章第1節4（3）参照。

7 サービスマネジメント体制の確立

社会福祉法人の経営には、こうした福祉サービスの理念をふまえ、良質かつ適切なサービス提供が求められる。利用者のニーズなど必要な情報の把握に努め、個別支援計画の作成においても、利用者や家族の意向を反映させることが大切である。施設職員が利用者本人にとって好ましいと考えるサービスを一方的に押し付けることが許されてはならない。

さらには、良質かつ適切なサービスを提供するためには、サービスの質の向上に向けて組織的かつ継続的に取り組む必要がある。社会福祉法が求めている苦情解決やリスクマネジメントはもとより、サービスの標準化も大切である。

また、サービスの質の継続的な向上のためには、組織として定期的に自己点検を行うとともに、福祉サービス第三者評価を受審し、発見された問題の解決に取り組むなど、サービスマネジメント体制を確立することが求められている。

引用文献

1）社会福祉法令研究会 編『社会福祉法の解説』中央法規出版、2001年、110頁
2）近藤隆雄『サービス・マネジメント入門−ものづくりから価値づくりの視点へ』生産性出版、2007年、26頁
3）山崎美貴子「ヒューマンサービスとは」阿部志郎 編『ヒューマンサービス論』中央法規出版、2006年、15頁
4）田尾雅夫『ヒューマン・サービスの経営−超高齢社会を生き抜くために』白桃書房、2001年、6頁

参考文献

● 阿部志郎・前川喜平『ヒューマンサービスの構築に向けて』中央法規出版、2010年
● 角谷快彦『介護市場の経済学−ヒューマン・サービス市場とは何か』名古屋大学出版会、2016年
● 京極髙宣『新版 福祉法人の経営戦略』中央法規出版、2019年
● 小松理佐子 編著『よくわかる社会福祉の「経営」』ミネルヴァ書房、2018年
● 清水　滋『入門「サービス」の知識−しっかり身につく』日本実業出版社、1994年
● 社会福祉士養成講座編集委員会 編『新・社会福祉士養成講座11 福祉サービスの組織と経営 第5版』中央法規出版、2017年
● 田尾雅夫『ヒューマン・サービスの組織−医療・保健・福祉における経営管理』法律文化社、1995年
● 鄭　森豪『サービス産業経営論』同文舘出版、2008年
● 三浦文夫『増補 社会福祉政策研究−社会福祉経営論ノート』全国社会福祉協議会、1985年
● 三浦文夫『社会福祉経営論序説』碩文社、1980年
● 渡辺孝雄『医療・福祉サービスの経営戦略−医療環境の変化とその対策 第2版』じほう、2006年

第**2**章

福祉サービス発展の経緯と地域共生社会

学習のねらい

　日本の福祉は、いつから、どのようにして始まったのか、戦前及び戦後と、社会福祉事業及び福祉サービスの歴史的変遷をふまえ、現在あらためて福祉サービスにかかる組織及び経営に問われている課題について考察する。

　本章を学ぶことにより、社会福祉事業法の制定時における社会福祉事業の構造の理解を深め、どのようにして社会福祉基礎構造改革へと至ったのかを知ることができる。社会福祉法人制度改革の背景、及び社会福祉事業の主たる担い手である社会福祉法人の組織と経営に求められている課題について、社会福祉にかかわる職員も十分に学びを深める必要がある。社会福祉法人が社会福祉事業の主たる担い手であることの意味、さらには、なぜ社会福祉法人に対し「地域福祉の推進」「地域共生社会の実現」に寄与することが求められているのかについて理解する。

第1節　福祉サービスの沿革と概況

1 福祉サービスの歴史と制度環境の変化

（1）福祉サービスとは

「福祉サービス」という用語が、社会福祉法（昭和26〔1951〕年制定時は「社会福祉事業法」。平成12〔2000〕年に法律名変更）に最初に使用されるのは、平成2（1990）年の福祉関係8法の改正で追加された、法第3条「基本理念」という条文の中である。現在、福祉分野において「サービス」という用語は、介護保険サービスをはじめ広く用いられ一般化している。

昭和25（1950）年の社会保障制度審議会（会長：大内兵衛^{おおうちひょうえ}）の「**社会保障制度に関する勧告**」（以下、勧告）では、社会福祉について、「国家扶助の適用をうけている者、身体障害者、児童、その他援護育成を要する者が、自立してその能力を発揮できるよう、必要な生活指導、更生補導、その他の援護育成を行うこと」と定義している。昭和26（1951）年制定の社会福祉事業法では、これをふまえて、社会福祉事業の趣旨に関する規定の中で、社会福祉事業は「援護、育成又は更生の措置を要する者」に対して「その独立心をそこなうことなく、正常な社会人として生活することができるように援助すること」と定めていた。昭和25（1950）年当時に、法律上、福祉サービスという用語は出てこないが、「サーヴィス」という用語は当時の法律解説書でも使用されている。その後、限定された者への援助であった社会福祉制度の対象者が普遍化する過程において、福祉需要の多様化、高度化とともに、公的社会福祉事業だけではなく、民間社会福祉事業の成長もあって、「福祉サービス」という概念を実態のあるものにしたと考えられる。

平成元（1989）年の福祉関係3審議会合同企画分科会意見具申では、「福祉サービス」「在宅福祉サービス」「シルバーサービス」などサービスという用語が広く用いられている。ここでは国民に定着しているサービスという用語を、公と民間が提供する社会福祉の多様な支援行為にあてはめ、それら全体を福祉サービスと呼称していると考えられる。

平成12（2000）年の社会福祉事業法改正後の社会福祉法でも福祉サービスの定義は定められていないが、その際に整備された理念関連規定をふまえるならば、社会福祉事業のみならず、社会福祉を目的とする事業

全般から提供されるサービスそのものをさすと考えられる。

　このように「福祉サービス」が今日普遍的に用いられている背景には、①個人の尊厳の保持に基づく「利用者」概念、②利用者と事業者との対等な関係、③恩恵主義的な措置でなく契約による利用（サービスの対価としての報酬支払い）が、与えられる福祉というものから自ら利用するものへと意識を変化させていることなどが考えられる。

　一方で、一般的な市場で取引されているサービスとは一線を画していることにも留意しなければならない。その利用者は、精神、身体、経済的困窮などさまざまな障害がある者であり、彼らに対する支援行為は、全人的に適正な配慮が法的にも契約上もなされなければ実質的に対等な関係が築けないからである。したがって、社会福祉法人を含む社会福祉を目的とする事業の実施者は、基本的人権の尊重、個人の尊厳の保持、自己選択・自己決定などの原理を理解し、個別性をふまえた支援計画を常に見直しながら、適正にサービスを提供していくことが福祉サービスとよばれるものであると考える。

（2）福祉サービスの歴史的変遷
❶福祉サービス実施主体の変遷の概観

　人は生活上の困難を認識あるいはこれに遭遇すると、古来より自らの力であるいは他者との協働や支援によって、その解決に取り組んできた。家族に始まり、部族社会、封建社会、王権社会、現代社会に至る組織化の過程において、自助と共助がからみ合いながら、それぞれの社会形態の中で支え合いが発展してきたといえよう。ときに権力者の救済は、宗教とも関連して慈愛、仁徳、博愛ともよばれる行為として組織化され、いわば社会の安定化装置の機能を果たしていた。同時に、地域集団、職域集団の互助による救済もその産業構造と結び付いて、権力者の救済とともに形成され引き継がれてきたといえよう。

　人類史を振り返ると、人の生存を支える諸活動は、狩猟採集、農耕牧畜、鉱工業と展開しながら、生産性、効率性を高めるために専門分化の道を歩んできたといえる。救済の行為についても、衣食住に必要な生産活動とは別に、病を治すための行為である医療は早期に専門職化してきた。身分制社会が産業革命後に解体される過程で発生した貧困（多様な形態を包含する）については、宗教家のみならず篤志家もその救済にかかわっている。近代社会の安定を図るために、権力者は、こうした救済実践を法制度化して普遍化していった。これらが救貧法であったり、社

会保険制度であったといえるであろう。

　日本は、明治維新以降、急速に西欧近代化を図った結果、身分制社会の急速な解体と産業化が同時に生じ、その結果として多様な貧困が生まれた。その救済は海外の対応に学びながら、宗教家、篤志家、あるいは天皇家の寄付などにより、多様な事業や支援が生まれた。その後、救済事業は、組織化や制度化され、第二次世界大戦後の社会福祉事業、社会福祉法人制度の創設に始まり今日に至っている。救済事業や活動は、近親者や地域住民による相互扶助から始まり、法人組織、国・自治体によるものまで多様な主体で営まれている。仮にこれらを福祉サービス活動主体と称するならば、主体のあり方は、明治維新以降今日に至るまで3つの段階で大まかにとらえることができる。

　第一の段階、明治維新以降、昭和26（1951）年の社会福祉事業法制定までの間は、多様な主体が社会事業、社会福祉事業を営むことができる「多様な主体が実施できる時代」であった。第二の段階は、社会福祉事業法で第一種社会福祉事業の主体を国や地方自治体、社会福祉法人に限定し、「限定された主体が実施する時期」であった。第三の段階は、平成12（2000）年の介護保険制度の施行を契機に、多様な主体が介護保険事業に参入することをふまえて、社会福祉基礎構造改革が行われ、社会福祉事業は「多様な主体が参入する時代」を迎えた。

　仮に、戦前の多様な事業主体の時代を事業主体の「第一期多元主義」時代とよぶならば、平成12（2000）年以降は「第二期多元主義」時代ということができる。二つの多元主義の違いは、平成12（2000）年に社会福祉法で社会福祉法人を「社会福祉事業の主たる担い手」と位置付けたことにある。すなわち、社会福祉事業を行う法人格に役割の違いを設定し、事業主体の構成の中に二重構造をつくって主体におけるセーフティネット構造を設けたことに、戦前の多元主義との違いを見ることができる（詳しくは後述する）。

　福祉サービス自体が本人等の責には負えない生活上の困難を解決・支援するセーフティネットだとすれば、福祉サービスの実施主体の中にも福祉サービスを途切れさせないためのセーフティネット構造が構築される必要があると換言できる。

　以下、日本の近代以降の救済事業の系譜を追いながら、福祉サービスの実施主体の変遷について考察する（**表2−1**）。

〈表2-1〉社会福祉制度の発展過程について

0　戦前の社会福祉制度	社会の情勢
明7　恤救規則（社会福祉の萌芽） 　　　・家族、隣人等による私的救済が中心、「無告の窮民」（ほかに寄る辺のない者）のみ公が救済 昭4　救護法（公的扶助の原型） 　　　・初めて救護を国の義務としたが、財政難のため実施を延期（昭和7年施行）。権利性はない 　　　・貧困者のうち怠惰・素行不良の者は対象外 　13　社会事業法（社会福祉事業法の前身） 　　　・救貧事業、養老院、育児院など私設社会事業に助成（優遇税制、補助金支出） 　　　・施設の濫立や不良施設防止のため、規制	世界恐慌により、貧困者が増大 昭和不況により、私設社会事業の資金が枯渇 第二次世界大戦
1　戦後社会福祉制度の確立期	
○福祉3法体制（戦後急増した貧困者対策） 昭21　（旧）生活保護法（引揚者等貧困者対策） 　22　児童福祉法（浮浪児、孤児対策） 　24　身体障害者福祉法（戦争による身体障害者対策） 　25　生活保護法（貧困者全般を対象、生存権保障を明確化） 　26　社会福祉事業法（社会福祉事業の範囲、社会福祉法人、福祉事務所などの基盤制度を規定）	引揚者、戦災孤児、戦争による身体障害者が多数生じた
2　拡充期	高度成長の実現による国民の生活水準の向上
○福祉6法体制（低所得者から一般的なハンディキャップを有する者に対象を拡大） 昭35　精神薄弱者福祉法（現　知的障害者福祉法） 　38　老人福祉法 　39　母子福祉法（現　母子及び父子並びに寡婦福祉法） 　46　児童手当法 　48　老人医療無料化（福祉元年）	国民皆保険・皆年金の達成（昭36） 　　高齢化、核家族化、 　　サラリーマン化、 　　女性の社会進出が進む
3　見直し期	石油ショックの勃発 赤字国債が財政を圧迫
○第2臨調に基づく福祉の見直し 昭55　第2臨調設置、社会福祉を含む行財政改革を提言 　57　老人保健法	基礎年金制度の導入（昭61）
4　改革期	
平元　福祉関係3審議会合同企画分科会意見具申 　　　・社会福祉事業の見直し 　　　・福祉サービスの供給主体のあり方 　　　・在宅福祉の充実と施設福祉との連携強化 　　　・市町村の役割重視 　　　ゴールドプラン策定 　2　福祉関係8法改正 　　　・在宅福祉サービスの積極的推進 　　　・福祉サービスを市町村に一元化 　6　エンゼルプラン策定 　7　障害者プラン策定 　9　児童福祉法改正 　　　介護保険法 　12　介護保険法施行 　　　社会福祉事業法等8法の改正（社会福祉基礎構造改革） 　15　支援費制度施行 　17　障害者自立支援法（現　障害者総合支援法） 　20 　25　生活困窮者自立支援法 　28　社会福祉法等の改正 　　　社会福祉法人制度改革 　　　新型コロナウイルス感染症の世界的蔓延 令2　社会福祉法等の改正 　　　社会福祉連携推進法人制度	少子高齢社会の本格化に伴う福祉需要の増大・多様化 人口減少社会に変化 リーマンショック

（出典）社会福祉法令研究会　編『社会福祉法の解説』中央法規出版、2001年、18頁をもとに一部改変

❷明治期の社会事業の萌芽

＊1
本双書第1巻第3部第
1章第3節2参照。

　日本の近代社会福祉制度は、明治7（1874）年に制定された**恤救規則**[*1じゅっきゅうきそく]に始まるといってよいであろう。江戸時代には、生活上の困難については、幕藩体制のもと為政者による公の救済と、地域社会での家族や隣人等による私的救済という二重構造で対処されていた。このため、近代社会福祉制度といわれる恤救規則においても、私的救済を基本として公の救済がこれを補完するという構造は維持されていた。その背景には、江戸時代には農業人口が8割であったといわれるように、労働集約型の産業が中心でありかつ大家族制であったこと、貨幣経済が拡大していくものの身分制社会で人の活動や物の移動にさまざまな制約があり、社会経済の構造は地域完結型が基本であったことなどから、地域社会での私的救済が十分な機能を果たしていたといえよう。

　しかし、明治維新以降、西洋近代文明の導入とともに欧米諸国に追いつくことをめざして社会改革、つまり近代化が推進されていく。特に「殖産興業」の方針によって産業の近代化が急速に進められた結果、鉱工業の勃興、貨幣経済の浸透と流通の拡大が進み、農村から都市への人口移動、労働者の増加と核家族化などの変化が起こり、農林漁業を中心とした地域共同体が徐々に解体されていった。さらに国際経済市場への参加によって、日本経済の景気そのものが昭和4（1929）年の世界恐慌に代表されるように、国外経済の好不況に左右されることにもなった。このような産業構造の変化は、都市を中心に私的救済では支えることができないさまざまな生活困窮者を生むことにつながった。

❸大正期から戦時下の社会事業

　欧米諸国は産業化していく過程において、労働者の増加と大家族制の解体に伴う核家族化の進展から、人々の生活上の困難への対処に公的関与を強化し、社会保障制度を充実する道を選んだ。市民革命を経て成立した生活自己責任の原則は、徐々に修正を求められることになる。日本でも同様に、明治、大正、昭和初期にかけて、社会保険制度として大正11（1922）年の健康保険法制定、公的扶助の強化として昭和4（1929）

＊2
本双書第1巻第3部第
1章第3節7参照。

年の**救護法**[*2]制定など、社会経済環境の変化に応じた制度改正が行われた。公の救済はほかに寄る辺のない「無告の窮民」の救済という、私的救済の補完という考え方から始まった公の救済制度であったが、産業構造の変化に伴い、社会の安定を図るために公的関与を強めざるを得なかった。

　明治以前は、多くの場合、家族や隣人等の地域共同体による私的救済

が個人の生活上の困難の救済を支えていた。しかし、明治以降、近代化の進展に伴う社会の変容は、家族、隣人等による私的救済に加えて、多くの社会事業団体、篤志家、宗教家などによるさまざまな形での生活困窮者の救済を生むことになった。例えば、博愛社（後の日本赤十字社）、天皇家の御下賜金と国民の浄財で設立された恩賜財団済生会（後の社会福祉法人恩賜財団済生会）、救世軍などの社会事業団体が活動した。また、石井十次、留岡幸助、山室軍平、長谷川　保など多様な慈善事業家、社会事業家たちが欧米諸国の取り組みを範に日本の近代社会事業の創生期に活躍した。

　明治41（1908）年には、渋沢栄一を会長として**中央慈善協会**（後の全国社会福祉協議会）が設立される。その設立にあたっては、全国各地で多様な慈善事業を営む者が一堂に会し、情報を交換して、各々の事業運営の質を向上させていくことを趣旨の一つとしていたとされている。こうした慈善事業の発展により、昭和12（1937）年には社会事業施設の8割以上を民間社会事業施設が占めるほどになっていた。民間社会事業家の多くは、民法に基づく公益法人（以下、民法法人）や個人であったため、昭和恐慌などによる経済状況の影響を受けて民間社会事業の財政基盤は悪化した。これは、民間社会事業施設の経営困難や粗悪な民間社会事業施設を生む一因にもなった。戦時体制下では国民の不安の緩和がより必要とされ、昭和13（1938）年に民間社会事業への助成とともに指導監督を強化する内容をもつ**社会事業法**[*3]が制定された。

　民間社会事業家の取り組みは、多様な社会事業を生みだすとともに、救護法制定などの制度化運動の中心になっていた。国民の権利として社会福祉を享受することが保障されていないなかで、民間社会事業家による多様な活動の多くは創発的試みであって、日本の社会福祉事業の礎を築いたことは注目すべきものである。

❹戦後の社会福祉事業の形成
（社会福祉事業法制定までの社会経済環境）

　第二次世界大戦の終結は、日本社会のあり方に大きな変化をもたらした。

　日本は、多くの人と財を戦争で失い、社会経済の復興にまず第一に取り組むことになる。生産財の不足、急激なインフレーション、食料や住宅の不足などによって、多くの国民が厳しい生活環境に置かれた。同時に、海外からの引揚者や復員軍人、傷痍軍人など戦争による身体障害者、

＊3
本双書第1巻第3部第1章第3節8参照。

戦災孤児、生計の担い手を失った家族、失業者など多様な生活困窮者が一時期に多数生じた。このため、社会経済の復興と同時に、生活困窮者の救済が社会の安定化のために急務となっていた。

GHQ（連合国軍総司令部）の占領政策のもと、日本政府の生活困窮者救済策については、GHQから非軍事化、民主化政策の観点から見直しが求められた。政府は昭和20（1945）年12月に生活困窮者の緊急救済策として「生活困窮者緊急生活援護要綱」「戦災引揚孤児援護要綱」などを策定し、応急策を講じようとした。これに対して、GHQから昭和21（1946）年2月27日に「社会救済」に関する覚書として、①国家責任の原則、②無差別平等の原則、③最低生活保障の三原則が示され、見直しが求められた。その結果、戦前の救護法など各種の援護法制も見直されることとなった。昭和21（1946）年に制定された（旧）生活保護法は、昭和22（1947）年5月に生存権など基本的人権を規定した日本国憲法の制定に沿って、昭和25（1950）年には全面的に改正された。続いて、昭和22（1947）年に多くの戦災孤児、保育需要への対策を盛り込んだ児童福祉法の制定、昭和24（1949）年に戦前の傷痍軍人中心の身体障害者施策を見直して一般施策にした身体障害者福祉法が制定された。このように、生活困窮者、戦災孤児、保育、傷痍軍人を含む身体障害者というように制度化が急がれる分野から法制度が整備されていった。

しかし、法制度は整えられても、福祉サービスを必要とする者へのサービスを提供する者が同時に整備されなければ、救済は進まない。戦前の社会事業は主に民間で担われ、当時、社会事業施設の9割近くが民間社会事業施設であった。戦後、担い手の中心であった民間社会事業施設の経営は、ハイパーインフレなどによって運営困難に陥っていた。一方、昭和20（1945）年12月、政府は、生活困窮者の救済として新たな援護機関の創設をめざしつつ、当面戦前から活動していた公的団体（恩賜財団同胞援護会など）による生活保護の実施を考えていた。これに対し、GHQは軍人優先策の再現を懸念して、公的な社会福祉事業の実施責任は公にあるとして指導を行った。さらに**日本国憲法第89条**において、公の支配に属さない慈善、博愛の事業への公金支出禁止が明示されることになり、昭和22（1947）年5月には民間社会事業施設に対する公的な財政支援は打ち切られ、その運営はますます厳しい状況に追い込まれることになった。

そもそも、戦前の社会事業は、民間社会事業家が中心になって発展してきたものであった。戦後の社会経済の復興を進めるなかで、国、地方

自治体が、公に生活困窮者の救済責任があるとされても、すぐに社会事業を実施したり、そのサービス量を容易に増やすことはできなかった。他方、公的な財政支援を打ち切られた民間社会事業施設は民間の篤志に頼らざるを得なかった。昭和22（1947）年12月に行われた「国民助け合い運動」という共同募金運動は、民間社会事業施設の財源を確保するために始まったものである。この運動は、今日の「赤い羽根共同募金」の原点であり、多くの国民の善意が寄付金として寄せられ、その総額は当時の政府予算の社会福祉費用を大きく超え、国民の善意の大きさを物語っていた。後に「干天の慈雨」と表された共同募金の恩恵に民間社会事業施設の多くが浴することになったが、共同募金のみで急増する福祉需要すべてに応えることはむずかしく、民間社会事業施設の継続的な経営安定を図るには至らなかった。

（新憲法下での戦後社会福祉制度の構築）

このように、公私分離の社会事業の実施の理念は、事業の実態、救済の緊急性、福祉需要に必ずしも適合していたとは言い難い。そこで、公立の社会事業施設が不足し充足に時間を要するという状況において、事業実績のある民間の社会事業施設を活かすという方法論が問題に対処する方法の一つとして、政府の喫緊の課題となった。

そこで、多くの生活困窮者の救済を進めるために、公の実施すべき社会事業を公の責任で民間社会事業者に委託し、公がその必要経費を負担するという問題解決方法が考えられた。これは、実施責任を公が担う一方で、実際の事業は委託を受けた民間社会事業者が公的負担をもって行うことになるため、公的責任による事業の実施、公私分離の原則に反しないとの解釈がなされた。これによってGHQの要請を満たすと同時に、民間社会事業者が公の福祉サービスを実施できることとなった。

この方法は、戦前の救護法において民間救護施設に対して市町村が委託費を支出できる仕組みがあったことから、急増する福祉需要への対処という観点から見て、政府にとって実施しやすい方法であったと考えられる。このため、児童福祉法、身体障害者福祉法、改正後の生活保護法の事業実施は行政による措置が基本となり、これら社会福祉事業の基本的共通事項を定める社会福祉事業法の制定によって、社会福祉事業の措置制度として確立されることになった。事業の実態が行政から措置委託を受けた社会福祉法人などで行われたので、措置委託制度ともいわれた。これにより、民間社会事業施設の約8割が生活保護法や児童福祉法の措置委託施設となったといわれている。

　社会福祉事業法は、直面する分野別の福祉問題ごとに法整備がなされるなかで、社会福祉事業の基本法が必要とされたことを受けて制定されたものである。それまでの社会事業法（昭和13〔1938〕年制定）は、GHQの民主化政策、新憲法の制定などにより、事実上死文化していたといえる。そこで、新たに社会福祉事業全分野の共通的基本事項を定める法律の制定と社会福祉法制の体系化が民間団体を中心に政府に要請があり、厚生省（当時）、参議院の委員会でも検討が始まった。

　そうしたなか、新憲法下での社会保障制度のあり方全般が検討され、昭和25（1950）年に社会保障制度審議会の勧告が示された。これは、その後の社会保障制度の基本を示したもので、社会保険、国家扶助、公衆衛生、社会福祉など多岐にわたる分野に対して提言を行っている。社会福祉制度に関しては、社会福祉機関、福祉の措置、費用負担について提言し、「民生安定所」の整備、現業職員の資格制度、民間社会福祉事業の特別法人制度の設立などが示された。

　民間での基本法制定の要請活動、社会保障審議会の勧告などをふまえつつ、一方ですでに個別に福祉法が制定されていたことを考慮し、昭和26（1951）年に社会福祉事業の共通的基本事項を定め、社会福祉事業の公明かつ適正な実施を目的とする法律として社会福祉事業法（現　社会福祉法）が制定された。同法は、社会福祉事業の範囲、規制及び監督、加えて社会福祉審議会、福祉に関する事務所、社会福祉主事、社会福祉法人、共同募金、社会福祉協議会など公私の社会福祉事業の組織、社会福祉施設の経営などについて定めるものであった。その結果、それまでに制定された、個別分野の3法と合わせて「福祉3法体制」とよばれ、戦後の社会福祉制度の基礎がつくられたといえる。

（社会福祉事業の構造）

　社会福祉事業は、第一種社会福祉事業と第二種社会福祉事業に分けられ、事業は限定列記されている。社会福祉事業について網羅的な定義を置くことはむずかしく、戦前の社会事業法でも事業が限定列記されていた。これについて、社会福祉事業法制定時に立法にかかわった木村 忠二郎（当時、厚生省社会局長）は、社会事業は慈善事業として発生し、社会経済事情と社会思想の変遷に伴って今日の形態に進化してきたものであって、その対象は社会経済事情の変遷に応じて絶えず変化してきているばかりでなく、極めて複雑多岐にわたるため、その形態を定義することは困難である旨を述べている。生活上の困難を支援する方法は、社会経済の構造や人間活動の中から必要に応じて生まれてきたといっても

よいであろう。その中から、広くあまねく行われ、社会で認知され、法制度によって規制や助成が行われている事業はその一部である。逆にいえば、人を支える支援活動の中から、社会福祉事業が時代や社会の要請に応じて生まれてくるといえる。昭和26（1951）年の法制定以降、令和2（2020）年に至る間にも、社会的な必要性が乏しくなったとして法律から削除された社会福祉事業がある一方で、社会的な要請を受け新たに法定化された社会福祉事業もある。

　第一種社会福祉事業には、入所施設、経済保護事業などが主に定められている。これは事業の実施により提供されるサービスが利用者に対して大きな影響をもつと考えられ、事業の継続性、安定性の確保を重視しており、第二種社会福祉事業に比べて相対的に強い公的規制が課されている。例えば、人が入所して生活の大部分を過ごす入所施設においては、サービスそのものが入所者個人の生活全般に非常に大きな影響を及ぼすことになる。不適正なサービスは、重大な人権侵害を引き起こす可能性がある。また、無利子または低利で資金貸付を行う経済保護事業でも、人権擁護の観点から不当な搾取を起こさぬよう経営主体の制限などが行われている。

　第二種社会福祉事業は、通所事業、訪問事業、相談事業などが規定されている。第一種社会福祉事業と比べて事業実施に伴う弊害が比較的少ないと考えられるものが入っているが、これは相対的な違いにすぎない。むしろ、事業の展開を阻害せずに自主性と創意工夫することが必要と考えられ、経営主体についても制限を設けず、届出だけでよいことになっている。ただし、経営主体については、個別福祉法で上乗せ規制が行われ制限的であった。これら参入制限については、後に、政府が行う規制緩和、規制改革などによって個別福祉法の規制は一部緩和されている。

　社会福祉事業法には制定当初から「社会福祉を目的とする事業」という用語がある。それは社会福祉協議会の事業目的の中にある「社会福祉を目的とする事業に関する調査」などにおいて見ることができる。社会福祉協議会とは、地域社会における公私の社会福祉事業の関係者やこれに関心をもつ者が集まって「社会福祉を目的とする諸活動を総合調整」し、その機能をより効率的に発揮させる「自主的組織体」であることが示されている。社会福祉事業法制定時の目的規定では「この法律は、社会福祉事業の全分野における共通的基本事項を定め、（略）その他の社会福祉を目的とする法律と相俟って、社会福祉事業が公明且つ適正に行われることを確保し、（以下略）」として、社会福祉事業の適正実施を図

第2章

る法律との位置付けを明確にしている一方で、「社会福祉を目的とする事業」という用語は出てこない。しかしながら、社会福祉協議会の事業目的には社会福祉事業が地域社会における多くの福祉実践から生まれてくるという実態を反映した概念整理がされていると考えられる。すなわち、社会福祉を目的とする事業の中に社会福祉事業は包含されているということである。このことは、在宅福祉サービスや多様な非営利活動が盛んになる1990年代以降、重要な意味をもつことになる。

（社会福祉事業の実施主体としての社会福祉法人）

　社会福祉事業の実施主体については、GHQの指導目標である「公私社会事業の責任と分野の明確化」、社会保障制度審議会の勧告による「特別法人制度」の確立をふまえて、社会福祉事業法において民間社会福祉事業に自主性を与えつつ、純粋性と公共性を高める観点から、一般の公益法人よりも公共性が高く社会的信用を高める組織として、「**社会福祉法人**制度」が創設された。

　社会福祉事業法制定当時は、公の社会福祉事業と民間の社会福祉事業がそれぞれの役割を果たしていくことによって、社会福祉事業の増進が図られることが期待されていた。公と民間の役割分担を明らかにするため、公が民間に責任を転嫁することを禁じ、公は民間の自主性を尊重し不当な関与をしないこと、一方で民間は独立性を維持するために公に不当な財政的・管理的援助を求めてはならないことなどが事業経営の準則として法に規定されていた。

　しかし、当時のアメリカと比較した場合、戦後の特殊な状況下において経済的な余力がなく、文化的・宗教的な基盤も異なる日本においては、アメリカのような民間福祉活動は期待できなかった。同時に、救済を求める人々があふれ、社会福祉事業の早急な実施、拡充が求められる状況下において、政府はそれまでの民間社会事業施設を活用しないわけにはいかなかった。そこで、公が行う社会福祉事業を民間社会福祉事業を経営する者に委託することは、公が事業実施の責任を負いながら、民間社会福祉事業のサービスを正当な対価を支払って購入することになるので、公私の責任分担は明確であるとして法には触れないと解釈した経緯はすでに述べたとおりである。

　社会福祉法人が公的費用で社会福祉事業を運営できる主体であるか否かについては、憲法第89条が定める公の支配に属さない慈善、博愛等の事業への公金支出の禁止との関係を整理する必要があった。これについては、社会福祉法人は民法法人等と比べて、社会福祉事業法で公の規制

監督を受け、より公共性が高いとして、憲法でいうところの「公の支配」に属するものと解釈された。したがって、措置委託制度は公私分離の原則に反するものではなく、また、公の支配に属する特別な法人として、公の低利融資制度、施設整備費補助制度が創設されるに至った。これによって、公の責任の行使と民間社会福祉事業の経営の安定が図られて、社会福祉施設の整備、確保は進み、多くの生活困難者が救済されていくことになる。

　措置委託制度と社会福祉施設整備費補助制度、税制優遇措置などが整備され、社会福祉法人による社会福祉事業の実施が増加していった。一方で、社会福祉法人に当初期待されていた、自主的な社会福祉活動、先駆的な福祉サービスへの取り組み、民間の社会福祉事業の組織化といった本来の役割は次第に後退し、結果として措置委託事業に依存し、国や地方自治体の指導による画一的なサービス内容の実施にとどまることになった。これは、日本全体が社会経済の復興期にあって迅速な生活困難者の救済が急務とされた時代にあっては、まさに「救貧」が最も急がれることであり、やむを得ないことであったと考えられる。

（福祉サービスの増加と普遍化）

　社会福祉事業は、国、地方自治体、社会福祉法人による措置制度を軸として展開されていく。1950年代後半から1960年代にかけては、日本の経済復興が進み、高度経済成長を遂げ、国民所得の増加、国民の生活水準、衛生水準が向上していった時期である。同時に第一次産業中心から第二次、第三次産業中心へと産業構造は変化し、人口は農林山村地域から都市へ流入して過疎化・過密化が急速に各地に広がった。家族は大家族から核家族へ、地域社会のつながりの脆弱化、寿命の伸長と乳児死亡率の低下などが徐々に進んだ時期といえる。こうした社会経済の構造変化は、戦後間もないころの福祉需要とは異なる需要を生み出していくことになる。1960年代に入って、分野別の社会福祉制度が次々につくられ、精神薄弱者福祉法（現　知的障害者福祉法）、老人福祉法、母子福祉法（現　母子及び父子並びに寡婦福祉法）が制定されて、「福祉３法体制」から「福祉６法体制」といわれた。こうした新たな社会福祉制度も運営の基本は措置制度であり、地方自治体立の社会福祉施設も増加したが、社会福祉法人による社会福祉施設の整備とこれに対する措置委託も進んだ。

　社会保障制度全体でみると、「救貧」策が第一と考えられた戦後間もない時期から、社会経済の復興と社会保険制度の整備が進んで昭和36

（1961）年に「国民皆保険・皆年金」体制が確立されたあたりからは、社会保障制度全体が「防貧」策に重点を移していくことになった。社会福祉事業においても、限られた社会資源の中で低所得者層中心の福祉サービス供給に力点を置かざるを得なかった「救貧」を第一とした時期から、経済的な要件にとらわれず、利用者の多様な状況に応じた援護の実施という方向に拡大していくようになった。

　例えば、高齢者の増加とともに要介護高齢者の援護の必要性が認識されると、入所に経済要件があった生活保護法の養老施設を廃止し、老人福祉法に特別養護老人ホーム、養護老人ホームの類型を新たに設けた。特別養護老人ホームには要介護状態を「施設収容」の要件とし、経済要件を外した。これは、福祉サービスが低所得者を優先あるいはこれに限定したものから、国民誰にでも必要に応じて提供されるという普遍化を示した例といえる。ただし、特別養護老人ホームへの入所措置は地方自治体の権限であり、利用者の請求権に基づく入所ではなかった。また、入所者には所得に応じた費用徴収基準が厳格に適用され、高所得者は入所費用の全額が費用徴収されるなど誰にとっても利用しやすいものではなかった。戦後に構築された措置制度は、社会経済環境や国民意識が変化してもその枠組みは大きく変更されず、維持されたままであった。

　高度経済成長期を経て、国の経済規模が拡大するにつれ、社会保険制度、社会福祉制度は増加する社会保険料や公費をもとにサービス供給量を拡大していった。特に、福祉サービスの提供方法は施設収容が中心であったことから、昭和46（1971）年には他の社会資本整備と同様に社会福祉施設緊急整備5か年計画が策定され、増加する税収をもとに社会福祉施設の整備が促進された。地方自治体で社会福祉施設の整備を急いだことから、社会福祉施設の整備に合わせて社会福祉法人を設立するという形が増え、全国に社会福祉法人が増加していくことになった。本来であれば社会福祉法人が先にあって、地域の福祉需要を見通しながら公私の社会福祉事業を展開することが期待されていたにもかかわらず、「一法人一施設」といわれるように、小規模な法人が増加する一因となった。さらに、地方自治体は、社会福祉施設整備費補助制度と措置委託制度を使って、民間の社会福祉施設に厳格な指導に沿った運営管理を求めた。

　高度経済成長期までの社会福祉事業を概観すれば、戦後の特別な状況下で構築された社会福祉制度が、高度経済成長による社会経済の変化に応じて生じる新しい福祉需要に応えるために社会福祉制度の分化と充実を図ってきた時期といえる。福祉サービスの提供方法は措置制度を基本

とし、サービスの充実は税収増による財政拡大に依存していた。その結果、社会福祉施設を経営する社会福祉法人は、措置委託事業の適正な実施に主眼を置くことになり、民間の社会福祉事業を組織化し地域の多様な福祉需要に積極的に対応するという本来の役割はほとんど果たすことができなかったといえる。

　しかし、高度経済成長は、昭和48（1973）年の第一次オイルショックを契機に終焉を迎える。激しいインフレーションで日本は戦後初の実質マイナス成長を記録し、低経済成長の時代に入った。公費依存型の社会福祉充実策は景気回復と財政再建を柱とした行政改革の一環として公費の削減・合理化の対象となっていった。昭和55（1980）年に設置された第二次臨時行政調査会（会長：土光敏夫）は、「増税なき財政再建」の基本方針のもとで社会福祉制度を含む行財政改革を提言した。政府はこれに基づき、社会福祉制度については国と地方の役割分担の見直しを行い、事務事業の団体委任事務化や権限委譲、財政面では国と地方の費用負担割合の見直しを行った。財政再建を主眼とした社会福祉制度改革であったため措置制度は維持され、少子高齢化による福祉需要の変化、増加に対応した制度改革ではなかった。

（「福祉関係8法改正」の意義）

　行財政改革が進む一方で、日本社会には少子高齢化の進展に伴う福祉需要の増加や利用者による福祉サービス選択への要請などが高まっていった。戦後に構築されたパターナリズム的な福祉観に立つ仕組みでは、その需要に柔軟に応えることはむずかしくなっていたといえよう。例えば、施設収容という方法だけでは、要介護高齢者の社会的入院の解消や在宅生活の実現といった要請に応えられるものではない。一方で在宅福祉サービスについては、多様な地域福祉活動が萌芽していた。福祉需要や国民意識の変化をふまえた社会福祉制度改革が求められるようになっていたと考えられる。特に高齢化の進展は、欧米諸国に比べて進展の速度が群を抜いていた。長寿化は、老後をどのように過ごすのか、高齢者の生活や医療の保障をどのようにするのか、さらには介護が必要な高齢者をどのように支援するのかなどの問題を伴っていた。特に高齢者介護という福祉需要が増大するなかで、従来の老人福祉施策では対応困難な課題が生じ、この課題は将来にわたって続くことを見据えて、社会福祉制度の改革が高齢化問題を中心に需要主導型で進むことになった。

　戦後の社会福祉制度の改革の中で、1980年代後半から平成2（1990）年にかけて行われた一連の改革は、必ずしも行財政改革のみを主題とし

て行われたものではなく、高齢化の進展で増大する福祉需要への制度的な対応を試みたものと考えることができる。その背景には、1970年代から1980年代にかけての行財政改革や経済対策が効果を上げて景気回復が進み、平成元（1989）年には特例公債脱却宣言を出せるほどになった政府の財政状況の改善がある。いわゆるバブル景気の到来である。社会福祉制度を含む社会保障制度は、国の経済状況、財政状況と大きく関連する。経済状況の悪いときには社会のセーフティネットとしての機能を果たし、また、好景気のときには増加する社会保険料、税収が制度改正を後押しするといえる。こうした社会経済状況が訪れたことが、現在と将来の福祉需要を考えた制度改革を可能にした一因であるといえる。この後の一連の社会福祉制度改革の端緒が、平成2（1990）年の「**福祉関係8法改正**」である。

　この制度改正の目的、方向性は、平成元（1989）年3月の福祉関係3審議会合同企画分科会の意見具申に示されている。改正の目的は、①ノーマライゼーション理念の浸透、②社会福祉サービスの一般化・普遍化、③施策の総合化・体系化の促進、④サービスの利用の選択の幅の拡大をめざし、その方向性として、①市町村の役割重視、②在宅福祉の充実、③民間福祉サービスの健全育成、④福祉と保健・医療の連携強化・総合化、⑤福祉の担い手の育成と確保、⑥サービスの総合化・効率化を推進するための福祉情報提供体制の整備が掲げられた。これに沿って、①市町村での施設サービスと在宅サービスの決定と実施権限を一元化（特別養護老人ホーム・養護老人ホーム等施設サービスの入所決定等の事務を町村に委譲、市町村による在宅福祉サービス〔ホームヘルプサービス、デイサービス、ショートステイなど〕の推進）、②サービスの総合化（都道府県・市町村が老人保健計画と老人福祉計画を一体的に策定〔高齢者のもつ、保健・医療・福祉など多様な需要への総合的な提供を図るための目標数値などを含む〕や在宅サービスの法定化〔社会福祉事業を含む〕）、③社会福祉事業法において基本理念・地域等への配慮規定を創設、など老人福祉法等の8本の法律改正が行われた。

　ここで示された、ノーマライゼーション理念と福祉サービスの一般化・普遍化、多様な需要を抱える利用者に総合的にサービスを提供すること、関連施策との有機的連携などは、その後の改革においても表現は異なっているといえども原型になっている。施設サービスと在宅サービスを改革推進の両輪として法的に位置付けたことは、福祉サービスの内容、実施主体を格段に広げ、その支援方法や供給量を増やしていくこと

になる。

　特に、平成元（1989）年に策定された「高齢者保健福祉推進十か年戦略（ゴールドプラン）」は、保健福祉サービスについて整備の目標年次、目標量とこれの財政的裏打ちをもってつくられた初めての計画であった。その後8法改正を受けて、全国の市町村が策定した老人保健福祉計画の目標量数値が積み上げられ、ゴールドプランの目標値の上方修正などが行われた、新たなプラン（「新ゴールドプラン」）には、「利用者本位・自立支援」「普遍主義」「総合的サービスの提供」「地域主義」という基本理念が明示されており、このことは特筆に値する。

　施設収容が福祉サービスの主軸であった時代には、地方自治体、社会福祉法人が事実上業務独占的に社会福祉事業を担っていた。それが、福祉関係8法改正とゴールドプランの策定を境に、施設サービスとともに在宅サービスの推進が法的に、施策として位置付けられた結果、民間福祉サービスが在宅サービスを中心に発展していった。在宅サービスの多くは市町村社会福祉協議会と並んで民間企業などが市町村から委託を受けて事業実施を担った。ただ、地域における高齢者介護の需要が増えて多様な主体がかかわっていくことになるが、社会福祉制度の施設サービス、在宅サービスの提供方法の基本は措置制度の枠組みから出ることはなかった。その一方で、高齢者が自分に合ったサービスを自ら選択し、利用したいという要望が高まっていた。福祉サービス供給の制約、利用者の選択権の保障、多様な主体のサービスの質の確保と総合調整の必要性などの多様な課題が、その後、社会福祉制度のさらなる見直しを求め、新たな社会福祉制度の創設につながったと考えられる。

2 社会福祉基礎構造改革における福祉サービスの理念

（1）社会福祉基礎構造改革の背景と意義

❶社会的背景

　昭和61（1986）年から始まった好景気、いわゆるバブル景気は平成3（1991）年に崩壊し、平成不況とよばれる低経済成長に陥ることになった。その一方で、少子高齢化は進展し続け、特に高齢者介護の問題は、平成不況の脱却をめざした「六大改革[*4]」の中でも、日本の将来を展望したときに早急な制度対応が必要なものとされた。

　要介護高齢者は、1980年代から、高齢化の急速な進展と医療技術の進

*4
平成8（1996）年の「行政、財政構造、金融システム、経済構造、教育、社会保障構造」の改革をいう。

歩などによって増加を続けていた。さらに平均寿命の伸長などによって、要介護高齢者の重度化と介護期間の長期化が顕著になっていた。一方で、核家族化や介護を担う家族の高齢化などによって要介護高齢者の家族介護力は低下していた。その結果、高齢者の「社会的入院」や「寝たきり老人」「介護離職」などが社会問題化した。これを支える施策は、社会福祉制度、医療保険制度、老人保健制度など複数の制度にまたがっていたことや、特別養護老人ホーム等の施設サービス、在宅サービスなどの福祉サービスの不足が、療養環境の整わない病院を受け皿にする事態を生んでいた。

平成元（1989）年のゴールドプランの策定やその後の見直しによって、高齢者に対する保健福祉サービスの提供基盤の整備は一定程度促進された。増加する介護需要に対し将来にわたって安定的に供給できるようにするとともに、従来の制度の問題（医療サービスや福祉サービスに分かれ、同じ状態像の要介護高齢者の利用者負担が異なることやサービスの総合調整が行われていないこと、サービス提供に地域差があることなど）を解決するために、介護サービス提供の新たなシステムの検討が進められ、平成9（1997）年に介護保険法が制定されることになった。介護保険制度は社会連帯に基づき、社会保険システムを基本とし、利用者の自己選択に立って保健・医療・福祉サービスを利用者本位で総合的に提供することを体系化したもので、社会保障構造改革の先駆けともよばれた。

平成9（1997）年当時の構造改革の視点としては、①規制緩和、②民活（例：介護・保育事業への民間企業参入）、③新産業・雇用創出、④地方分権、⑤情報開示・透明性、⑥事前評価から事後評価などがあがっており、社会福祉制度がこれにどう対応していくのかが課題の一つとなっていた。また、社会福祉制度については、社会福祉施設整備費補助金の不正事案が社会問題となっていた。社会福祉制度を取り巻くさまざまな課題について、介護保険制度の導入と相まって、戦後の社会福祉制度の基礎構造が社会経済環境の変化に対して制度疲労を起こしているとの見方があり、これを全体としてどのように見直すのかが重要な課題となった。

❷総合的改革

社会福祉基礎構造改革は、社会福祉制度が置かれた社会経済環境への対応や制度的・実務的課題の解消を総合的に図るために、措置制度、社

会福祉法人制度、地域福祉などの改革を行ったもの（**図２-１**）で、平成12（2000）年に社会福祉事業法等８法が改正された。

　社会福祉基礎構造改革の意義を簡潔に整理すれば、①利用者の選択の保障と社会福祉事業の自主的な発展の環境整備、②福祉サービスのメニューと量の基盤整備（選択できる種類と量の確保）、③地域福祉の再認識、と整理できる。

　平成10（1998）年に、中央社会福祉審議会が社会福祉基礎構造改革に関する改革の基本的方向について中間整理を行っている。まず、社会福

〈図２-１〉社会福祉基礎構造改革の全体像

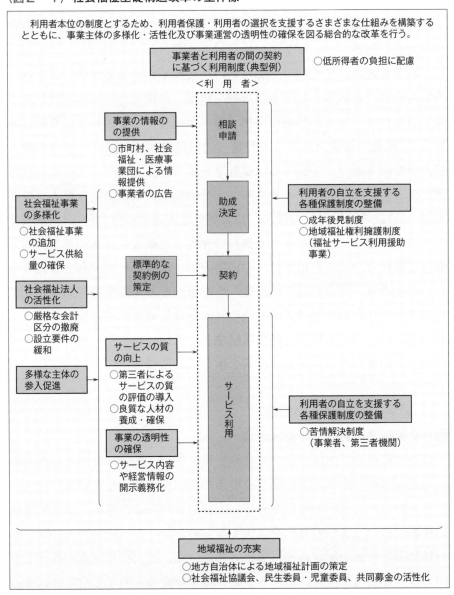

（出典）社会福祉法令研究会　編『社会福祉法の解説』中央法規出版、2001年、33頁の図をもとに一部改変

祉の理念として、国民全体を対象に社会連帯のもとでの支援を行い、「個人が人としての尊厳をもって、家庭や地域の中で、障害の有無や年齢にかかわらず、その人らしい安心のある生活が送れるよう自立を支援すること」にあるとした。これは社会福祉制度が、昭和25（1950）年の社会保障制度審議会の勧告以降続いてきた社会的弱者の援護救済から、めざすものが国民すべての自立の支援であることを宣言したものといえよう。具体的な改革の方向として、①サービスの利用者と提供者の対等な関係の確立、②個人の多様な需要への地域での総合的な支援、③幅広い需要に応える多様な主体の参入促進、④信頼と納得が得られるサービスの質と効率性の確保、⑤情報公開等による事業運営の透明性の確保、⑥増大する費用の公平かつ公正な負担、⑦住民の積極的な参加による福祉の文化の創造、という7つの柱が示された。

　これをもとに、平成12（2000）年の社会福祉事業法等8法の改正は、①個人の自立を基本とし、その選択を尊重した福祉サービス利用制度の確立（福祉サービスの利用制度化〔障害者福祉サービスに支援費制度を導入〕、利用者保護システムの整備〔情報提供、権利擁護、苦情解決、適正契約の支援〕）、②質の高い福祉サービスの拡充（サービスの自己評価と第三者評価、専門職の資質向上、社会福祉事業の範囲の拡大〔事業追加〕、施設の規模要件の緩和、社会福祉法人運営の弾力化）、③地域での生活を総合的に支援する地域福祉の充実（地域福祉計画の策定、知的障害者福祉サービスの市町村への権限委譲、社会福祉協議会、共同募金会、民生委員・児童委員の活性化）を主な内容とするものであった。これによって社会福祉事業法は、法の目的をはじめとする諸規定の改正、整備を行い、法の名称を「**社会福祉法**」と改め、福祉サービスの利用方法の基本が変わる中で新しい役割を担うことになった。

（2）社会福祉法改正の概要
❶社会福祉法の目的及び基本理念

　社会福祉法の目的規定は、社会福祉事業法の「社会福祉事業の公明かつ適正な実施」から、①社会福祉事業の公明かつ適正な実施及び社会福祉を目的とする事業の健全な育成、②利用者の利益の保護、③地域福祉の推進、という3つの目的を包含するものとなった。昭和26（1951）年の社会福祉事業法制定当初に考えられていた、社会福祉事業の揺籃ともいえる、社会福祉を目的とする事業の健全な育成を明記したことによって、両者の包含関係が明確になったと同時に、これを法の射程にとらえ

〈表2－2〉社会福祉法の基本理念に関係する規定の変遷

昭和26年制定時	（社会福祉事業の趣旨） **第3条**　社会福祉事業は、援護、育成又は更生の措置を要する者に対し、その独立心をそこなうことなく、正常な社会人として生活することができるように援助することを趣旨として経営されなければならない。
平成2年改正	（基本理念） **第3条**　国、地方公共団体、社会福祉法人その他社会福祉事業を経営する者は、福祉サービスを必要とする者が、心身ともに健やかに育成され、又は社会、経済、文化その他あらゆる分野の活動に参加する機会を与えられるとともに、その環境、年齢及び心身の状況に応じ、地域において必要な福祉サービスを総合的に提供されるように、社会福祉事業その他の社会福祉を目的とする事業の広範かつ計画的な実施に努めなければならない。 （地域等への配慮） **第3条の2**　国、地方公共団体、社会福祉法人その他社会福祉事業を経営する者は、社会福祉事業その他の社会福祉を目的とする事業を実施するに当たつては、医療、保健その他関連施策との有機的な連携を図り、地域に即した創意と工夫を行い、及び地域住民等の理解と協力を得るよう努めなければならない。
平成12年改正	（福祉サービスの基本的理念） **第3条**　福祉サービスは、個人の尊厳の保持を旨とし、その内容は、福祉サービスの利用者が心身ともに健やかに育成され、又はその有する能力に応じ自立した日常生活を営むことができるように支援するものとして、良質かつ適切なものでなければならない。 （地域福祉の推進） **第4条**　地域住民、社会福祉を目的とする事業を経営する者及び社会福祉に関する活動を行う者は、相互に協力し、福祉サービスを必要とする地域住民が地域社会を構成する一員として日常生活を営み、社会、経済、文化その他あらゆる分野の活動に参加する機会が与えられるように、地域福祉の推進に努めなければならない。 （福祉サービスの提供の原則） **第5条**　社会福祉を目的とする事業を経営する者は、その提供する多様な福祉サービスについて、利用者の意向を十分に尊重し、かつ、保健医療サービスその他の関連するサービスとの有機的な連携を図るよう創意工夫を行いつつ、これを総合的に提供することができるようにその事業の実施に努めなければならない。 （福祉サービスの提供体制の確保等に関する国及び地方公共団体の責務） **第6条**　国及び地方公共団体は、社会福祉を目的とする事業を経営する者と協力して、社会福祉を目的とする事業の広範かつ計画的な実施が図られるよう、福祉サービスを提供する体制の確保に関する施策、福祉サービスの適切な利用の推進に関する施策その他の必要な各般の措置を講じなければならない。
平成29年改正	（地域福祉の推進） **第4条**　（略） 2　地域住民等は、地域福祉の推進に当たつては、福祉サービスを必要とする地域住民及びその世帯が抱える福祉、介護、介護予防（要介護状態若しくは要支援状態となることの予防又は要介護状態若しくは要支援状態の軽減若しくは悪化の防止をいう。）、保健医療、住まい、就労及び教育に関する課題、福祉サービスを必要とする地域住民の地域社会からの孤立その他の福祉サービスを必要とする地域住民が日常生活を営み、あらゆる分野の活動に参加する機会が確保される上での各般の課題（以下「地域生活課題」という。）を把握し、地域生活課題の解決に資する支援を行う関係機関（以下「支援関係機関」という。）との連携等によりその解決を図るよう特に留意するものとする。 （福祉サービスの提供の原則） **第5条**　社会福祉を目的とする事業を経営する者は、その提供する多様な福祉サービスについて、利用者の意向を十分に尊重し、地域福祉の推進に係る取組を行う他の地域住民等との連携を図り、（以下、略） （福祉サービスの提供体制の確保等に関する国及び地方公共団体の責務） **第6条**　（略） 2　国及び地方公共団体は、地域住民等が地域生活課題を把握し、支援関係機関との連携等によりその解決を図ることを促進する施策その他地域福祉の推進のために必要な各般の措置を講ずるよう努めなければならない。
令和2年改正	（地域福祉の推進） **第4条**　地域福祉の推進は、地域住民が相互に人格と個性を尊重し合いながら、参加し、共生する地域社会の実現を目指して行われなければならない。 2　（略） 3　（略） （福祉サービスの提供体制の確保等に関する国及び地方公共団体の責務） **第6条**　（略） 2　国及び地方公共団体は、地域生活課題の解決に資する支援が包括的に提供される体制の整備その他地域福祉の推進のために必要な各般の措置を講ずるよう努めるとともに、当該措置の推進に当たつては、保健医療、労働、教育、住まい及び地域再生に関する施策その他の関連施策との連携に配慮するよう努めなければならない。 3　国及び都道府県は、市町村（特別区を含む。以下同じ。）において第106条の4第2項に規定する重層的支援体制整備事業その他地域生活課題の解決に資する支援が包括的に提供される体制の整備が適正かつ円滑に行われるよう、必要な助言、情報の提供その他の援助を行わなければならない。

（注）平成29年改正部分は、平成12年改正の条文に変更を加えた部分を、令和2年改正部分は、平成29年改正の条文に変更を加えた部分を掲載。
（出典）社会福祉法令研究会　編『新版　社会福祉法の解説』中央法規出版、2022年、64～66頁をもとに筆者作成

たといえる。

　次に、社会福祉法では法の目的を果たす上で必要な理念を4つの条文に整理した。昭和26（1951）年制定当時の社会福祉事業法には、社会福祉事業そのものの一般的な定義がむずかしいとされたため、これを一体的に包摂する理念規定も設けられていない。社会福祉事業法は業規制法であるがゆえに、社会福祉事業者が取り組むべきこととして社会福祉事業の趣旨を規定している。これは「援護、育成又は更生の措置」の対象者が「独立心をそこなうことなく、正常な社会人として生活することができる」よう援助することと定めていた。これは、昭和25（1950）年の社会保障制度審議会の勧告の総説において「国家が国民の生活を保障する方法ももとより多岐であるけれども、それがために国民の自主的責任の観念を害することがあってはならない」や、同勧告（第4編「社会福祉」）の社会福祉の定義にある「自立してその能力を発揮できるよう」という考え方を反映したものと考えられる。

　その後、平成2（1990）年の福祉関係8法改正の際、基本理念、地域等への配慮が社会福祉事業の趣旨に代わって、社会福祉事業法に規定された。これは、国、地方自治体、社会福祉法人などの社会福祉事業経営者が福祉サービスの利用者や地域住民に対して守るべきものとして規定されたものであって、法律が業規制の法であることの範疇（はんちゅう）から出るものではなかった。

　これに対して、社会福祉法では、①福祉サービスとは何かを示したこと、②地域住民等が地域福祉を推進する責務があること、③福祉サービス提供の原則として利用者の選択の尊重と総合的な提供に努めること、加えて、④福祉サービス提供体制の確保に関する国と地方公共団体の責務を明示することとなった。

　これらは、介護保険法の導入と社会福祉基礎構造改革において、福祉サービスの基本的な利用方法が、行政による措置から利用者と事業者との契約による利用に転換したことと福祉サービスの「利用者」という概念が法に導入されたことによる整理と考えられる。

　また、契約による福祉サービスの利用にあたっては、精神的、身体的、経済的に何らかの障害のある利用者が、一市民として必要なサービスを自己選択、自己決定して適切に利用できることを保障する上で、市民法原理（生活自己責任の原則）に修正を加える必要がある。すなわち、障害のある者がその障害を社会的支援などによって補い、市民法原理を適切に果たせる状態を実現するための措置を具体的に制度化する必要が生

じた。福祉サービスの利用者が適切な選択ができるようにするために、情報提供、契約手続の標準例の策定、個々人の判断の援助、苦情の解決、福祉サービスの質の確保策などが一体的に整備されることになった。

　なお、社会福祉法への改正にあたって、法に福祉サービスの理念が明記されたが、これは社会福祉事業の一般的定義とするものではない。社会福祉事業の定義については、社会福祉事業法制定時に木村忠二郎が容易ではないことと述べていた。その上で、社会福祉基礎構造改革の検討過程においては、社会福祉事業に加える際のメルクマール（指標）を5つの要素として厚生省（当時）が示している。要約すると、①利用者が日常生活を送る上で必要不可欠、②サービスの安定供給のため公的助成を通じた普及、育成の必要性、③サービスの質の公的規制の必要性、④ボランティア活動などを妨げないこと、⑤一般的なサービスとの明確な区分可能性、である。これのみで、ある事業が社会福祉事業として法的に位置付けられるか否かを判断されるものではないが、社会福祉事業として法的に位置付けるにあたって、社会的な要請もふまえて総合的な判断をする際の指標の一つになっている。

❷社会福祉事業の担い手

　戦後、社会福祉事業は公の責任で行うものであり、社会福祉法人が行う社会福祉事業の多くは行政からの委託事業と位置付けられていたことはすでに述べたところである。福祉関係8法改正以降、地方自治体から民間企業などへ在宅介護サービスの委託が進んでいった。さらに、1990年代の六大改革の議論の中では、規制緩和委員会で参入規制の撤廃が議論され、平成10（1998）年当時、特別養護老人ホーム事業、保育所事業への民間参入とあわせて社会福祉法人の規制緩和が論点となっていた。民間参入の議論では、社会福祉法人と民間企業などとの競争条件の平等（**イコールフッティング**）が論点の一つであった。こうしたことも社会福祉基礎構造改革で社会福祉法人の役割を再検討する一因になったといえる。

　介護保険法では、事業者の申請に基づいてその提供したい介護保険サービスが人員配置基準や設備基準、運営基準などを満たしていれば、都道府県、市町村の指定が行われ、介護保険法に基づく事業を行うことができる仕組みとなっている。これは公の委託を受けるという受動的な行為ではなく、事業者が地域の福祉需要に応じて自ら、主体的に公的な福祉サービスを実施するという能動的な行為である。その結果、医療法や

　老人福祉法などの個別法による事業主体の規制がある施設サービスなどを除き、通所介護事業や訪問介護事業などの居宅サービスでは、民間企業や消費生活協同組合、農業協同組合、特定非営利活動法人（以下、NPO法人）等の多様な主体が参入できることとなった。さらに、社会福祉基礎構造改革では、身体障害者福祉法等の障害福祉サービスに支援費制度を導入し、これらも措置制度から契約による利用制度になった。その結果、介護保険制度と同様に障害福祉サービスに指定事業者制度が導入され、この分野でも事業主体の多元化の端緒が開かれた。

　このように、社会福祉基礎構造改革以降、措置制度から契約による利用制度への転換によって、社会福祉事業の担い手は国、地方自治体と並んで社会福祉法人が事実上の「業務独占」をしていた時代から、「多元主義」の時代へと大きく転換した。多元化した後の福祉サービス市場で、利用者の選択権を実効性のあるものにするためには、一定の質をもった福祉サービスの供給量が多いか、類似あるいは代替福祉サービスの種類が多くなければならない。また、福祉サービスは、単なる営利事業として実施主体の経営上の都合のみで撤退自由とすると、地域によってはあるいは福祉サービスによっては、利用したい人が利用できないということを生じかねない。

　こうした問題を解決するためには、まず福祉サービスについて一定の「供給過剰状態」をつくり出す必要がある（**図2−2**）。その方法として、行政による委託によって供給主体数を管理するのではなく、福祉サービス市場に多様な事業主体が自由に参入撤退できる環境を整備することによって事業主体そのものを増加させ、福祉サービスの供給量を増やす方法が考えられる。その一方で、営利を基本とする民間企業などが、福祉サービスが必要だからといって採算を度外視して参入することはないし、すべての社会福祉事業に多様な主体が参入するともいえない。したがって、多様な主体が参入しても、社会福祉事業から撤退せずに福祉サービスを提供し続ける主体の存在が、福祉サービスの量の確保及び質の維持において不可欠となる。要は、福祉サービスを最後まで担う事業主体を福祉サービス提供の安全装置として制度的に設定することが必要になる。言い換えれば、福祉サービス市場からの撤退を一定程度制限され、事業の継続性を求められる主体が最後の担い手として中核になるということである。

　この役割は、地方自治体、社会福祉事業を行うことを目的に設立される社会福祉法人に求められている。地方自治体の場合は、社会福祉事業

〈図２－２〉 福祉サービス市場における多様な主体の参入と役割（概念図）

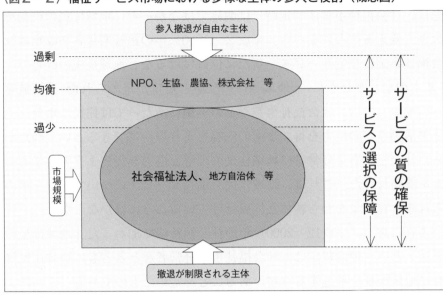

（筆者作成）

の実施や廃止にあたって議会が関与することになる。また、社会福祉法人の場合は、実施している社会福祉事業を廃止し、法人を解散する場合には、債権債務の精算を行った上で他の社会福祉事業経営者あるいは国に残余財産の寄付を行うことが、学校法人同様法律上の義務となっている。これは、事業の継続を意図したものであり、事業からの撤退を制限していると読み取ることができる。このように参入撤退が自由な事業主体と参入撤退に一定の制限がある、２つの異なる事業主体が存在することによって福祉サービス市場を市場原理のみに任せるのではなく、公的な福祉サービスの提供を持続可能にする構造にしているといえる。

　こうしたことから社会福祉法人を社会福祉事業の「主たる担い手」と位置付けたのである。社会福祉法人には、新たに経営の原則として、「確実、効果的かつ適正」な事業実施がその責務として明記された。「確実」とは自主的に経営基盤の強化を図ること、また「効果的」とは福祉サービスの質の向上に努めることであり、そして「適正」とは事業経営の透明性を確保することにつながる。社会福祉法人にとっては、制度創設以来、初めて実質的に自主的な事業を行える環境が整備されたといえる。

❸地域福祉の推進

　社会福祉法では、社会福祉法人の立ち位置が措置制度の時代に比べて

大きく変わった。同時に、新たに加わった「地域福祉の推進」という理念は、社会福祉事業法制定時には明確ではなかった、地域住民の役割を大きく変えることになった。平成2（1990）年の福祉関係8法改正は社会福祉事業に在宅サービスを新たに位置付けるなど地域重視の改正で、「基本理念」とともに、「地域等への配慮」規定が定められた。「地域等への配慮」では、社会福祉事業などの実施にあたっては住民のボランティア活動などの協力を得て事業の内容をより豊かにできるという観点から、社会福祉事業経営者に地域住民の理解と協力を得るよう努力することを義務付けた。これは、地域住民を福祉サービスについて理解を求められる存在、すなわち客体と位置付けていることにほかならない。

これに対し、平成12（2000）年の社会福祉法で加わった「地域福祉の推進」という理念規定は、社会福祉事業経営者などとともに地域住民自身に地域福祉を推進する責務があることを定めたものである。これによって、地域住民自身も、地域福祉の推進の主体に位置付けられたのである。これは、福祉問題を国民すべての問題としてとらえ、行政や社会福祉事業経営者のみならず、地域住民も含め、それぞれが自分にできることをしながら協働して解決にあたるということを明示したもので、それまでの考え方の180度の転換であったといえる。このようにして社会福祉基礎構造改革により、福祉サービスにかかわる裾野は拡大し、多様な福祉活動が推進される環境が整えられたといえる。

❸ 社会福祉法人制度のあり方検討と社会福祉法人制度改革

（1）社会福祉基礎構造改革後の社会福祉法人を取り巻く環境の変化

❶自主的な発展の環境整備

平成12（2000）年の社会福祉基礎構造改革で、社会福祉法人は昭和26（1951）年の制度創設当時に期待された民間社会福祉事業の組織化が実質的に行える環境が整った。

介護保険制度や支援費制度（現 障害者総合支援法）という契約による利用制度では、社会福祉法人等は自主的に事業を行い、介護保険制度等の公的費用負担は委託費から報酬に改められた。介護報酬等は措置委託費と異なり、法律上利用者から介護サービス提供の対価として支払われるものであるため、原理的には使途制限がなくなる。措置制度の時代

には、社会福祉法人が民間社会福祉事業の組織化や社会福祉を目的とする事業の展開を求められても措置委託を受けた事業から得た収益ではこうした費用をまかなうことが認められず、事実上これを行う余力はなかった。公的費用負担の報酬化によって、ようやく社会福祉法人が「社会福祉事業の主たる担い手」として自主的に地域の福祉需要に応じて主体的に事業展開できる財政的な基礎ができたといえる。

　しかし、制度は整ったものの、多くの社会福祉法人には、①措置制度時代の名残で法人に資本の蓄積が少なかったこと、②委託事業の運営管理者としての役割から自ら地域の福祉需要を見込んで主体的な経営を行う体制が不十分であったこと、③社会福祉事業は契約による利用制度と措置制度、運営委託制度の事業の併存であるため、行政の指導も事業ごとに複雑であったことなどから、社会福祉法人は従来の運営方針を急に転換することには至らず、主体的な運営への転換には時間を要することになった。

　一方で、介護保険制度や支援費制度などでは、民間事業者の参入が急増した。特に、介護保険制度の在宅サービス事業の供給は、その大半が民間事業者によるサービス提供となったため事業者間の競争も激化していった。こうした環境において、社会福祉法人が主たる担い手としての役割を十分果たしているのか、地域の福祉需要に十分応え、あるいは下支えをしているのかが、いま一度問われることとなった。

❷リーマンショック後の規制改革

　平成20（2008）年9月に起きた「リーマンショック」に端を発する世界的な金融危機の連鎖は、日本経済を不況にし、デフレ経済に移行させた。その回復には長期間を要することになる。平成23（2011）年3月には未曾有の震災、東日本大震災が日本を襲い、デフレ経済からの脱却とともに東北地方を中心にその復興が最重要課題になった。

　その一方で、政府にとって社会保障制度とその財源のあり方は、長年の懸案事項であった。少子高齢化が進展し、社会経済の構造が変化するなかで、年金、医療、介護、子育てなどの福祉需要は増加を続けていった。将来にわたってこれらを支え、国民の安心を確保するためには、社会保障財源を安定的に確保する必要があり、その方法について国民的合意を得る必要があった。特に、経済が低迷し、税収が伸び悩む状況下で、政府の歳出予算の不足分を毎年、赤字公債で補填するという方法は将来世代へ負担を先送りすることにほかならない。バブル景気崩壊後、政府

は景気の回復による税収増を志向し、増加する社会保障費用については、歳出・歳入一体改革で増加費用の抑制策による公費削減が行われていた。これは、需要主導型ではなく財政主導型の改革であって、少子化対策の遅れ、医療、福祉サービスの提供体制の脆弱化、セーフティネット機能の低下などが指摘されていた。

　平成20（2008）年に、政府が設けた社会保障国民会議（座長：阿藤誠）の最終報告では「持続可能な社会保障構築とその安定財源確保に向けた中期的プログラム」が示され、政府は改正税法附則で経済状況の好転を前提に、遅滞なく、かつ、段階的に消費税を含む税制の抜本的な改革を行うため、平成23（2011）年度までに必要な法的措置を講ずることが、明記された。その後、平成22（2010）年10月から政府の検討が行われ、平成24（2012）年に税制抜本改革法案、社会保障制度改革推進法案が与野党の賛成多数で成立した。社会保障制度の効率化、重点化を図ると同時に消費税率引き上げによって、社会保障制度の安定財源を確保する方向が定まったといえる。これは、将来にわたり増加する社会保障費用の財源を増税によって確保したもので、介護保険制度の創設により介護保険料という新たな財源を確保して以来のことであった。

　税制改革と一体的に行われたこの社会保障制度改革では、消費税の益が広く国民に還元されるように年金、医療、介護、子育てにその使途が重点化されると同時に、社会を支える雇用、貧困対策などの分野の改革も進められた。一連の改革は、社会保障制度にとどまらず、日本社会そのものの「持続可能性」と、「全世代」を対象とした需要主導型の改革といえるのではないだろうか。

　社会保障制度改革の主な分野については、平成24（2012）年に社会保障制度改革推進法に基づいて設置された社会保障制度改革国民会議（会長：清家篤）の報告を受けて、平成25（2013）年12月に「持続可能な社会保障制度の確立を図るための改革の推進に関する法律」が制定され、各分野での改革課題、政府本部、国民会議の後継会議の設置などが示された。その後の改革の中で、医療と介護の連携、地域包括ケアの推進、子ども・子育て支援新制度などが福祉サービス改革の大きな柱となっている。

　この改革と並行して、政府はデフレ経済からの脱却と景気回復に向けた産業構造の改革や規制改革を推進し、福祉サービス分野、福祉サービスの担い手もその対象となった。介護事業、保育事業への民間企業の参入促進、社会福祉法人の情報開示、多様な事業者のイコールフッティン

グが議論になった。社会福祉法人については、経営の合理化や近代化、内部留保の扱い、適正運営、あるいは介護・福祉サービス従事者の処遇改善など、社会福祉事業の主たる担い手とされた社会福祉法人そのものの存在意義、運営のあり方が課題とされるに至った。

❸社会福祉法人制度改革

　社会福祉法人にとって、平成28（2016）年の**社会福祉法人制度改革**は、昭和26（1951）年の社会福祉法人制度の創設、平成12（2000）年の社会福祉基礎構造改革に続く、3度めの大きな改革となった。その背景は、社会福祉基礎構造改革前夜と類似する状況であった。平成12（2000）年改革と平成28（2016）年改革の社会経済環境を比較すると、経済不況下で景気回復に施策の重点が置かれるなか、①規制緩和、②民間活用、③情報開示、④雇用創出、⑤法人運営問題の適正化などの論点はほぼ共通している。

　また、平成12（2000）年の社会福祉基礎構造改革時には介護保険法の施行があり、平成28（2016）年の社会福祉法人制度改革時には地域包括ケアの推進という社会保障制度の課題があった。こうした状況下で問題を一括して解決し、同時に社会福祉法人には「社会福祉事業の主たる担い手」という意味をより実質化することを求めたといえる。

（2）複合的課題の解決に向けた社会福祉法人制度のあり方検討

❶社会福祉法人制度改革の検討過程と改革の方向性

　平成25（2013）年の社会保障制度改革国民会議報告書、平成26（2014）年の「規制改革会議意見」「産業競争力会議報告」での問題指摘を受けて、厚生労働省の社会保障審議会福祉部会で社会福祉法人制度改革の議論が行われた。

　「社会保障制度改革国民会議報告書」は、医療法人制度・社会福祉法人制度の非営利性や公共性の堅持を前提としつつ、機能の分化・連携の推進に資する枠組み、法人間の合併や権利移転等を速やかに行える制度改正の検討を求めた。特に社会福祉法人については、「経営の合理化、近代化が必要」で「大規模化や複数法人の連携を推進」し、「非課税扱いとされているにふさわしい、国家や地域への貢献」が求められるため、「低所得者の住まいや生活支援などに積極的な」取り組みを要請した。また、「規制改革会議意見」では、介護・保育事業等における経営管理の強化とイコールフッティングの確立を求めた。その理由として、社会

福祉事業を取り巻く環境の大幅な変化をふまえ、福祉サービスの提供方法が行政による「措置」から利用者との「契約」へと変化したこと、介護保険制度の導入以降、在宅サービスなどの分野では株式会社やNPO法人などが参入し、多様な経営主体が競合する市場になったことをあげている。

　意見の総論として、社会福祉事業者には、ガバナンスの確立と経営基盤の強化、利用者の立場に立ったサービスの質や多様な競争による生産性の高い福祉サービスの提供を経営主体間のイコールフッティングに求めた。ここでのイコールフッティングは、社会福祉法人、民間企業等がそれぞれの有する責務と役割を果たした上でのものをさし、単純な競争条件の均等を意味するものではない。社会福祉法人には、ガバナンスの強化、情報の開示、内部留保の明確化、社会貢献活動の義務化などが指摘されている。

　こうした意見をふまえた上で、社会福祉法人がこれからも社会福祉事業の主たる担い手としての役割をどう果たしていくのか、どのように社会に貢献していくのかについて、社会福祉法人の在り方等に関する検討会（座長：田中　滋）で検討を行い、その報告を参考に議論を深めた社会保障審議会福祉部会（部会長：田中　滋）で改正内容が提言された。

　福祉部会の報告では、社会福祉法人の「今日的な意義」として、「社会福祉事業に係る福祉サービスの供給確保の中心的役割」「他の事業主体では対応できないさまざまな福祉ニーズを充足」して「地域社会に貢献」していくことにあるとし、「これまで以上に公益性の高い事業運営」が求められているとした。

　社会福祉法人は制度創設時に、民法法人よりも厳しい監督を受ける法人として位置付けられていた。しかしながら、民法法人のもつ問題から、平成18（2006）年には民法法人の抜本的改革が行われている。この点をふまえて、同報告では、「旧民法第34条に基づく公益法人を、準則主義により設立される一般社団・財団法人と公益性の認定を受ける公益社団・財団法人に区分」し、「後者について法人の目的・事業内容・組織・財務・財産等に関する公益認定を課することにより公益性の高い法人類型として位置付けた」としている。これは、「現代の日本社会が公益法人に求める公益性が具体的な姿」と整理され、「公益法人の一類型である社会福祉法人に対しても当然要請」されるものと評価した。社会福祉法人制度創設の経緯からすれば、民法法人改革後の公益財団法人等と同等以上の取り組みが求められることになったといえる。

❷社会福祉法改正による社会福祉法人制度改革概要

　平成27（2015）年に「社会福祉法等の一部を改正する法案」が国会に提出され、平成28（2016）年3月に成立した。同法は社会福祉法人制度改革と介護人材確保対策を柱とした改正法である。そのうち、社会福祉法人制度に対する改正の趣旨は「福祉サービスの供給体制の整備及び充実」を図るために、「社会福祉法人制度について経営組織のガバナンスの強化、事業運営の透明性の向上等の改革を進める」とした。改正内容の概要は、①経営組織のガバナンスの強化（議決機関としての評議員会を必置、一定規模以上の法人への会計監査人の導入等）、②事業運営の透明性の向上（財務諸表・役員報酬基準等の公表等）、③財務規律の強化（適正かつ公正な支出管理・いわゆる内部留保の明確化・社会福祉充実残額の社会福祉事業等への計画的な再投資、社会福祉充実残額を保有する法人に対して、社会福祉事業又は公益事業の新規実施・拡充に係る計画の作成を義務付け等）、④地域における公益的な取組を実施する責務（無料または低額な料金で福祉サービスを提供すること）を法定化した。こうした改革には監督官庁である地方自治体の関与についても見直しが必要になるとして、⑤行政の関与のあり方の見直し（所轄庁による指導監督の機能強化、国・都道府県・市の連携等）を定めた。[*5]

❸社会福祉法人制度改革の評価

　これまでの説明を概括してみる。

　社会福祉法人制度は昭和25（1950）年の社会保障制度審議会勧告の趣旨に則り、民間社会福祉事業の自主性を重んじ、特性を活かすと同時に、組織的発展を図り、公共性を高め公の社会福祉事業と両輪となって機能するものとして設置された。しかしながら、戦後の諸事情から生まれた措置制度では、社会福祉法人の運営は公の社会福祉事業の受託に重心が置かれ、本来の趣旨は十分発揮されるものではなかった。その状態に変化を与えた契機は、介護保険制度創設など公的な福祉サービスの主たる利用方法が、「措置制度」から「契約による利用制度」へ転換したことである。これは福祉サービスの利用者が、自ら主体的に必要な福祉サービスを選択して、尊厳のある生活を実現することを制度的に支援するものであった。これによって、公的な福祉サービスの提供の視点は、行政が措置をするというパターナリズムに基づいた「事業者本位」の考えから、「利用者本位」の理念のもとでの福祉サービスの提供に転換した。

　実際のところ、平成12（2000）年時点で考えてみるならば、福祉サー

*5
平成28（2016）年の社会福祉法等の一部改正法附則第35条では、政府に対し公布5年後をめどに、改正後の施行状況に基づき所要の措置の検討を行う旨定めている。このため、政府は、社会福祉法人制度改革の実施状況を社会保障審議会福祉部会に報告している（令和3〔2021〕年1月25日）。同福祉部会では、評議員会の必置等経営組織の統治強化、財務諸表等の公表など透明性向上が進む一方で、財務規律の強化、地域公益事業の取り組みなどは、一層の取り組みが期待されるとした。また、2019年から世界で蔓延する新型コロナ禍での社会活動の困難を考慮し、社会福祉法人制度改革に対する取り組み状況について現状で一定の評価をしつつ、引き続き推移を見守るとしている。

ビスは契約による利用制度、地方自治体からの委託制度、措置制度の3つの提供方法が混在していた。したがって、視点の転換は、法律、指導通知、福祉サービス提供のあるべき姿の議論の中で一斉に唱えられても、福祉サービス実践の場で一様に転換が起こるものではなく、徐々に浸透していったと考えるのが自然である。これは指導監督する立場の国や地方自治体においても同様で、措置制度の時代の規制や監督の考え方が利用制度に転換したからといってすべて払拭されたとはいえなかった。

　そうしたなかで、社会福祉基礎構造改革による社会福祉法人制度の平成12（2000）年改正（以下、2000年改正）は、昭和26（1951）年創設時に期待したことを実際に実施できる環境、考え方を整えたものといえる。これは、社会福祉法第24条に示された経営の原則に象徴されている。

　では、なぜ、社会福祉法人制度改革が平成28（2016）年に行われたのか（以下、2016年改正）といえば、平成12（2000）年以降も社会経済環境、国民意識などは変化を続け、多様な事業主体が福祉サービスに参入するなか、2000年改正の理念は、社会福祉法人や国や地方自治体において十分浸透せず、「主たる担い手」としての実績があまり見えず、社会変化に及ばない漸進的な対応であったと受け止められたためと考えられる。社会福祉法人に対する期待と実態はかみ合わず、社会保障制度改革国民会議等からの指摘、不適正運営に対する社会的批判などが生じ、2016年改正につながったものといえる。

　2016年改正は、自主的運営を行う法人としてのガバナンスのあり方、社会福祉事業への再投資、社会貢献の拡大・強化を見直したもので、2000年改正の理念の延長線上で、現代的な要請にあった形で法律や指導の明確化を図ったものといえる。「今、問われているのは個々の社会福祉事業ではなく、実施主体としての社会福祉法人のあり方、法人経営の質であるという受け止めが何よりも重要であり、真に法人を主体とした社会福祉法人経営が求められる時代を迎えている[1]」という評価は正鵠を得ていると考えられる（図2-3）。

4 公益法人制度改革と社会福祉法人

　「**公益法人制度改革**」とは、明治29（1896）年の民法制定時に設けられた公益法人制度について、さまざまな問題を解決し、日本の社会経済システムの中で民間非営利部門を健全に発展させることを趣旨に行われたものである。平成12（2000）年12月の「行政改革大綱」で公益法人に

〈図２−３〉2000年以降の社会福祉法人の経営管理基準等の変遷（全体像）

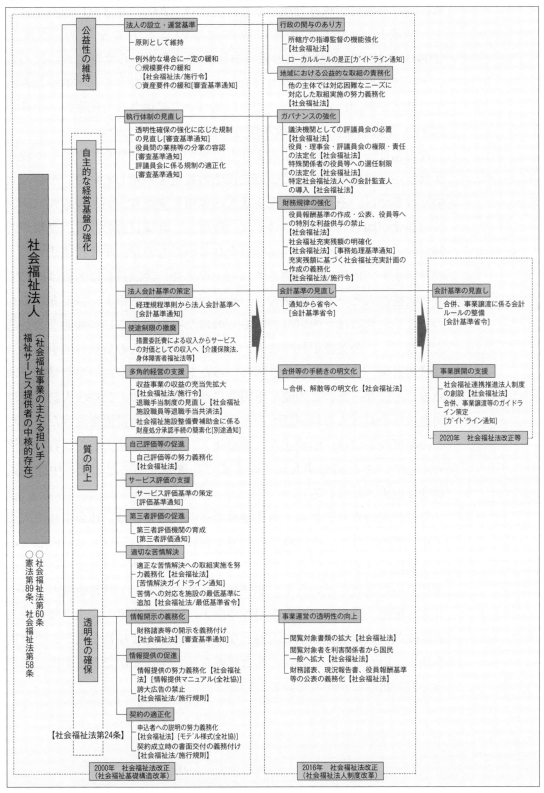

（出典）社会福祉法令研究会 編『社会福祉法の解説』中央法規出版、2001年、156頁をもとに筆者作成

53

対する行政の関与のあり方が位置付けられて以降、公益法人制度抜本改革に向けた検討が政府で進められ、平成14（2002）年3月に抜本見直しを、平成15（2003）年6月に抜本改革の基本方針を定め、平成16（2004）年12月に公益法人の設立方法を許可主義から準則主義に改めること、民間有識者から成る委員会による公益認定などを基本的枠組みとすることが閣議決定された。これに基づいて提供された法案が、平成18（2006）年に公益法人制度改革関連三法として成立した。

　社会福祉法人は、民法法人よりも監督の厳しい特別な法人として設立されたが、組織の設立等について民法の規定を準用していた。公益法人制度改革では、それまでの民法法人の運用と異なり、いわゆるガバナンスの強化が図られている。例えば、理事会、評議員会の設置、役割が所轄官庁の指導監督や法人判断で置かれていたものが、一般社団法人、一般財団法人では法定の機関とされた。理事会、評議員会は名称は同じでも、公益法人と一般社団法人、一般財団法人では法律上「似て非なるもの」といわれるほど内容は異なるものになった。さらに客観的な公益認定に基づく、公益認定社団法人、公益認定財団法人の公益目的事業、公益目的財産、公益目的支出計画といった形で透明性が高い事業執行を求めることになった。この改革を円滑に進めるために、公益法人制度改革関連法は公益法人の新制度への移行に5年間の経過措置を設けた。また、この制度改革では、学校法人、医療法人、社会福祉法人などは特別な法人として、またNPO法人はそのままで存置させることとし、中間法人制度は廃止されている。

　公益法人のガバナンス、事業運営の透明性の強化は、社会福祉法人が法律で求められている所轄庁の指導監督について同等以上のものとなるよう見直されることになった。これは、社会福祉法人制度設立時の考え方に沿った見直しといえる。2016年改正における、①経営組織のガバナンスの強化、②事業運営の透明性の向上、③財務規律の強化は公益法人制度改革の類似規定以上の内容となっている。社会福祉法人がこの改正を機に、いかに高い公益性と社会貢献を果たすことができるかはこれからの取り組みにかかっているといえよう。

5 地域共生社会をめざす新たな福祉サービスの姿

（1）地域における福祉問題の解決

　現代の社会経済環境は、情報技術の不断の革新、経済活動の国際化の拡大、交通網の発展による流動化によって、その変化を加速している。個人や家族が抱える生活上の困難は、多様化・複雑化が進行しており、止まることはないであろう。こうした生活上の困難を地域の福祉問題としてとらえ直してみる。人口が集中し、経済、情報、交通が集積した都市部は、人、物、情報の流動性が著しく、その結果、多様な次元で新たな生活問題が日々発生する揺籃といえる。一方、人口が減少し、高齢層の増加と若齢層の減少するへき地等では、生産活動、サービス産業の担い手が不足し、移動手段が少なく、人、物の流動性が低下した結果、地域共同体の諸活動（冠婚葬祭等）が維持困難となっている。いわば日常生活の維持そのものが生活問題となっている。

　このように変化し続けている、地域の多様かつ複雑な福祉問題を、法制度や専門家に委ねることですべてを解決することはできない。問題を専門分野ごとに細分化しても、専門分野を超えてからみ合う複雑な問題そのものの解決にはつながりにくい。さらに人口減少社会では専門職そのものの確保が困難で、地域差も拡大していくであろう。こうした問題に対しては、多職種が専門の則を超えて協働し、多様かつ複雑な福祉問題の解決方法を個々に手づくりしていかなければならない。その解決にあたっては、地域住民と専門職が連携・協働して、法制度など公的仕組みや地域の社会資源を手段として使いながら、それぞれにできる行為も組み合わせて解決することになるであろう。

　これは全国一律の方法として定まるものではなく、地域の実情に応じた「地域における福祉問題解決システム」ととらえることができる。このシステムの中で社会福祉法人をはじめとする福祉サービス事業者は、システムの一員として連携・協働していくことが求められ、また、社会福祉法人にはその中核的役割を果たすことが期待される。もはや、1つの方法、1つの事業者で地域の福祉問題が解決できることはまれなのである。

　このことを認識した政策の方向が、平成12（2000）年以降の施策に表れている。平成12（2000）年以降、福祉サービスの提供のあり方は、明確に事業者本位から利用者本位に転換した。事業者本位の福祉サービス

第2章

提供とは、各サービスの特徴に利用者をあてはめて画一的に支援する方法といえる。これに対し、利用者本位の福祉サービス提供とは、医療、福祉、生活、住まいなどに多様な課題をもつ利用者に対し、これを全体的にとらえ、多様な関係者の連携・協働によって解決を図り、利用者の尊厳が保持された生活保障をするものといえる。この考え方では、多様な支援関係者が利用者の状況、意向を共有し連携・協働することが不可欠となる。介護保険制度の介護支援専門員の業務は、利用者本位で介護サービス、法定外サービスをも視野に入れて支援調整を継続的に行うものであって、利用者本位の支援がよく表されている一例である。

（2）地域包括ケアの推進と地域共生社会の実現

　利用者本位の支援の前提にある多様な支援の連携・協働という考え方は、政府が進める「**地域包括ケアの推進**」と「**地域共生社会の実現**」の根底に流れているといえるだろう。また、この2つの施策は、別物ではなく包含関係にあるといってよい。[*6]

　地域包括ケアという考え方は、1980年代国民健康保険の診療施設を中心に、特別養護老人ホーム、老人保健施設、在宅サービスを一元的に提供するという、広島県御調町<rt>みつぎ</rt>ほかの実践をもとに名付けたものとされている。この方法は大規模な自治体ではあまり展開しなかったが、この実践が示した地域で包括的に支えるという考え方は介護保険制度につながっていったといえる。

　高齢者介護分野で始まった地域包括ケアの概念は実践に基づきながら専門家の研究の中で進化していく。平成15（2003）年には介護サービスを中心に、「医療サービスなどさまざまな支援の継続的かつ包括的実施」と徐々に連携対象となるサービス分野を拡大し、平成20（2008）年には「ニーズに応じた住宅の提供を基本に、医療、介護、生活支援サービスを日常生活圏域で提供できる体制」というように生活の場としての住まいを基本に据える考え方に至った。さらに、平成25（2013）年の社会保障制度改革国民会議の報告では「医療、介護、介護予防、住まい、日常生活支援が包括的に確保される体制」とされて対象分野の拡張がより進んだ。

　そして、平成25（2013）年12月に制定された「持続可能な社会保障制度の確立を図るための改革の推進に関する法律」では、「地域包括ケア（地域の実情に応じて、高齢者が、可能な限り、住み慣れた地域でその有する能力に応じ自立した日常生活を営むことができるよう、医療、介

護、介護予防〔中略〕、住まい及び自立した日常生活の支援が包括的に確保される体制をいう。〔以下略〕）」という法律上の定義が示され、明確に国の施策の方針となっている。

　「地域包括ケア」という用語は、地域包括ケアシステムの構築という使われ方をされるが、「地域包括ケアシステムの実態が『ネットワーク』であるにもかかわらず、『システム』と命名された」と二木　立が喝破しているとおり、その本質は多様な事業主体、関係者によるネットワークである。この考え方に立って地域包括ケアシステムの構築を表すならば、「ケアが必要な地域住民を中心に置き、家族も含めて、病院、診療所、介護施設、訪問事業所、地域住民や地域団体・事業者が、相互理解と相互連携で支える、各地域ごとの『連携システム』（ネットワーク）の構築」であろう。いわば事業者完結型の福祉サービスの提供から、連携・協働を前提とした地域完結型の福祉サービスの提供に転換することをめざすものといえよう。

　その後、平成27（2015）年9月の「誰もが支え合う地域の構築に向けた福祉サービスの実現－新たな時代に対応した福祉の提供ビジョン－」[*7]（厚生労働省）では、人口減少、社会資源の偏在などから専門分化による問題対処の限界を見据え、新しい地域包括支援体制に求められる人材像として、複合化・困難化したニーズに応えるために分野横断的な知見・技能を有する人材の育成を提案している。専門職の多機能化を志向しているとみることもできる。

　そうした問題意識の延長線上にあるのが、平成28（2016）年6月の「ニッポン一億総活躍プラン」[*8]（閣議決定）で政府の方針として「地域共生社会の実現」を掲げたことではないか。共生社会の実現については、従来から障害者福祉分野を中心に提唱されてきたものであるが、これに「地域」という視野を明示したところに意味があるといえる。この閣議決定では「すべての人々が地域、暮らし、生きがいを共に創り、高め合うことができる」社会を実現するとし、「支え手側と受け手側に分かれるのではなく、地域のあらゆる住民が役割を持ち、支え合いながら、自分らしく活躍できる地域コミュニティを育成し、福祉などの地域の公的サービスと協働して助け合いながら暮らす」ことのできる仕組みを構築するとした。

　繰り返しになるが、地域共生社会の実現は、地域包括ケアの推進を包含するものである。地域の福祉問題を誰か他人の問題としてとらえるのではなく、自らの問題として考え、社会にかかわっていくことを示すこ

*7
本双書第8巻第2部第1章第1節2（3）参照。

*8
本双書第8巻第2部第4章第1節2参照。

の方向は、平成12（2000）年に社会福祉法第4条で定められた「地域福祉の推進」において、地域住民が社会福祉事業者等とともに地域福祉を推進するとした考え方の延長線上にあるとも考えられる。地域の多様な福祉問題の解決には、地域住民、社会福祉事業者、関係機関、地方自治体など多くの関係者が、地域福祉推進の理念のもとで連携・協働するという広範な実践が必要になる。地域のあらゆる住民が役割をもち、支え合うということは、人間が本来もっている互恵的利他行動という特性の上にあると言ってもよいのではないであろうか。

　平成28（2016）年12月に厚生労働省に設けられた地域力強化検討会[*9]の中間まとめが公表され、地域での課題解決にあたって住民の身近な圏域で「我が事・丸ごと」として、「『どのようなところに住みたいか』『安心して住み続けるために、どんな課題を解消していきたいか』という視点から、住民が中心となって関係機関と協働しながらつくりあげていくものである」との考えが示された。「我が事・丸ごと」という表現についてはさまざまな意見があるが、重要なことは、地域住民自身が、地域の福祉問題に主体的にかかわるということである。この報告では、①地域住民に他人事を我が事に変える働きかけや複合課題を受け止める場の整理、②市町村の包括的な相談支援体制の整備、③地域福祉計画の充実、④地方自治体組織のあり方などについてまとめ、地方自治体ごとにさまざまな実現方法があるとして、その財源については柔軟な検討を政府に求めた。

（3）地域生活課題の解決に向けて

　こうした方向性をふまえて、平成29（2017）年に社会福祉法第4条が改正され、第2項として従来の福祉の範囲に拘らない、新たな概念装置として「**地域生活課題**」を地域住民等がその把握と関係機関との連携で解決することが加えられた[*10]。同改正では、同時に、地域福祉の対象や考え方の進展の反映、市町村の包括的な支援体制の整備や地域福祉計画等の策定の努力義務化、同計画の各福祉計画の上位計画としての位置付けなどが行われている。「地域生活課題」という概念装置は、地域の多様な課題を包括的かつ俯瞰的にとらえ、これを型にはめて解決をめざすのではなく、地域の実情に合った手づくりによる解決方法の創造や組織化をめざしているといえる。

　令和2（2020）年6月に制定された「地域共生社会の実現のための社会福祉法等の一部を改正する法律」では、社会福祉法に、市町村の包括

*9
地域における住民主体の課題解決力強化・相談支援体制の在り方に関する検討会（座長：原田正樹）。

*10
令和2（2020）年6月の社会福祉法改正により、第4条第3項に位置付けられた。

的な支援体制の構築の支援（重層的支援体制整備事業の創設）、社会福祉連携推進法人制度の創設等の規定を整備した。社会福祉法第 4 条第 1 項は改正され、地域福祉の推進は地域共生社会の実現をめざして行うものとされた[*11]。同項では、地域共生社会を「地域住民が相互に人格と個性を尊重し合いながら、参加し、共生する地域社会」と定めているともいえよう。これは、前述の「ニッポン一億総活躍プラン」の方針をふまえたもので、地域福祉の推進がめざす、社会のあり様が地域共生社会であるといえよう。その実現は、地域住民のみで行うものではなく、新第 2 項で示されたように「地域住民、社会福祉を目的とする事業を経営する者及び社会福祉に関する活動を行う者」は相互に協力して、地域福祉を推進する責務があり、また、新第 3 項で地域住民等が地域生活課題の解決にあたっては支援関係機関との連携を特に留意するよう求めていることと、あわせて理解しなければならない。

　誰もが地域で支え合いながら暮らすためには、多様な地域生活課題を抱える個々人に応じて、法制度や地域の多様な社会資源を手段として個別に組み合わせた解決策をつくり、これを連携・協働で支援することになる。その際、地域の特性に応じた「連携・協働」を進めるためには、①地域において、事業者、関係者が多様な支援方法を柔軟に創発する「連携・協働の場」の存在、②連携・協働の下に生まれる多様な支援を継続させる担い手の中での「中核となる主体」の存在、③制度、行政が包括的支援を推進する役割（環境整備）という、2 つの存在と 1 つの役割との相互作用に留意する必要がある。参加する関係者にとって、地域における「連携・協働」とは、「多様な資源・機能をもつ個人・組織体が共通課題に向かって、それぞれの機能をまるで一つの組織体であるかのように一体化し、単独では成し得ない機能・能力を新たに生み出すもの」とまとめることができ、優れて創発的な行為といえる。

　同時に、国や地方自治体がこの方向を推進する環境整備も進められている。令和 2（2020）年改正（以下、2020年改正という）では、地域共生社会の実現に向けた取り組み強化の方向をふまえると同時に多様な相談を適切に受け止めて支援につなぐために、市町村に**重層的支援体制整備事業**の実施ができるようにしたこととあわせて、社会福祉法第 6 条の国、地方自治体の責務も追加されている。この事業は市町村の任意実施とされ、縦割りになりがちな相談と支援を包括化するために、国の包括化した交付金や補助の特例を定めている。この法改正は、同事業を後押し、自治体が地域に応じた取り組みをすることによって、包括的な支援

*14
令和元（2019）年から3年あまり続いた、新型コロナウイルス感染症の世界的蔓延は、令和5（2023）年5月にWHOの緊急事態の終息宣言が出た。しかし、すべてが終わり、社会経済活動は元通りになったわけではなく、今も、世界に甚大な被害と人間社会への深刻な影響をもたらし続けている。この災禍には、政府をはじめ、医療福祉関係者、企業などあらゆる組織個人がさまざまな対処を行った。その努力によって災禍は克服されつつあるものの、地域社会で多くの生活困難者が顕在化するなどの課題を残している。コロナ後の社会は、コロナ前と同じではない。例えば、コロナ特例緊急小口貸付等の借受は、約380万件という未曾有の数になった（令和4〔2022〕年9月末）。借り受けた人や世帯の生活再建はこれから長期にわたるであろう。地域共生社会の実現という文脈で近年培われてきた仕組みは、まさに、ここで活かされねばならない。社会福祉法人、社会福祉協議会には、多くの関係者の連携・協働によって取り組む、これらの人々の生活再建と地域社会の再生の中核的役割を果たすことが何より求められているのではないか。

をより広範に展開していこうとする意図を垣間見ることができる。

　また、2020年改正で設けられた**社会福祉連携推進法人**[*13]制度（令和4〔2022〕年4月施行）は、社会福祉事業を営む、地域の社会福祉法人が中心となってNPO法人等も社員とし、相互の業務連携を進めるための道具立てとして創設された。社会福祉法人、NPO法人等は、その事業規模、事業特性、人材、施設・設備、財務状況、地理的条件などがさまざまである。個々の法人の事業努力には限界があり、地域の社会福祉の全体を俯瞰し、その発展を図るために、中核的担い手である社会福祉法人が事業の連携、共同化を通じた効率化、事業開発を行う手段が新たに加わったといえる。この制度が適切に運用されるためには、個々の法人の主体的取り組みが基礎になければならない。

　福祉サービスが、地域における福祉問題解決システムの一要素として、地域共生社会の実現、地域包括ケアの推進の駆動力になっていくためには、「地域生活課題」の解決に向けて、「福祉サービスの基本理念」「福祉サービス提供の原則」に基づきながら、その機能を地域に展開していくことが各サービス主体に、とりわけ社会福祉法人に強く求められている[*14]。

BOOK 学びの参考図書

●大橋　力「音と文明－音の環境学ことはじめ」岩波書店、2003年。
　　社会福祉は人が人を支える職業であるがゆえに、歴史、文化、制度、実践など多様な分野に関心をもつことが大切である。本書は、現在の音環境から始まり、現代文明の問題までを長年の実践研究に裏打ちされた多様な視点で読み解き、未来を考えさせるものとなっている。専門分野を離れて自らの立ち位置を俯瞰するに適した著作といえ、特に末尾にある人間活性のあり方の提言は、ソーシャルワーカーにとっても一読に値する内容である。

引用文献
1）全国社会福祉法人経営者協議会 編『社会福祉法改正のポイント－これからの社会福祉法人経営のために』全国社会福祉協議会、2016年、6頁

第2節 地域共生社会と組織間の連携・協働のあり方

1 地域における公益的な取組の推進

　多くの社会福祉法人が、社会福祉基礎構造改革以降、CSR活動として、[*15]さまざまな地域貢献活動に取り組んできた。しかし、他方では、介護や保育など制度化された福祉事業の経営に専念する社会福祉法人も少なくなかった。こうした状況に対し、社会福祉法人制度改革では、すべての社会福祉法人に対し、「**地域における公益的な取組**」（以下、地域公益的取組）を義務付けた。しかしながら、自主的に取り組むべきCSR活動を義務付けられ、実施を強制されることに対しては、論理的につじつまが合わないようにも思われる。本来事業の経営が厳しい法人にとっては、現実的にCSR活動に取り組む余裕がないというのが、正直なところであろう。なぜ、すべての社会福祉法人に対し、地域公益的取組の推進が求められるのであろうか。

　社会福祉法人には、非営利の公益法人として、政府の失敗を補完する役割、市場の失敗を補完する役割が期待されている。社会経済状況が変化するなかで、新たな社会問題が生み出され、これに伴って、制度が対応できない福祉ニーズ、市場では対応できない福祉ニーズが拡大するであろう。他の事業主体が対応困難な福祉ニーズにも積極的に対応することが、地域のセーフティネットとしての社会福祉法人の本来的な役割といえる。

　社会福祉法人制度改革は、社会福祉法人に対し、地域公益的取組を義務付けた。福祉サービスの供給主体が多元化するなかで、社会福祉法人の本来的な立ち位置、セーフティネットとしての役割をあらためて明確にしたものといえる。すなわち、社会福祉法第24条第2項は、地域公益的取組として、「社会福祉法人は、社会福祉事業及び第26条第1項に規定する公益事業を行うに当たっては、日常生活又は社会生活上の支援を必要とする者に対して、無料又は低額な料金で、福祉サービスを積極的に提供するよう努めなければならない」と定めた。社会福祉法人の自主的な取り組みを尊重するためにも、努力義務とされているが、社会福祉充実残額が算出されない法人も含め、すべての法人において地域公益的

第2章

*15
CSR (corporate social responsibility) とは、一般に「企業の社会的責任」をいう。企業が、営利目的で事業を行う場合であっても、事業利益の追求のみならず、事業をとりまくさまざまなステークホルダーの利益にも配慮し、公共の利益に寄与する活動を行う責任がある、という考え方である。corporateとは、本来「団体、法人」という意味であり、同様に考えれば、非営利である社会福祉法人においても、制度事業以外にも、利用者・家族のほか、地域社会の利益にも配慮し、社会的な貢献を行う責任がある。

取組が求められている。^{*16}

　地域公益的取組は、これまでのCSR活動として、本来業務に付随的に取り組む地域貢献活動とは性格が異なり、社会福祉法人である以上当然に取り組むべき本来的な事業として経営戦略の中で位置付けることが求められる。すなわち、これは、社会福祉法人の特性から、社会的に援護が必要な人が制度外のニーズを抱えている場合には、慈善・博愛的な理念から、主体的に法人が経費を負担し、無料または低額な料金で福祉サービスの提供を行うことを義務付けたわけである。言い換えれば、市場原理では対応できないニーズに対し福祉サービスを提供するセーフティネットとして役割が求められたといえる。^{*17}したがって、地域公益的取組の実績は、非課税にふさわしい社会福祉法人経営の特性として重要なものであり、現況報告書等を通じて国民に対し説明されるべきものである。

　例えば、各都道府県社協では、大阪府社協の生活困窮者レスキュー事業のように、社会福祉法人が連携し、生活困窮者等の生活支援に取り組む体制を構築し、無料または低額で福祉サービスを提供している。そのほか、①高齢者の住まい探しの支援、②障害者の継続的な就労の場の創出、③子育て交流広場の設置、④子ども食堂、ふれあい食堂の開設などの例があげられる。事業規模の小さな社会福祉法人において、こうした取り組みがむずかしいのであれば、地域のいくつかの法人と連携し共同で事業を始める方法も検討されてよい。

　さらには、社会福祉法人は、地域住民と協力し地域福祉を推進する主体の一つと位置付けられており（社会福祉法第4条）、住民組織と協働し社会的援護を必要とする人たちを支援するネットワークを構築するためには、日ごろから地域との信頼関係づくりは大切である。地域公益的取組に該当しなくとも、社会福祉法人には、住民主体の「地域再生」や「まちづくり」に協力する意義がある。

　社会福祉法人による地域支援は、住民相互のネットワークの構築にも寄与するものである。社会福祉法人が、住民相互のネットワークと連携し支援力を高めることで、社会的に孤立した高齢者や困窮者の生活支援など、地域公益的取組を効果的に推進することができる。住民相互のネットワークと連携して行うことにより、社会福祉法人による地域公益的取組が地域の生活課題の解決に役立つものと地域住民から評価されることにもつながる。

　地域福祉を推進する公益的活動と、社会福祉法第24条第2項との関係をどのように考えるべきなのか。厚生労働省は、地域共生社会の実現に

---

*16
イコールフッティングの立場からみても、社会福祉法人が、事業利益の一部を還元してでも、実際にこうした役割を担っていくのであれば、事業利益の一部を税として負担する民間事業者との関係でも、おおむね平等かつ公正な競争条件が確保されていると認められる。規制改革会議でも、こうした考えが認められ、すべての社会福祉法人に対し、セーフティネットとしての役割を法的に義務付け、国及び地方自治体により確実に実施を強制することが確認された。これを受けて、「規制改革実施計画」では、「厚生労働省は、すべての社会福祉法人に対して、社会貢献活動（生計困難者に対する無料・低額の福祉サービスの提供、生活保護世帯の子どもへの教育支援、高齢者の生活支援、人材育成事業など）の実施を義務づける」ことが決まった（平成26〔2014〕年6月24日閣議決定）。

*17
厚生労働省は、令和4〔2022〕年3月「社会福祉法人の生活困窮者等に対する『地域における公益的な取組』好事例集」を取りまとめ、公表している。そこでは、地域のセーフティネットとして、相談事業及び現物支給などレスキュー事業のほかにも、就労支援、住居確保支援、日常生活の支援、外出支援、居場所の確保など、さまざまな取り組みが紹介されている。多くの取り組みが、支援対象を生活困窮者に限定せず、幅広くさまざまな支援が必要な人を対象にして

向けて社会福祉法人に期待される役割との整合を図るため、平成30 (2018) 年1月に「社会福祉法人による『地域における公益的な取組』の推進について」を通知し、社会福祉法第24条第2項の解釈を変更している。すなわち、福祉サービスの提供に該当しないと考えられる地域行事の開催、環境美化活動、防犯なども、地域住民のつながりの強化を図るものであるから、地域公益的取組にあたるとの解釈をあらためて示している。[*18]

　これによって、地域において生活課題を抱え社会的に支援を必要とする者、その家族に対する個別支援のみならず、地域包括ケアシステムの構築など、地域住民が暮らす生活圏の環境の整備や住民のネットワーク化、ボランティアの養成・支援などの間接的な地域支援も地域公益的取組の範囲に含められた。この範囲が拡大されたことを評価する法人関係者も少なくないが、制度改革当初の議論からすると、解釈の拡大によって、コミュニティワークの実践までも新たに社会福祉法人に義務付けられたと見るべきである。

2 地域共生社会の実現に向けて －多機関協働の体制づくり

　地域共生社会の実現に向けた取り組みを推進するため、平成29 (2017) 年5月に「地域包括ケアシステムの強化のための介護保険法等の一部を改正する法律」が成立した。社会福祉法人は、社会福祉を目的とする事業を経営する者として、地域住民とともに、地域の福祉課題を把握し、福祉課題の解決に取り組むなど、地域福祉の推進に取り組むことが求められている（社会福祉法第4条）。それまでは社会福祉協議会が中心となって地域住民とともに地域の福祉課題の解決に取り組んできたが、社会福祉法人においても、地域にある社会福祉施設を社会資源として動員し、地域福祉の推進に積極的に参画することによって、地域福祉にかかわる課題解決力が強化できる。

　さらにこの法改正では、地域における住民の複合的な生活課題に対して包括的に支援する体制整備に取り組むことを市町村に求めている。そのためには、種別ごとに縦割りに運営されてきた相談援助機関の連携のみならず、把握された課題の解決が図られるように、支援にかかわるさまざまな機関・団体全体をコーディネートする機能も必要になる。例えば、地域包括支援センターなど相談支援機関を包括的な相談窓口としな

いることが特徴といえる。

第2章

*18
通知によれば、例えば地域住民がそれぞれの立場から、地域社会に参加し、協働していくことが重要であることから、行事の開催や環境美化活動、防犯活動など、取り組み内容が直接的に社会福祉に関連しない場合であっても、地域住民の参加や協働の場を創出することを通じて、地域住民相互のつながりの強化を図るなど、間接的に社会福祉の向上に資する取り組みであって、当該取り組みの効果が法人内部にとどまらず地域にも及ぶものである限り、この要件に該当する。さらには、福祉サービスの提供には、災害時に備えた福祉支援体制づくりや関係機関とのネットワーク構築に向けた取り組みなど、福祉サービスの充実を図るための環境整備に資する取り組みも含まれる、と変更した。

がらも、相談内容に応じて関係機関や団体につなぎ、連携して支援を行う体制を構築するなどである。

　地域の実情にもよるが、社協のほか、相談支援事業を行う社会福祉法人やNPOなどが、住民の身近な圏域における総合相談の窓口を設けることもあり得よう。社会福祉法人には、市町村が取り組む包括的な相談支援体制の構築に積極的に寄与することが期待される。これによって、さまざまな関係機関・団体とつながることができ、役割分担の上連携して福祉課題の解決にあたることができる。

3　多機関協働に基づく包括的な支援体制の構築

（1）改正社会福祉法に基づく新たな事業の創設

*19
本双書第8巻第2部第1章第1節3参照。

　地域共生社会の実現に向けて、多様で複合的な暮らしのニーズに包括的かつ総合的に対応するため、市町村において包括的な支援体制を構築[19]することが喫緊の課題とされている。地域住民が抱える複雑かつ複合化した支援ニーズに対応するため、令和2（2020）年、社会福祉法が改正されて、①断らない相談支援、②多様な社会参加に向けた支援、③地域づくりに向けた支援の実施体制の構築が事業化された。実際に支援を行う上では、いずれの支援も、相互に関連し、かつ多様な機関・団体との連携・協働によるネットワークがなくては成り立たないものである。こうした連携・協働の仕組みは、年金・教育・住宅・交通・産業振興・まちづくりなど、自治体組織内部の関連する他（多）部署・他（多）機関との連携・協働にとどまらず、民間の機関・団体・企業等との連携・協働も必要といえる。

（2）これまでの多機関による連携・協働の仕組み

　多機関・団体による連携の仕組みは、必ずしも新しいものではない。例えば、要保護児童対策地域協議会は、児童虐待防止のための地域ネットワークとして組織され、運営されてきた。このネットワークは、都道府県が設置する児童相談所、市町村間の連携はもちろんのこと、福祉事務所、知的障害者更生相談所、身体障害者更生相談所、発達障害者支援センター、児童家庭支援センター、婦人相談所、配偶者暴力相談支援センター、社会福祉協議会等の社会福祉分野の機関のほかに、保健・医療、学校・教育委員会、警察などの機関との連携にまで広がっている。被虐

待児童の早期発見や適切な保護を図るため、関係機関が互いにその子ども等に関する情報や考え方を共有し、適切な連携の上組織特性をいかした対応を組織的に展開できるようにするためである。

　また、高齢者介護の分野においては、地域包括ケアシステムの構築を掲げ、高齢者の多様な生活ニーズに対応するため、介護サービスに限らず、保健・医療、住まい、生活支援にかかわるさまざまな関係機関が連携し、包括的な支援体制の構築に取り組んできた。これは、介護保険サービスを中心としながらも、保健・医療・福祉の団体及び専門職の連携、社協が組織するボランティア等の住民活動などインフォーマル活動を含めたさまざまな地域の社会資源を統合、ネットワーク化し、地域において高齢者を継続的かつ包括的にケアする体制づくりである。

　このなかで地域包括支援センターは、**地域ケア会議**[20]を定期的に開催し、関係する機関や団体とともに、対応が困難な個別ケースの検討を行い、関係者それぞれの役割分担を決め連携し支援する体制づくりに取り組んできた。さらには、地域課題を把握し、連携・協働し必要な社会資源を開発するコーディネートも大切な役割である。NPOなどの民間団体もネットワークに参画し、社会参加の場づくりや参加機会の拡大に取り組む例もある。

　また、生活困窮者支援においても、生活困窮者の多様で複雑な貧困ニーズに対応するため、生活保護制度との連携はもちろん、他の関連する制度との連携により、本人の生活ニーズに応じたきめ細かな支援を実施できる包括的な支援体制づくりをめざしている。例えば、福祉事務所、ハローワーク、学校・教育委員会、地域若者サポートステーション、ひきこもり地域支援センター、社協、障害者相談支援事業所、地域包括支援センター、消費生活相談窓口、更生保護施設、商工会議所など多機関との連携・協働が求められている。こうした関係部局・機関との連携により、地域における生活困窮というニーズを早期に「発見」し、気になるケースを速やかに自立相談支援機関につなぐ体制の構築がねらいである。そのためにも、自治体に対し関係機関において情報を共有し、支援体制について検討する「**支援会議**」[21]の設置を認めている。

　しかし、これまでの連携・協働の仕組みは、縦割りの制度の中で設置・運営されてきたことから、制度外の複合的なニーズを抱えている世帯に対し、包括的にニーズを受け止め、総合的に対応・支援を行うものではなかった。そのため、連携・協働して対応する関係機関・団体の範囲も、制度が想定するニーズに関連するものに限定されていた。あらた

第2章

*20
本双書第3巻第4章第2節5参照。

*21
本双書第7巻第4章第2節2参照。

めて、地域共生社会実現に向けて、どのような連携・協働が必要となるのか、検討が必要である。

（3）連携・協働のネットワークの特性について

　連携・協働のためのネットワークには、構成員の相互のつながりが情報交換などに限定された比較的ゆるやかなものもあれば、地域包括ケアシステムのように、個別支援に向けて役割分担を決めともに協力して行動することを目的とする、いわば制度化された連携・協働のネットワークもある。前述の社会福祉の分野における多機関の連携・協働の体制の多くは、地方自治体が中心となって関係機関・団体によるネットワークが組織されていることが特徴といえる。自治体の制度や仕組みのなかで、公式に位置付けられ、関係者にも活動が正式に認められているものとなっている。

　これに対し、特定の社会福祉にかかわる民間団体が中心となって連携のネットワークが任意に構築される場合もある。さらには、自治体、NPOや企業が連携し、「住み続けられるまちづくり」を掲げ、ＳＤＧｓ＊22エスディージーズ（持続可能な開発目標）にかかわる活動に取り組むことなどもある。

＊22
本双書第12巻第2部第8章第5節2参照。

　こうして見ると、連携・協働とは、福祉問題にかかわる多様で独立した機関、団体、組織、個人などが、共通の目的をもって集まり、協力体制をつくり、特定の行動・活動をすることであることがわかる。ところで、現在なぜこうした多様な機関や団体との連携・協働が必要とされているのであろうか。そもそも、社会福祉協議会を中心として展開されてきたコミュニティワークとは、支援を必要とする住民に対し、関係する多様な機関や団体をつなぎ連携・協働して支援に当たるものではなかったか。これについてあらためて検討が必要のように思われる。

　それは、家族・地域社会の変化によって、既存の制度や対象ごとの支援では対応できない複合的な問題や制度の狭間の福祉ニーズを抱える事例に対し、コミュニティワークの展開のみに頼ることには限界があり、社会福祉全体にかかわる包括的な支援体制の構築のなかで多様な機関や団体との連携システムの必要性があらためて指摘されるようになったからといえる。

　さらには、地域共生社会の実現という政策目的のもとで、行政の関係機関による連携にとどまらず、地域全体で支え合うため、多様な参加と協働の推進が求められているともいってよい。言い換えれば、地域福祉

における援助方法の一つであったコミュニティワークが、あらためて社会福祉の制度や政策の中で一般化され、社会福祉にかかわる機関及び団体、多分野の専門職に至るまで共有されるべき課題になったのである。

（4）連携・協働のネットワーク運営の意義と課題

　複雑で複合的な課題を抱え、既存の制度では対応困難なケースに対しては、制度ごとの縦割りの相談支援機関だけでは、本来必要とされる支援を包括的に行うことはむずかしい。こうした事例に対して、ワンストップで分野を問わず受け止め断らない相談支援の体制づくりが必要である。既存の制度では解決がむずかしい問題に対しても、断らず「丸ごと」ワンストップで相談を受け付ける。その上で、他の行政機関や事業者、福祉団体等につなぎ、全世代型・分野横断的に連携・協働して対応することで、包括的に問題の解決が可能となる。

　複合的な生活課題を抱え、多様な支援ニーズのある住民からしても、専門職からニーズのアセスメントを受けることで、本来必要な支援につながりやすいというメリットがある。包括的な相談支援には、利用申請の援助も含まれるので、利用手続の煩雑さなどのハードルを下げ、利用申請の心理的な負担を緩和することにも有効であろう。

　多機関が連携してかかわる支援は、より多様で複雑なニーズにも総合的に対応できるであろう。他の機関や団体との連携により、対象事業以外の活動などでも、専門的な助言や協力が得られるからである。断らない相談支援と連携する分野としては、保健・医療・福祉・労働・教育・司法等の各分野における相談にかかわる多機関に加え、消費者支援・若者支援、年金相談なども連携の対象とされる。

　また、地域コミュニティにおいては、地域住民や町会・自治会、民生委員・児童委員、その他福祉団体など、地域の多様な関係者との連携体制の構築が求められている。こうした公・民ミックスの地域ネットワークを構築することにより、相談支援機関は、個別ケースの必要に応じて、関係機関や団体にはたらきかけ、包括的な支援プランの作成・実施が可能となる。

　包括的援助を提供する共通の目的をもったネットワーク体制がつくられると、特定のテーマやニーズに合った専門職の助言や協力が連携するネットワークの中で確保することが可能となる。他の機関や団体との連携によって異なる視点や発想が加わることで、的確なニーズについての評価及び対応が可能となる。他の分野からの意見や助言から、直接ケー

*23
例えば、医師は、診察から患者の病状について情報、それについての専門的な知見をもつが、患者本人が説明しない生活にかかわるデリケートな情報については知らないことが少なくない。相談支援にかかわる福祉関係者から当人の生活にかかわる情報やソーシャルワークの立場から適切な助言が得られれば、より有効な在宅療養が可能となる。相談援助にかかわる福祉職にとっても、医療など他の分野からの協力や支援が確保できることによって、より効果的で包括的な支援プランの提案・実施が可能となるであろう。専門職相互に情報を共有し合えることから、連携・協働が始まるのである。

*24
介護保険のもとでは自治体によって地域包括ケア推進会議が開催されているが、同様に連携・協働に関与する構成員によって組織される連絡推進会議が、連携・協働を進める上で必要な協力体制をつくり出すプラットフォームとしての機能が期待される。その上で、情報交換・意見交換を通じて連携・協働について必要となる業務内容や具体的な連携のあり方や方法についての共通理解をつくることが大切といえる。包括的な相談支援体制を推進する事業として位置付け、年間活動・事業計画を作成することも考えられる。

スにかかわる機関や組織・団体の担当者では気が付かない、あるいは見逃してきた問題やニーズを再発見できよう。[23]

　もちろん、ネットワークがつくられただけでは、こうした他の機関や団体の専門職から、困難事例に対し協力が得られるようになるわけではない。連携・協働のネットワークが期待される機能をもつに至るまでには、次のような連携形成のプロセスが必要である。すなわち、まず連絡及び情報交換から始まり、次に個別支援にかかわる連携した活動が展開され信頼関係が生まれる。そして、当該連携ネットワークの機能が他の社会資源ともつながり地域のケアシステムの中に統合される、という連携形成のプロセスがあらかじめ想定されるべきであろう。

（5）市町村による包括的支援体制の構築に向けて

　市町村などが、公的な政策目的をもって連携のネットワークを構築する場合においては、どのような対応が求められるのであろうか。連携・協働のネットワークづくりにおいては、目的に向けて連携・協働し支援できるよう、関与する構成員による協力体制を整えることが必要といえる。例えば、連携・協働に関与する構成員が定期的に集まり、地域における支援の課題と連携の必要性について、継続的に協議することが大切である。[24]

　連携・協働に関与する構成員が考える連携する目的や方法が、自治体の想定する政策目的と必ずしも一致しないこともあり得ようが、会議・意見交換を繰り返すなかで、バラバラであった連携の目的も異なる構成員の間で共有され、しだいに政策目的と一致していくものと考えられる。また、こうしたプロセスを経ることで、結果として政策的な意図をもってともに行動することを目的に組織された協力体制として、組織の外部からも社会的に認知されるであろう。もちろん、こうした会議を開催することが、自治体のルーティンの業務として位置付けられ、目的化している例も少なくないが、あくまで連携・協働の仕組みを現実に機能させる手段の一つと考えるべきであろう。

　改正社会福祉法のもとで新たに始まった**重層的支援体制整備事業**は、市町村に対し包括的相談支援体制の構築を求めた上で、複合的な課題を抱える相談者を対象にした多数の関係機関の連携・協働のための事業として、別途に多機関協働事業を設けている。受け止めた相談事例のなかでも、複雑化・複合化した事例を多機関協働事業につなぐことになっている。多機関協働事業は、**重層的支援会議**において、整理した情報・資

料等を提出し、関係機関とともに、ケースのアセスメント、支援方針・支援計画、関係機関の役割分担等を協議し、合意形成を図りながら、関係機関が問題の解決に向けて連携して支援できるネットワークづくりをめざす。

　市町村における包括的支援体制の構築においては、相談支援、参加支援、地域づくり支援を一体的に実施することが求められるが、こうした場面においても、関係する多機関・専門職が連携・協働するとともに、地域住民・当事者をも巻き込んだネットワークづくりが課題となる。

　関係する機関・団体、各専門職が、多機関協働事業に期待するものはさまざまであり、自治体が想定する連携・協働のあり方と一致しないことも考えられる。しかし、多機関が連携しかかわった個別の支援実績の積み上げを通して、ケースに対する考え方の共有や、それぞれの団体・機関、各専門職との顔の見える関係構築につながり、連携・協働のあり方も、より実効性のあるものに改善されると考える[25]。具体的には、個別支援の経験を通じて、連携・協働の必要性についての関係機関及び団体の共通理解を深め、関係する専門職で相互の信頼関係を築き、対応困難ケースに対し連携・協働して支援するコラボレーションスキルの向上にもつながる。

　以上のような自治体が設置する連携・協働を促進する会議などは、地域において関係機関・団体等による連携・協働が図られるためのプラットフォーム、舞台装置といえる。自治体が、責任をもって会議を位置付け、あらかじめ会議や構成員の役割を決めることで、情報の交換・共有、関係機関及び団体との関係づくり、支援方法の検討が行われる場がつくられたことになる。こうした会議に参加する者や、連携・協働にかかわる者は、必ずしもソーシャルワーカーに限られない[26]。

　連携・協働の取り組みは、ソーシャルワーカーだけが行うものではない。ソーシャルワーカー以外であっても、連携・協働にかかわる専門職はもとより住民も含め、連携・協働の意義や必要性についての理解を深め、支援を必要とする人に対し包括的なサービスを提供できるように協力し合うことが求められる。

④ 地域連携と地域マネジメント

（１）地域連携とまちづくり

　地域共生社会の実現に向け、社会福祉法が改正され、市町村において、

＊25
重層的支援体制整備事業における他分野の制度・事業との連携について、社会福祉法の改正をふまえた通知が令和3（2021）年3月に出されている。連携が想定されるのは福祉の領域にとどまらず、例えば、自殺対策、公共職業安定所、シルバー人材センター、水道事業、保護観察所等・地域定着促進事業、教育施策など、福祉以外の関係機関・団体も、当該地域住民及びその世帯が抱える地域生活課題を解決するために、相互に情報を共有し、有機的な連携の下、必要な支援を一体的かつ計画的に行うものとされている。

＊26
ソーシャルワークの機能には、支援を必要とする人を制度や関係機関、サービス等社会資源につなぎ、関係を調整することがあげられる。例えば、MSW（医療ソーシャルワーカー）は、医療と介護、生活保護等のサービス提供機関、福祉事務所との関係を調整するなどし、患者が病院を退院した後在宅生活を送るにあたり、複数の制度やサービスの包括的な利用をできるようにする。さらには、地域住民や関係機関や団体との連携を促進させる機能も求められている。例えば、社協の職員が、福祉活動専門員として、住民を組織化しネットワークを構築し、住民とともに、ひとり暮らし高齢者の見守り活動を事業化する。地域包括支援センターの職員が、地域ケア会議において医療と介護の専門職間の連携を進めるなど、その一例である。

　自治体の関係機関はもとより、社会福祉施設や事業所、NPOやボランティア団体、住民組織などが、地域において連携する体制づくりが始まっている。

　この地域連携の取り組みは、地域福祉に限らず、医療や教育などにおいても始まっている。例えば、地域医療連携として、病院などが退院した患者を地域の医療や看護、介護等の関係者につなぎ、連携して医療や看護・介護にあたる体制などがつくられてきた。

　地域包括ケアシステムにおいても、医療と介護との地域連携の強化が重要な課題の一つとされてきた。病院経営のみならず、コミュニティを基盤として「キュア」と「ケア」を包括的に提供する仕組みの構築は、地域住民が将来的にも安心して暮らし続けることができる「まち」づくりに取り組む上でも大切な課題となっている。自治体としても、将来的にも持続可能なまちづくりを考え、地域包括ケアシステムをビルトインした地域づくりにどう取り組むかが問われているのである。

（2）自治体による地域マネジメントとは

　自治体による地域マネジメントにおいて、質が高く効率的で効果的な行政サービスの提供を実現するため、企業経営の考え方や手法を取り入れるという、**ニューパブリックマネジメント（NPM：新公共経営）** の考え方がある。言い換えれば、市町村が限られた財源の中でコスト意識をもって経費削減に努めつつ必要な歳入を確保し、市民にとって必要とされる良質な行政サービスが確実かつ効率的に提供されるように、経営感覚をもって地域をマネジメントする行政組織へと変革する試みである。地域を経営する主体は自治体であるが、この場合においても企業などの民間セクター、NPOなどの市民セクターと協働するなど、多様な主体の参画・協働をもとに、地域経営を推進しようとする自治体が少なくない。

　人口減少・少子高齢化が続く時代においては、税収入の減少、地域産業の衰退、公的インフラの老朽化、福祉需要の増大などの問題が構造的に発生し、現在の行政システムや公的な制度・施設をそのままの形で将来的に継承することは困難となる。地方自治体としては、経営資源に制約があるなかで、地域社会を持続可能にしていくためにも、地域経営の視点から、公共セクターとして継続させるべき事業の選択と集中を繰り返し、民間や住民組織に委ねられる事業や活動は権限を移譲するなどし、計画的かつ抜本的な改革の推進が必要とされている。

　そのなかで、まちづくり協議会などを組織し、地域社会におけるさまざまな主体と行政との連携・協働のもと、環境、文化、社会教育、福祉などの一部を、コミュニティレベルにおける自治に委ねようとする動きがある。こうした手法をもちいて、将来の自治体を取り巻く環境変化に対して、自治体の組織をダウンサイジングしても、地域社会が持続可能なものになるように地域経営しようというのである。

　例えば、大阪府にある豊中市は、経営戦略方針を作成し、計画的に地域づくりに取り組んでいる。以下では、豊中市の例を参考にし、自治体による地域マネジメントの実際を明らかにしておきたい。豊中市はまず、行政の内部組織運営についても、企業経営の発想や手法を取り入れ、第一に、生産性の向上、業務の効率化、市民サービスの向上、第二に、経営戦略を実行・実現するための新たな人材マネジメントの推進、第三に、「収支計画」「資産計画」「歳入確保」の３つの視点から、新たな財政運営・財務マネジメントに取り組む、などをあげている。ここでも、ニューパブリックマネジメントの手法が取り入れられているのがわかる。

　他方、豊中市は、地域社会に存在する多様な主体との連携・協働については、新たなまちの魅力や地域の価値をともにつくり、豊中市の魅力を高めることを、地域経営の柱の一つに掲げている。具体的には、「協働によるまちづくり」にかかわる多様な主体を、地域経営のパートナーとして位置付け、まちづくりの目標を共有・連携を通じて、地域の多様な資源を効果的に活用したまちづくりをめざそうというものである。さまざまなステークホルダー[27]（民間企業、NPO、大学、住民など）が主体となって連携し、地域マネジメントに積極的に参加する体制をつくろうとしている。また、地区まちづくり条例を定めて、地域住民が連携・協働しまちづくりに取り組む場合には、認定された「まちづくり協議会」に対し活動経費の一部を助成することができると定めている。

　さらには、未来への投資として、少子高齢化・人口減少に向けた対応を掲げる。子育て世代の定住促進、新たな地域公共交通サービスの推進、地域経済の活性化、多文化共生のまちづくりのほか、地域マネジメントの重点項目の一つに、地域包括ケアシステム・豊中モデルの推進を掲げる。地域包括ケアシステム・豊中モデルとは、持続可能な地域共生社会をめざし、高齢者に限らず、障害者、子ども、難病患者、生活困窮者に対しても、地域における多様な関係機関や団体がすでに構築している相互のネットワーク同士が、重層的に重なり情報を共有・連携することで、制度の切れ目のないトータルケア、トータルサポートの体制整備をめざ

*27
利害関係者のこと。

そうというものである。

　そのために、地域における自治組織との連携を強化すること、市民・NPO・ボランティア団体との連携を強化することを、地域マネジメントの課題としている。つまり、地域連携の仕組みは、福祉の分野だけに限定されるものではなく、自治体による地域マネジメント、すなわち魅力的で持続可能なまちをいかにつくるかを考える上でなくてはならないものと位置付けられているのである。

5 地域包括ケアシステムの構築と地域マネジメント

（1）市町村に求められる「地域マネジメント」とは

　豊中市の実践にもあるように、地域マネジメントの視点から、地域包括ケアシステムの構築を考えるという発想は、平成28（2016）年に地域包括ケア研究会が取りまとめた「地域包括ケアシステムと地域マネジメント」においても述べられている。ここでは、「地域マネジメント」とは、「地域の実態把握・課題分析を通じて、地域における共通の目標を設定し、関係者間で共有するとともに、その達成に向けた具体的な計画を作成・実行し、評価と計画の見直しを繰り返し行うことで、目標達成に向けた活動を継続的に改善する取組[1]」と定義されている。

　地域マネジメントとは、必ずしも地域包括ケアシステムの構築に限られるものではないが、豊中市の事例でも見たように、経営管理の手法の一つであるPDCAのサイクルを回し、計画的に問題状況を改善し、あるべき姿に近づける継続的な取り組みといえる[*28]。地域包括ケア研究会においても、この地域マネジメントにおける工程管理を、地域包括ケアシステムの構築に適用するべきと考えている。

　地域マネジメントの立場から、地域包括ケアシステムの構築における課題を考えると、一つは、将来拡大する介護などサービス需要に対し、必要なサービス量を確保できるか、など供給体制の問題がある。基盤整備に必要な財源の確保・投入とともに、経営が安定し質の高いサービスを提供可能な事業者を指定する、地域に必要な介護人材を確保するといった課題が考えられ、自治体としては、民間事業者と連携をしつつ、これにかかわって必要となる対策を企画・実施し、継続的に効果検証を行うことで、地域の供給体制をマネジメントする役割がある。

---

*28
市町村は、地域における介護の現状と課題及び将来に向けた環境の変化を把握し、それへの対応策を企画立案し（Plan）、地域の関係するステークホルダーに説明し理解と協力を求め、必要な財源を確保しプランを実行する（Do）。その上で、定期的に、具体的な目標や数値化された指標に照らし振り返り評価し（Check）、必要な修正・改善を図っていく（Act）というものである。

（2）地域力をいかに高めるか

　自治体が介護サービスを提供する事業者を指定できなければ、必要な介護サービスが提供されない状況が生まれる。地域の介護インフラを維持できないという問題に対し、自治体と地域とが協働して、問題を解決する方法も検討されるべきであろう。地域住民が参画している多様な主体が協力して、当該地域が必要とする介護サービスの提供ができないか検討し、地域で対応可能な方法で助け合う。

　例えば、地域のデイサービス事業所が撤退し、代わりの事業者が見つからないという問題が起これば、地域住民が地域の自治にかかわる問題として話し合い、空き家等を活用しデイサービスに代わる要介護の高齢者の居場所をつくり、地域住民がヘルパーに代わり要介護の高齢者にかかわることができないか検討する。自治体は、こうした住民の取り組みに対し、必要な情報を提供する、代案に対し助言・提案をする、財源の確保を援助するなど、住民の取り組みを側面から支援する立場になる。

　このように、地域包括ケアシステムの構築にかかわって、地域住民が自ら介護にかかわる問題を解決する「地域力」をいかに高めるかが、地域マネジメントの課題といえる。自治体としても、問題が起きなくとも、日ごろからまちづくり協議会による「まちづくり」を支援するなど地域住民による自助・互助を強めるための工夫が必要となる。さらには、社協活動である「地区福祉委員会」[*29]や、小地域ネットワーク活動を通じた「福祉のまちづくり」に対し支援することも、一つの方法といえる。自助・互助の担い手である住民に対し、地域介護の現状や困りごと・課題を把握し共有するように助言する。住民自身が対応可能な取り組みをともに考え、実行することを促すなどが大切である。

　こうした仕組みや支援を通じて、地域本来の主体である住民が、地域包括ケアシステムの構築という課題に対し、自治体が進める地域マネジメントにも積極的に参加し、将来の適切な社会資源の配分・開発を我が事として考え、相互に助け合うことにより地域を持続可能なものにしていくことが、地域マネジメントとして求められている。

　このような地域連携の取り組みは、地域包括ケアシステムの構築に限定されるものではない。地域に高齢者が集う場がなければ、地域カフェを始める。地域のスーパーマーケットが倒産・閉鎖し、買い物難民が生まれれば、共同売店を立ち上げる。バス路線の廃止のため、病院に行くための公共交通手段がないのであれば、地域住民協働型の輸送システムにより、コミュニティバスなどを運行させる。住民組織や住民が、参画

［*29］
本双書第8巻第1部第2章第3節6参照。

73

し協働でコミュニティビジネスを始めるための法人組織を立ち上げ、自ら必要な公共サービスの担い手になり、地域マネジメントの重要なパートナーとなっているのである。

6 地域連携・多職種連携と地域マネジメント

＊30
本双書第3巻第4章第2節参照。

　住民による助け合いとともに、専門職による多職種連携に取り組むことも、自治体が地域包括ケアシステムを構築する上で重要な課題といえる。具体的には、病院・診療所など、医療機関が地域の介護や福祉、生活支援にかかわる組織と地域において連携する体制づくりが大切になる。もっとも、連携のためのネットワーク組織を立ち上げた後、どのように関与すれば、連携が機能し医療と介護・福祉等が一体のものとして提供されるなど、期待される成果を上げられるか、十分に見通しがもてない自治体も少なくない。

　すでに、在宅医療・介護連携推進事業が始まり、市町村においては、地域の医療・介護関係者を構成員とする連携に向けた協議会等が設置され、在宅医療・介護連携の現状を把握し、いくつかの課題の抽出、課題解決に必要な対応策を検討している。また、個々の患者に対しても、地域連携パス・シートなどを用いて、関係機関が患者本人の退院にかかわる情報を共有できる体制もできつつある。

　地域マネジメントの立場から、医療と介護の地域連携を機能させ、医療・介護の一体的なサービス提供体制を地域で構築するには、医療・介護関係者の積極的な参画と協力が不可欠である。医療と介護の地域連携の仕組みは、多職種・専門職の間で行われるものであるので、行政組織によって管理できるものではない。

　地域マネジメントとして求められる自治体の役割は、医療・介護の連携に向けた協議会、医療・介護にかかわる多職種連携会議など、多職種・専門職が集まり地域連携の仕組みづくりを検討する場を提供することである。さらには、連携の仕組みを検討する際に必要となる課題について、アンケート調査の実施など、客観的なデータを収集して提示したり、多職種連携会議において検討された連携の工夫・方法を資料に取りまとめ、関係機関・団体にフィードバックする。さらには、他の自治体で行っている連携の仕組みや連携の事例を収集・整理し、医療・介護の連携に向けた協議会、医療・介護にかかわる多職種連携会議へ提出し、

合意形成を促す、などが考えられる。会議を組織したものの、地域において実際に連携がうまく機能していないときには、地域マネジメントの立場から、自治体としてどのようなかかわりが考えられるのか検証することも大切である。

　地域連携の仕組みや組織ができたら、定期的に構成員を集めて連携の現状や困りごとについての意見交換を促し、相互理解を深める必要がある。医療と介護では、専門職の考え方、問題に対するとらえ方にも違いがあり、地域連携を進める上で阻害要因となっていることもありえる。比較的相互理解が容易なケースを取り上げ、事例検討を積み重ねることも大切である。地域マネジメントとすれば、医療と介護の地域連携を機能させるためにも、地域連携の仕組みを定期的に評価・検討する場を設け、個別の退院支援・在宅療養の支援実績についても定期的に評価し、評価結果を取りまとめ、行政組織内部の関係機関、連携協議会や多職種連携会議、関係機関や団体にフィードバックし、多職種間で共有することが重要である。

第2章

引用文献

1）三菱UFJリサーチ＆コンサルティング「＜地域包括ケア研究会＞地域包括ケアシステムと地域マネジメント」（平成27年度老人保健事業推進費等補助金老人保健健康増進等事業）、2016年、2～3頁

参考文献

● 上野谷加代子『共生社会創造におけるソーシャルワークの役割－地域福祉実践の挑戦』ミネルヴァ書房、2019年

● 海野　進『人口減少時代の地域経営－みんなで進める「地域の経営学」実践講座』同友館、2014年

● 大阪府社会福祉協議会『社会福祉法人だからできた誰も制度の谷間に落とさない福祉：経済的援助と総合生活相談で行う社会貢献事業』ミネルヴァ書房、2013年

● 大西達也・城戸宏史 編著『実践！地方創生の地域経営－全国32のケースに学ぶボトムアップ型地域づくり』きんざい、2020年

● 上谷紀子「『顔の見える関係づくり』の推進で多職種の連携・協働を強化」『看護展望』第42巻第7号（2017年）、メヂカルフレンド社、640～646頁

● 河　幹夫・菊池繁信・宮田裕司・森垣　学 編著『社会福祉法人の地域福祉戦略』生活福祉研究機構、2016年

● 厚生労働省「重層的支援体制整備事業における具体的な支援フローについて」（令和2年度 地域共生社会の実現に向けた市町村における包括的な支援体制の整備に関する全国担当者会議資料）、2020年

● 田中英樹・神山裕美 編著『社協・行政協働型コミュニティソーシャルワーク－個別支援を通じた住民主体の地域づくり』中央法規出版、2019年

● 辻　哲夫 監修、田城孝雄・内田　要 編著『まちづくりとしての地域包括ケアシステム－持続可能な地域共生社会をめざして』東京大学出版会、2017年

● 筒井孝子『地域包括ケアシステムの深化－integrated care 理論を用いたチェンジマネジメント』中央法規出版、2019年

● 日本社会福祉士会 編『地域共生社会に向けたソーシャルワーク－社会福祉士による実践事例』中央法規出版、2018年

● 則藤孝志「地域経営の理論と概念に関する基礎的検討」『商学論集』第88巻第1・2号（2019年）、福島大学経済学会、37～47頁

● 平野隆之『地域福祉マネジメント－地域福祉と包括的支援体制』有斐閣、2020年

● 広井良典『人口減少社会のデザイン』東洋経済新報社、2019年

● 山田桂一郎・徳安　彰「人口減少時代の地域経営」『社会・経済システム』第38巻（2019年）、社会・経済システム学会、1～16頁

● 山中京子「医療・保健・福祉領域における「連携」概念の検討と再構成」『社会問題研究』第55巻第1号（2003年）、1～22頁

第**3**章

福祉サービスに係る組織や団体の概要と役割

学習のねらい

　福祉サービスにかかる組織や団体は、社会福祉基礎構造改革によって、社会福祉法人に限らず、営利法人及び非営利法人、多様な法人から構成されている。社会福祉法人はもとより、公益法人、特定非営利活動法人、医療法人、生協や農協などの協同組合、公益法人もあれば、株式会社などの営利法人もある。いずれの法人であっても、福祉サービスの提供にかかわり、福祉サービスの運営基準、報酬単価は同一のものが適用される。したがって、多様な主体が、同じ立場でサービスの提供が可能な仕組みとなっている。他方、法人の設立や運営についてのあり方、法人に対する監督や助成のあり方は、法人本来の目的や性格によって制度ごとに異なっている。

　本章では、福祉サービスを提供する組織の概要、営利と非営利との違い、社会福祉施設等の現状や推移、各法人制度の概要について説明する。営利と非営利との違いが、福祉サービス提供組織のあり方にどのような意味合いをもっているのかを学ぶ。

第1節　福祉サービスを提供する組織

1　福祉サービスを提供する組織の概要

　福祉サービスを提供する経営主体は、行政と民間に大別できる。国及び地方自治体が社会福祉施設を設立し、自ら福祉サービスを提供する例も存在する。これに対し、民間の組織としては、社会福祉法人が社会福祉事業の主たる担い手として福祉サービスを提供してきたが、最近では、医療法人、協同組合、公益法人、特定非営利活動法人（NPO法人）、営利法人など、多様な経営組織が社会福祉の分野に参入し、福祉サービスを提供している。

　現在でも、**第一種社会福祉事業**は、国及び地方自治体のほか、原則として社会福祉法人にのみ事業を行うことが許されているが、**第二種社会福祉事業**については、多様な参入が認められている。なかでも、介護サービス事業、障害福祉サービス事業、子ども・子育て支援事業などにおいては、営利法人の占める割合が拡大している。

　福祉サービスを提供する民間の組織は、営利法人と非営利法人に大別できる。営利法人には、会社法において設立が認められている株式会社があげられる。資本金や定款などを作成し、登記手続をすることで、誰でも設立できる。資本金も最低資本金制度が廃止され、設立にあたって資本金の額は問われない。設立に必要な人数も1人以上とされており、法人設立は比較的容易である。

　事業目的は自由とされており、社会福祉事業以外の事業も行うことができる。株式会社は、利益を最大にする経営をめざし、株主に対し事業利益の配分が可能となる。これを前提に、資本を証券化し発行することにより、外部の投資家・関係者から資金を調達し事業を行うことができる。

　これに対し、福祉サービスを提供する非営利法人としては、社会福祉事業を主たる目的とする社会福祉法人のほか、医療法人、学校法人、生協や農協などの協同組合、一般社団法人、NPO法人も福祉サービスの提供が可能である。非営利法人であるから、事業から得られた利益を出資者等に配分することが認められていない。この中で、社会福祉法人は、

*1
本双書第1巻第1部第2章第2節2（2）参照。

*2
それぞれの組織については、本章第2節〜第5節参照。

社会福祉事業の主たる担い手として、もっぱら社会福祉サービスを提供する非営利組織である。

　社会福祉法人、医療法人、学校法人など、特別法に定められた公益法人は、関係する法律に基づいて所轄庁の認可を受けて設立が認められる。設立の手続は複雑で、役員（理事及び監事）、資産要件、寄付などについて設立の要件も定められている。所轄庁による認可も必要なことから設立までの時間もかかる。

　非営利法人であるNPO法人、一般社団法人は、設立者が取り組む社会問題を解決する活動を行う目的のために設立される非営利組織である。事業目的も、社会福祉サービスの提供以外にも、さまざまな公益的な事業・活動を行うことができる。

　設立の手続が法律で定められているが、社会福祉法人、医療法人、学校法人と比較すれば、資産要件も定められていないので、設立も容易といえる。なかでも、特定非営利活動を行うことを目的とするNPO法人は所轄庁の認証が必要であるのに対し、一般社団法人は定款を作成し、公証人による認証を受け、登記するだけで設立ができる。NPO法の設立に必要な社員の人数が10名であるのに対し、一般社団法人の場合は2名でたりる。

② 法人の性格－営利・非営利とは

　福祉サービスを提供する組織は、営利法人と非営利法人に大別される。一部の社会福祉法人が、大きな利益を上げ多大な内部留保が存在することが問題とされたことがある。社会福祉法人が経営する事業においても、事業にかかる収入から経費を引いた差額が存在する＝黒字経営となっていることが多い。非営利法人である社会福祉法人の性格から見て、「事業利益」について、どう考えたらよいのであろうか。同じことが、医療法人やNPO法人、非営利の一般社団法人に当てはまる。

　株式会社は前述のとおり営利を目的とし、福祉サービスを提供する事業を営んでいる。株式会社が介護サービス事業等を経営する場合は、事業利益を得ることを目的として福祉サービスを提供することを認めているのである。

　これに対し、非営利法人は、営利目的で事業を行う組織ではないので、営利を目的として福祉サービスの提供を行うわけではない。しかし、このことは、事業からの収入を受け取ることを予定しない組織であること

を意味しない。

　地域において安定して福祉サービスを提供し続けるには、事業のために雇用する職員に給与を支払う必要もある。人件費以外にも事業に必要な経費もかかる。こうした経費の支払い、中長期にわたり事業を継続させるために、事業相応の収入を確保する必要がある。非営利であるから、収入を得てはいけないというものではないのである。例えば、介護保険事業を含む制度化されている福祉サービスを提供する事業については、営利・非営利を区別せず、決められた報酬単価のもとで、事業を継続させるのに必要な経費の支払いがされている。

　営利法人も、介護事業など福祉領域に参入し、福祉サービスを提供し報酬の支払いを受け、一定の事業利益を上げている。ここでの事業利益とは、介護事業経営実態調査にあるように、当該事業にかかわる収入（借入金・補助金収入を含む）から当該事業にかかわる経費（借入金の利息・本部費繰入など特別損失を含む）を控除した差額（収支差額）としてみると、営利法人は、介護サービスを提供する事業を営むことによって、事業利益を上げることに成功している。

　しかし、社会福祉法人や医療法人など非営利法人も、同様に事業利益を上げている。しかも、事業種別によっては、社会福祉法人や医療法人など非営利法人のほうが、営利法人以上に高い事業収支差額率（収益率）を上げている場合もある。このことは、さまざまな事業主体が競合する市場の中で、安定した黒字経営に成功していると評価できる一方で、営利を目的としない事業経営のあり方として、問題はないのであろうか。

　NPO法人はもちろん、社会福祉法人や医療法人も、営利を目的としないで事業活動を行う組織であるが、事業利益を上げる経営が否定されているわけではない。株式会社のように、事業利益を出資者、理事など関係者で配分することが認められない組織として、事業利益がでたら、翌年に繰り越して、社会福祉事業の拡充に充てる、地域貢献に充当することが求められているにすぎない。

　むしろ、非営利法人であっても、事業の経営者は、収支差額がマイナスにならないように配慮しつつ、事業の持続可能性を考慮し、経営資源の配分や効率的な事業運営に努めなければならない。例えば、将来の施設の修繕・建て替えなど事業再生産のために必要となる費用も見込んで、事業利益の一部を内部留保することも大切である。社会福祉法人であれば、低所得の利用者に対する費用の減免をする、さらには、地域公益的取組として、日常生活に支援が必要な者に対し、無料または低額で必要

な福祉サービスを提供するなど、社会的に期待されている公益的な役割を果たすためにも、中長期的に見て一定の事業利益の確保が必要と考える。

営利目的で事業を行うとしても、福祉サービスの提供においては、事業運営上の基準が定められ、サービスの対価として支払われる報酬が公定価格として決められている。営利法人であるからといって、サービスの対価として受け取る料金を自由に設定できるものではない。しかも、利用定員に制限があり、定員に応じた施設面積、必要な設備、サービス提供のための人員数が定められている。

民間の株式会社が、企業努力によって利益が最大になるように事業経営するとしても、定員とサービス単価に応じて得られる収入の上限は決まっており、経費を削減しようとしても、最低限の職員は確保する必要があるので、経費削減にも限界がある。利益を確保するために人件費を抑制すれば、必要な職員が集まらなくなる。サービスの質も落ち、利用者の確保にも影響が出よう。つまり、営利法人も非営利法人も、同じ事業規制の枠組み・経営条件の中で、質の高いサービスの提供を競い合うことになる。営利・非営利によって、サービス提供の内容や方法に本質的な違いはない。

営利法人は、事業利益を最大限とすることを経営目的としているが、非営利法人は利益追求を直接の目的とするものではない。非営利法人においても、事業経営の成果として、事業利益が生じることがあっても誤りではない。ただしこの事業利益は、公益法人として掲げる事業理念や法人としての使命を果たすために使われるべきものと考える。社会福祉法人の事業・活動の目的は、福祉サービスを提供することにより事業利益を上げることではない。地域の福祉ニーズに応え、次年度以降に事業を拡大するなどし、住民の安全・安心、住民の福祉増進に寄与することが、事業経営の目的といえる。非営利法人において事業利益は、事業経営の継続性を確保しつつ、低所得者への利用料の減免など、公益目的のために使われるべきである。

3 社会福祉施設等の現状や推移

社会福祉施設の総数は、令和３（2021）年には、15万3,048施設あり、施設種別から内訳を見ると、保護施設288施設、老人福祉施設７万5,629施設、障害者支援施設等5,530施設、身体障害者社会参加支援施設315施

〈表3-1〉 施設の種類別施設数の推移

	平成27年(2015)	平成28年(2016)	平成29年(2017)	平成30年(2018)	令和元年(2019)	令和2年(2020)	令和3年(2021)
総数	134,106	139,048	142,376	146,774	148,749	150,732	153,048
保護施設	292	293	291	286	288	289	288
老人福祉施設	73,220	74,238	74,782	74,985	75,287	75,237	75,629
障害者支援施設等	5,874	5,778	5,734	5,619	5,636	5,556	5,530
身体障害者社会参加支援施設	322	309	314	317	315	316	315
婦人保護施設	47	47	46	46	46	47	47
児童福祉施設等	37,139	38,808	40,137	43,203	44,616	45,722	46,560
母子・父子福祉施設	58	56	56	56	60	56	57
その他の社会福祉施設等	17,154	19,519	21,016	22,262	22,501	23,509	24,622

（出典）厚生労働省「社会福祉施設等調査」「介護サービス施設・事業所調査」

　設、婦人保護施設47施設、児童福祉施設等4万6,560施設、母子・父子福祉施設57施設、その他の社会福祉施設等（有料老人ホーム・サービス付き高齢者住宅を含む）2万4,622施設となっている。

　施設数の推移は**表3-1**のとおりである。昭和45（1970）年「社会福祉施設緊急整備5か年計画」が作成され、社会福祉施設整備の財源が計画的に確保され、施設数が拡充していった。1990年代以降は、ゴールドプラン等、各分野の福祉計画のもとで社会福祉施設の整備が進んだ。2000年以降は、第二種社会福祉事業については民間参入が進み、介護サービス、障害者支援サービス、保育サービスなどの領域・施設種別において、施設・事業数が増えている。

　公立施設と民間施設の割合は、昭和40（1965）年には、61対39と公立施設が半数以上を占めていたが、平成28（2016）年では、13対87と、圧倒的に民間施設が占める割合が大きくなっている。石油ショック以降、第二次臨時行政調査会による行政改革を経て、大きな政府から小さな政府への転換が図られ、国鉄等の民営化が進んだことと軌を一にしている。

　現在では、介護や保育など、民間施設においても適切なサービスの提供が可能と考えられる施設の経営は、社会福祉法人等の民間の経営に委ねるべきとの考えが主流になっている。これを受けて、公立施設として整備されたものが、行政サービスの効率化の立場から、民間法人に運営を委託する公設民営や民間法人に施設を移管するなどの、民営化が進められてきた。

　社会福祉基礎構造改革以降は、措置制度から利用契約制度に転換したことから、介護サービスや障害福祉サービスの分野では、社会福祉サー

ビスに対する潜在的な需要を顕在化させ、新たな民間事業者の参入をもたらしている。子ども・子育て支援新制度の創設以降、保育等のサービスが拡充しているのも、同様な理由によるものと推察される。

　社会福祉施設数の伸びが著しいのも、介護サービスや障害者支援サービスの分野である。高齢化よる高齢者人口の増大、核家族化によるひとり暮らし高齢者の増加によって、介護サービスに対する需要は当面増加し続けることが見込まれる。もっとも、特別養護老人ホームに対する待機者、潜在的な需要は大きいと考えられるものの、必ずしも施設数は伸びていない。他方、高齢者施設の整備・拡充は、認知症高齢者のグループホーム、有料老人ホーム、サービス付き高齢者住宅など、いわゆる「居住系サービス」の分野において進んでいる。障害者支援サービスも、新たな民間参入もあり、全体的に拡大傾向にある。しかし、障害者支援施設は、地域移行方針のもとで新規の施設整備が抑制されており、近年の動向としては横ばいないし減少傾向にある。

　さらには、保育所、認定こども園、小規模保育事業なども、「子育て安心プラン」が策定され、都市部を中心として発生している待機児童問題を解消するため施設整備が進んでいる。[*3]しかも、働き方改革のもと女性の就業率向上、共働き家庭の増加によって、都市部を中心に今後とも増加傾向にあると考えられる。他方、人口減少の影響を受け、地方の郡部においては、定員の確保が困難となっている施設も少なくない。

*3
令和2（2020）年12月には「新子育て安心プラン」が策定され、令和3（2021）年度から令和6（2024）年度末までの4年間で約14万人分の保育の受け皿を整備する計画が立てられた。

第2節　社会福祉法人

1　福祉サービス供給主体の多様化

　福祉サービスは、措置制度のもとにおいては、国及び地方自治体、そして民間組織の中では社会福祉法人によって独占的に提供されてきた。社会福祉施設の経営など第一種社会福祉事業は、国や地方自治体以外では、**社会福祉法人**でなければ経営することが許されなかった。また、通所施設や在宅サービスなどの第二種社会福祉事業も、実施主体である地方自治体は、もっぱら社会福祉法人に限定し福祉事業の委託をしてきた。[*4]

　介護保険法の制定をきっかけにし、社会福祉法人以外の民間法人が、福祉サービスの分野においても参入できる環境がつくられていった。平成13（2001）年以降、小泉内閣のもと構造改革が進められたが、構造改革に取り組む経済財政諮問会議や規制改革・民間開放推進会議は、介護や保育についての民間参入の促進を強く求めた。

　こうした政策の後押しもあって、福祉サービスにおける民間参入に拍車がかかった。なかでも、介護保険の居宅サービスについては、サービス提供主体に対する制限が緩和され、民間参入がいちだんと進んだ。認可保育所についても、民間企業の経営を認めた。平成25（2013）年に閣議決定された「規制改革実施計画」でも、待機児童解消のために、保育所への株式会社、NPO法人等の参入拡大に取り組むことを求めている。さらには、障害者自立支援法（現　障害者総合支援法）においても、民間参入が可能な事業分野が拡大した。社会福祉法人以外の民間法人にも福祉の分野への参入を認めるという基本方針の転換によって、医療法人はもとより、消費生活協同組合、農業協同組合、NPO法人、株式会社など、多様な供給主体が福祉サービスを提供できるようになった。

2　供給主体の多様化と社会福祉法人の位置付け

　社会福祉法は、こうした供給主体の多様化を想定し、「社会福祉を目的とする事業を経営する者」という広義の概念を用いている。社会福祉法人も、社会福祉を目的とする事業を経営する者に含まれる。しかしながら、こうした多様な供給主体が存在するなかでも、社会福祉法人は社

*4
こうした福祉サービス供給体制のもとでは、社会福祉法人以外の民間法人は、事実上福祉サービスの分野への参入が阻まれていた。サービスの提供主体が社会福祉法人に限定されており、かつ事業経営にも行政の強い関与が及ぶという意味で、当時の福祉サービスの供給体制は、総合規制改革会議などにおいて「官製市場」とよばれていた。

会福祉事業の主たる担い手として位置付けられていた。

　福祉サービスは、民間法人であれ、社会福祉法人であれ、事業内容が同一であれば、同一の運営基準が適用され、同一の報酬の支払いが約束されている。前述の構造改革では、社会福祉法人に対する助成のあり方や優遇税制のあり方について取り上げられ、競争条件が均一でないことがイコールフッティングの観点から、問題があると指摘された。つまり、供給主体が多元化するなかで、社会福祉法人の役割や位置付けをどのように考えるべきかが問われたのである。

3 社会福祉法人制度の趣旨

　社会福祉法人制度は、戦後成立した社会福祉事業法に基づき、社会福祉事業を行うことを目的として創設された特別な公益法人である。現在は、社会福祉法が法人の設立と組織運営について定めている。社会福祉法人制度創設の経緯について概説しておきたい。

　社会福祉法人制度の創設以前は、財団法人など民法上の公益法人として活動していた。戦後、社会福祉事業法の成立により、こうした民間団体によって行われてきた慈善的な事業は、公的責任によって実施されるべき社会福祉事業へと再編されていく。社会福祉事業は、国及び地方公共団体の責任により整備されるべきものとされた。社会福祉事業法は、こうした公共性をもつ社会福祉事業を国及び地方公共団体に代わって行う特別な公益法人として、社会福祉法人制度を創設した。[*5]

　また、社会福祉法人制度が必要とされた背景としては、民間社会福祉事業に対する公費助成が、憲法第89条に違反するとの立場から、「公の支配」に属する特別公益法人の創設が必要と考えられた。[*6]

　民間社会福祉事業に対する公費助成を憲法違反とする批判にも対応できるように、公共性を高め、純粋性を確保することを目的に「公の支配」に属する社会福祉法人制度を創設し、もっぱら社会福祉法人に対して公費助成を行う仕組みが確立した。また、憲法第89条の解釈として、社会福祉法人以外の民間法人に対する公費助成は認められない。こうした解釈は、国及び地方自治体が行う社会福祉法人に対する施設整備補助金制度と結び付き、社会福祉法人を中心とした供給体制が構築されてきた。

*5
ここでの公共性とは、社会福祉法令研究会 編『社会福祉法の解説』によれば、「社会福祉事業の経営主体は、本来国や地方公共団体等の公的団体であるべき」という考え方をいう。実際にも、社会福祉法人が地方公共団体から措置の委託を受けて社会福祉施設の経営を行う以上、民間法人であっても、公的団体に準じた性格が求められた。社会福祉法人制度は、国や地方公共団体が公的責任に基づき実施するべき社会福祉事業を行うことを目的とする特別な公益法人に対し、民間慈善事業を行う公益法人と区別し、より厳しい監督規制を加えるところとなった。

*6
公金その他の公の財産は、宗教上の組織若しくは団体の使用、便益若しくは維持のため、又は公の支配に属しない慈善、教育若しくは博愛の事業に対し、これを支出し、又はその利用に供してはならない。

4　社会福祉法人の性格

社会福祉法人制度は、旧民法第34条に定める公益法人に求められていた「公益性」と「非営利性」に加えて、「公共性」を高め、「純粋性」を確保するために特別な規制が必要と考えられ、創設されたという経緯がある。現在の社会福祉法人についても、こうした「公益性」「非営利性」「公共性」「純粋性」が求められている。

社会福祉法人は、特別な公益法人の一つであるから、公益性が求められることはいうまでもない。公益性とは、積極的に不特定かつ多数の利益のために活動していることを意味するとされてきた。社会福祉法人の行う事業は、福祉サービスを必要とする者を対象とするものであり、不特定かつ多数の利益のために活動することが求められている。

公益法人であるためには、非営利性が求められる。したがって、社会福祉法人にも、非営利性が求められることはいうまでもない。ここでいう非営利性とは、営利を目的としないことをいう。

しかし、これは社会福祉法人が利益を上げてはならないというものではない。寄付などにより資金を拠出した者、その関係者などに利益を配分することが許されないのである。その利益は事業を通じて社会のために役立てるべきものと考えられている。営利法人との区別は、社会福祉法人においては、設立において基本財産を寄付した者などに利益を配分しないこと、法人の財産について持分を認めないことがあげられる。

さらには、社会福祉法人には、高い公共性が求められてきた[*7]。社会福祉は、国や地方公共団体が実施主体として、公費を用いて行う事業であり、市場に供給を委ねることのできないものと考えられてきた。社会福祉法人は、こうした公共的な事業を行うことを特別に許された法人として、公的団体に準じた役割が求められた。また、こうした性格をふまえて、適正な運営を確保するためにも、厳格な監督を受けている。

最後に、社会福祉法人の純粋性とは、社会福祉法が定める社会福祉事業を行うことを主たる目的とすることである。したがって、純粋性といっても、マネジメントを否定し、もっぱら任意の慈善事業に取り組もうとする動機や信念を求めるものではない。社会福祉法人は、社会福祉事業以外にも公益事業や収益事業を行うことが認められているが、これらについても制限が設けられている。また、監査指導においても、社会福祉法人に対し、なるべく社会福祉事業の経営に専念することを求めてきた。

*7
社会福祉法人制度を持続可能なものにするためには、制度改革を検討する上で、公益性のみならず、公共性についても検討を深めておくことが重要である。当事者間の契約により利用関係が形成され、かつ、多様な事業者が参入可能になった結果、措置制度以外の施設経営について公共性を認めることがむずかしい制度構造に転換したといえる。社会福祉法人制度改革において示された社会福祉法人による「地域公益的取組」については、公益性とともに公共性を取り戻す仕組みと位置付けて考えている。社会福祉法人は、何よりもまず、貧困、社会的孤立などさまざまな現代社会が抱える問題に対し、社会福祉のセーフティネットとしての役割をいかに担うか、に加え、何をすべきかを提案できないと、制度としての社会福祉法人の存在意義を否定されかねない。セーフティネットの構築は公的責任によって行われるべきものである。これについて、地方自治体と連携し、その役割を代替・補完することが、社会福祉法人に求められている公共性であると考えられる。

こうしたことをふまえ、社会福祉法人の経営は、社会福祉法が定める社会福祉事業を中心に据えて展開されてきた。

5 新たに求められる社会福祉法人の役割と責任

社会福祉法人は、公の監督規制のもとで、社会福祉施設など第一種社会福祉事業の経営を担っている。しかし、社会福祉施設は、保育所やグループホームなど、第二種社会福祉事業として位置付けられているものも少なくない。居宅サービスも第二種社会福祉事業である。こうした第二種社会福祉事業については、社会福祉法人に限らず、他の非営利法人や株式会社など営利法人も参入できる。

しかし、社会福祉法人の「社会福祉事業の主たる担い手」としての位置付けには変わりはない。また、新たに参入した営利法人などからイコールフッティングが主張されるが、法人制度のあり方や制度が求める本来的な役割が異なる。

しかしながら、福祉サービス提供主体における役割の違いは、社会的に十分に理解されているとは言い難い。そこで、社会福祉法人の本来的役割を際立たせるためにも、質の高いサービスの提供はもとより、社会福祉法人制度の本旨に基づき制度化されていない地域の福祉ニーズへの対応や、生活困窮者に対する生活支援や就労支援、その他無料低額で行う福祉サービスの提供などが求められる。利用契約制度の拡大により、福祉サービスの供給主体が多様化する中で、地域における福祉ニーズに柔軟かつきめ細かに応えられるサービス供給主体として、社会福祉法人の存在意義が問われている。

社会福祉法人を取り巻く環境は大きく変化している。平成24（2012）年の「規制・制度改革委員会」において、非課税の優遇措置を受ける社会福祉法人の内部留保の問題が取り上げられた。当初、財務省試算では、経営する特別養護老人ホーム1施設当たり、平均約3億円もの資金が内部留保されていると指摘されていた。

こうしたことから、平成25（2013）年8月にまとめられた「社会保障制度改革国民会議報告書」においても、社会福祉法人の役割について、非課税にふさわしい社会貢献や地域貢献が求められるべきとの指摘がされている。[8] 社会福祉法人には、内部留保の一部を地域に還元し、地域の福祉ニーズに積極的に対応するべき役割と責任がある、と見られている。

*8 さらに、平成26（2014）年の「規制改革実施計画」では「すべての社会福祉法人に対して、社会貢献活動（生計困難者に対する無料・低額の福祉サービスの提供、生活保護世帯の子どもへの教育支援、高齢者の生活支援、人材育成事業など）の実施を義務付ける」とされている。

法で定められた社会福祉事業を経営するだけでは、非課税にふさわしい公益性を認め難いというのであろう。

　社会福祉法人は、自ら掲げる経営の理念や使命に基づき、地域の福祉課題の解決や地域再生に向けて、主体的に取り組むべき立場にある。採算面などから見て民間の事業者では継続的に対応できない、かつ公共性の高い事業を先駆的に企画・実施することが、社会福祉法人としての役割を際立たせるために必要と考える。災害援助など、地域社会の一員としての社会的責任を意識した経営が求められている。

　生活に困窮し、かつ社会的に排除され孤立している人への支援は、慈善・博愛を掲げる民間社会福祉事業の原点であり、社会福祉法人の使命が問われる問題である。彼らに対し、中間的就労として、福祉施設において一般就労に向けた訓練の場を提供することも、社会福祉法人に期待される役割の一つである。

　平成27（2015）年4月からは、生活困窮者自立支援法[9]が施行されている。福祉事務所設置自治体は、自立相談支援事業、住居確保給付金の支給実施が義務付けられている。これに対し、就労準備支援事業、就労訓練事業、一時生活支援事業、家計改善支援事業、子どもの学習・生活支援事業は任意事業となっている。社会福祉法人においては、こうした事業を自治体から受託するとともに、自治体が実施しなくとも、自主事業として自ら取り組むことが期待される。地域の複数社会福祉法人が協働して取り組むことのできる環境の整備も課題といえる。

　介護保険の給付対象とされていない福祉ニーズが、相談事業を通じて把握されることがある。こうしたニーズに対しても、自治体に先がけて必要な事業を立ち上げて、自治体、他の社会福祉法人、社会福祉協議会、住民組織などと連携することにより、地域住民の生活を支えるケアシステムの構築にも寄与できる。

　内部留保があるなしにかかわらず利益の一部をこうした事業資金として地域に還元することにより、地域における社会福祉法人に対する信頼が高まる。事業利益の一部を還元し、地域再生を意識した住民協働の事業戦略を展開すれば、地域における社会福祉法人の公共性・公益性を明確にできる。なかでも、地域共生社会の実現に向けて、社会福祉法人においては包括的支援体制の構築に積極的な参画・貢献が求められるところである。

6 新たな経営モデルの創出－社会福祉連携推進法人

　非営利の社会福祉法人であっても、経営基盤を強化し事業の生産性を高め、得られた事業利益を、地域にとって必要な事業の拡大、サービスの質の向上、職員の労働条件の引き上げ、セーフティネット機能の強化、地域公益的取組の展開などに再投下することが求められている。人口減少・少子高齢化が進む中で、法人経営を将来とも持続可能とするためには、収支の改善に努めつつ、事業の多角化・多機能化、事業経営の高度化、自律的な法人経営をめざすことが課題といえる。なかでも、非営利の公益セクターの中核として、さまざまな関係機関・団体と連携し、地域の生活課題の解決に寄与できるように、経営のあり方を抜本的に見直す必要がある。

　しかしながら、大多数の社会福祉法人が、事業収入の規模が10億円に満たない現状にある。事業規模の拡大、経営スケールの大規模化、経営の高度化を図るためには、法人合併や事業譲渡などの方法も考えられる。互いの法人理念や事業戦略を考慮し、法人合併が双方の法人にとってプラスの関係をもたらすと考えるのであれば、法人合併も一つの方法であろう[*10]。

　合併以外でも、法人間連携、緩やかな経営統合という方法も考えられる。生活困窮者支援においては、社会福祉協議会を中心とした社会福祉法人の事業連携が広がっているが、新たな経営モデルとして、公益性を高め地域のニーズに戦略的かつ機動的に対応するため、複数法人による緩やかなグループ経営も考えられる。令和2（2020）年の社会福祉法改正によって新たに創設された「**社会福祉連携推進法人**[*11]」制度は、複数の社会福祉法人が中心となって地域共生社会の実現に向けて連携できる仕組みである。新たなグループ経営が、経営の高度化、地域ニーズへの対応の強化などによって、社会福祉法人の公益性を高めることにつながるものと期待される。

7 社会福祉法人の設立について

　社会福祉法人を設立する場合には、定款を定め、厚生労働省令で定める手続に従い、**所轄庁**の認可を受ける必要がある。「社会福祉法人の認可について」は、社会福祉法人の審査基準及び定款例を明らかにし、法

*10
社会福祉法人制度改革において、法人合併・事業譲渡についての改正が行われた。さらには、令和2（2020）年9月に公表された「社会福祉法人の事業展開に係るガイドライン」において、合併・事業譲渡についての基本的な考え方がとりまとめられた。あわせて、自治体及び関係者に対して「合併・事業譲渡等マニュアル」も作成されている。

*11
社会福祉連携推進法人が、社会福祉事業を行うことは認められていない。連携推進業務の内容として認められているのは、①地域福祉支援業務、②災害時支援業務、③経営支援業務、④貸付業務、⑤人材等確保業務、⑥物資等供給業務である。
なお、令和5（2023）年8月2日現在、認定された社会福祉連携推進法人は18法人。令和5（2023）年になって認定された法人は、11法人に及ぶ。

人の資産や組織運営について細かな基準を定めている。

　所轄庁は、法人の認可申請があったときは、社会福祉法人の資産が所定の資産要件に該当しているかどうか、その定款内容及び設立の手続が法令の規定に違反していないかどうかを審査し、認可の決定を行う。

　設立にあたっては、社会福祉事業を行うに必要な資産が必要となる。これらの資産は、設立される法人により所有されることが原則とされており、法人創設者らの寄付によって確保されるのが通例といえる。行った寄付に対し、基本財産における持分は認められない。法人の設立が認可されたら、目的及び業務、名称、事務所、代表権を有する者の氏名、住所、資格、資産の総額など必要な事項を登記しなければならない。

8 法人組織

　社会福祉法人には、その高い公共性から、法人組織の管理・運営についても、制度創設当初は民法上の公益法人と比較し、より厳格な規制が必要と考えられた。しかも、社会福祉法の定めに加え、社会福祉法人の認可基準において、より細かな規定を定めている。これらの基準により、所轄庁は社会福祉法人に対する監査指導を通じて、公正かつ適正な法人組織の管理・運営を確保しようと努めてきた。

　そのため、評議員会が諮問機関として位置付けられていたなど、法人組織内部におけるガバナンス改革は必ずしも検討されてこなかった。株式会社や公益法人においては、経営組織におけるガバナンスの強化は法的にも義務付けられている。こうしたことから、「規制改革実施計画」においても、経営組織におけるガバナンスの強化が、社会福祉法人制度改革の課題として指摘されていた。

　法人組織の見直しが、社会保障審議会福祉部会において検討され、平成28（2016）年3月末に社会福祉法が一部改正されている。これによって、評議員会及び理事会など社会福祉法人の経営組織のあり方が抜本的に見直された。[*12]制度改革の経緯を振り返ると、公益法人制度改革に準じて、ガバナンスの強化を図り、一般財団法人及び公益財団法人と同等以上の公益性を確保できる経営組織とすることが、ねらいといえる。

　社会福祉法人の組織には、理事会、評議員会、監事がある。社会福祉法人も、他の公益法人と同様に、この法人組織を中心にして、ガバナンスの確立が求められている。すなわち、社会福祉法人のガバナンス改革として、各機関が相互に牽制・監視し、①経営者の独走・暴走をチェッ

クする、②法人組織による違法行為をチェック・阻止する、③法人理念の実現に向けて組織活動を方向付ける、④公益的な取り組みを実施し、公益性を高めることが求められた。

　評議員会は、法改正前までは理事会に対する諮問機関とされてきたが、評議員会の役割及び位置付けが大きく変更された。すなわち、評議員会は、法人運営の基本ルール・体制の決定にかかわる議決機関であり、事後的な監督を行う機関となっている。しかも、保育所のみを経営する法人などは、これまで評議員会の設置を義務付けられてこなかったが、平成29（2017）年4月以降は、すべての社会福祉法人において評議員会が必置となった。

　評議員会は、運営にかかる重要事項の議決機関とされているが、業務執行にかかわるすべての重要案件について議決できるわけではない。社会福祉法に規定する事項及び定款で定めた事項に限り、決議することができるものとされている。

　具体的には、①理事・監事・会計監査人の選任及び解任、②理事等の責任の免除、③理事・監事の報酬等の決議、④役員報酬基準の承認、⑤計算書類の承認、⑥定款の変更、⑦解散の決議、⑧合併の承認、⑨社会福祉充実計画の承認、などである。これについて、定款で理事会等の機関が決定できるとする定款の定めは無効である。

　評議員の定数は、理事の員数を超える数とされている。理事は6名以上とされているから、7名以上の評議員を選任しなければならない。評議員会は、法人運営の重要事項について議決する機関であるので、社会福祉法人の適正な運営に必要な識見を有する者のうちから選任することになる。

　評議員の選任方法は、定款で定める方法とされている。実際は、多くの法人において、評議員の選任・解任委員会を設置し、評議員を選任・解任することになるものと思われる。定款において、理事長、理事会が評議員を選任・解任する旨の定めをしても、無効である。評議員の任期は、4年とされているが、定款で6年と伸長することは認められている。

　評議員と理事は兼務できない。評議員には、各評議員と親族等の特殊関係者も含まれてはならない。また、各役員と、親族等の特殊関係者も含まれてはならない。職員も、特殊関係者にあたるので、評議員になれない。こうした規制は、評議員会が、中立公正な立場にある者から構成されることによって、初めて経営者に対する牽制機能をもてると考えるからである。

　理事会は、業務執行の決定機関として位置付けられている。理事会は、業務執行機関として、社会福祉法人のすべての業務執行にかかわる決定のほか、理事長を含む理事の職務執行の監督、理事長の選定及び解職を行う機関である。理事会に対し、経営者である理事・理事長に対する牽制機能をもたせるためである。

　理事会の議決事項は、①理事長及び業務執行理事の選定及び解職、②評議員会の日時、場所、議題・議案の決定、③重要な財産の処分及び譲り受け、④重要な役割を担う職員の選任及び解任、⑤従たる事務所その他重要な組織の設置、変更及び廃止、⑥コンプライアンスの体制整備、⑦計算書類及び事業報告の承認、⑧その他重要な業務執行の決定、となっている。評議員会の議決事項以外の事項は、評議員会に諮る必要はない。

　理事の定数は、6名以上である。理事会は、業務執行機関であることから、理事のうちには、①社会福祉事業の経営に関する識見をもつ者、②当該社会福祉法人が行う事業の区域における福祉に関する実情に通じている者、③当該社会福祉法人が施設を設置している場合にあっては、当該施設の管理者、が含まれていなければならない。

　なお、理事の選任・解任は、前述のとおり評議員会の決議によるとされている。理事の任期は、2年であるが、再任は認められている。理事に親族等特殊関係者を選任する場合には、一定の制限がある。すなわち、理事のうちには、各理事と、親族等特殊関係者が3人を超えて含まれてはならない。また、各理事ならびに当該理事と、親族等特殊関係者が理事総数の3分の1を超えてはならない。

　理事長の職務及び権限も社会福祉法において定められた。すなわち、理事長は、理事会の決定に基づき、法人の内部的・外部的な業務執行権限を与えられている。対外的な業務執行をするため、法人の代表権をもつ。理事会が、業務執行理事を選任すれば、対内的には業務執行理事が理事長をサポートすることができるが、対外的な業務を執行する権限はない。

　理事長は、原則3か月に1回以上、職務執行の状況を理事会に報告しなければならないとされている。そうなると、定例の理事会が年4回以上開催されることになる。理事長、業務執行理事以外の理事は、理事会における議決権の行使を通じ、法人の業務執行にかかわる意思決定に参画するとともに、理事長や他の理事の職務執行を監督する役割を担っている。

　監事は、理事の業務執行、財産状況を監査する機関である。2人以上の監事の選任が必要である。監事の選任・解任も、評議員会の決議による。監事の任期も2年とされ、再任も認められている。

　監事には、①社会福祉事業に識見を有する者、②財務管理に識見を有する者が含まれていなければならない。また、監事は、理事、評議員及び職員等との兼任は認められない。監事のうちには、各役員と、親族等特殊関係者が含まれてはならない。

　監事の権限としては、①理事の職務執行の監査ならびに監査報告の作成、②計算書類の監査、③事業報告の要求、業務・財産の状況調査、④理事会の招集請求、⑤理事の行為の差し止め請求、⑥会計監査人の解任、がある。

　また、監事の義務としては、①理事会への出席、②理事会への報告義務、③評議員会の議案等の調査・報告義務、④評議員会における説明義務、などがある。

　なお、会計規模が一定額以上の法人においては、計算書類等の監査を行う会計監査人を設置しなければならない。収益が30億円以上または負債が60億円以上の社会福祉法人が対象である。当初、厚生労働省は、平成31（2019）年4月から「収益20億円超または負債40億円超」の社会福祉法人に対象範囲を拡大し、令和3（2021）年度以降も「収益10億円超または負債20億円超」の社会福祉法人に引き下げる予定であったが、平成31（2019）年4月の引き下げは延期された。[*13]

　以上、評議員、理事、監事等の役割について述べてきたが、法人との関係においては、民法上の委任の関係にある。これによって、法人から所定の職務の委任を受けた者は、「善良な管理者の注意をもって、委任事務を処理する義務」を負うことになる。いわゆる「善管注意義務」である。理事においては、法人に対し忠実義務を負っている。したがって、評議員、理事、監事等は、常勤・非常勤、報酬の有無にかかわらず、職責に応じた注意義務をもって、所定の役割を遂行することが求められる。義務違反については、責任を問われる場合もあり得る。理事、監事、評議員などが、法律違反等によって、法人に不当な損害を与えた場合には、民事上の責任として、損害賠償責任が問われることも考えられる。また、刑事上の責任としては、特別背任罪等の適用もある。

*13
令和3（2021）年現在も、会計監査人を設置するべき社会福祉法人の範囲は、収益30億円以上または負債60億円以上となっている。なお、厚生労働省においては、令和5（2023）年から「収益20億円を超える法人又は負債40億円を超える法人」に拡大する方向で調整中である。収益10億円を超える法人または負債20億円を超える法人については、義務化の時期が決まっていない。

＊14
平成28（2016）年、社会福祉法等の一部改正のもとで、都道府県等の監督官庁が行う社会福祉法人に対する指導監督のあり方も変更されている。平成29（2017）年4月、厚生労働省は「社会福祉法人指導監査実施要綱の制定について」を取りまとめ、通知している。ガバナンスの強化及び情報公開を前提に、社会福祉法人の自主性・自律性を尊重し、指導監査の効率化・重点化及び明確化を進めるという内容である。具体的には、社会福祉法人制度改革をふまえて、①監査周期等の見直しによる重点化について、②会計監査人監査導入に伴う行政監査の省略・重点化について、③指導方法の標準化についてなど、これまでの監査のあり方を見直している。
また、厚生労働省は、平成30（2018）年4月に「社会福祉法人指導監査実施要綱の制定について」を改正し、「指導監査ガイドライン」の一部見直しを行った。例えば、社会福祉法人制度改革をふまえて文書指摘、口頭指摘または助言においては、「監査担当者の主観的な判断で法令又は通知の根拠なしに指摘を行わない」ように留意することを求めている。

＊15
社会福祉法の一部改正においても、厚生労働省令で定める基準に従い、会計処理を行わなければならないと定め、これに基づき厚生労働省令として社会福祉法人の会計基準を定めている。これまでの通知による新会計基準は、

❾ 社会福祉法人に対する監督規制

公正かつ健全な法人運営を確保するためには、法人組織相互の内部牽制体制の確立とともに、国及び地方公共団体による監督規制も重要な仕組みといえる。資産保有、組織運営に対する規制、収益事業からの収益の使途制限などが定められている。また、法令や法令に基づく行政処分、定款などに違反していると認められる場合、法人の運営が著しく適正を欠くと認められる場合には、是正命令等の措置をとることができる。[＊14]

しかしながら、こうした社会福祉法人に対する監督規制などによる行政の関与のあり方については、ガバナンスの強化や事業運営の透明性の確保、財務規律の確立が図られることを前提として、法人経営の自律性を尊重することが求められる。もちろん、法令違反など不適正な運営を行う法人に対し、実効性のある検査と厳格な処分が必要であることはいうまでもない。他方では、法律上の根拠があいまいな所轄庁ごとのローカル・ルールによる監督指導は、見直されるべきものと考える。

法人組織についても、すでに述べたとおり、理事会、評議員会の運営なども、監督規制の対象となっている。また、資産保有に対する規制としては、当該社会福祉法人に対し、原則として社会福祉事業を行うために直接必要なすべての物件について所有権を有していること、または国もしくは地方公共団体から貸与または使用許可を受けていることを求めている。

所轄庁の認可を得て、新たに法人を設立し社会福祉事業を始める場合には、主として必要とされる基本財産について設立者が寄付することになる。基本財産について、寄付者の持分は認められていない。事業を廃止した場合の**残余財産**は、他の社会福祉事業を行う者に帰属させ、最終的には国庫に帰属するものとされている。法人の創設時に寄付した者においても、法人財産について持分を認めていない。

資産の区分についても、基本財産、運用財産、公益事業用財産、収益事業用財産に区分し、会計基準に従って適正な資産の管理を求めている。社会福祉法人の会計についても、毎会計年度終了後3か月以内に事業報告書、財産目録、貸借対照表及び収支報告書を作成し、監事の監査を受けるものとされている。社会福祉法人の会計については、「**社会福祉法人会計基準**」に基づいて、取り扱われるべきものとされている。[＊15]

事業活動収支差額として利益が出た場合でも、寄付した役員に対するサービス事業の収益の配当は、認められない。サービス事業からの収益

は、社会福祉事業（または一部の公益事業）のみに充当するものとされている。基本財産は、法人存続の基礎となるものであるから、これを処分し、または担保に供する場合には、所轄庁の承認を受けなければならない。さらには、社会福祉法人は事業の実施にあたり評議員、理事、監事、職員その他政令で定めるその法人の関係者に対し、特別の利益を与えてはならない。

社会福祉法の一部改正では、所轄庁による監査指導に加えて、事業運営の透明性を確保するため、法令上も社会福祉法人に対しさらなる情報開示を義務付けている。すなわち、定款、事業計画書、役員報酬基準を新たに閲覧対象とすることとし、同時に閲覧請求者を利害関係人から国民一般に拡大した。閲覧とは別に、定款、貸借対照表、収支計算書、役員報酬基準については、国民誰でも知ることができるよう、インターネットなどの媒体により公表対象とすることになっている。現況報告書についても、役員区分ごとの報酬総額を追加した上で、閲覧・公表対象とされている。

内部留保の問題については、サービス事業活動によって利益が出た場合など、余裕財産活用のルールが定められ、平成29（2017）年4月より所轄庁の監督規制の対象とされている。[*16]新たな財務規律とは、①適正かつ公正な支出管理の上、②いわゆる「内部留保」されている財産から事業継続のため必要な財産を控除し、③余裕財産が認められる場合には、「社会福祉充実残額」として、地域の福祉サービスへ計画的に再投下を求めることになっている。

所定の計算によって、「社会福祉充実残額」が算定される法人においては、理事会において、①社会福祉事業、②地域公益事業、③その他の公益事業について、いずれの事業を実施するかを協議の上、社会福祉充実計画を作成し、評議員会の承認が必要になる。その上で、所轄庁に提出し、所轄庁の承認を受ける。計画の実行期間は、原則5年とされており、社会福祉充実計画の確実な実行についても、所轄庁の監督規制の対象となる。

社会福祉事業へ投下する場合には、職員の処遇改善やサービスの質の向上など現在取り組んでいる社会福祉事業の充実のほか、新たな社会福祉事業の実施などが検討される。既存の制度が対応しない新たな福祉サービスの提供－地域住民が必要とする生活上の支援を無料または低額な料金で提供する地域公益事業は、第2順位にとどまっている。[*17]こうした社会福祉充実計画についても、国民に対し計画的な再投下のあり方を説

あらためて一部改正の上、省令による「社会福祉法人会計基準」として定められた。

*16
内部留保といっても、すでに土地の購入や施設の建設費に支出されている。将来の大規模修繕の費用、建て替えの資金、設備の更新の費用も残しておく必要がある。さらには、当面の事業資金も確保されるべきである。内部留保の明確化とは、控除対象財産を明確にし、引き続き留保されるべき財産と社会福祉の充実のために活用されるべき財産とを区別する仕組みづくりをいう。内部留保の問題は、何が内部留保にあたるのかについての議論の整理がないままに、社会福祉法人の会計において多額の内部留保が存在するかのような憶測をもたれてしまったことにある。

*17
社会福祉充実計画に位置付けるべき事業の第1順位は社会福祉事業または公益事業（社会福祉事業に類する小規模事業）、第2順位は地域公益事業、第3順位は公益事業となっている（厚生労働省3局長通知「社会福祉法第55条の2の規定に基づく社会福祉充実計画の承認等について」〔平成29年1月24日〕）。なお、令和4（2022）年度に社会福祉充実計画を策定した法人は、1,941法人であり、これは社会福祉法人全体の9.2%に当たる（厚生労働省「令和4年度における社会福祉充実計画の状況について」）。

明する必要があると考えられ、情報公開の対象ともなっている。

　社会福祉法人の事業活動が、法令や行政処分、定款に違反している疑いがあれば、監督権限をもつ所轄庁は、法人から報告を徴収し、さらには職員による監査を行うことができる。監査により、違反の事実が認められる場合、あるいは法人の運営が著しく適正を欠くと認められる場合には、必要な措置をとる旨命ずることができる。必要な改善勧告を行い、なお勧告に従わない場合にはその旨を公表することができる。なお、改善勧告に従わない場合には、改善命令、業務の停止命令、役員の解職勧告を行うことができるものとされている。これらの方法をもっても監督の目的を達することができない場合には、社会福祉法人に対し解散を命ずることができる。

❿ 社会福祉法人に対する優遇措置

　国及び地方公共団体は、国民福祉の発展のため、厳しい監督規制を受ける社会福祉法人に対し、「公の支配」に属する公共性の高い法人として特別に取り扱い、補助金を支出する、低利による貸付を行う、その他財産の譲渡や貸与を行うことが認められている。施設整備に対する国の補助は、その多くが廃止・一般財源化され、あるいは交付金化されたものの、社会福祉法人に対する施設整備の補助は続けられている。また、福祉医療機構による融資も受けられる。[18]

*18
本書第5章第3節6参照。

　税制上の優遇措置もある。国税においては、所得税、法人税などが非課税の特例がある。さらには、地方税においても、都道府県民税、市町村民税、事業税、固定資産税などが非課税とされている。

　社会福祉法人に対する優遇措置が、同じように介護や保育、障害福祉サービスを提供する事業者からは、「競争条件が平等でない」「社会福祉法人のみを優遇するのは不公平である」との批判を受けている。社会福祉法人においては、事業の公益性を高めるなど、非課税などの優遇措置にふさわしい事業経営が実際に行われなければ、社会福祉法人に対する優遇措置を継続する前提が揺らいでしまう。優遇措置が廃止されたならば、多くの社会福祉法人において、事業の継続・再生産が困難となろう。

第3節　特定非営利活動法人

1 特定非営利活動法人制度創設の趣旨

　特定非営利活動法人（NPO法人） は、平成10（1998）年に成立した特定非営利活動促進法によって創設された非営利法人である。福祉活動を行うボランティア団体は、公益法人や社会福祉法人の設立認可を得ることが容易でなかったことから、法人格をもたない任意団体として活動を続けるしかなかった。この法律は、この任意団体に対し法人格を付与し、ボランティア活動をはじめとする特定の非営利活動の健全な発展を促進しようとするのがねらいである。

　また、特定非営利活動法人の活動に対しては、自由な法人運営を尊重し、情報公開を通じた市民の選択・監視のもとに置きつつ、監督官庁による関与が緩やかな制度になっている。[*19]

2 特定非営利活動法人の役割

　特定非営利活動法人も、介護保険法や障害者総合支援法においては、居宅サービスなど、第二種社会福祉事業などの実施主体となる例も少なくない。多様化する供給主体の一つにあげられる。

　また、社会福祉法においては、特定非営利活動法人も、社会福祉法人とともに、社会福祉を目的とする事業を経営するものに含められている。介護保険事業などの制度化された福祉サービスのみならず、地域福祉の担い手として、制度のはざまにある福祉ニーズにも積極的に対応することが期待されている。特定非営利活動法人が、地域における福祉課題に対しコミュニティビジネスの発想と手法を用いて活動するなど、従来のボランティア活動とは異なる性格をもつ事業も展開されている。

3 特定非営利活動法人の性格

　特定非営利活動法人の性格としても、「公益性」と「非営利性」があげられる。法律においても、「不特定かつ多数のものの利益の増進に寄与することを目的とする」もので、営利を目的としないことが要件とされている。こうした活動のうち、**表3-2**のとおり20の分野において主

第3章

*19
特定非営利活動法人の数は、制度創設から増加してきたが、平成29（2017）年をピークに、現在は若干減少傾向にある。新設の件数が減少している理由としては、一般社団法人や合同会社などのように、設立の手続き及び設立後の運営に対する規制が緩やかな法人形態が別に存在することなどが考えられる。令和5（2023）年7月31日現在、認証を受けているNPO法人は50,183法人、解散した法人は24,551法人である。特定非営利活動法人が活動する分野は、法律により20分野が設けられているが、なかでも保健・医療・福祉分野で活動する法人が最も多い。

〈表3−2〉特定非営利活動法人の活動分野

①保健、医療または福祉の増進を図る活動
②社会教育の推進を図る活動
③まちづくりの推進を図る活動
④観光の振興を図る活動
⑤農山漁村または中山間地域の振興を図る活動
⑥学術、文化、芸術またはスポーツの振興を図る活動
⑦環境の保全を図る活動
⑧災害救援活動
⑨地域安全活動
⑩人権の擁護または平和の推進を図る活動
⑪国際協力の活動
⑫男女共同参画社会の形成の促進を図る活動
⑬子どもの健全育成を図る活動
⑭情報化社会の発展を図る活動
⑮科学技術の振興を図る活動
⑯経済活動の活性化を図る活動
⑰職業能力の開発または雇用機会の拡充を支援する活動
⑱消費者の保護を図る活動
⑲前各号に掲げる活動を行う団体の運営または活動に関する連絡、助言または援助の活動
⑳前各号に掲げる活動に準ずる活動として都道府県または指定都市の条例で定める活動

※これらの活動のうち、不特定かつ多数のものの利益の増進に寄与することを目的とするものであることが必要。

（出典）特定非営利活動促進法別表をもとに著者作成

たる活動を行うが、社会福祉法人との違いは、監督規制のあり方が緩やかであることである。公益実現の方法も行政から一元的に監督規制を受けるべきものと考えられておらず、特定非営利活動法人の価値観に基づきながら、企画立案されることが期待されている。

4 特定非営利活動法人の設立について

特定非営利活動法人は、社会福祉法人などの法人と比較すると、より簡易な手続で、法人の設立が認められる。法人の設立には、**認証**主義をとっており、法定の特定非営利活動法人に求められる要件を満たし、定款を作成の上、役員名簿や設立趣意書など必要な書類を添えて申請すれば、法人格の認証が与えられるものとなっている。なお、社員は10人以上必要である。こうした認証を受けた上で、特定非営利活動法人として登記する必要がある。

*20
特定非営利活動法人の設立に求められる要件は以下のとおり。①特定非営利活動を行うことを主たる目的とすること。②営利を目的としないものであること。③社員の資格の得喪に関して、不当な条件を付さないこと。④役員のうち報酬を受ける者の数が、役員総数の3分の1以下であること。⑤宗教活動や政治活動を主たる目的とするものでないこと。⑥特定の公職者（候補者を含む）または政党を推薦、支持、反対することを目的とするものでないこと。⑦暴力団またはその構成員もしくはその構成員でなくなった日から5年を経過しない者の統制のもとにある団体でないこと。⑧10人以上の社員を有するものであること。

5 法人組織

　特定非営利活動法人についても、法人組織として、役員の選任が必要となる。法人には、理事3人以上を選任し、監事1人以上を置かなければならない。理事の選任については、役員の親族等が1人を超えて含まれてはならない。または、当該役員ならびにその配偶者及び三親等以内の親族が役員総数の3分の1を超えて含まれてはならないなど、法律により一定の制限が設けられている。

　理事は法人を代表し、その過半数をもって法人の業務を決定する。理事により構成される理事会を開催し、合議し決定するのが通例である。理事長あるいは代表理事を選任し、定款により代表権を与えることも可能である。

　監事の役割は、理事の業務の執行状況や法人の財産状況を監査する。監査により、不正行為や法令や定款に違反する重大な事実が明らかになった場合には、社員総会または所轄庁に報告する。監事は、理事または法人の職員を兼ねてはならない。

　法人の理事は、少なくとも毎年度1回、通常社員総会を開催しなければならない。法人の業務は、定款において理事その他の役員に委任したものを除き、すべて社員総会の決議により行う。

6 特定非営利活動法人に対する監督規制

　特定非営利活動法人の活動にも法律上の規制がある。役員組織の運営や会計処理などについては、法律により最低限度のことが定められている。事業報告書の情報開示の義務もある。所轄庁には、特定非営利活動法人に対する監査権限が与えられている。[21]

　役員による組織運営については、すでに述べたとおりである。会計については、特定非営利活動法人は、正規の簿記の原則に従って会計簿を記帳するなど、法律に定められた会計原則に従い会計処理を行わなければならない。また、特定非営利活動に必要な資金や運営費に充てるために、特定非営利活動に係る事業以外の事業（その他の事業）を行うことができるものとされているが、この場合、その他の事業に関する会計を特定非営利活動にかかる会計から区分するものとされている。

　特定非営利活動法人が解散する場合など、解散した法人の残余財産の帰属についても特定非営利活動促進法第11条第3項に定められたうちか

*21
所轄庁は、特定非営利活動法人に対しても、監督措置として、①報告の徴収、②立入検査、③勧告・命令、④設立認証の取消し、を行うことができる。なお、平成24（2012）年4月から改正特定非営利活動促進法が施行され、所轄庁が変更されている。2つ以上の都道府県に事務所を置く法人の所轄庁は、主たる事務所のある都道府県となった。さらに、1つの指定都市内のみに事務所をもつ法人の所轄庁は、当該指定都市になった。

＊22
ただし、介護サービス事業などは、定款が定める本来目的事業として位置付けられている場合であっても、税法上は「法人税法上の収益事業」として取り扱われる。したがって、所得に対して課税される。

＊23
その後、NPO法人の設立及び運営の手続きを迅速かつ簡素なものにして、NPO法人の事務負担を軽減する目的から、令和2（2020）年に特定非営利活動促進法の一部改正が行われている。その概要は、①縦覧期間の短縮、②住所等の公表等の対象からの除外、③所轄庁に毎年提出する書類の一部削減、などである。

＊24
パブリック・サポート・テスト（PST）とは、広く市民からの支援を受けているかどうかを判断するための基準である。認定を受けるためのポイントとなる基準といえる。これは、「相対値基準」「絶対値基準」「条例個別指定」のうち、いずれかの基準を選択できる。
「相対値基準」とは、実績判定期間における経常収入金額に占める寄附金等収入金額の割合が5分の1以上であることを求める基準である。
「絶対値基準」とは、実績判定期間内の各事業年度中の寄附金の額の総額が、3,000円以上である寄附者の数の合計額が、年平均100人以上であることを求める基準である。
「条例個別指定」とは、自治体が定める条例によって、個人住民税の

ら、定款に定めた者に帰属する。残余財産が最終的には国庫に帰属するものとされているのは、公益法人や社会福祉法人と同様である。

特定非営利活動法人に対し、情報の開示についての義務付けがある。すなわち、毎年年次初めに事業報告書や財務諸表、役員名簿などを作成することを求め、社員その他利害関係人から閲覧請求があった場合には、これを閲覧させることなど、情報開示を義務付け、事業内容の透明性の確保を求めている。また、特定非営利活動法人には、こうした書類を所轄庁にも提出する義務があるが、一般市民は所轄庁においてもこれら書類や定款を閲覧できる。

7 特定非営利活動法人に対する優遇措置

特定非営利活動法人には、税制面での優遇措置がある。地方公共団体からの事業助成は、地方公共団体の対応に委ねられている。活動内容に応じて、特定非営利活動法人に対する助成や事業委託が行われている例も見受けられる。

特定非営利活動法人に対する法人税等の適用については、「公益法人等」とみなすものとされている。つまり、公益事業については、法人税、事業税、住民税などが非課税であるが、収益事業に対して課税対象となる。これについても、営利法人と比較すれば、軽減税率が適用される。＊22

8 認定NPO法人制度

特定非営利活動法人のうち、「**認定NPO法人（認定特定非営利活動法人）**」に対しては、税制面での手厚い優遇措置が認められてきた。認定NPO法人制度は、従来租税特別措置法に基づき、国税庁長官が認定する仕組みであったが、平成23（2011）年の法改正により、これを廃止し、代わって特定非営利活動促進法が定める「認定制度」が創設され、翌年4月より実施されている。＊23 特定非営利活動法人が認定を受けるためには、①実績判定期間において、パブリック・サポート・テストを満た＊24 していること、②実績判定期間において、事業活動における共益的な活動の占める割合が50％未満であること、③運営組織及び経理が適切であること、④事業活動の内容が適切であること、⑤情報公開を適切に行っていること、⑥事業報告書等を所轄庁に提出していること、⑦法令違反、不正の行為、公益に反する事実等がないこと、⑧設立の日から1年を超

える期間が経過し、少なくとも2つの事業年度を終えていること、が必
要である。あわせて、認定NPO法人に対する立入検査、勧告・命令、
認定の取消しなど、監督権限についての規定が整備された。こうした認
定も都道府県知事または指定都市の長が行うものとした。

　認定NPO法人制度とは、NPO法人に対し寄付を促すことにより、同
法人の活動を支援するために設けられた制度である。NPO法人が認定
を受けると、税制上①寄付者に対して優遇措置が認められ、②認定
NPO法人に対しても「みなし寄付金制度」を認めている。「みなし寄付
金制度」とは、認定NPO法人において収益事業から得られた資金の一
部をその収益事業以外の事業のために支出した場合、この支出を寄付金
とみなして、一定の範囲内で特別に損金算入することを認めるものであ
る。

　こうした制度上のメリットのほかに、認定NPO法人となると、当該
法人に対する社会的信頼や認知度が高まり、より寄付金や地方自治体か
ら補助や委託が受けやすくなるというメリットも認められる。[25]

寄附金税額控除の対象
となる法人として個別
に指定を受けているこ
とが必要である。

＊25
令和5（2023）年7月
31日現在、認定を受け
たNPO法人は全国で
1,237法人となっている。

第4節　医療法人

1　医療法人制度の展開

　医療法人も、介護サービスを中心として福祉の分野に参入しており、福祉サービスの供給主体の一つにあげることができる。医療法人とは、医療法に基づく法人で、病院、医師（または歯科医師）が常時勤務する診療所、または は介護老人保健施設を開設しようとする社団や財団をいう。戦後、昭和23（1948）年に制定された医療法の改正により、昭和25（1950）年に医療法人制度が創設された。

（1）医療法人制度創設のねらい

　医療法人制度の創設以前は、多くは個人で病院や医院を経営していた。こうした個人が経営する医療事業に対し、法人格を与えることを目的として、医療法人制度が創設された。

　医療法は、すでに「営利目的の病院等の開設」を禁じていたため、民間の病院経営者は、商法上の会社を設立し病院を経営することは認められていなかった。また、民法上の公益法人制度が存在していたが、すべての民間の病院等の経営者や開業医が公益法人として法人格を取得することは、困難と考えられた。こうした状況のもとで、これら病院等を経営する個人に対し、個人財産の維持を認めつつ、法人格の取得を容易にすることをねらいとして、医療法人制度が創設された。[*26]

　つまり、医療法人制度は、医療の公益性を高めるために、民間の供給主体を国や自治体の厳しい監督規制下に置くことを目的とするものではなかった。むしろ、病院など医療機関を維持し拡大するために、公費による施設整備の手法をとらず民間の資金を頼りにし、公益法人に対する規制を緩和した特別な法人制度を創設するところにねらいがあったといえる。この点において、社会福祉法人と法人創設の目的・法人の性格が決定的に異なっている。

（2）公益性の高い医療法人「特定医療法人」制度の創設

　昭和39（1964）年、租税特別措置法の改正により、税制上の優遇措置を一部の医療法人に拡大する。租税特別措置法は、当時の大蔵大臣の承認のもとで、一定の要件を満たす公益性の高い医療法人を「特定医療法

*26
昭和25（1950）年の厚生省事務次官通知は、医療法人制度創設の趣旨を次のように記している。「本法制定の趣旨は、私人による病院経営の経済的困難を、医療事業の経営主体に対し、法人格取得の途を拓き、資金集積の方途を容易に講ぜしめること等により、緩和せんとするものである」。

人」として認め、法人税率を22％（平成27〔2015〕年4月現在、年800万円超の部分は19％）に引き下げ、相続税を非課税とするものとした。[*27]

医療法人制度は、その後、昭和60（1985）年の医療法改正により、診療所経営の近代化のため、常時勤務する医師の数が1人であっても、医療法人の設立を認めることになった。しかし、医療法人の基本的な性格については、見直されないまま、医療法人制度を一般の開業医にまで拡大することになった。

（3）医療法人制度改革の展開

平成16（2004）年11月から、公益法人制度改革への対応についての検討が始まった。規制改革・民間開放推進会議においても、医療経営への株式会社参入要求が強まっていった。医療法人制度を堅持するには、あらためて医療法人の公益性を徹底させる必要に迫られた。これらの状況を背景にし、医療法人制度改革に取り組む必要性が強まった。平成15（2003）年から「医業経営の非営利性等に関する検討会」において検討が積み重ねられた。

こうして、平成18（2006）年医療法改正により、医療法人の非営利性の徹底が図られた。すなわち、医療法人解散時の残余財産の帰属すべき者を限定し、個人（出資者）を除外した。新たに法人を設立する場合には、残余財産の帰属について、国、地方公共団体、医療法人その他医療を提供するものであって厚生労働省令で定めるもののいずれかから選択し、定款に定めるものとされた。なお、こうした取扱いは、既存法人については、当分の間適用しないものとされている。[*28]

同時に、この法改正により、特定医療法人制度や特別医療法人制度を再編し、公立病院に準じた公共性の高い「社会医療法人」制度が創設されている。これは、小児救急医療、災害医療、へき地医療などを行うことを義務付けた上、収益事業を認めるものとした。法人税・固定資産税は非課税とするなど税制上の優遇措置も与えられている。

医療法人の役員、社員総会、評議員会の各機能を明確にし、法人のガバナンス、内部統制の仕組みを徹底させた。都道府県知事に対し、事業報告書を届け出て、閲覧させるものとし、事業の透明性を確保した。有料老人ホームの経営など医療法人の附帯業務の範囲を拡大した。

最近では、平成27（2015）年に医療法が改正され、医療法人制度の見直しが行われた。すなわち、経営の透明性の確保のため、一定規模以上の医療法人に対し、①公認会計士・監査法人による外部監査、②医療法

*27
承認の要件は、医療法人に対し、①40床以上の病院、または救急病院であること、②財団医療法人または出資持分の定めがない社団医療法人であること、③役員に、本人・親族が占める割合が3分の1以下であること、④保険診療収入金額が全収入額の80％を超えること、⑤自費診療患者に対し請求する金額は保険診療報酬と同一基準とすること、⑥医業収入金額が、人件費や医薬品仕入れ等の医療直接原価の1.5倍の範囲内であること、⑦残余財産は、定款において最終的に国または地方公共団体に帰属するものと定めてあること、などを求めるものであった。

*28
出資持分のない医療法人であっても、法人の活動の原資となる資金の調達手段として、基金の制度を採用することが認められている。基金とは、社団医療法人に拠出された金銭その他の財産であって、当該医療法人と当該拠出者との間の合意の定めるところに従い、基金に拠出した財産を限度として拠出者に対し返還する義務を負う仕組みをいう。

〈図3－1〉地域医療連携推進法人

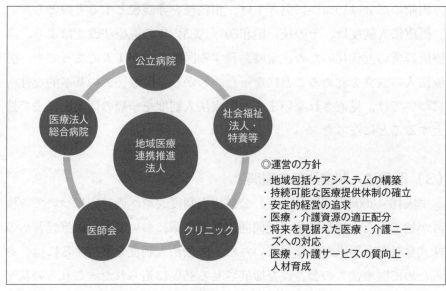

（筆者作成）

人会計基準の適用、③財務諸表の公開、を義務付けた。法人組織のガバナンス強化のため、医療法人に対し、①医療法人の理事会の設置・権限や役員の選任方法、②理事長及び理事の忠実義務、任務懈怠時の損害賠償責任、③理事会の位置付け、理事会の職務、役員等の損害賠償責任、が定められた。

　さらには、新たに**地域医療連携推進法人**制度が創設された。地域の病院等の医療機関が、相互に機能分担及び業務連携し、質が高く効率的な医療供給体制の構築をめざし、一般社団法人を設立する場合には、地域医療連携推進法人として認定を受けることができるというものである（**図3－1**）。介護事業を行う社会福祉法人も、この地域医療連携推進法人に参加することが認められている。[29]

2 医療法人の形態と性格

（1）医療法人の形態

　医療法人には、大きく2つの形態がある。社団医療法人と財団医療法人である。[30]社団形式をもって病院等を運営する法人が社団医療法人であり、財団形式をもって病院等を運営する法人が財団医療法人である。

　現在の医療法人の大部分が、社団医療法人である。なお、平成19（2007）年度から、新たに設立する社団医療法人においては、出資した

*29
令和5（2023）年4月1日現在、全国34の法人が地域医療連携推進法人として認定されている。連携によって、顔の見える関係が構築され、参加法人間での意見交換が活発に行われている。また、参加法人間による共同研修、共同購入、在籍出向・人事交流の取り組みも広がっている。

*30
社団医療法人と財団医療法人との違いは、基本的な性格から見る限り、公益法人の場合と同じと考えてよい。つまり、社団とは、社員によって構成される「人の集合体」たる団体に法人格が与えられたもの。また、財団とは、「公益に供する財産の集合体」を運営する団体に法人格が与えられたものである。

者に持分が認められず、残余財産は国庫に帰属するものとなった。

（2）医療法人の性格

　医療は、公益性が高い、国民の誰もが必要とするサービスである。しかしながら、こうした医療の主たる供給主体は、国及び地方公共団体が設立、運営する公的な医療機関ではない。民間の医療法人が、公益性の高い医療を提供している。民間の医療機関が中心となってサービス供給主体が形成されているのが特徴といえる。

　このような医療法人の性格には、公益性と非営利性があげられる。医療は、誰もが必要とするものであるから、不特定多数の者の利益となるサービスとしての性格をもつ。医療法人の性格にも、こうした公益性が認められることはいうまでもない。

　しかしながら、非営利性については、病院等の整備について、出資者に対する剰余金の配分は禁じられているものの、社団医療法人については、出資者に対し持分を認めてきた。また、医療法人の解散についても、出資した社員に対し持分に応じた残余財産の帰属を認めており、最終的に国庫に帰属しないものとなっていた。

　出資した社員が退社する場合には、これまでは、出資持分に応じて払い戻し、分配を受けることができた。資産や剰余金も分配の対象となっており、厳格に見れば、これも出資者に対する利益の配分にあたる。つまり、医療法人の営利性は制限されているものの、完全に否定されているわけではなかった。これが、平成19（2007）年の医療法改正によって、医療法人の非営利性を徹底するために、平成19（2007）年以降新たに設立される医療法人については、出資持分が認められなくなった。ただし、それ以前に設立された医療法人は、経過措置として「当分の間」これまでどおり出資持分が認められている[31]（持分あり医療法人）。

③ 医療法人の役割

　医療法人は、地域における安定的に必要な医療サービスを提供する役割を担っている。地域においては、公的な医療機関も存在するが、医療法人は、これらとともに連携し、地域で必要とされる質の高いサービスの提供が求められている[32]。

　医療法人の業務範囲を見ると、実際には病院や診療所、介護老人保健施設の経営のみならず、附帯業務として介護事業やその他社会福祉事業

*31
持ち分の定めがある従来の医療法人は、持ち分の定めがない医療法人に移行する計画があり、かつ所定の要件を満たしている場合には厚生労働大臣から「認定医療法人」として認定を受けることができる。認定を受けると、移行に伴う利益に対し贈与税や相続税を猶予・免除する特例が適用される。この特例を認める「認定医療法人制度」は、令和3（2021）年5月28日の「良質かつ適切な医療を効率的に提供する体制の確保を推進するための医療法等の一部を改正する法律」の施行により、令和5（2023）年9月まで延長されることになった。

*32
医療法では、「医療法人は、自主的にその運営基盤の強化を図るとともに、その提供する医療の質の向上及びその運営の透明性の確保を図り、その地域における医療の重要な担い手としての役割を積極的に果たすよう努めなければならない」と明記した（第40条の2）。

の一部を実施できるものとなっている。実際に、地域において介護サービスの担い手となっている医療法人も少なくない。さらには、医療法人の経営者が社会福祉法人を設立し、地域の医療・福祉ニーズに対し病院経営から特別養護老人ホームの経営まで、総合的な医療・福祉複合体の事業経営をしている法人も見受けられる。

4 医療法人の設立

　医療法人を設立しようとする場合には、原則として都道府県知事の認可を受けることになる。法人認可を得るためには、まず定款（財団法人においては寄付行為）を作成し、役員名簿など必要な書類を添えて申請し、審査を受ける。

　また、法人認可においては、所定の業務に必要な資産を有していなければならない。必要な資産の要件は、厚生労働省令で定めている。認可を受けた後は、医療法人の設立登記を行うことになる。

5 組織の運営

　社団医療法人の最高意思決定機関は、社員総会である。この社員総会が、定款の変更や予算・決算の議決を行い、理事や監事の役員を選任する。医療法人の理事は原則3人以上とされている。この理事が、理事会を組織し、理事の合議により法人業務の執行にあたるのが通例である。

　なお、財団医療法人については、評議員会の設置が義務付けられている。寄付した者の持分という概念もない。理事の数は、原則3人以上の選任が必要である。理事により構成される理事会と理事長により法人の業務が執行される。監事が、理事会や理事長の業務を監査してきた。[33]

　これに関連し、平成27（2015）年の医療法改正によって、一定規模以上の医療法人においては、平成29（2017）年度から、財産目録、貸借対照表及び損益計算書について、公認会計士または監査法人による外部監査を受けることが義務付けられた。義務化の対象となる法人の範囲は、①負債額の合計が50億円以上または収益額の合計が70億円以上の医療法人、②負債額の合計が20億円以上または収益額の合計が10億円以上の社会医療法人、③社会医療法人債を発行する社会医療法人、である。また、義務化の対象となる法人は、貸借対照表及び損益計算書をホームページ、官報または日刊新聞紙上で公告しなければならない。

---

*33
平成18（2006）年の医療法改正では、法人組織の見直しも行われている。運営管理指導要綱やモデル定款に記載されていた事項が、医療法において明記された。①社員総会の設置が法律において明記された、②役員の任期を2年とした、③理事の忠実義務と責任を明記した、④監事の職務内容、義務と責任について定めた。

外部監査の義務化に伴い、医療法人の経営組織においても、財務報告に関連する内部統制の構築及び業務の適正な遂行を図るため、コンプライアンスの強化、ガバナンスの徹底が課題とされている。厚生労働省からは、平成31（2019）年「外部監査の対象となる医療法人における内部統制の構築について」が公表されている。

6 医療法人に対する監督規制

医療法人の業務については、都道府県知事の監督を受ける。監督規制のあり方は、社会福祉法人と類似している。すなわち、医療法人の業務や会計[34]が、法令や行政処分、定款に違反している疑いがあれば、監督権限をもつ都道府県知事は、法人から報告徴収を受け、さらには職員による監査を行うことができる[35]。

こうした監査により、違反の事実が認められる場合、あるいは法人の運営が著しく適正を欠くと認められる場合には、必要な措置をとる旨を命ずることができる。こうした命令に従わない場合には、業務の停止命令、役員の解職勧告を行うことができるものとされている。これらの方法をもっても、監督の目的を達することができない場合には、医療法人の設立認可を取り消すことができる。

7 医療法人に対する税制上の取扱いについて

社会福祉法人の事業は原則非課税であるのに対し、一般の医療法人については、株式会社と同様に法人税法上の「普通法人」に該当し、優遇措置の対象から除外されている。したがって、法人税や住民税、事業税、固定資産税などが課税される。適用税率も、株式会社などの営利法人と同率となっている。

*34
平成18（2006）年改正では、医療法人に対する会計処理の取扱いが法律上明記され、「一般に公正妥当と認められる会計の慣行に従うもの」とされた。病院会計準則に基づいて処理されることが望ましいとされている。運営管理指導要綱においても、基本財産と運用財産の区別など、適切な資産管理が求められている。さらには、病院または介護老人保健施設を開設する医療法人においては、自己資本比率20％を常時確保している必要がある。

*35
また、事業の透明性を確保するため、情報開示の義務付けも強化された。事業報告書及び財務諸表を作成し、債権者のみならず、社員や評議員からも閲覧請求があった場合には、開示しなければならなくなった。知事に届け出た事業報告書や財務諸表、定款などについて、都道府県知事に対し閲覧請求があった場合には、これを閲覧させなければならないものとされた。

第5節 一般社団法人、学校法人、協同組合、株式会社など

1 一般社団法人

　一般社団法人は、**公益法人制度改革**において新たに創設された事業利益の配分を目的としない非営利法人である。一般社団法人及び一般財団法人に関する法律が定める設立要件を満たし、定款などを作成し公証人の認証があれば、登記するだけで法人格を得ることができる。社団法人であるから、特定の事業を行うため、人が集まった組織に対し、法人格を与えるものである。したがって、設立には2名以上の社員が必要になる。事業を始める上で必要になる資産についての要件はない。取り組む事業内容は、自由であり必ずしも公益性が認められなくとも、設立できる。社会福祉法人はもとより、NPO法人と比べても、設立手続が簡単で比較的費用も安く済むことから、設立数も増えている。[*36]

　制度化された社会福祉サービスを提供するには、営利・非営利を問わず、事業の指定や確認を受けるためには、法人格が必要となる。社会福祉サービスの提供にかかわる数名の人が社員となって一般社団法人を設立し、介護事業や障害福祉サービス事業などを始めることが可能である。さらには、地域住民による任意団体、社会福祉事業者から成る協議会、地域の介護福祉士会など業界団体が、構成員を社員として一般社団法人を設立し、地方自治体から福祉関連事業を委託ないし助成を受けて、研修セミナーや情報提供など福祉関連の事業を行う例もある。

2 学校法人

　学校法人は、私立学校法に基づき、私立学校を設置するために設立された法人である。学校法人も、教育という公益的事業を行う非営利法人である。文部科学大臣あるいは都道府県知事の認可を受けて、法人を設立することができる。学校法人においても、理事・監事の選任や、理事会の開催、評議員会の設置など、法人の組織についての規制を受ける。また、残余財産も最終的に国庫に帰属する。

　学校法人は、所轄庁の監督を受けることになる。会計も、学校法人会

*36
一般社団法人のほかに、拠出された「財産」を一定の目的のために利用する一般財団法人も存在する。定款を作成し、公証人の認証を受けた上で、登記すれば設立できる。評議員会、理事会、監事の設置が義務付けられている。さらには、公益社団法人、公益財団法人があるが、公益法人として非課税の取り扱いを受けるには、公益性の認定を受けなければならない。

計基準に従って処理し、財務諸表を作成することが求められる。財務諸表等の閲覧も義務付けられている。

　所轄庁は、法令違反の事実が明らかになり、他の方法をもってしても監督の目的を達することが困難な場合には、解散を命ずることができる。学校法人も、公の支配に属する特別な公益法人である。国から補助を受けることができるものとされている。学校法人にも、原則非課税の優遇措置が認められている。

3 協同組合

　各種**協同組合**の中には、消費生活協同組合（生協）や農業協同組合（農協）、**労働者協同組合**（ワーカーズコープ）などのように、福祉の分野にも事業を展開しているものがある。組合員となって事業体を設立し運営するもので、非営利の相互扶助事業といえる。非営利ではあるが、組合員の利益のために設立されていることからすると、必ずしも公益的とはいえない性格がある。

　消費生活協同組合や農業協同組合などは、別個に法律が定められており、設立には、所轄庁の認可が必要であり、設立後も法律に基づき規制を受ける。軽減税率の適用を受ける。

　複数の医療法人、社会福祉法人、民間企業などが集まり、事業協同組合を設立し、共同購入や人材確保・研修、外国人介護労働者の受け入れなどを共同事業として行う例もある。例えば、宮崎県においては、保育園・認定こども園を経営する社会福祉法人と、幼稚園・認定こども園を経営する学校法人が共同で運営する事業協同組合が平成6（1994）年に設立されている。給食用食材、保育・教育用教材、消耗品などの共同購入を行い、会員施設に対しこれらを安定的かつ効率的に供給をすることを目的にしている。

　最近では、神奈川県の介護事業を行う複数の社会福祉法人は、平成29（2017）年に事業協同組合を設立し、組合員の取り扱う消耗品等の共同購買ならびにそのあっせんのほか、職員の福利厚生、外国人技能実習生の受け入れなどについて、事業連携を図っている。連携することで、経営資源を持ち寄り、規模のメリットをいかし、ノウハウ等を共有することにより、規模の小さな法人が単独では対応がむずかしいと思われる取り組みも可能となる。

*37
本双書第8巻第1部第2章第3節8参照。

*38
*37に同じ。

*39
労働者が自ら出資し、働き、運営にも携わる「協同労働」を担う組織の設立・管理に関する法律、労働者協同組合法が、令和2（2020）年に成立している。社会福祉をはじめ、多様な就労の機会創出を促進し、地域の需要に応じた事業を促進することを目的としている。組合の設立については、準則主義をとっており、設立認可の必要はない。なお、設立には、3名以上の発起人が必要である。すでに令和4（2022）年10月から法律が施行されている。労働者協同組合は、令和5（2023）年8月30日現在で、全国で57法人が設立されている。業務内容としては、キャンプ場の経営、葬祭業、成年後見支援、一般貨物自動車運送、家事代行、地元産鮮魚販売、給食の弁当づくり、清掃・建物管理、メディア制作などがあるが、高齢者介護、生活困窮者支援、子育て支援、障害福祉など福祉サービスの提供もある。

4 株式会社等営利法人

　株式会社などの営利法人も在宅の介護サービス等の担い手となっている。その他、障害福祉サービスや認可保育所などにも、営利法人の参入が認められる。会社とは、営利行為を目的とする社団法人をいう。営利行為により、得られた利益を構成員へ分配することを目的としている。会社法では、こうした営利法人として、株式会社のほか、持分会社として合資会社、合名会社、合同会社の設立を認めている。

　株式会社は、商行為を行うことを目的として設立された社団である。取締役は、3人以上選任し、監査役を1人選任しなければならない。資本金はかつては1,000万円以上必要であったが、平成18（2006）年施行の会社法により、設立時の出資額規制は現在撤廃されている。この資金調達として、株式や社債の発行ができる。資本金を株式に分割し、株式を発行することができる。株主には、出資者としての出資持分が認められる。残余財産も、出資割合に応じて株主に帰属する。経営者による取締役会のほか、最高議決機関である株主総会を設置しなければならない。株主総会において、取締役が選任される。

　株式会社に対する課税は、法人税として、所得の30％を納税しなければならない。このほかに、都道府県民税、市町村民税、事業税、固定資産税が課せられる。

5 市民団体や自治会等法人格を有していない団体

　このほか、法人格をもたない市民団体、ボランティア団体、さらには自治会も福祉サービスの担い手となっている。こうした組織は、法人格をもたないので、介護保険法や障害者総合支援法などが定める福祉サービスの担い手にはなれないが、活動を通じてさまざまなインフォーマルな福祉サービスを提供している。

　実際、近隣住民の助け合いは、福祉分野に限らず、自治会を中心に行われることが多い。また、地域福祉においても、市民団体や自治会がフォーマルな福祉サービスの隙間を埋めるなど、インフォーマルセクターとして、重要な役割を担っている。

　平成の大合併以降、コミュニティ施策として住民自治組織を設置する自治体が増えている。住民自治組織の形態はさまざまではあるが、自治

会のみならず、ボランティア団体、NPO等各種団体なども参画し協議会方式をとって運営される組織もある。このような住民自治組織の中には、地域住民の生活課題を解決するため、カフェの開設など交流の場づくり、認知症予防など健康づくり、子どもを対象とした見守り・学習支援、障害者や高齢者への福祉活動など、さまざまな事業・活動を自主的に行っている事例も増えている。一般社団法人やNPOの法人格を取得し活動する組織もあるが、多くは法人格をとらず任意組織として運営されている。

6 福祉サービスと連携するその他の法人

　地域で安心して生活を続けられるよう住民の暮らしをサポートするために、さまざまな社会サービスが提供されている。福祉サービスも、住民の暮らしを支える社会サービスの一つである。住民の生活ニーズは、福祉サービスだけに限らない。住民のさまざまなニーズに対し、包括的な支援体制の構築が求められている。

　医療法人、学校法人、NPO法人や株式会社などの中には、自ら福祉サービスの提供にかかわっていないものの、福祉サービスと連携しつつ、事業を行う法人も少なくない。例えば、地域包括ケアシステムにあるように、福祉・介護は、保健・医療、住まい、生涯教育・生きがいなどの事業や活動と連携し、提供されることが求められている。

　さらには、虐待やネグレクト、いじめ、不登校、子どもの貧困など、子ども福祉にかかわる問題においては、スクールソーシャルワークのように、福祉サービスと学校現場、地域を結び付け、課題を抱える子どもを支援することも大切である。

　ホームレスや生活困窮者などに対する居住支援としては、無料低額宿泊施設のような安価な家賃の住宅の確保とともに、高齢者や障害者などに対し、見守り及び相談助言などの生活支援が必要となる。こうした住宅確保要配慮者に対し、家賃債務保証の提供、賃貸住宅への入居にかかる住宅情報の提供・相談、入居後の見守りなどの生活支援等を実施する法人として、住宅確保要配慮者居住支援法人[40]が設けられ、生活困窮者に対する包括的な支援を行う団体として連携が行われている。

　また、高齢者や障害者の中には、犯罪を繰り返し、地域社会における更生が容易でない人も存在する。刑務所から出所後、必要な社会福祉サービスとつなぐために、更生保護と社会福祉との連携が課題とされてい

＊40
本双書第3巻第5章第2節2（3）参照。

る。更生保護法人は、刑務所を出所した人、保護観察中の人などを対象に、所定の更生保護事業を行う法人であり、更生保護施設を運営し、被保護者に対する宿泊所の提供、帰住先のあっせん、金品の給貸与、生活の相談等を行っている。更生保護施設が、保護観察所、地域生活定着支援センターなどと連携し、高齢者や障害者などの入所者を福祉サービスの利用に結び付ける役割が期待されている。

参考文献

● 雨森孝悦『テキストブックNPO－非営利組織の制度・活動・マネジメント』東洋経済新報社、2007年
● 雨森孝悦『テキストブックNPO〔第3版〕－非営利組織の制度・活動・マネジメント』東洋経済新報社、2020年
● 伊佐　淳『NPOを考える』創成社、2008年
● 監査法人彌榮会計社・あおぞら経営税理士法人『平成29年4月からの医療法人と社会福祉法人の制度改革』実務出版、2017年
● 齋藤力夫・田中義幸『NPO法人のすべて〔増補10版〕：特定非営利活動法人の設立・運営・会計・税務』税務経理協会、2016年
● 坂本文武『NPOの経営－資金調達から運営まで』日本経済新聞社、2004年
● 塩井　勝・人見貴行『新医療法人制度の実務ガイダンス』中央経済社、2007年
● 社会福祉法人経営研究会 編『社会福祉法人経営の現状と課題－新たな時代における福祉経営の確立に向けての基礎作業』全国社会福祉協議会、2006年
● 社会福祉法令研究会 編『社会福祉法の解説』中央法規出版、2001年
● 関川芳孝 編『社会福祉法人制度改革の展望と課題』大阪公立大学共同出版会、2019年
● 塚原　薫「医療法人の発展と医療法人制度改革の展開　その活性化をめぐって」『名古屋学院大学論集　社会科学篇』第49巻第3号（2013年）、名古屋学院大学総合研究所、107～123頁
● P. F. ドラッカー、上田惇生・田代正美 訳『非営利組織の経営－原理と実践』ダイヤモンド社、1991年
● 狭間直樹『準市場の条件整備 社会福祉法人制度をめぐる政府民間関係論』福村出版、2018年
● 堀籠　崇「医療法人制度の法制度的側面に関する史的研究」『日本医療経済学会会報』第25巻第1号（2006年）、日本経済学会、1～36頁

第4章
福祉サービス提供組織の経営理論と経営体制

学習のねらい

　本章は、この本全体のテーマでもある「組織と経営」に関する基本的な理論を主に構成している。そもそも経営学は、大きく分けると組織論と経営戦略論の2つから成り、さらに組織論は組織行動論と組織理論に分かれる。ここでは、組織と経営について考えるにあたり、組織行動論と経営戦略論を中心に学習する。

　福祉サービスの経営主体は従来のように社会福祉法人のみならず、企業等さまざまな主体により提供されるようになった。これを契機に、近年、福祉サービスの経営に関する理論と実践は、企業経営に学び大きく変化してきた。これらの経営に関する基本的な理論をもとに、福祉サービスの組織や経営はどうあるべきか、その理論と実際を学ぶ。

　また、社会福祉法の改正により、福祉サービス提供組織の中心である社会福祉法人の経営体制が大きく変化した。特に、法人組織のガバナンスの強化、透明性の向上、財務規律の強化等、法人経営体制の強化が図られた。これをもとに、福祉サービス提供組織及び経営体制のあり方とその意味についても学習したい。

第 1 節 福祉サービス提供組織の経営に関する理論

1 福祉サービス提供組織の経営とは

（1）福祉サービス提供組織の経営

❶福祉サービスの経営に関する考え方の変遷

　福祉サービスの経営に関する言葉には、社会福祉経営、社会福祉施設経営、福祉の経営管理、ソーシャルアドミニストレーション、ソーシャル・ウェルフェア・アドミニストレーション、マネジメントなどさまざまなものがある。

　重田信一は、「アドミニストレーション」は「その組織の機構・運営課程を調整し」「その組織目的を完遂し、また目的そのものも社会変動に伴う地域住民のニードの変化に対応するよう検討し修正する働き等多面的な働きを統括した１つの組織活動」と定義し、以下の３種類を示している。[1]

①福祉施設の直接のサービス、その他の施設活動一切を含めた「福祉施設の運営」

②福祉施設の「管理」機能に限定し、管理者が施設の目的を効果的に達成するように仕向けるはたらき

③福祉施設の活動を支持し、事の運びを円滑にすること

　京極髙宣は、イギリスのソーシャルアドミニストレーションは「政策・経営・臨床のすべてを含むもので、わが国の社会福祉の概念にほぼ相当するものを包括」し、経営（マネジメント）より多少広い内容だとして、運営（アドミニストレーション）レベルと経営（マネジメント）レベルを区別する必要が出てくることを述べている。[2]

　また、医療において「医は仁術である。良き医療人は算術をするべきではない」といわれてきた。ここでの「算術」とは経営を数字で管理することを意味していて、医療の目的は患者の病気を治し苦痛を取り除くことであり、医療行為により利潤を追求することが目的ではないという意味である。つまり、目的と手段を混同してはいけないといっているのだ。しかし、これには、手段である組織のマネジメントや経営を適切に行うことすら悪であるかのような誤解もあったものと考えられる。

同様に、福祉サービスを提供する現場の福祉関係者の中にも、「経営管理」という言葉を使うことに対して抵抗感をもつ者があった。なぜなら、経営とは利潤を追求すること、経営者は搾取する人で、また、管理とは自主性を疎外し統制することであるかのようなイメージがあったが、社会福祉事業という社会的弱者などの支援を目的とするサービス実践場面においては、それらは最もしてはならないことだからである。

一方で、有能なソーシャルワーカーがサービス実践の手法を経営管理の手法に適用しようとして失敗した例も多々ある。これは、福祉サービス実践の手法と経営管理の手法とは異なるもの、という視点が欠落していたためであろう。

❷内外の環境と経営

現在、わが国の福祉サービスは、複数の個人や組織体でサービス提供している。当該利用者が契約した、または措置された事業所や、その内部の一組織で担当するチームがサービスを提供する。さらに、その利用者に関係する外部の医療、教育、行政等の組織や民生委員・児童委員などの個人との協働による場合もある。このように現行の福祉サービスは、全くの個人の力だけによるサービスはほとんどなく、さまざまな組織やチーム構成員が協働することによって適切な問題解決にあたっている。

福祉サービス事業所を取り巻く内外の環境と経営について考えてみよう。福祉サービス事業所を取り巻く環境には、大きく「外部環境」と「内部環境」とがある（**図4-1**）。

まず、マクロの外部環境（①）として、社会福祉法をはじめとするさまざまな社会保障関係制度や政策のもとに、関係する国、地方自治体、関係団体等の行政機関がある。福祉サービス事業所は、これらによる業務委託や指導・監督等により事業を実施している。この背景には、社会、政治、経済環境の動きがある。例えば、保育所等の外部環境を考えてみよう。国の子ども・子育て支援制度のもとに、国や地方自治体の行政担当部局があり、この指導監督のもとに保育所、認定こども園のサービスを提供している。これらの背景には、現在の保育所待機児童問題の変化や、将来に向けて深刻化する人口減少や少子化という社会問題が存在し、この社会問題の影響を受けるであろう経済、その対応を迫られている政治があり、これらは重要な外部環境と考えられる。

さらに、外部環境（①）の中には、当該事業所の業務と同様のサービスを担当するほかの経営組織や事業所があり、業務に関係して協力し合

第4章

〈図4－1〉 福祉サービス事業所を取り巻く内外の環境と経営

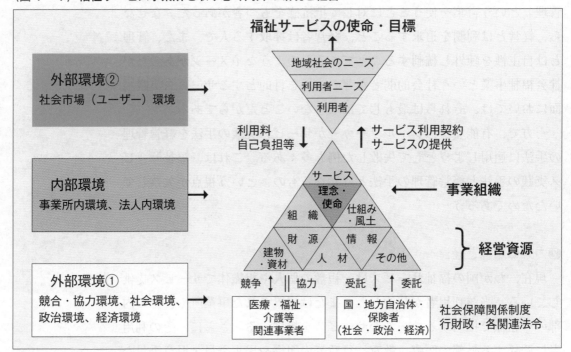

(筆者作成)

う医療機関や教育機関等もある。これらの機関は競合環境や協力環境として、日々影響を受ける関係である。

　また、外部環境（②）には、ニーズを形成するサービス利用者、地域住民や地域社会が関係する市場環境がある。社会や地域住民のニーズを適切に把握し、社会福祉の理念、使命や目標のもとに提供されるものであることから、ほとんどが公的な制度下のサービスであって、自由な市場とは異なる社会市場環境である。

　一方、内部環境としては、事業所内部の組織（各部門やチーム）があり、各事業所の所属する組織（法人や企業等）がある。各事業組織には、組織として決定した「理念・使命」がある。組織の「理念・使命」や「仕組み・風土」はその組織の性格や価値を形成していく。組織を経営するための経営資源として、「財源」「情報」「建物・設備・資材」「人材」等がある。

❸経営管理とその構成要素

　事業所及びその組織が利用者との間で契約し提供する具体的な行為は、社会福祉の理念や使命に基づいたサービス実践である。また、公的な制

度のもとに提供されるサービスは政策や制度の実施として公的に規定される性格をもつ。したがって、よりよいサービスを提供するために、組織の使命や目的を明確にし、経営計画を立て、組織やチームの力を高め、そのはたらきをより活性化し、必要に応じてコントロールする。直接的な利用者だけでなく、行政、地域住民、食材や建物にかかわる業者等の利害関係者と適切な関係を築き、説明責任・結果責任を果たす。短期、中長期に起こりうる経営環境の変化を予測し対応策を立案するなど、組織内外の環境変化に適切に対応しながら、資源（人材、財源、建物や機器、情報等）を効率的・計画的に活用することが必要となる。これが福祉サービス提供組織の経営である。よい経営がなければ、組織は正しく機能することができないのだから、よい福祉サービスを創り出すこともできないといえる。

　経営管理の構成要素として、財務管理、人的資源管理、建物・設備・機器の管理、情報管理、組織管理、業務（サービス）管理があげられる。

　なお、ここでの業務（サービス）管理は一般的なサービス分野の管理手法をいうものであって、社会福祉士をはじめとした各福祉専門職等により提供されるサービス実践や福祉サービス分野の専門的サービスに限定されない、広い意味での無形財という特性をもったサービスの管理手法をさす。

　本来、経営管理そのものは法人の行う事業の目的ではないし、専門的サービスを提供するための方法論でもない。しかし、経営管理とは理念をないがしろにして利潤を追求することではなく、理念や使命を実現するための方法論である。それは直接福祉サービスを提供するサービス実践場面での専門的な方法とは異なるものであり、経営管理のために開発され、研究されてきた理論や実践方法がある。

（2）施設の運営管理から法人運営へ

　措置制度の時代には、多くの場合、社会福祉事業開設の動機として、まず「この人たちのために」という対象があり、その対象のための事業を提供する社会福祉施設を計画するというのが実質的な手順であった。本来はまず法人があって、法人が事業実施するために施設をつくるのが順序であると思われるが、特に第一種社会福祉事業を経営できるのは、地方公共団体以外では「社会福祉法人が経営することを原則とする」（社会福祉法第60条）ことから、"その事業を実施するためには社会福祉法人を創設"せざるを得ないというのが一般的な流れであったようだ。

第4章

　また、所轄庁が当該事業実施のために施設の設立を許可しその事業の対価として措置費が支給された。単年度ごとの補助の性格が強く、資金使途制限、繰越金の制限、減価償却が認められないなど、法人の主体性を重んじた「事業経営」とはいえない、施設中心の施設運営管理という性格であった。その結果、同一法人内でも、A施設は資金が潤沢であるが、B施設は累積の赤字で老朽化しても建て替えすらむずかしいというような事例も多く、経営組織の理事会も形骸化せざるを得ないような実態であった。

　そのようななか、少子高齢化が進み、従来のサービス提供組織だけでは十分なサービス供給量の確保ができないことなどから、福祉サービスを行政の権限による措置としてではなく、利用者が主体的にサービスを受ける体制をつくるために、社会福祉基礎構造改革と介護保険制度の導入[1]が進められた。なお、これ以降に導入された社会福祉法人会計基準[2]では、企業会計の手法が取り入れられ、法人単位の会計制度が導入されることとなった。これにより、法人全体で資産、負債等の状況を把握するとともに、事業区分間、拠点区分間、サービス区分間の資金移動が認められるなど、資金使途制限が緩和され、法人単位の資金管理が可能となった。

　同様に職員体制も、最低基準で示された人数はすべて常勤者として配置することが義務付けられていたが、徐々に緩和され、非常勤者を含めた配置や施設兼務が可能な職種等の柔軟な運用が可能となり、順次変化する環境の中で施設単位の運営から法人全体での経営へと変化してきた。

（3）法人単位の経営に向けて

　平成12（2000）年の介護保険制度の施行、社会福祉事業法の改正による社会福祉法の成立を契機に措置制度から契約制度に代わってきたことにより、サービスの利用の仕組みを措置から契約に転換し、多様な供給主体を参入させることにより、利用者の選択の幅を広げるとともに、事業者の効率的な運営を促し、サービスの質の向上と量の拡大を図る政策がとられた。その結果、あくまで福祉サービスの基本的理念及び経営の原則が前提であるが、先にあげた福祉サービスの制度・政策、サービス実践、経営管理の中でも、とりわけ経営管理が重要になっている。例えば、地方と首都圏との対比に象徴される、事業対象地域のニーズに大きな格差が出てきている外部環境、経営組織において各事業に潤沢な財務状況を確保することがむずかしいという財務的環境、高齢化による利用

者の増加と労働力人口の減少による人材不足という人的資源環境など、より環境の変化に対応した経営を考えなければならない状況となっているのである。

このような環境を背景に、平成18（2006）年、福祉サービス提供組織の中心である社会福祉法人の経営の方向性を考える「社会福祉法人経営研究会」[*3]は報告書「社会福祉法人経営の現状と課題」をまとめた。その中で、まず、これまでの福祉経営には、下記のような問題点があったと述べている。

①従来型社会福祉法人は「1法人1施設モデル」「施設管理モデル」で法人経営不在

②多くは事業規模が零細で再生産・拡大生産費用は補助金と寄付が前提のため、借金の返済費用や再生産費用の捻出が困難

③画一的なサービス

④同族的経営のマイナス面が目立つ

したがって、「新たな時代における福祉経営の基本的方向性」として「規制」と「助成」から「自立・自律」と「責任」の経営へ、さらに「施設経営」から「法人単位の経営」へと成長していかなければならないものとし、具体的には下記のように示している。

①規模の拡大と新たな参入と退出ルールの創設

②ガバナンスの確立・経営能力の向上

③長期資金の調達方法の確立

④人材の育成と確保

また、これに関連して行政のあり方も変えていく必要があるとしている。

＊3
社会福祉法人経営研究会参加メンバーは、学識経験者、社会福祉法人経営者、厚生労働省職員で構成された。

2 事業所の運営管理に求められるもの

先に、社会福祉法人の経営は、法人単位で行われるものへと変わってきたことを述べた。しかし、法人の機能は日々の福祉サービスの運営管理の業務までも行うものではない。日々の運営管理の業務は、施設長の権限と責任において各事業所単位で行われる。施設の運営管理として重要なことは、主として①サービス管理、②人的資源管理、③財務管理、④建物・設備の保守管理、などである。

法人において複数事業を展開する場合には、法人の経営組織がめざす姿を共有し、経営戦略をふまえた施設管理が行われる必要がある。原則

として理事会が決定した経営方針や計画に基づいて運営管理をすべきところであるが、日々の業務が常にそのように運営がされているとは限らない。法人組織において定期的に各施設・事業の経営課題を協議し、事業管理者に対し対応を求める。財務はもちろん、苦情や事故への対応、サービス評価の受審、人材確保や育成、地域貢献なども、法人全体にかかわる問題とみるべきであろう。法人理念を徹底させ施設の運営管理を法人単位の経営改善の取り組みといかに連携させるかについて、経営者のリーダーシップが問われている。

（1）サービス管理

　法人の経営にとって、適切で質の高いサービスを提供することが、利用者・家族や地域住民からの信頼につながる。施設が利用者に提供するサービスの管理は、施設の運営管理にとって最も重要といえる。また、サービスの質の向上は、法人経営全体にかかわる問題である。人材の育成に努め、組織のモチベーションを高めることにより、中長期的展望をもった、サービスの質の向上に努める必要がある。利用者満足を高めるためにも、定期的にサービスの内容や質を点検・評価し、改善することが求められる。[*4]

　サービス管理とは、「品質マネジメント」といわれるような工程、従事者、物的環境等を管理することにより、品質のよいサービスを生産することである。また、「マーケティング」においては、生産されるサービス、その価格、立地や販売チャネル、販売促進活動を管理しサービスを必要としている利用者（顧客）に適切に届けることである。

　サービスの管理には、さまざまな方法がある。一つには、利用者個々人のニーズに対応するため、個別支援計画を作成し、組織のチームで課題を共有して対処することが求められる。アセスメントのプロセスは、必要な手順のみならず権限と責任について文書で定められていないと、一人ひとり個別ニーズに応じた対応ができない。

　苦情解決やリスクマネジメントの実践、第三者評価の受審と、それに伴う自己評価も、適切かつ質の高いサービス提供を継続させるために重要である。なかでも、第三者評価は、法人主導ですべての事業において計画的に受審させることが望ましい。評価基準に基づく点検によってサービスの質を向上させるために必要な組織上の課題の解決にもつながる。

　提供されているサービスの内容のみならず、苦情解決やリスクマネジメントの実践などサービス提供に関するすべてのプロセスが、PDCAサ[*5]

*4
サービスの質を標準化するためにも施設の提供するサービスのスタンダードをマニュアルとして文書化することが求められる。マニュアルの作成は、サービス管理の手段であるから、これを活用し、Standard → Do → Check→Act（SDCA）のサイクルを日ごろから意識し、実践することが大切といえる。

*5
本節4（2）参照。

イクルのもとで運営されることにより、改善につながる。サービス管理のポイントである。

（2）人的資源管理

　人事・労務管理は、近年「人的資源管理」（Human Resource Management：HRM）ともよばれ、福祉サービスを提供する人的資源を管理するすべての活動である。

　職員に適切な労働条件を保障し、仕事のやりがいと専門職としての成長を実感できる職場環境をつくることが大切である。[*6]

　福祉の人材確保が困難となっている状況のもとで、優秀な福祉人材の確保と定着に向けて、あらためて社会福祉法人の人的資源管理のあり方が問われている。社会福祉法人においても、人事考課や能力給を基本とする給与システムを導入する法人が増えているが、主として増加する人件費の抑制をねらいとしているところが少なくない。

　しかしながら、このような人的資源管理の方針では、福祉の仕事に熱意と適性をもった優れた人材の定着はむずかしい。人事・労務管理のあり方が、組織が求める目標を明らかにし、職員とていねいなコミュニケーションをとって、職員本人のやる気と能力開発を促進するものとなっているか、再検討が必要である。なかでも、人事考課制度の運用は、職員育成の視点を明らかにし、職員全体のモチベーションを高める方向で運用することが基本である。キャリアパスを確立するとともに、働く職員の成長を応援し、資格取得の支援、さらには仕事に対するやりがいを大切にする人事・労務管理システムの構築が求められる。

（3）財務管理

　財務管理とは、社会福祉法人の資金に関する活動の全般を管理すること[*7]をいう。

　平成23（2011）年には、社会福祉法人会計基準が改正され、法人全体の財務状況を把握し、経営分析が可能となるように、社会福祉事業、公益事業、収益事業を含め、法人で1つの会計単位に改められた。他方、各管理者には、関与する施設・事業所ごとに、適切な財務管理が求められる。事業区分、拠点区分の単位でも、資金収支計算書、事業活動計算書、貸借対照表を作成する。資金収支差額が少なければ、借入金の返済や将来に向けた設備投資などが困難になる。事業活動収支差額がマイナスとなれば、利用率の向上など経営改善に向けた検討が必要となる。

*6
本書第6章参照。

*7
財務管理には、①収入と支出を把握し経営成果を管理すること、②資産や負債を把握し管理すること、③人件費を含む適切な経費を把握し管理すること、などがあげられる。

　また、施設運営の主要な経費として人件費がある。管理者は、総額人件費を管理する立場から、人件費の内容を分析することが必要である。1人当たり人件費や人件費率などの指標をもって分析すると、経営に与える影響を考えることにも役立つ。人材確保のむずかしい時期である。単に人件費の削減にばかり目を向けることなく、職員の待遇改善を考えて、業務改善に取り組むなどの対応が求められる。

　管理者は、施設・事業の拠点ごと、サービス区分ごとの財務状況を把握し、損益計算の視点をもって、健全経営に求められる経営成果を確保するなどし、財務状況の改善に取り組まなければならない。

　社会福祉法人の財務管理も、中長期の資金計画をつくり、収支シミュレーションを行い、必要な借入金の返済や増加する人件費の確保等の見込みを立てることが大切である。これにより、近い将来給与制度の見直しなどが必要と考えれば、収支シミュレーションの結果を情報提供し、財務状況についての理解を求めるなどの取り組みが可能となる。中長期計画における新規事業の展開についても、必要な資金の調達が重要となるが、法人全体のキャッシュフローを見通しておくことが有効といえる。

（4）建物・設備の保守管理

　社会福祉施設の建物や設備の保守管理も、施設の運営管理の中で重要である。事故防止チェックリストなどを作成し、施設や備品の定期的な点検を実施することが必要である。事故防止のために、早急な修理や整備が必要となる箇所も発見するように努めるべきである。また、建物・設備は、どんなにていねいにメンテナンスをしても、経年による劣化や破損は避けられない。あらかじめ、専門家と相談し、将来修繕が必要となる箇所と修繕に必要な経費などを見積もってみると、将来の保守管理にかかる経費が把握できる。

　改修が必要となる建物の劣化が発見された場合などは、経営組織とも協議し、改修時期を決め、補助金申請の準備をするなど、必要な予算を確保する手立てを講じなければならない。大規模修繕が必要となる施設が複数ある場合には、あらかじめ必要な経費を見積もり、修繕積立をしていかなければならない。長期修繕計画とは、建物・設備を安心して長期間使用するために効果的な修繕を計画的に行うためのものである。こうした修繕計画が、理事会や評議員会において検討・承認されるためにも、必要な経費を客観的な根拠をもって計上し、計画を作成することが必要である。

（5）業務改善への取り組み

　福祉サービス組織における業務管理は、施設長の権限と責任において行われるべきものであるが、業務管理の中で浮かび上がった課題には、組織として職員が協働し取り組む必要がある。サービスの向上・居住環境の改善、収支の改善、人事の見直し・職員のモチベーションの向上など、業務改善が求められる範囲は広い。

　介護事業や障害福祉事業においては、法令遵守のための業務管理体制の確立が義務付けられている。法令遵守のための注意事項や遵守するべき標準的な業務プロセスを定め、施設・事業所ごとのチェック体制の確立が求められている。義務付けられていなくとも法令遵守にかかわる業務管理体制の確立は、社会福祉法人が地域社会から信頼されるためにも、社会福祉施設の経営に共通する取り組み課題といえる。法令遵守については、法令や通達に限らず、社会福祉法人の経営に対する社会的信頼や倫理的な要請をも考慮して、適正な運営が確保されるべきである。

　すべての職員が、法令遵守に限らず法人の使命や施設の役割を自覚し、組織として一つの方向にベクトルを合わせて協力し、必要な業務改善に取り組むことが求められる。ただし、業務改善のねらいが経費削減一辺倒では、組織として求心力をもち得ない。職員にトップダウンで改善を求めても、結果として成功しないばかりか、サービスの質の向上にも悪影響を及ぼしかねない。中長期的に見れば、経営基盤の強化にもマイナスとなろう。したがって、業務改善を進めるためにも、法人組織の理念や使命に基づき、組織として業務改善に取り組む意義を明らかにしておくことが望ましい[*8]。

　また、サービスの向上を継続的に推進するためには、業務の省力化・効率化の視点も大切である。サービスの向上のためには、新たな業務負担が増えることが少なくない。職員の仕事に対するモチベーションを維持するためにも、業務のあり方全体を見直し、簡素化・省力化できる業務について検討することが必要である。

　業務改善の取り組みは、日常の業務の中で現場に対応が任せられていることが多い。しかし、現場では解決できないものも少なくない。また現場は、大きな問題に直面しない限り、これまでの方法を踏襲する傾向にあり、業務改善に結び付かない課題も残されている。

　業務改善を計画的に進めるためには、施設長のリーダーシップが求められる。施設長が、業務改善の組織体制をつくり、主要な職員の参画のもと、組織をあげて取り組むべき具体的な課題を検討する。取り組むべ

*8
例えば、①利用者・家族の立場からサービスの向上に取り組む、②持続可能な経営基盤を確立するため収支の改善に取り組む、③優れた福祉人材の育成のため、やりがいを実感できる職場環境の整備に取り組む、などが考えられる。

き業務改善の課題は山積しているだろうから、業務改善に向けた複数年にわたる計画を作成し、どれから取り組むかを明らかにすることも大切である。また、設定された具体的な業務改善の課題についても、PDCAのサイクルに基づき、実施体制を明確にし、業務改善の取り組みを定期的に検証することが求められる。

　近年、福祉職場においてもICT（Information and Communication Technology＝情報通信技術）の導入が進んでいる。一般には、利用請求、利用者・保護者との連絡[*9]、正確で効率的な送迎や訪問の管理システム、記録等、主として事務的な処理の合理化のために導入され、緊急性、正確性等を担保するための業務改善に寄与している。ここでは、直接的な福祉サービス以外の業務の改善により、直接的なサービス業務のための時間をつくる、という効果が期待できる。

　一方、直接的なサービス業務そのものに導入し、利用者サービスの向上、職員の就労状況の改善等に生かす例も出てきている。例えば、特別養護老人ホームにおける「見守り機器」[*10]の導入である。夜間の職員配置は少数である。入所者の平均介護度が高くなっていることにより、夜勤者の負担は増大している。このため、入所者の夜間の見守りシステムにより、転倒した、またはその危険のある入所者を早期に発見することや、おむつ交換の必要を早期に察知することにより安定した睡眠時間が確保できることなど、利用者サービスの向上と職員の業務改善や心理的負担の軽減につながることが期待できる。その他、外部からの不審者侵入発見のための監視カメラ、室内環境・温度・湿度管理、乳児のうつ伏せ寝防止のセンサー等、さまざまなものが導入されるようになってきた。

　これらはあくまでも、職員の業務改善等による利用者サービスの向上や職員の働き方改革を目的としたものであり、最低基準の職員配置の減に直接効果があると短絡的に結び付けることができるものではないことに注意が必要である。

（6）福祉サービスの質の向上に向けて

　福祉サービスの質の向上にかかわる業務改善の取り組みは、施設長などからトップダウンによって進められるものと、現場職員の困りごとなどを契機としボトムアップによって展開されるものがある。いずれの場合でも、施設全体の業務執行にかかわることなので、施設長のリーダーシップが発揮されるべきものと考える。業務改善の取り組みについては、職員の仕事に対するモチベーションを高め、働きやすい職場づくりにつ

*9
「2022年度 保育園・認定こども園の人材確保および処遇改善に関する調査」（令和5〔2023〕年3月実施、1,130施設回答、福祉医療機構）によると、ICT機器の活用について、「保護者への連絡」76.9％、「登園・降園の管理」65.7％が導入しており、「いずれも利用していない」との回答は6.0％であった。

*10
「2022年度 特別養護老人ホームの人材確保および処遇改善に関する調査結果」（令和5〔2023〕年3月実施、701施設回答、福祉医療機構）によるとICT機器等の導入状況については、「介護ソフト」が85.9％の施設で導入されており、続いて「見守り機器」56.6％、「タブレット端末・スマートフォン」56.5％であった。

ながり、ひいては人材の定着を図るために重要なものといえる。

　福祉サービスの質の向上にかかわる業務改善の取り組みが求められる場面としては、実際に起きた事故や苦情に対して再発防止のために業務の見直しが必要となる場合がある。問題への対応には施設長のトップダウンで組織の中で業務見直しの検討が始まり、取りまとめられた改善提案については施設長への報告が求められる。さらに、福祉サービス第三者評価においても、業務改善が必要となる組織上の課題が発見される場合があるが、施設長としては、関係する部署に対し改善方法の検討を指示し、そこで検討された改善案の報告を求める必要がある。施設長は、提案された改善案に対し、最終的に判断するべき立場にある。

　介護サービスの分野では、かねてから一部の施設において、福祉QC[11]活動を通じた業務改善の取り組みが実践されてきた。厚生労働省は、平成31（2019）年３月に「介護サービス事業（施設サービス分）における生産性向上に資するガイドライン」を取りまとめ、介護サービス事業者に対し業務改善の取り組みを呼びかけている（**表4－1**）。提案されている業務改善の考え方、方法、ツールなどは、具体的でわかりやすい内容となっている。業務改善に取り組んだことのない介護サービス事業者はもちろん、福祉の現場で参考になるものと考える。施設長には、こうした手法を活用し、より働きやすい職場づくりに取り組み、福祉サービ

*11
QC（Quality Control）活動は、品質管理や業務改善のための手法として産業界で導入された問題解決活動である。「福祉QC」活動は、日本福祉施設士会が平成元（1989）年から福祉サービスの質の向上に向けた業務改善の手法の一つとして推奨しており、福祉QC全国大会を開催している。

第4章

〈表4－1〉 業務改善の目的と業務改善の取り組み

	より良い職場・サービスのために今日からできること
①職場環境の整備	何がどこにあるか、すぐに把握できるようにするために、5S活動（整理・整頓・清掃・清潔・しつけ）を行う。
②業務の明確化と役割分担	⑦業務全体の流れの再構築 　職員それぞれが従事する業務に向き合うために、作業分析を行い、役割分担の見直しやシフトの組み換えを行う。 ⑦テクノロジーの活用 　職員の身体的負担と心理的負担軽減のために、課題にあった介護ロボット・センサー等の導入を行う。
③手順書の作成	適切な申し送り事項を検討の上、標準化する。
④記録・報告様式の工夫	記録作成の負担を軽減、または写真や動画を活用した利用者情報の共有を図るため、介護記録の電子化を行い、情報の一元管理を行う。
⑤情報共有の工夫	タイムリーな情報共有、迅速な対応のために、インカムを職員に配布するなどして業務にあたる。
⑥OJTの仕組みづくり	標準的な手順に則って指導できるリーダーを育成するために、「他職員に対して教える」ことを教育する。
⑦理念・行動指針の徹底	イレギュラーな事態に対しても、理念や行動指針に即した判断や行動ができるようにするために、理念・行動指針を全職員に伝え徹底する。

（出典）厚生労働省「より良い職場・サービスのために今日からできること（業務改善の手引き）」『介護サービス事業（施設サービス分）における生産性向上に資するガイドライン』2019年3月

スの質の向上に組織を動かすことが求められる。

3 組織における意思決定

（1）組織とは

　福祉サービスは、原則として複数の個人や組織体でサービスを提供している。さらに、関係する医療、教育、行政等の組織や個人との協働もある。現行の公的な福祉サービスは、一部の例外を除いて、さまざまな組織やチーム構成員が協働することによって適切な意思決定を模索して、それに基づいて事業を実施し、さまざまな問題解決にあたっている。

　では、組織とは何か。組織とは複数の人間が共に活動する集合体である。バーナード（Barnard, C. I.）は「二人以上の人々の意識的に調整された活動や諸力の体系」と表現し、組織の成立要件として「共通の目的」「協働する意思」「コミュニケーション」をあげている[3]。人間集団には、意識的に調整した結果生まれる公式の集団と自然発生的な非公式集団とがあり、組織は公式集団の一部ということができる。さらに、組織には構成メンバーがあり、構成メンバーは一定の関係を結んでいる。また、組織には目標（objective）または目的（goal）がある。組織は目標達成のための手段である、ともいわれている。目標達成のためにはマネジメント（management：管理、経営管理などと訳される）が必要である。

　福祉サービス提供組織も目的をもった「組織」であり、そのために福祉サービスを提供する職員と、そのサービスを受ける利用者とで構成される公式な集団である。そこには経営、管理が存在する必要がある。

（2）組織における意思決定

　経営で取り扱う意思決定は、純粋の個人としての意思決定ではなく、経営組織における意思決定である。それは組織と管理における人間行動の基礎であり、特に経営管理者にとって重要な職務遂行能力である。通常業務を合理的に運営するための業務的意思決定、目的達成に向け経営資源を効果的、効率的に活用するための管理的意思決定、財務戦略、人材戦略などの戦略的意思決定などがある。

　意思決定論は、管理者の職務遂行能力と管理のプロセスを意思決定に焦点をあてて考察するものである。意思決定論の中では、サイモン（Simon, H. A.）の意思決定論は限界のある中でできる限り合理的に選択

すべきという「限定合理性」がよく知られている。[*12]

　また、ドラッカー（Drucker, P. F.）は、日本の組織の意思決定のプロセスを例に効果的な意思決定の基本を次のように示している。[4]

　①問題の明確化

　　何についての意思決定か、問題を明らかにする。

　②意見の対立の助長

　　意思決定は全会一致のようなものでなく、反対意見を出やすくし対立することにより代案を見つけ、その中から適切な選択をする。

　③解答案の重視

　　効果的な意思決定は正答より解答案を重視し、ある案だけが正しくほかは間違っているというような判断はしない。

　④決定の必要性

　　効果的な意思決定をするためには、決定を下す際に、行動によって得るものが、行動のコストやリスクより大きいかどうかの判断をするべきである。

　⑤決定の実行

　　効果的な意思決定は行動と成果を伴うものでなければならない。決定を実行するためには、決定を知るべき人と行動すべき人、その行動内容とその理由が明確になっていなければならない。

　⑥フィードバック

　　決定の実行の成果についてのフィードバックがないと期待する成果は得られない。

　このようにドラッカーは、意思決定で重要なことは、正しい答えを出すことではなく、問題を理解して、決定を効果的な行動とするために組織のビジョンと資源を総動員することだという。

（3）集団による意思決定の長所と短所

　集団による意思決定には長所と短所がある。それを理解した上で適切な意思決定となるようにしなければならない。個人による意思決定と集団による意思決定の違いとして、以下の点に注意しなければならない。

　個人による意思決定では、迅速さ、責任の明確さ、一貫した価値観などに長所を見出すことができる。一方、集団による意思決定の長所には、より多くの情報や知識を決定プロセスに投入できること、多様な見解があることでより多くの選択肢の検討ができること、解決策が集団内のより多くの人に受け入れられることなどがあげられる。また、集団におい

＊12
H. A. サイモン、松田武彦他 訳『経営行動』ダイヤモンド社、1965年。

第4章

ては、集団凝集性、言い換えると「集団内の団結の度合い」が高く、さらにその集団の規範が高ければその集団の生産性が高くなることが証明されている。

ただし、集団による意思決定に関連した問題として、2つの注意点が指摘されている。福祉サービス組織の意思決定においても同様である。

まず1つは、集団で考えるとかえって深く考えずに決定がなされてしまうという病理があり、これをジャニス（Janis, I. L.）はグループシンク（集団浅慮）とよんだ。集団浅慮とは集団のメンバーたちが意見の統一を意識しすぎることで、個人のもつ知的効率性、現実検証、道徳的判断などが集団の圧力に負けてしまい、その結果、欠陥のある意思決定につながるということである。先にあげた集団凝集性は、意思統一や、多くの情報を明らかにできるなどの利点があるが、一方では異なった意見を思いとどまらせることにもなる。集団浅慮にならないためには、反対意見を言いやすい組織風土をつくるなど、マネジャーや組織のリーダーの注意が必要である。

もう1つは、集団の決定のほうが個人の決定より慎重になるために、集団の議論の過程でつくり上げられた支配的な意思決定規範を反映する傾向がある。これは集団浅慮の特殊な例としてグループシフト（集団傾向）といわれる。このように、集団の決定が往々にしてリスクの高い方向にシフトしてしまうのは、責任が拡散されるため、個々のメンバーが集団の選択についての説明責任を負わずに済むことや、決定が失敗に終わっても、個々が結果責任を負わずに済むものと思うことがその原因だと考えられている。「アビリーンのパラドックス」[*13]なども同様の意味である。

*13
J. B. ハーヴェイ『アビリーンのパラドックスと経営に関する省察（The Abilene Paradox and Other Meditations on Management）』1996年。アビリーンとはアメリカの地名。ある家族が家族旅行でアビリーンに行ったが、実際はこの旅行の提案者も含め誰も望んでいなかったのに、ほかの家族がアビリーンに行きたがっていると思い込み、誰も反対しなかった、という例え話。

4 組織における問題解決の思考と手順

（1）組織における問題とは

経営管理者にとって日々のマネジメント活動そのものが問題解決のための活動であるといわれている。例えば、中堅職員として活躍している職員Aが退職したいと言ってきたとしよう。それは職場に起こった「問題」である。そこでまず、Aが辞めたいというのはどこに問題があるのかを考えるであろう。Aの個人的な問題なのか、職場に原因があるのか、その原因は解決できる問題なのか。そして、本人がどうしても辞めざるを得ないとしたら、後任をどのような方法で確保するのか、再発しない

ために職場全体で改善しなければならない問題はないのか、などである。

　一般に、問題とは「あるべき状態と実際の状態とのギャップ（ズレ）」と定義される。したがって、この「あるべき状態」と「実際の状態」を適切に把握できていること、その結果ギャップを認識できることが、効率的・効果的に問題解決をする上でのポイントとなる。問題を問題と認識できることであり、そのためには、まず、サービス提供組織や職場で業務を実施する際に組織内や専門職間で共有しておかなければならない「あるべき状態」の認識が必要である。この「あるべき状態」として共有すべき内容には以下のようなものがある。

❶業務標準、サービス評価チェックリスト

　各事業所における業務は、職員個々のもつ専門性とそれに基づいた職場内の業務分担、さらに今日の職場の各職員の業務担当などによって担当すべき日常業務が決められている。各業務担当には、原則的には文書（または、文書ではなく職場内で慣例的に共有して認識されているものも含める）によって職場内で決められた「業務標準（Standard）」がある。最低限押さえるべき業務内容の「あるべき状態」である。

　また、福祉サービスのようなサービスの品質を維持し向上させるための方法として「**サービス評価**」がある。ここで使用される「サービス評価チェックリスト」もサービス提供のための「あるべき状態」を示したものといえる。

❷専門職としての倫理綱領

　日本ソーシャルワーカー連盟がまとめた「ソーシャルワーカーの倫理綱領[*14]」や日本社会福祉士会の「社会福祉士の倫理綱領」がある。業務を進めるにあたり、社会福祉専門職としての「あるべき状態」「あるべき姿」を示したものが倫理綱領である。このほか、日本精神保健福祉士協会、日本介護福祉士会、全国保育士会など各専門職団体も各々倫理綱領を策定している。

❸所属組織の理念、方針、計画、規則

　事業組織として、また職場として、共有すべき理念、方針、規則を組織決定する。これは、組織としての「あるべき状態」の価値判断の基準として示しているものである。さらに、これらに基づいて作られた経営計画、事業計画も、当該の期間に予定された業務を順序立てて進めるこ

*14
「ソーシャルワーカーの倫理綱領」平成7（1995）年策定、その後改訂を重ねている。本双書第9巻第2章第4節2及び資料編参照。

とであり、同様の「あるべき状態」を示すものといえよう。

❹関係法令、個々の利用者との契約書

　福祉サービスは公的な制度のもとに規定されているサービスであるため、職員数、施設構造、必要時間、価格等のサービス提供のあり方については提供する事業に関連する制度上で示されている基準がある。また、これに基づいて利用者との契約が交わされている。サービス提供上の内容が示されたこれらも「あるべき状態」である。

　次に、問題の類型について「実際の状態」の把握という面から考えてみる。

　まず1つめに、業務の結果が業務標準どおりにできていない、計画が未達、事故が発生した等の「発生型の問題」がある。いずれも起こってしまった問題である。2つめに、発生していない、まだ兆候も見えていないために認識しにくいが、将来の変化を考えると潜在していると考えられるような「潜在型の問題」がある。3つめは、マイナスの要因として何か問題が起きるということではなく、新しいサービスを生むような「設定型の問題」である。

（2）問題解決の方法

　問題解決とは、「あるべき状態と実際の状態とのギャップ（ズレ）」である問題を認識した上で、ギャップの原因を探りそれを修正することにより、「実際の状態」を「あるべき状態」に近づけることである。

　先に示した3つの問題の類型に対する、具体的な解決策には以下のような方法がある。

　まず「発生型の問題」では、例えば、福祉サービスにおけるリスクマネジメントにおいては、事故発生後の対応などが問題解決の具体的な行動であり、今後の再発防止策の策定も重要な発生型の問題解決行動である。業務手順書などの作成または見直しを行い、これに基づいた教育訓練をすることなどがそれにあたる。

　「潜在型の問題解決」では、例えば、環境が変化して今後少子化の進展が見込まれる地域の保育事業は、今は利用待機者がいてもいずれなくなるときが来ることが予測される。問題の所在が発生型よりわかりにくいが、これに対応することが経営管理の重要な問題解決である。

　「設定型の問題解決」では、福祉サービスで実施している現在のサー

ビスをさらに良質のものにするにはどのようにしたらよいか、また、いち早く地域の利用者のニーズをとらえるにはどうしたらよいかなど、今は問題はないが将来に向けた新しい福祉課題に挑戦することなどがこれにあたる。

　問題解決の具体的な流れは、業務標準に基づいて進行する業務の実践課程（**図４－２**）のS（業務標準＝Standard）⇒D（実行＝Do）⇒C（評価＝Check）⇒A（改善＝Act）の業務管理サイクルで表される。業務を実施（D）した結果の「実際の状態」は、次の確認（C）の段階で「あるべき状態」（S）と比較し、ギャップがあるものと認識されれば、「必要な処置」（A）により問題解決する。同様に、P（計画＝Plan）：計画した内容を認識した上で⇒D：業務を実施し⇒C：実態が計画通り進んだか確認して⇒A：もし計画とのギャップがあればそれに対する処置をする、という２つの管理サイクルで表される。

　さらに細かく問題解決までのプロセスを整理すると、以下のような流れが考えられる。

　①問題の有無を発見する
　②真の問題が何かを明らかにする
　③問題の発生源を特定する
　④問題の原因を究明し問題点を明確にする
　⑤原因に対する解決策（複数）を立案する

〈図４－２〉　２つのサイクル

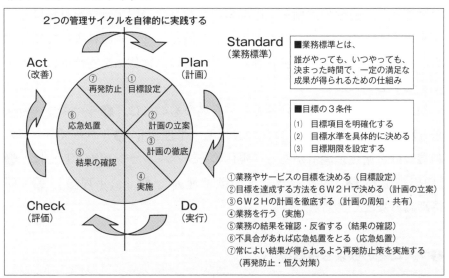

（出典）福祉職員キャリアパス対応生涯研修課程テキスト編集委員会 編『改訂２版 福祉職員キャリアパス対応生涯研修課程テキスト 中堅職員編』全国社会福祉協議会、2021年、11頁

⑥最適な解決策を決定し実行する

⑦実行した解決策の効果を評価する

⑧新たな問題が生じていないか精査する

　問題解決において忘れてはならないことは、当事者意識である。組織内に起きた問題を特定の個人の問題とすることなく、各々の関係者が自らの問題としてとらえ、職場全体で解決にあたることが問題解決への道である。日ごろから経営管理者が職員の当事者意識の醸成を図ることが必要である。

5 モチベーション向上と組織の活性化

（１）モチベーション（動機づけ）の基本的な考え方

　マネジメントに関する研究の中でも、やる気・動機に関する理論＝モチベーション理論は重要な位置を占めている。人間の行動を喚起し、方向付け、統合する内的要因を動機といい、動機をもたらすことを「動機づけ」（モチベーション）という。[*15]

　動機は欲求を動因とし目標を誘発因として成り立ち、人間行動に刺激を与える原因が内部にある動機と結び付いて目標に向かう行動を生む。例えば、職員のＢさんは、歩行機能のリハビリに取り組むＣさんが少しでも早く自立歩行できるようにしたいという欲求を動機とし、まずはＣさんが自分の足で立つという目標を定め、関係者とケース会議をするという行動になる。また、職員のＤさんは自分の家を持ちたいという欲求を動機とし、自分の評価を上げて来年の給与○○円アップを目標にしてがんばる。このように、働く者の欲求を満足させる刺激によって勤労意欲が高められるので、経営管理者は働く者の意欲体系を客観的に認識することが必要になる。

　初期のモチベーション理論として有名なものには、❶「マズローの欲求５段階説」、❷「マグレガーのＸ理論・Ｙ理論」、❸「ハーズバーグの動機づけ・衛生理論」がある。現代のモチベーション理論としては、❹「ERG理論」、❺「マクレランドの欲求理論」、❻「公平理論」、❼「期待理論」などがある。

❶マズローの欲求５段階説

　マズロー（Maslow, A. H.）の仮説によると、人間には５つの欲求段階が存在する。[*16]

BOOK 学びの参考図書

●S. P. ロビンス、高木晴夫 監訳『新版 組織行動のマネジメント－入門から実践へ』ダイヤモンド社、2009年

　組織で働く人々が示す行動や、それによる組織の動きについて「組織行動学」という視点から整理されている。

＊15
本双書第11巻第２章第５節３参照。

＊16
A. H. マズロー、小口忠彦 訳『改訂新版 人間性の心理学－モチベーションとパーソナリティー』産業能率大学出版部、1987年。

①生理的欲求

　空腹、乾き、性など生命・種族を維持する欲求

②安全欲求

　物理的・精神的な障害からの保護と安全を求める欲求

③社会的欲求

　愛情、帰属意識、受容、友情などを求める欲求

④自我欲求

　自尊心、自律性、達成感などの内的要因、及び地位、表彰などの外的要因による欲求

⑤自己実現欲求

　成長、自己の潜在能力の達成、自己実現したいという欲求

　マズローの理論では、これらの欲求は下位の欲求が実質的に満たされると次の段階の欲求が優位となるものであり、各々の欲求は実質的に満たされれば動機とはならなくなるものとしている。

　5つの欲求を2つに分け、①②を外的に満たされる低位のもの、③④⑤は内的に満たされる高位のものと分類した。また、①から④の欲求は、欠乏している部分を充足することによって人を動機づけられるものだが、⑤の自己実現は「動機づけ」というより人の発達にかかわる問題だともいっている。

❷マグレガーのX理論・Y理論

　マグレガー（McGregor, D. M.）は、人はなぜ働くのかについて2つの対照的な見方、**X理論**（否定的な人間の見方）と**Y理論**（肯定的な人間の見方）を提唱した。[17]

①X理論

・人間は生来仕事が嫌いで、できることなら仕事などをしたくないと思っている。

・人間は、強制されたり、統制されたり、処罰すると脅されなければ目標達成のためにきちんと働かない。

・人間は命令されるのが好きで、責任を回避したがり、あまり野心をもたず何よりもまず安全を望んでいる。

②Y理論

・仕事で心身を使うのは当たり前のことで、遊びや休暇と変わりない。

・組織目標達成に向けて人にきちんと働いてもらうのは、外から統

＊17
D. マグレガー、高橋達男 訳『企業の人間的側面－統合と自己統制による経営』産業能率大学出版部、1970年。

第4章

制したり驚かせたりすることだけが手段ではない。自分がすすんで身を委ねた目標のためには自らにむち打って働くものである。

・人間は条件次第では、責任を引き受けるばかりでなく自らすすんで責任を取ろうとする。

・想像力を駆使し創意工夫を凝らす能力は、たいていの人間に備わっているもので、一部の人間だけのものではない。

マグレガーは、X理論をマズローの示した5段階の欲求のうち低位の欲求が支配しているもので、Y理論を5段階のうちの高位の欲求が支配しているものと仮定した。その上でY理論のほうが正しいと主張した。

❸ハーズバーグの動機づけ・衛生理論（2要因理論）

ハーズバーグ（Herzberg, F.）の**動機づけ・衛生理論**（**図4-3**）では、人間が働く場合、仕事の環境に対する欲求と仕事そのものに対する欲求の2つがある。前者を不満足を与える「不満足要因」「衛生要因」、後者を積極的に満足を与える「満足要因」「動機づけ要因」とよんだ。

不満足要因として、会社の政策と経営、監督技術、給与、対人関係、作業条件をあげ、満足要因として、達成、承認、仕事そのもの、責任、

〈図4-3〉満足要因と不満足要因

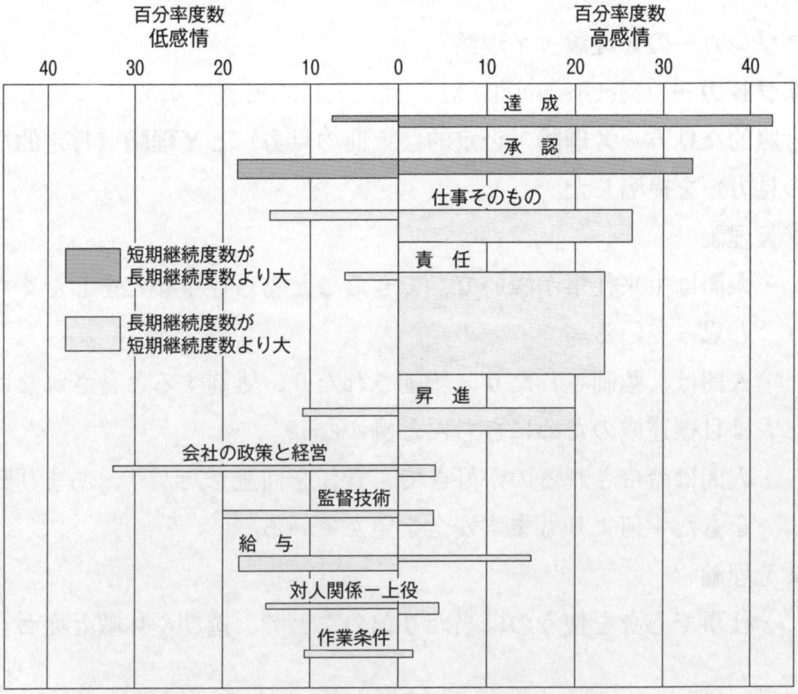

（出典）F. ハーズバーグ、北野利信 訳『仕事と人間性』東洋経済新報社、1968年、86頁

昇進をあげた。満足要因と不満足要因は同一線上にはなく、いくら不満の解消に努めても決して満足な状態にはならないこと、したがって、積極的な満足のためには満足要因による動機づけが重要であることを主張している。「満足要因＝動機づけ要因」の実現、すなわち職員の精神的成長、もしくは自己実現欲求の充足の場を与えることの必要性が説かれている。

❹ERG理論

アルダーファー（Alderfer, C. P.）による、マズローの欲求5段階説の修正改定版である。ERGは、Existence（存在）、Relatedness（関係）、Growth（成長）の3つの欲求次元の各頭文字を示している。

❺マクレランドの欲求理論

マクレランド（McClelland, D. C.）の欲求理論は、達成欲求、権力欲求、親和欲求の3つを欲求次元として識別し、特に達成欲求に焦点を当てた現実場面での適用性が高い理論である。

❻公平理論

アダムス（Adams, J. S.）らの公平理論では、人間が不公平を感じるとその解消のためにモチベーションが生まれ、不公平の認知が大きいほどモチベーションの強度は高いとし、この緊張が動機づけの基礎となる。

❼期待理論

期待理論は、ポーター（Porter, l. W.）とローラー（Lawler, E. E.）、ブルーム（Vroom, V. H.）らにより提唱された。出発点は、人間が行動をとる際は前もって合理的な利益計算をするという「功利主義的な合理人」の考え方である。そして、個人の高いモチベーションが生じるには、個人の努力が一定の仕事の成果に結び付く可能性が高い、その業績が組織から何らかの報酬をもたらす可能性が高い、その報酬が個人の目的に照らして望ましいもの、と感じることが必要であるとしている。モチベーションについて最も総合的に説明するのが期待理論である。

（2）モチベーション向上は組織の活性化につながる

福祉人材のこの業界に就職するモチベーションは何であろうか。「介護労働実態調査」において、「労働者が現在の仕事（介護）を選んだ理

＊18
公益財団法人介護労働
安定センター「介護労働
実態調査の結果と特
徴」平成27（2015）年度
から令和4（2022）年度
までの8年間の各年度
調査より。

由（労働者調査）」では、「働き甲斐のある仕事だと思った」が近年ずっと1位である。福祉サービスに携わる職員は、利用者の支援ができた実感があり、それが評価されることでやりがいを感じられる。職員がやる気をもって仕事をするためには、経営管理者は職員とともに目的を明確にし、職員の自己実現につなげること、つまり、やりたいと考える仕事を責任もって遂行できる場をつくり、目的が達成されたらそのことを認知・承認することが大切である。組織の目標に合った方向に職員が動機づけられ、やる気を感じながら能力や高度な技術が発揮できれば、組織全体の活性化につながり、ひいては、よりよいサービスを実現することができるであろう。

先の「介護労働実態調査」で「給与等の収入が多いから」という理由は10位以下であるが、さまざまな待遇改善も、個人のモチベーションを維持するためには欠かせないものである。

6 福祉サービス提供組織と集団の力学

（1）組織を変化に対応させる

福祉サービス提供組織を取り巻く制度環境は、社会福祉基礎構造改革以降、社会保障と税の一体改革、社会福祉法人制度改革などを経て、大きな変容を遂げている。高齢者数がピークを迎える令和22（2040）年ごろの社会保障制度を展望すると、社会保障の持続可能性を確保するための給付と負担の見直しが繰り返され、事業経営の継続にも大きな影響を及ぼすことは必至である。それとともに、現役世代の人口が急激に減少することによって、人材の確保がますます困難となるとともに、福祉現場における職員の意識や働き方も大きく変わっていくことであろう。

＊19
厚生労働省によると、
生産性とは、投入資源
に対する産出成果で表
わされる。投入資源と
は、人（時間）、設備投
資など。産出成果とは、
売上、利用者数、利用
者満足度など。つまり、
生産性の向上とは、「産
出成果」につながらな
い「投入」を減らした
り（効率化への取り組
み）、「産出成果」を増
やすことのできる（で
きそうな）活動に取り
組む（付加価値向上へ
の取り組み）ことを意
味する。生産性向上の
取り組みとしては、職
員のモチベーションア
ップのためのさまざま
な取り組みのほか、福
祉現場におけるICTの活
用や介護機器・介護ロ
ボットの導入も考えら
れる。

こうした状況の中で、福祉サービス提供組織の経営者は、事業経営を持続可能なものにするためにも、自らの経営ビジョンを示し、自らの組織を経営環境の変化に対応させていかなければならない。なかでも、現在検討されている「生産性の向上」にかかわるサービスの見直しは、従来の職員の仕事のやり方をも変えることになる。事業戦略から見ても、組織を新しい仕事のやり方へ適応させることが重要な経営課題となっている。福祉サービスの経営戦略とは、事業収入を増やし、事業を拡大することばかりではない。新しい経営環境に対応し、社会が求める福祉サービスのあり方を見直す事業戦略こそが大切と考える。

変化への対応については経営者の経営手腕や現場リーダーのリーダー

シップが問われている。経営者は、組織の理念やめざす方向を明確にし、変化対応の事業戦略を構築し、利用者が求めるサービス提供のあり方を考えていかなければならない。しかしながら、経営者自らがこれらを実行するわけではない。

　マネジメントの基本は、職員集団の行動を通して組織目標を達成することにある。例えば、サービスの見直しという目標についても、サービス提供に直接かかわる現場の職員が、新しいサービスのあり方を理解し、仕事の見直しに取り組むことになる。経営者が、事業戦略を法人理事会において協議しても、現場の職員集団が動かなければ、事業戦略は「絵にかいた餅」にすぎない。

　こうした職場組織の問題について解決しようとするならば、経営者や現場のリーダーは、組織集団や構成員個々人の行動や相互関係を分析することが大切である。そして、職員個々人や組織に対し、どのようなかかわりをもてば、組織の課題解決に向けて組織の力を最大に引き出すことができるのかについて、学ぶ必要がある。経営者や現場のリーダーが、経営能力を高めることにより、職員集団に対してチームワークを求め、新しい仕事に適合させるような仕掛けが可能となる。なかでも、いかにして、中堅職員に対し、リーダーである管理職を補佐し、主体的に若手職員を育成しチームとしてまとめ動かす役割（フォロワーシップ）を求めていくかも、重要な課題となっている。

　制度が求める新しいサービスのあり方に組織を対応させるには、これまでの仕事のやり方を変える必要がある。このような場合に、経営者がトップダウンで現場に対応を求めても、期待する組織行動がとられないことも考えておく必要がある。このような状況に対応するためには、経営者や現場のリーダーには、集団の組織行動に対する理解が求められる。

（2）集団力学とは

　経営者や現場のリーダーは、職員個々人や組織に対し、適切な動機づけやはたらきかけをすることにより、新しい課題に向かって組織を動かすことができる。新しい組織をつくり、特定のグループに対し権限を与えたとしても、必ずしもメンバーが相互に切磋琢磨し、目標達成に動くとは限らない。

　経営者や現場のリーダーは、新しい仕事に現場の職員を適合させるためには、現場で働く職員の人間関係や組織における行動パターンに注目し、どこに問題があり、どのようにしたら現在の組織行動を変化させる

ことができるかについて学ばなければならない。

　集団力学とは、**グループダイナミクス**ともよばれ、『広辞苑 第7版』によると「集団を重力や電磁力のような力の働く場と考え、主に実験によって、集団と成員の行動の一般的法則を見出そうとする社会学や心理学の分野」である。これらの研究は、アメリカの心理学者レヴィン（Lewin, K.）によって始まったものとして知られている。

　グループダイナミクスの考え方は、さまざまな分野に応用されており、グループワークやコミュニティワークにおいても、集団の力に着目した援助方法が展開されている。また、後述するように、スーパービジョンにおいても、「グループスーパービジョン」などの方法がとられ、集団力学からのアプローチが試みられている。

　経営学の組織行動論においても、集団力学が取り上げられている。ロビンス（Robbins, S. P.）は、組織行動学の中でも、社会学者から価値ある情報を受け発展してきた研究領域として、グループダイナミクスの研究があると認めている。

　組織内の連帯感や仲間意識が強まることによって、辛くとも互いに励まし合い仕事を辞めることを思いとどまる、組織が求める仕事の納期や成果を協力して上げるように動いたりする。集団の凝集性とは、組織のメンバーが、互いに引きつけられ、その集団にとどまるよう動機づけられる強さをいう。ロビンスは、こうした集団の凝集性（work-group cohesion）は、生産性に関連していると説明する。集団メンバーの結び付きが強いほど、メンバーは集団の目標に向かって努力する。これに加えて、業績規範が高いと、高い生産性を上げられるというのである（**図4－4**）。

　ロビンスによれば、集団の凝集性を高めたいのであれば、①集団をより小規模化する、②集団目標への行為を促進する、③メンバーがともに過ごす時間を増やす、④集団のステータスを高め、その集団への参加資格を得がたいものにする、⑤他の集団への競争を促進する、⑥個々のメンバーではなく集団全体に報酬を与える、⑦集団を物理的に孤立させる、などの方法のうちいくつかを組み合わせたものが有効である、といわれている。

　なお、組織の凝集性が高まると、「集団浅慮」等の問題が起こりやすいので、注意が必要である。[20]

〈図4−4〉集団の凝集性と生産性の関係

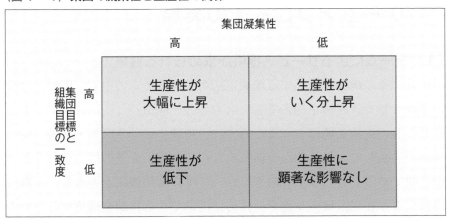

(出典) S. P. ロビンス、髙木晴夫 訳『組織行動のマネジメント－入門から実践へ』ダイヤモンド社、2009年、185頁

（3）チームアプローチと集団力学

　福祉経営においても、新しい環境に対応し、サービスの質を向上させるために、これまでの集団の行動を変化させる取り組みが求められている。しかも、福祉サービスは、多職種、多人数の専門職と事務職のチームにより提供されている。したがって、サービスの質の向上には、チームアプローチが必要である。リーダーに対する信頼、メンバー相互間の信頼が揺らいでいると、権限を委譲しチームアプローチをとっても、組織の力を発揮できない。したがって、職員個々人に対し動機づけを行い、職員の相互作用によって、組織の力を最大限効果的に活用し、サービスの質の向上に取り組むことが求められる。福祉経営にとっても、組織行動のマネジメントは、大切な視点といえる。

　福祉の組織においても、さまざまな場面でチームアプローチが実践されてきた。例えば、福祉QCのように日常業務におけるサービスの見直しを行う問題解決型チームがある。また、ユニットケアのように部分的ではあるが自己管理型チームもある。リスクマネジメント委員会は、組織横断型のチームである。また、ケアマネジメントのように、自らの組織を離れて外部の組織や人とチームが組織されることもある。

　しかし、現実のチームのありようを見ると、チームであるからといって、必ずしも高いモチベーションや成果を上げているとは限らないことがわかるであろう。つまり、経営者や管理者が問題解決のためにチームを編成したとしても、メンバー相互の関係から、期待されるようなチームとしての機能を発揮できないことが起こることに留意する必要がある。[21]

*21
ロビンスは、チームがシナジー効果を上げるためには、①求められるメンバーの能力を向上させる、②メンバーのパーソナリティに適した職務を割り当てる、③メンバーが共通目的に対するコミットメントをもつ、④具体的な目標を設定する、⑤チーム内における適切なリーダーシップを確保する、⑥メンバー相互で達成責任を明確にする、⑦適切な業績評価を行う、⑧高い相互の信頼関係を構築する、ことなどが大切であるとみている。
このような条件が整って、初めて集団がチームとしてシナジー効果を上げることができる。

7 福祉サービス提供組織における チームアプローチの実際

（1）チームによるサービス提供が求められる背景

　国は、その構築を推進する地域包括ケアシステムの中で、医療と介護の連携として「疾病を抱えても、自宅等の住み慣れた生活の場で療養し、自分らしい生活を続けられるためには、地域における医療・介護の関係機関が連携して、包括的かつ継続的な在宅医療・介護の提供を行うことが必要である」とし厚生労働省においては、関係機関が連携し、多職種協働により在宅医療・介護を一体的に提供できる体制を構築するための取り組みを推進していくことを示している。関係機関の連携、多職種協働がチームによるサービス提供体制にあたる。

　介護支援専門員実務研修実施要綱においても、地域包括ケアシステムの中で医療との連携をはじめとする多職種協働を実践できる介護支援専門員の養成を図ることが目的とされ、多職種協働が中心スキルと位置付けられている。

　また、診療報酬上の介護支援連携指導料や介護報酬上の通院時情報連携加算、入院時情報連携加算、退院・退所加算、生活機能向上連携加算などで多職種連携が財源化されている。

　多様化・複雑化するニーズを抱える利用者に対して、包括的・効果的・効率的な支援を行うためには、必然的に関連専門領域の専門職とのチームによるサービス提供が求められ、多職種連携・協働によるチームアプローチ力の向上が期待されている。

（2）チームとは

　チームとは、「共通の目的、達成すべき目標、そのためのアプローチを共有し、連帯責任を果たせる補完的なスキルを備えた少人数の集合体である[5]」と定義され、チームが成立する条件として、①達成すべき明確な目標の共有、②メンバー間の協力と相互依存関係、③各メンバーへの果たすべき役割の割り振り、④チームの構成員とそれ以外との境界が明瞭であることが求められる[6]。

　また、チームはグループとは異なる。グループが、メンバー各自のもつ能力を全力で発揮し、それらを合わせたものを成果とするのに対して、チームは、メンバーとの連携協力により、メンバー各自のもつ技術や経験だけでは解決することが困難な課題を解決する力を生み出す。個人の

＊22
心理学における集団の定義等については、本双書第11巻第2章第10節参照。

（単なる集まりの）成果ではなく、組織の力を高めて成果を上げることに重点を置いている。

　チームワークとは、メンバーが「同じ方向を向く」ことでプラスアルファの力を発揮し、個人ではやり遂げることのできない仕事をチームで成し遂げることといえる。チーム力の向上は組織力の向上につながるものである。

（3）福祉サービス提供におけるチーム

　福祉サービスのチームは、施設など自組織における専門職で形成される場合と、地域で利用者の生活を支えるために、複数の事業者における専門職で形成される場合がある。いずれのチームにおいても、介護支援専門員、医師、看護職、介護職、リハビリテーション専門職、ホームヘルパー、ソーシャルワーカー、地域包括支援センター職員などの専門職に加えて、民生委員・児童委員や自治会などの地域の支援者、ボランティア、家族もチームのメンバーになり得る。なお、多職種連携だけではなく同職種連携も多く存在することから、多職種連携はチームアプローチに含まれる。

　施設の場合、地域密着型サービスの進展はチームの規模を小さくした。小規模多機能型居宅介護事業所ではスタッフ10名程度、グループホームや地域密着型介護老人福祉施設においては1つのユニットに5名程度である。このように小規模チームでは、意思疎通が図りやすく、迅速な意思決定が可能となるほか、情報共有もしやすく、信頼関係の構築もしやすい。しかし一方で、一人のメンバーがチームに及ぼす影響が大きいことに留意が必要であり、何らかの悪影響によるメンバー間の対立はチームの崩壊につながる。

　また、サービス提供の形態（入所・通所・訪問）によってチームのメンバー相互のかかわりは異なる。入所・通所のサービスにおいては、メンバー（従業者）同士が場面と時間を共有することで、メンバーの動きを見ながらサポートが可能である。しかし、訪問のサービスにおいては、基本的にメンバー1人で訪問しサービス提供するため、ほかのメンバーはサポートができない。そのため後者では、サービス提供後のチームにおける情報共有が極めて重要となる。

　特に、複数の事業者における専門職で形成されるチームでは、メンバーとしてその役割を果たすためには、個人としても多職種連携に必要な協働的能力が求められる（図4-5）。

〈図4-5〉協働的能力としての多職種連携コンピテンシーモデル

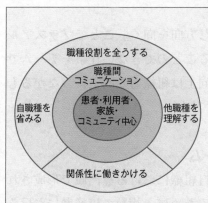

患者・利用者・家族・コミュニティ中心
患者・利用者・家族・コミュニティ中心に重要な関心事／課題に焦点を当て、共通の目標を設定することができる能力。

職種間コミュニケーション
職種背景が異なることに配慮し、互いに、互いについて、互いから職種としての役割、知識、意見、価値観を伝え合うことができる能力をさす。そしてこの職種間コミュニケーション能力は、職種としての役割を全うする能力、自職種を省みる能力、他職種を理解する能力、関係にはたらきかけるなどすべてにかかわる能力でもある。

（出典）左側の図は、多職種連携コンピテンシー開発チーム「医療保健福祉分野の多職種連携コンピテンシー　第1版」2016年、11頁。右側の解説は筆者要約

　図4-5にある**コンピテンシー**とは、専門職業人がある状況で専門職業人として業務を行う能力であり、そこには知識、技術の統合に加えて倫理観や態度も求められる。もって生まれた能力ではなく、学習により習得し、第三者が測定可能な能力である。

　メンバー一人ひとりのこれらの能力を高めることで、専門職の連携協働をより円滑に進めることにつながり、チームの能力を高めることになる。

（4）チームアプローチの共通基盤と原則

　チームアプローチにおける価値・知識・技術の共通項としての「チームアプローチの共通基盤」（**表4-2**）は、チームのメンバーとして求められる能力である。また、「チームアプローチの原則」についても**表4-3**で示す。

（5）よいチームをつくる

　各メンバーがそれぞれの能力を主体的に発揮し、一丸となってチームの目的や目標の達成をめざす組織をつくり、さまざまな変化に対応しながら改善と成長を続けて成果を上げるチームになっていくことが求められる。

　これまでは、上司であるリーダーのもと、部下であるメンバーが集まり、リーダーは「やるべきこと」を指示・命令し、メンバーから報告・連絡・相談を受けながら仕事を進めることが主流だったかもしれない

〈表4－2〉チームアプローチの共通基盤

①チーム内で他職種や他機関の役割や機能を十分理解し、利用者本人の生活ニーズに対して、他のメンバーが果たすべき役割と限界が認識できていること
②チームを構成する多職種や多機関は自分の専門性とは異なる機能を有することが前提となるため、各々の価値感、知識、技術、発想等は異なるということを尊重しながらも、チームの一員としての共通のコミュニケーション手段や方法等の考慮をすること
③自分の専門性や自己が属する機関がチーム内でどのような機能と役割を果たせるかを常にチーム内に明確に示せること
④連絡や会議の開催依頼などが相互に負担なく調整できるために、構成員の業務の実際や勤務の状況をよく理解しておくこと
⑤ネットワークは各専門職間の個人のレベルによるものだけでなく、必要に応じて機関間でのネットワーク機能が要求される。この面では、メンバーの属する機関の組織、管理者等の現状と機能についても理解しておくこと
⑥当事者主体のチームであること

（出典）横山正博「チームアプローチを問われるソーシャルワーカー」『山口県立大学学術情報（社会福祉学部紀要）』第17巻第4号（2011年）、山口県立大学、112頁

〈表4－3〉チームアプローチの原則

①情報を共有すること
②アセスメントと支援目標を共有すること
③各職種の専門性が発揮されること
④各職種間で対等な関係に基づいた信頼関係が形成されていること

（出典）横山正博「チームアプローチを問われるソーシャルワーカー」『山口県立大学学術情報（社会福祉学部紀要）』第17巻第4号（2011年）、山口県立大学、112頁

第4章

（図4－6）。強いリーダーのもと、モチベーションの高いメンバーでチームが構成されている場合はその体制も機能してきたが、今は違う。なぜこの仕事をこのメンバーでやるのか、何をめざすのか、をチームで共有し、チームを活性化させること（組織を進化させること）が求められる。

　チームビルディングによる組織進化の過程を5段階のプロセスに分けたモデル理論に、タックマンモデルがある（図4－7）。

　チームは形成されただけでは機能しはじめることはない。チームを機

〈図4－6〉これまでのチームの姿

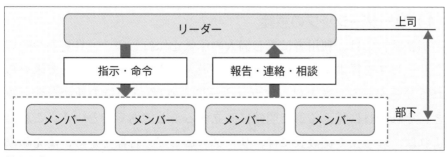

（筆者作成）

〈図4-7〉これからのチームマネジメント　タックマンモデル

形成期 Forming チームができる	混乱期 Storming ぶつかり合う	統一期 Norming チームらしくなる	機能期 Performing 成果が出る	散会期 Adjourning チームの解散
チームができあがったばかりで、お互いのことがわからず、不安や緊張がある状態。	目標が共有されアプローチを始める段階。目標達成に向けての意見やアイデアが出るようになるが、対立や衝突がみられる状態。	チーム内の関係性が安定し、共通の規範が形成される。目標達成する過程での混乱を乗り越えメンバーとしての役割ができる状態。	チームでの成果が出てくる段階。チームに対する帰属意識が高まり、チームとしての団結力が高まる状態。	目標達成によりチームとしての活動を終了し、相互関係を終結する状態。

（筆者作成）

能させていくプロセスには形成期・混乱期・統一期・機能期・散会期の5段階があり、チームは形成後、混乱を経て機能するようになる。意見の対立を避けて各メンバーが自由に意見を発しない状態であれば、チームは統一されず機能しない。混乱期を避けて通れないものとしていかに乗り越えるかが良いチームになる最重要ポイントとなる。

　福祉サービスは、利用者支援についてそれぞれの専門職の立場で意見の食い違いが生じやすいことから混乱期における衝突などを経て、信頼関係を築きながら、それぞれの役割を全うしていく姿勢が重要である。チームは、個々のメンバーが専門職としての力量を十分に備え、それぞれの責務を全うすることで機能することから、前述の「個人として多職種連携に必要な協働的能力」を高めていくことが求められるのである。

8 福祉サービス提供組織の事業とリーダーシップ

（1）リーダーシップの意義

　福祉経営では、利用者に対し個人の尊厳を保持しつつ、良質かつ適切なサービスを提供する仕組みづくりが最大の課題である。ここで求められるリーダーシップとは、ドラッカーによれば、「組織の使命を考え抜き、それを目に見える形で明確に確立することである[7]」という。これによれば、理事長や施設長には、リーダーとして、目標を定め、優先順位を決め、基準を定め、それを維持する役割が求められる。明確な組織の

目標に向かって、組織を動かしていくには、現場のリーダーの位置付け、リーダーを補佐するフォロワーの役割が重要となる。

　リーダーである管理者には、フォロワーである職員に対し、①組織が向かうべき方向を明らかにし、②サービスのあるべき姿を示し、③新しい仕事のやり方を提案すること、が必要になる。リーダーである管理者には、仕事の方法を見直すことについて、職員に対する動機づけや啓発が求められる。[*23]

　多くの施設長は、日ごろからリーダーシップを発揮していると考えている。しかし、施設長など役職のポストが与えられていることだけでは、組織のリーダーとはいえない。リーダーとして、上記の役割を果たしているかが問題である。こうしてみると、必ずしも施設長などの管理者に期待されるリーダーシップが発揮されているとはいえない施設が少なくない。

（2）リーダーシップの基礎理論
❶リーダーシップとは

　現場のリーダーは、組織においてどのような役割を担うべきかについては、すでに多くの研究がなされている。まず、リーダーシップのあり方についての研究では、リピット（Lippitt, R.）とホワイト（White, R. K.）の研究が有名である。

　この研究によると、リーダーシップのタイプは、「民主的リーダーシップ」「専制的リーダーシップ」「放任的リーダーシップ」の3つに分けられ、「専制的」「放任的」なタイプよりは、「民主的」なタイプのリーダーシップが有効であると証明された。つまり、リーダーは、組織の課題に対し、グループのメンバーと協議し、合意形成を図りながら、集団目標に向かって力を合わせることが、有効であると考えられた。[*24]

　しかし、経済活動が複雑化しグローバル化するにつれ、リーダーの資質やリーダーシップのスタイルだけでは、リーダーシップのあり方を説明することがむずかしくなって、新たなリーダーシップのあり方が研究されるようになった。例えば、フィードラー（Fiedler, F.）は、「コンティンジェンシー・モデル（状況適合理論）」を唱え、リーダーシップ・スタイルは集団が置かれている課題状況によって異なると説明した。つまり、リーダーシップのあり方は、リーダーの置かれた状況によって異なるというのである。

　コンティンジェンシー・モデルをもとに、組織のリーダーシップのあ

*23
例えば、福祉サービス第三者評価は、施設の管理者に対し、リーダーシップが発揮されているかを評価対象の一つにあげている。評価基準では、次の2つが大切である。①質の向上に意欲をもち、その取り組みに指導力を発揮している。②経営や業務の効率化と改善に向けた取り組みに指導力を発揮している。

*24
わが国では、三隅二不二によるPM理論が知られている。三隅の研究からは、リーダーシップの機能としてP（performance）機能とM（maintenance）機能が重要で、リーダーシップにおけるP、M機能のいずれも高いと、生産性が高く、集団のモチベーションも高いことが明らかにされた。これによると、組織の目標達成にリーダーシップが発揮され、かつ組織の人間関係の調整にもリーダーシップが発揮されていることが、組織において求められるリーダーシップのあり方といえる。

り方についてまとめた理論がパス・ゴール理論である。先述のロビンス
も、アメリカの経営学において有力なリーダーシップ論は、ハウス
（House, R.）によるパス・ゴール理論であるという。これによれば、組
織のリーダーには、職員に対し道筋（パス）を明確に示し、職員の業務
目標（ゴール）の達成を支援することが求められる。

　ハウスのパス・ゴール理論によると、リーダーシップ行動は、①指示
型リーダー、②支援型リーダー、③参加型リーダー、④達成志向型リー
ダー、の４つのパターンに類別できるという。[*25]これらのいずれが最も有
効であるかは決められず、組織の状況に応じて、最も有効なリーダーシ
ップのスタイルが選択されるべきというのである。こうしたことから、
パス・ゴール理論も、コンティンジェンシー・モデルの一つといえる。

❷リーダーシップとフォロワーシップ

　コンティンジェンシー・モデルは、状況及び環境とともに、集団の構
成員であるフォロワーの態度や能力が、リーダーシップのあり方及び組
織目標達成の成果に重要な影響を及ぼすものと考えられている。リーダ
ーシップとは、組織に対する意図的な影響力の行使であり、組織がリー
ダーシップのもと期待された成果を達成できるかは、フォロワーのあり
方にかかっている。フォロワーの行動が、リーダーシップのあり方を考
える重要な構成部分とみるべきと考えられるようになっている。いいか
えると、リーダーシップとフォロワーシップの相乗効果により、組織は
成果を上げることが可能となる。

　例えば、組織のメンバーであるフォロワーが、組織目的の達成に向け、
組織構成員から成るチームを機能させるために、リーダーに対して主体
的にはたらきかけを行うような状況では、リーダーシップが有効に機能
する。結果として、組織目標達成に高い成果を上げることができる。組
織目標を達成するためには、組織を構成するチーム全体の力が必要であ
り、リーダーシップのあり方もフォロワーシップに規定されると考える
必要がある。

　パス・ゴール理論でいえば、リーダーが職員に対しビジョンと道筋
（パス）を明確に示し、フォロワーである職員がそのために具体的に何
をするべきかを主体的に判断し、業務目標（ゴール）の達成に向けた必
要な行動をとることが理想的である。パス・ゴール理論においても、フ
ォロワーがリーダーの期待に応え目標達成に向け能動的に動くことが、
リーダーシップが機能する前提といえる。

*25
①指示型リーダーとは、
何を期待されているか
を部下に教え、するべ
き仕事のスケジュール
を設定し、タスク達成
方法を具体的に指導す
る者、②支援型リーダ
ーとは、部下に親しみ
やすく、部下のニーズ
に気遣いをする者、③
参加型リーダーとは、
決定を下す前に、部下
に相談し、彼らの提案
を活用する者、④達成
志向型リーダーとは、
困難な目標を設定し、
部下に全力を尽くすよ
うに求める者、である。

　こうした組織を構築できれば、リーダーが、目標達成に向けた進捗状況の把握と、フォロワーからの報告・相談を受け、フォロワーを励まし必要な支援をすることで、目標達成に向けて組織が動いていく。こうした状況では、リーダーは、カリスマ的な存在である必要はなく、組織のメンバーの仕事をフォロー・支援する役割を担えばよい。

　これに対し、リーダーがどれだけ優れたビジョンを掲げても、フォロワーがリーダーに共感もせず、積極的に行動しようとしなければ、組織が期待される成果を上げることはむずかしい。つまり、組織目標を達成するためには、リーダーシップとフォロワーシップは、表裏一体のものであり、相互に密接に関連するといえる。

　組織において求められるフォロワーシップとは、どのようなものか。ケリー（Kelly, R.）は、フォロワーには、「積極的に仕事に向かう力（active engagement）」と「独立心の強い、批判的な考察力（independent, critical thinking）」が必要だと述べている[8]。「積極的に仕事に向かう力」とは、リーダーの指示に従い、自ら主体的に判断・行動し、目標達成に貢献する力である。もう一つの「独立心の強い、批判的な考察力」とは、リーダーの判断や指示が正しいか否かを考え、必要なら提言する力を上げる。つまり、組織の目的達成のために、自らの役割を積極的に果たしていくこととともに、リーダーやグループの状態を見極め、リーダーの考えや行動に対しても、常に正しいと信じるよりは、ときには批判的に考える力をもっていることが、フォロワーのあるべき姿と考えているわけである。

　これらのことは、福祉現場におけるリーダーシップ、フォロワーシップのあり方としても参考になるであろう。チームリーダーには、課題の性格や組織の状況に応じて組織に対するアプローチの方法を使い分ける必要がある。また、状況やフォロワーのあり方からみても、いくつかの組み合わせも有効である。これらのパターンを使い分けながら、目標の達成に向けて、個人や組織に影響力を及ぼしていくことが、福祉経営のリーダーシップとして重要といえる。

（3）経営者及び管理者に求められるリーダーシップ

　法人役員会などの執行機関も、各福祉施設の運営に対し、リーダーシップを発揮することが求められる。組織におけるそれぞれの施設の位置付け、組織の管理者や組織の取り組み課題を決定するのは、重要な経営事項である。また、法人役員会においては、法人の使命や理念を定め、

組織が向かうべき方向を明らかにする必要がある。法人役員会は、これに基づいて、長期計画の中で具体的な組織の課題を定め、これに取り組む組織体制について協議する必要がある。このプロセスにおいても、職員を参画させ、職員の意見を吸い上げることにより、組織の力を高めることができる。

　法人の意思決定に基づき、施設の管理運営にあたる施設長の役割も重要である。施設の果たすべき役割や施設が提供するサービスについて、利用者家族との関係、地域との関係、行政や関係団体との関係など、対外的に施設の責任者として対応が求められる。

　また、組織内においては、人材育成や専門性の向上はもちろん、質の高いサービスを利用者に提供する体制づくりにおいても、法人役員会がリーダーシップを発揮することが求められる。すなわち、サービスマネジメントの責任者に対し、業務全体を把握し改善解決の方向性を尋ね、その上で職員による取り組みを応援することが必要である。

　このようなかかわりにより、職員の心が一つに統合されて、組織としての力が発揮できる。職員の思いが一つにならず、勝手気ままに行動していたのでは、組織はサービスの質の向上という目的に向かわない。

（4）現場リーダーに必要なリーダーシップ

　実際のサービスの見直しや業務改善の取り組み、人材育成においても、現場責任者のリーダーシップによるところが大きい。組織を効果的に動かすには、現場の責任者、リーダーに権限を与え、これを通して現場の組織、スタッフを動かす必要がある。

　業務改善やリスクマネジメントなど、PDCAのサイクルを回していくのも、現場の責任者によるところが大きい。リーダーは、職員にサービス見直しの意義を理解させ、質の高いサービスの提供をめざしチーム構成員のモチベーションを高めていくことが求められる。また、職員一人ひとりを理解し、職員のスキルアップを援助することも重要である。

　現場のリーダーにおいても、職員に対し、①組織が向かうべき方向を理解させ、②サービスのあるべき姿を示し、③新しい仕事のやり方を提案する。さらには、④メンバー相互間の人間関係を調整し、⑤個別にメンバーに対し相談にのり、メンバーとして支援を行うことが求められる。

　現実には、現場のリーダーが、必ずしも上記のようなリーダーシップを発揮できるとは限らない。しかしながら、現場のリーダーとよばれる職員がこうした能力をもたないと、サービスの継続的な質の向上はむず

かしい。したがって、現場においてリーダーシップを発揮できる人材を
いかに育成するかが、法人経営の課題であるといえよう。

引用文献

1）重田信一『アドミニストレーション』誠信書房、1971年、4〜5頁
2）京極髙宣『改訂 社会福祉学とは何か−新・社会福祉原論』全国社会福祉協議会、1998年、14頁
3）C. I. バーナード、山本安次郎 他訳『経営者の役割』ダイヤモンド社、1968年、76頁
4）P. F. ドラッカー、上田惇生 訳『抄訳 マネジメント−課題・責任・実践』ダイヤモンド社、1975年、242頁
5）DIAMONDハーバード・ビジネス・レビュー編集部 編『いかに「高業績チーム」をつくるか』ダイヤモンド社、2005年、7頁
6）山口裕幸『セレクション社会心理学24 チームワークの心理学 よりよい集団づくりをめざして』サイエンス社、2008年、12頁
7）P. F. ドラッカー、上田惇生 訳『プロフェッショナルの条件』ダイヤモンド社、2000年、184〜185頁
8）R. ケリー、牧野 昇 訳『指導力革命−リーダーシップからフォロワーシップへ』プレジデント社、1993年、131〜136頁

参考文献

● Kotter, J.P. (1999). *John P. Kotter on What Leaders Really Do*, Harvard Business School Press. （DIAMONDハーバード・ビジネス・レビュー編集部・黒田由貴子・有賀裕子 訳『リーダーシップ論−人と組織を動かす能力 第2版』ダイヤモンド社、2012年）
● 釘原直樹『グループ・ダイナミックス−集団と群集の心理学』有斐閣、2013年
● 杉万俊夫『グループ・ダイナミックス入門−組織と地域を変える実践学』世界思想社、2013年
● 伊丹敬之『経営の力学−決断のための実感経営論』東洋経済新報社、2008年
● I. チャレフ、野中香方子 訳『ザ・フォロワーシップ−上司を動かす賢い部下の教科書』ダイヤモンド社、2009年
● 社会福祉法人経営研究会 編『社会福祉法人経営の現状と課題−新たな時代における福祉経営の確立に向けての基礎作業』全国社会福祉協議会、2006年
● 中竹竜二『新版 リーダーシップからフォロワーシップへ カリスマリーダー不要の組織づくりとは』CCCメディアハウス、2018年
● J. W. ローシュ・P. R. ローレンス、吉田 博 訳『組織の条件適応理論−コンティンジェンシー・セオリー』産業能率短期大学出版部、1977年
● P. F. ドラッカー、上田惇生・田代正美 訳『非営利組織の経営−原理と実践』ダイヤモンド社、1991年
● 田尾雅夫『ヒューマン・サービスの経営−超高齢社会を生き抜くために』白桃書房、2004年
● 松山一紀「リーダーシップからフォロワーシップへ−なぜ、今フォロワーシップなのか？」『商経学叢』第64巻（2018年）、近畿大学商経学会、289〜309頁
● 三隅二不二『リーダーシップ行動の科学』有斐閣、1978年
● Harvard Business Review 編、DIAMONDハーバード・ビジネス・レビュー編集部 訳『リーダーシップ』ダイヤモンド社、2002年
● 横山正博 編著『ソーシャルワーカーのためのチームアプローチ論』ふくろう出版、2010年
● 関島康雄『チームビルディングの技術−みんなを本気にさせるマネジメントの基本18』日本経団連出版、2015年

第2節 福祉サービス提供組織のコンプライアンスとガバナンス

1 福祉サービス提供組織の理念・使命の明確化

　ドラッカーは非営利組織が考えなければならないのは、まず自分たちのミッションは何かであり、そのミッションの価値は「正しい行動をもたらすこと」にあるという。「従って、非営利組織のリーダーが初めに行うべきは自らの組織のミッションを考え抜き、定義することである」[1]と。

　福祉サービス事業者、とりわけ社会福祉法人等の公益法人は、それぞれ、自らの組織の理念や事業の方向性を明確にし、関係者に伝えていく必要がある。近年、法人の理念等をホームページに掲載するなど、内外に向けて自組織の理念・使命を掲げ示しているところが多くなってきている。

　しかし、理念・使命を示すことは、組織の対外的な体裁を整えるためだけのものではない。組織内部、特に個々の職員に対して、自分たちはいかなる理念をもってこの仕事をしていくのかを伝え、互いにとっての旗印とする意味合いももつ。経営管理者は、職員の視座を高くし、職員自身の仕事における目標を示していかなければならない。

　理念・方向性を明らかに示すことはまた、職員が誇れるような内容か、時代のニーズに合致しているか、そしてその内容が人間の尊厳の尊重を基盤としているか、その仕事に携わるすべての者にとって、生きがいとなり、目標となることができるかといった要件を満たしているかを問い直すことになる。さらに、そのような理念・使命をいかにわかりやすく提示し、職員個々に浸透させることができるかが大切である。

　理念・使命を示すことは、言葉としては抽象的なものにならざるを得ない場合もある。しかし、理念・使命は抽象的な表現で示されていたとしても、その内容に実践の方向性が示され、それを具体的な行動につなげられるよう行動指針として示すことで、抽象論から実践的なものにしていかなければならない。

　組織が誕生する初期においては、リーダーを中心として新しい事業を生む強い意志と動機があり、理念・使命があったことであろう。しかし、時を経るにつれ、社会保障制度の成熟度が高まるなど、外部環境は変化し、設立当初に比べ組織の内部環境、事業内容も変化するであろう。そのため、設立当時の理念や使命として掲げたことについても時代を見据えながら見直すことが必要になる場合もあるだろう。

２ 福祉サービス提供組織のリスク管理とコンプライアンス

　社会福祉法人制度発足当時は、一法人一施設という小規模な法人組織がほとんどであった。「施設をつくるために法人をつくる」といった実態があったほど、法人組織全体が小規模で、組織的な運営の必要性も少なかった。また、措置制度下ではさまざまな規制があり、これらを守り、決められた事業を予算どおりに執行することが求められたことから、経営の自由度は低かった。

　しかし、制度の成熟に伴い、複数施設を経営する法人が多くなり、一施設の職員数も増加した。特別養護老人ホームのように入居施設のみならず関連したサービスを提供する法人では職員数が100人を超えることも珍しくない。経営の自由度も増すとともに、各法人の自己責任の度合いも高くなった。法人の規模も大きくなり、数も増え、社会的責任も大きくなるにつれて、自立と責任の経営が求められるようになり、一人の経営者の熱意や才覚、意志だけで、法人経営が進められるものではなくなった。

　福祉サービス提供組織は、その組織の経営管理にかかわるさまざまなリスクを抱えている（**表4-4**）。

　一般的にいわれるものは、「サービス提供上のリスク」である。高齢であることや障害があることにより行動や身体に制限のある人に対して提供するサービスの場合、支援の方法によってはけが等のリスクがついてまわる。近年、利用者側の権利意識が高くなり、サービスの提供方法に過失がなくても、結果が悪かったことに対するクレーム、ひいては訴訟に至るというケースも増えている。また、利用者の尊厳を守る観点から、拘束等による過剰な保護行為が禁止されてきた。これは重要なことであるが、半面、転倒等の介護上のリスクの可能性が増加しているともいえる。

〈表4−4〉福祉サービス提供組織の経営管理上のリスク

発生要因	損失の発生形態例
1　サービス提供	業務遂行上のミス・管理監督不足による利用者事故、人権侵害、職員の不法行為、集団食中毒、感染（インフルエンザ・疥癬・MRSA・ノロウイルス等）、施設・設備・備品の不備・欠陥
2　災害・事故・犯罪	火災、地震、落雷、風水害、盗難、交通事故、システム障害、個人情報の流出、役職員の不正・犯罪
3　財務	キャッシュフロー、法的条件を満たさない場合の減収
4　人事労務	人材不足、雇用・待遇問題、労使紛争、セクシュアルハラスメント、パワーハラスメント、労働災害
5　政治・経済・社会	法律・制度改正、規制緩和・強化、金利の変動、ペイオフ、景気変動、少子・高齢化、都市化・過疎化

（出典）福祉職員キャリアパス対応生涯研修課程テキスト編集委員会 編『改訂2版 福祉職員キャリアパス対応生涯研修課程テキスト チームリーダー編』全国社会福祉協議会、2021年、117頁

　福祉サービスは人の手を通して人に提供されるサービスであり、公的な制度のもとに提供されるサービスであることから、理事長以下、職員一人ひとりに至るまで、関係法令、法人等の組織が定めた諸規定はもとより、法人の理念や社会的なルールを遵守し、社会的責任に応えることが求められており、これらは**コンプライアンス**（compliance）、またはコンプライアンス経営とよばれている。

　コンプライアンスという用語は、日本では法令遵守義務という限られた意味で使われてきたが、不祥事の多くが法令という枠組み以前の、人間としての倫理を意識しない行為によるものが目立つようになったことから、より広い範囲の意味で使用されるようになってきている。

　コンプライアンスとは、具体的には以下のような内容である。

・国民として、社会人として社会生活上の最低限の法令、ルールを守る。

・自分の資格や仕事内容にかかわる制度を守る。

・福祉サービスに従事する職員として、利用者の人権を尊重する職業倫理を守る。

・勤務する法人・事業所の定めた理念、行動指針、規則等を守るとともに、各職場で決めたルールを守る。

　直接サービスを提供する職員一人ひとりが、コンプライアンスの意味をよく理解し、倫理的・社会的・法的なルールを遵守する姿勢をもった行動をとるためには、経営トップの姿勢が第一に重要であり、その組織の風土や文化が影響する。職員全体に考えを徹底させるには、職員が守るべき規則を明確・明文化するとともに、組織としてのコンプライアン

第4章

スに関する環境・体制を整え、その本質を周知するための教育が必要となる。

＊26
本書第5章第2節3参照。

　平成18（2006）年、「**公益通報者保護法**[＊26]」が施行された。法人内の法令違反行為を発見した職員が、一定の条件下で事業所内部や行政機関、事業所外部に通報した場合、そのことを理由に通報者が解雇や減給などの不利益な取扱いを受けることから保護し、事業組織のコンプライアンス経営を推進するための法律である。この法律をふまえ、事業組織の中に「通報、相談窓口の設置」等の体制を整備すること、通報者や通報の対象になった人の個人情報の保護等が必要である。

3 福祉サービス提供組織のあり方

　社会福祉事業の主たる事業主体は社会福祉法人である。

　社会福祉法人は、昭和26（1951）年の社会福祉事業法の成立とともに誕生した。以来、福祉サービスの内容や提供方法などを変更する法改正や、平成12（2000）年、社会福祉法の成立などの大きな社会福祉の変革の中にあっても、事業主体である社会福祉法人というシステムには大きな変更はなく60年以上を経てきた。

　そして近年、この事業主体のあり方をめぐって議論が進んだ。まず、規制改革の推進により、社会福祉法人も企業も同じ介護保険事業や保育事業等をしているのだから、両者のイコールフッティングを進めるべき、との声が高まることとなった。また、医療法人制度改革、公益法人制度改革が進み、平成18（2006）年には社会福祉法人以上の公益性を担保した「社会医療法人」「公益社団、公益財団」が誕生することとなり、これらの公益法人と社会福祉法人の比較も議論の的となった。

　これらを背景に平成26（2014）年、規制改革実施計画として社会福祉法人制度関係の内容を含む「介護・保育事業における経営管理強化とイコールフッティング確立」が閣議決定された。ここでは、内部留保の明確化、役員報酬等の開示など、社会福祉法人が公益法人としての性格を明確にし、ほかの公益法人並み、またはそれ以上の公益性を確保する必要があるとの方向性が打ち出されることとなった。さらに同じ時期、税制調査会DG（ディスカッショングループ）からは公益法人に対する法人税非課税を見直すべきとの議論がまとめられ、社会福祉法人の法人税の非課税を揺るがす事態にまで至った。

　社会福祉の事業主体の中心的役割を担う、社会福祉法人の変革が迫ら

れることになったのである。まず、社会福祉法人とは何か、その誕生した意義や目的は何だったのか、それは現在どのように変化してきたのかを考える必要がある。その上で、社会福祉法人という望ましい法人像を描き、それに向かって個々の法人はどのように変わっていくべきかの道筋を立てていかなければならないという方向性が確認された。

　平成26（2014）年、厚生労働省に設置された「社会福祉法人の在り方等に関する検討会」、さらに「社会保障審議会福祉部会」（以下、審議会）はこれらのための議論を重ねた[*27]。そして、平成28（2016）年、社会福祉法等の一部を改正する法律（平成28年法律第21号）が成立した。

　その審議会の議論では、社会福祉法人に関する基本的な視点は以下のように示されている。

①公益性・非営利性の徹底

②国民に対する説明責任

③地域社会への貢献

　これらを実現させるための具体的な内容として、社会福祉法等の一部を改正する法律による社会福祉法人改革の論点を大きく分類すると、以下のように整理される。

①社会福祉法人の経営組織のあり方
　・経営組織のガバナンスの強化
　・事業運営の透明性の向上
　・財務規律の強化
②社会福祉法人が実施する事業のあり方
　・地域における公益的な取り組みを実施する責務
③社会福祉法人に対する指導監査のあり方
　・行政の関与のあり方

*27
「社会保障審議会福祉部会報告書-社会福祉法人制度改革について」（平成27〔2015〕年2月）。

4 ガバナンスの形成と内部統制

（1）社会福祉法人の変化とガバナンス

　いままでの福祉サービス提供組織においては、**ガバナンス**（組織統治と訳されているが、ここではガバナンスと表現する）のシステムが十分に成熟している状態とはいえなかった。そもそもガバナンスとは、社会的ルールを遵守し公正かつ適正な経営を可能にする実効性のある組織体制を構築するために、その組織を統制することである。そして、これは、社会的ルールの遵守（コンプライアンス）の徹底、**説明責任（アカウン**

タビリティ）の遂行とも深く関係している。

　理念・使命が整理され、これをふまえた経営戦略のもとに、目的実現のための強力な執行体制が必要となるが、社会福祉法人は一般にこの執行機能が脆弱である、と指摘されてきた。特に、戦略等の企画能力が弱いといわれている。また、多くの法人は個人が設立の基金を寄付して法人を設立したり、法人の事業開始への強い動機をもった個人の資質に頼っていて、組織としての機能が弱い。さらに、その執行組織をチェックし、律するシステムが弱いとされていた。

（２）コーポレートガバナンスとは

　そもそも、組織体におけるガバナンスとはどのようなものか。企業における意思決定とその統制の仕組みを、コーポレートガバナンスという。アメリカの巨大企業エンロンの不正問題[*28]が一つのきっかけとなり、世界的にコーポレートガバナンスの議論が盛んになった。企業の不祥事の再発防止の視点、地球規模になった企業の競争力を高める視点、EU加盟国での会社法の調整の視点からであるという。

　ガバナンスという言葉は、アメリカでは経営または経営者に対する監視（モニタリング）の意味合いが強く、ヨーロッパでは経営者が利害関係者に対して果たすべき説明責任（アカウンタビリティ）の意味に使われることが多くみられる。近年、コーポレートガバナンスのあり方いかんが、企業の競争力や業績にまで影響を与えるものと考えられるようになっており、日本でも企業における会計監査等のあり方が見直された[*29]。

　企業のコーポレートガバナンスには、通常、計画・意思決定（Plan）、執行（Do）、監督（See）のPDSといわれる３つの機能がある。Ｐの機能は取締役会である。主たる役割は重要な意思決定を行うことである。近年、大企業では独自性をもった社外取締役[*30]を置くなどして社外からの意見を尊重し、業務執行の監督等を行う。株主総会で取締役、代表取締役を決める。Ｄの機能は、最高経営責任者（代表取締役）を中心にした執行役員会である。

　Ｓ（監督）の機能は監査役会、監査委員会である。コンプライアンスの取り組み状況の監査・監督、内部監査部門の健全な機能の確保等である。その上に会計監査人による会計監査が課せられ、経営及び経営者の適正性の確保と利害関係者に対する適正な情報提供が確保されることとなる。Ｓの機能とその他代表取締役等との分離、ＰとＤの機能分離に意味がある。

[*28]
2000年、当時アメリカ合衆国の大企業であったエンロンは、巨額の不正経理、不正取引が明るみに出て、2001年末経営破綻に追い込まれた。これに関連して、この監査を担当しながら、会計粉飾等に関与していた名門会計事務所の解散等、アメリカ経済全体を大きな混乱に陥らせ、世界経済にも影響することとなった。

[*29]
平成18（2006）年５月に、「会社法」が施行された。これにより自由度が高まることとなったが、一方、自由度と引き換えに、経営の透明性と説明責任の向上、会計の適正化の確保、大規模会社には内部統制システムが適正に機能することが求められることとなった。

[*30]
株式会社の取締役であって、当該株式会社またはその子会社の業務執行取締役もしくは執行役または支配人その他の使用人でなく、かつ、過去も同様であったものをいう。

　近年では、東京証券取引所等によるコーポレートガバナンス・コード[*31]ができたことを契機に、社外取締役、社外監査役、独立社外取締役等の直接利害関係のない客観的な位置にいる役員が導入され、さらなるコーポレートガバナンスの機能強化が進められている。

（3）内部統制

　企業等の事業体が、その業務を適正かつ効率的に遂行するために、組織内に構築され運用される体制及びプロセスを内部統制[*32]という。内部統制の目的は以下の4つである。
①事業活動目的の達成のため、業務の有効性、効率性を高めること
②財務諸表等の財務報告の信頼性を確保すること
③事業活動にかかわる法令、その他の規範の遵守を促進すること
④資産の取得、使用及び処分が適正な手続及び承認のもと行われるように資産の保全を図ること

　内部統制が正しく行われているかを経営者のもとでチェックするのが内部監査部門である。一般には内部監査とは、法律に基づいて行われるものではなく、企業自ら実施する任意の監査で、経営者直属の組織として監査を実施するもので、保証活動（各部門が諸規定等に準拠して業務を実施しているか、リスク対策が有効に機能しているか検証）とコンサルティング活動（経営意思決定についての助言）を主とする。基本的要

〈図4-8〉内部統制の基本的要素

統制環境	組織の気風を決定し、組織内のすべての者の統制に対する意識に影響を与えるとともに、他の基本的要素の基礎をなし、以下に記した5つの要素に影響を及ぼす基盤。
リスクの評価と対応	組織の目標の達成に影響を与える事象のうち、組織目標の達成を阻害する要因をリスクとして識別、分析及び評価するプロセスをリスクの評価といい、これを受けて、当該リスクへの適切な対応を選択するプロセスをリスクへの対応という。
統制活動	経営者の命令及び指示が適切に実行されることを確保するために定める方針及び手続き。
情報と伝達	必要な情報が識別、把握及び処理され、組織内外及び関係者相互に正しく伝えられることを確保すること。
モニタリング	内部統制の有効性を継続的に評価するプロセス。これにより内部統制は常に監視、評価及び是正される。
IT（情報技術）への対応	組織目標を達成するために予め適切な方針及び手続きを定め、それを踏まえて、業務の実施において組織の内外のITに対し適切に対応すること。

（資料）「財務報告に係る内部統制の評価及び監査の基準」（平成19〔2007〕年2月15日企業会計審議会）の中の「Ⅰ.内部統制の基本的枠組み」より抜粋

[*31]
平成27（2015）年にまとめられた上場企業の企業統治の指針。株主の権利や取締役の役割、役員報酬のあり方等上場企業が投資家への説明責任を果たすことを中心に、守るべき行動規範を網羅したもの。その後、令和3（2021）年に改訂された。

[*32]
内部統制の基本的要素としては、統制環境、リスクの評価と対応、統制活動、情報と伝達、モニタリング（有効性を継続的に評価）、IT（情報技術）への対応がある。特に近年では、利用者や職員の情報をコンピューターで管理し、組織内外のITへの対応がより重要となっている。

第4章

〈表4−5〉社会福祉法人の業務の適正を確保するための体制

一　理事の職務の執行に係る情報の保存及び管理に関する体制
二　損失の危険の管理に関する規程その他の体制
三　理事の職務の執行が効率的に行われることを確保するための体制
四　職員の職務の執行が法令及び定款に適合することを確保するための体制
五　監事がその職務を補助すべき職員を置くことを求めた場合における当該職員に関する事項
六　前号の職員の理事からの独立性に関する事項
七　監事の第五号の職員に対する指示の実効性の確保に関する事項
八　理事及び職員が監事に報告をするための体制その他の監事への報告に関する体制
九　前号の報告をした者が当該報告をしたことを理由として不利な取扱いを受けないことを確保するための体制
十　監事の職務の執行について生ずる費用の前払又は償還の手続その他の当該職務の執行について生ずる費用又は債務の処理に係る方針に関する事項
十一　その他監事の監査が実効的に行われることを確保するための体制

素は**図4−8**に示されたものである。これとは別に、一定基準以上の収入がある法人には、組織外部の専門職である会計監査人による外部監査が義務付けられている。

　平成21（2009）年、介護サービス事業者の不正事案の再発防止を目的として、介護事業運営の適正化を図るため、事業者の規模別に3段階の業務管理体制の整備が義務付けられた[*33]。事業者組織内でのコンプライアンス保持のための内部チェック体制の構築を求めている。なお、これは障害や保育の分野でも同様である。

　さらに、社会福祉法改正により、社会福祉法人のガバナンス強化の一環として、一定規模を超える法人は「理事の職務の執行が法令及び定款に適合することを確保するための体制[*34]」その他の「社会福祉法人の業務の適正を確保するための体制[*35]」（**表4−5**）として示された11項目を内部管理体制として整備することとなった。

（4）社会福祉法人のガバナンスとその課題

　先に企業における最近のガバナンスの概要を示したが、企業には行政による監査がなく、外部監査、内部監査を含めたガバナンス機能が必要となる。社会福祉法人には行政による監査があるとはいえ、近年規制緩和が進み、過剰な行政の関与をなくし経営の自由化、自立化が進んできたため、ガバナンスについてあらためて検討する必要が生じてきた。社会福祉法人の経営組織のあり方として最も重要なことは、ガバナンスを

*33
厚生労働省老健局長通知「介護保険法及び老人福祉法の一部を改正する法律等の施行について」（平成21年3月30日／老発第0330076号）、同「介護サービス事業者に係る業務管理体制の監督について」（平成21年3月30日／老発第0330077号）。

*34
社会福祉法第45条の13第4項第5号及び第5項。

*35
社会福祉法施行規則第2条の16。

高めるための「組織の公益性を満たす公益法人の条件とは何か」ということである。社会福祉法第61条のとおり、民間事業主体である社会福祉法人は、その自主性、主体性が尊重されなければならない。しかし、そのためには、法人の自律性、自浄能力のある組織体であることが求められる。

　平成28（2016）年以降の社会福祉法改正によって変更された社会福祉法人のガバナンスの概要を図示すると、**図４−９**のようになる。

　まず、法人内部の機関については、評議員会、理事、理事会、監事というそれぞれの機関の構成メンバー、及び各々の権限、責務、義務を法令で明確にしている。

　評議員会は必置の最高議決機関である。理事会で検討され提出された議案を決議する役割である。決議すべき事項は、定款等の法人の基本ルール等の重要事項で、具体的な内容として、理事・監事、会計監査人の選任・解任、役員報酬等の決定、及び計算書類の承認等の事後的な決議である。以前の評議員会は諮問機関で、構成メンバーである評議員は利用者の意見を事業運営に生かす観点から利用者代表等を入れることとされたが、法改正後は法人の最高決議機関であることから、事業に対する識見をもち中立公正な立場から審議を行える構成員とすべきで、理事及び職員との兼任は認められず、人数は原則理事数＋１名以上である。評

〈図４−９〉 **社会福祉法人経営組織のガバナンスの概要**　　□は機関名　○はその機能

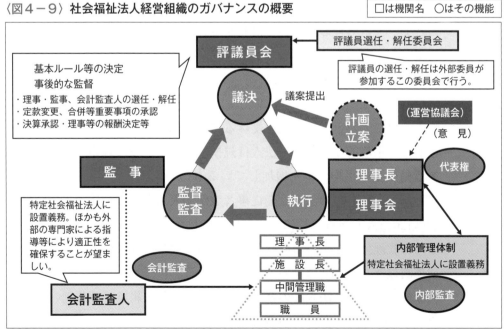

（筆者作成）

議員の選任・解任方法も、公益法人にならい中立的な選任解任委員会を置くことが示されている。事業の継続性を考え、評議員の任期は選任後4年以内または6年以内である。

理事会は業務の執行機関に徹し、社会福祉法人の業務執行の決定、理事の職務の執行の監督、理事長の選任・解任を主たる業務とする。具体的には、評議員会に提出する計算書類、事業報告書の承認、その他事業計画・予算等、法人運営の重要事項を審議する。理事構成は、社会福祉事業の経営に識見を有する者、事業区分における福祉事情に関する情報に通じている者、当該法人の施設の管理者である。人数は6名以上と法律上明記され、同族支配の禁止を徹底する。ただし、同一の社会福祉法人の理事、職員は特殊の関係から除外されている。

理事長は法人の代表権を有する（理事長のみ）とともに、対内的に法人の業務を執行する権限も有する。

監事の役割は、会計監査と理事の業務執行状況の監査である。監事の要件として、社会福祉事業に識見を有する者と財務管理について識見を有する者とを明確に位置付け、業務の充実が図られた。

次に、法人外部の会計に関する専門的な立場の会計監査人の設置義務である。一定規模（当面、収益が30億円、または貸借対照表上の負債が60億円）を超える法人がこの対象となるが、それ以外の法人についても、外部の会計・税理の専門家の点検、会計の事務処理や内部統制の向上を支援するなどの仕組みが導入された。外部の専門家のチェックを受けることで、会計処理の適法性、財務諸表の正確性を確保するということである。

また近年、社会福祉施設においてISO（International Organization for Standardization：国際標準化機構）の9001を取得している社会福祉法人も出てきた。この認定を受けるには内部監査が必要とされている。しかし、平均的な社会福祉法人は規模が小さく、収入規模では、サービス活動収益の平均が年々増加しているものの、平均額は約7.3億円であり、3分の1以上の法人は全従事者数が50人未満で、全体の平均従事者数は120.5人である。特に、法人専任職員すらいない規模の法人に十分な内部管理体制を求めるには無理がある。大半の社会福祉法人は内部管理体制機能が十分ではないのが現状である。

今後の社会福祉法人等の経営組織に求められる組織管理体制のあり方をどのように考えたらいいのであろうか。

まず1つは、執行機関の役割の明確化である。これまで、議決機関と

＊36
「2021年度（令和3年度）社会福祉法人の経営状況について」（独立行政法人福祉医療機構貸付先法人調査）より。

執行機関のそれぞれの役割が不明確であった。今後、理事長をはじめとした理事会等の執行機関を中心に法人全体の推進役を担うとともに、改正社会福祉法の趣旨に基づいて法人のガバナンスを確立する努力を重ね、社会的にみても納得できるガバナンスのあり方を確立することである。一方、評議員会は議決機関としての役割を明確にし、利用者にとって、法人にとって何が必要かの判断を的確にできる機関に成長する必要がある。

　2つめは、監事の役割の強化である。所轄庁の監査機能には限界がある。監事は、今までのような名誉職的な位置付けから脱却し、常に法人経営全般について、特に執行機関に対する監査・監督機関としての性格を明確に実行すべきである。専門性を磨き役割を全うすることが求められる。

　3つめは、会計監査人のような外の目をどのように入れるべきかである。法改正時には会計監査人の導入は、上記に示したような収益30億円を超える規模の法人を対象としたが、会計監査の対象を収益10億円規模程度まで下げるのか、それとも「財務会計に関する内部統制」や「財務会計に関する事務処理」に対する支援とするべきなのかである。[*37] そもそも、一般企業のように過大な剰余の粉飾等の必要性は少ない業界であり、求められているのは、税金や保険料の適正な使い方であるとすれば、国民にとって何が必要なのかを明確にする選択が必要となる。

*37
厚生労働省社会・援護局福祉基盤課長通知「会計監査及び専門家による支援等について」（平成29年4月27日／社援基発0427第1号）。

（5）提供する福祉サービスと法人経営の透明性の確保

　かつて、社会福祉法人の利害関係者といえば、担当する所轄庁と利用者及びその家族であった。しかし、保険制度によって福祉サービスの財源の多くがまかなわれている今、財源とその給付等について、直接的なサービス利用者以上にその財源を負担している保険者や保険加入者である一般市民の関心が高くなっており、その立場からの意見が強く主張されるようになった。さらに、少子高齢化の進展によりますます社会保障費が増大することへの対応策として、消費税の増税が政策の中心的な課題になったことから、さらにこの議論は活発になっている。したがって従来のように、財務諸表等を「福祉サービスの利用を希望する者その他の利害関係人から請求があつた場合に」「これを閲覧に供しなければならない」（平成28〔2016〕年4月1日改正法施行前の旧社会福祉法第44条）という限定的な開示では不十分な環境となってきたといえよう。

　このような環境下で、平成25（2013）年、福祉施設の内部留保の額が

第4章

注目されたことから、社会福祉施設、社会福祉法人の財務状況の開示に対する議論がさらに高まった。その上、厚生労働省の調査の結果、財務内容をインターネットや広報等で公表している法人が50％以下であったことを契機に、個人情報の保護に配慮しつつ「現況報告書並びに添付書類である貸借対照表及び収支計算書について、インターネットを活用し、公表しなければならない」こととなった。[*38]

さらに、前述の平成28（2016）年及び平成29（2017）年施行の改正社会福祉法により、社会福祉法人の事務所（主たる事務所及び従たる事務所がある場合はこちらも）に備え置き、請求があった場合に閲覧に供しなければならないものとして、従来の事業報告書、財産目録、貸借対照表、収支計算書（事業活動計算書、資金収支計算書）及び監査報告に加え、定款、現況報告書、事業の概要等（事業計画、社会福祉充実残額、社会福祉充実計画等）、及び報酬等の支給の基準がその対象となった（表4−6）。

また、前述の平成26（2014）年の通知に加え、上記の備え置き、閲覧に供すべき内容の大半についてインターネットを通じて公表することが社会福祉法上に明記された。

社会福祉法人が今後も地域社会の福祉課題の担い手としてその中心的

*38
厚生労働省3局長通知「『社会福祉法人の認可について』の一部改正について」（平成26年5月29日／雇児発0529第13号、社援発0529第4号、老発0529第1号）。

〈表4−6〉透明性の確保

	備え置き・閲覧	インターネットによる公表
定款	○	○
事業報告書	○	×
財産目録	○	×
貸借対照表	○	○
収支計算書（事業活動計算書・資金収支計算書並びにこれらの附属明細書）	○	○（※1）
監査報告（会計監査報告を含む）	○	×
現況報告書（役員名簿、補助金、社会貢献活動に係る支出額、役員の親族等との取引状況を含む。）	○	○（※2）
事業の概要等（事業計画、社会福祉充実残額、社会福祉充実計画等）	○	○（※3）
報酬等の支給の基準を記載した書面	○	○
役員等（理事・監事・評議員）名簿	○	○（※2）

※1　附属明細書を除く
※2　個人の住所等個人の権利利益が害されるおそれがある部分を除く
※3　「社会福祉充実残額の算定の根拠」及び「事業計画」を除く

（出典）厚生労働省資料の一部を筆者が再整理

な役割を果たしていくためには、地域住民との信頼関係が欠かせない。サービス提供者と利用者という信頼関係もさることながら、根底に非営利法人・公益法人としての役割を果たすことによる地域住民との信頼関係が大きいのではないか。近年報道される不祥事等からここが揺らいでいる。このため、利用者やその関係者、地域とのコミュニケーションを図るとともに、社会福祉法人・福祉サービス事業者の側から、積極的な情報開示、情報提供に努め、日々のサービス内容やその体制、法人の財務状況や役員体制等、幅広い内容の説明責任を果たすことが地域住民との信頼関係の形成に役立つものであり、ひいては地域からの支援につながるものであろう。

（6）行政の関与のあり方

　社会福祉法の改正により、社会福祉法人の経営組織のガバナンスを強化する一方、国・都道府県・市それぞれの機能と役割、所轄庁としての行政の行うべき助成及び監督する事項を明確化した。特に、行政による指導監査については、各法人の「自主性、自立性を前提として、指導監査の公立化・重点化及び明確化を図るため」、社会福祉法人指導監査実施要綱により「指導監査ガイドライン」を制定した。[39]

　これまで、所轄庁ごとに独自の観点から指導が行われ、その内容に差異があるとの指摘があったことから、所轄庁が行う一般監査について、その監査の対象とする事項（監査事項）、当該事項の法令及び通知上の根拠、監査事項の適法性に関する判断を行う際の確認事項（チェックポイント）、チェックポイントの確認を行う際に着目すべき点（着眼点）、法令または通知等の違反がある場合に文書指摘を行うこととする基準（指摘基準）、ならびにチェックポイントを確認するために用いる書類（確認書類）が定められた。これにより、指導監査をする側とされる側に共通の基準が明記された。また、一般監査と特別監査に分け、運営上重大な問題がある法人への行政処分の強化も改正された。

第4章

[39]
厚生労働省3局長通知「社会福祉法人指導監査実施要綱の制定について」（平成29年4月27日／雇児発0427第7号、社援発0427第1号、老発0427第1号、令和4年3月14日一部改正）。

引用文献
1）P. F. ドラッカー、上田惇生　訳『非営利組織の経営』ダイヤモンド社、2007年、2〜3頁

第3節　福祉サービス提供組織の経営体制

1 理事会、評議員会等の役割

　平成28（2016）年3月、「社会福祉法等の一部を改正する法律」（以下、改正法）の成立、公布によってガバナンスの強化を目的とした、社会福祉法人の評議員会及び理事会など、経営組織の見直しが行われた。[*40]

　以下では、その役割について見ていく。

（1）評議員会

　評議員会は従来まで措置事業及び保育所のみを経営する社会福祉法人に対し任意設置であったが、改正法において必置とされた。評議員会は、最高議決機関としての役割を担い、理事及び監事、会計監査人の選任・解任の決議も行うこととなった。理事及び監事等役員の選任・解任といった法人の基本的な業務執行体制や、定款変更等に伴う業務運営の基本ルールの決定、財務等の計算書類の承認を通し、法人の運営が法令や定款に基づき、適正に行われているかを監視する機能もある。

　これまでの理事会の諮問機関としての役割から、法人を運営する上での重要事項を決める役割が求められることとなり、選任の要件として「社会福祉法人の適正な運営に必要な識見を有する者」とされている。そのため、評議員として就任する者は、地域の民生委員・児童委員、自治会の代表、社会福祉協議会役員、ボランティア等で法人とかかわりのある者、当事者やその組織の代表者、あるいは利用者の家族、元職員など、地域の福祉課題や当事者・利用者の視点を意見として反映できる者の選任が求められる。[*41]さらには、社会福祉に限らず、企業や行政等の多様な職場において財務や労務、法務関係に従事し、それらの経験を社会福祉事業へ活用できる人材等も適当である。

　理事会や法人へ牽制機能をはたらかせる役割をもつことから、同一法人での評議員と役員・職員は兼任することができず、役員の親族等、特殊関係者も就任することができない。

　このように、従来までの「理事会」と「評議員会」の垣根が見えない体制から、明らかに位置付けが分化されたことで、その牽制機能と役員

＊40
社会福祉法改正による社会福祉法人組織の見直しの概要は、本書第3章第2節8参照。

＊41
当該法人の元職員を評議員として選任する場合には、適切な牽制関係をはたらかせるため、退職後1年以上経過していることが望ましい。

等の任命責任がより評議員に求められるようになったといえる。

（2）理事会、理事長

❶理事会

それまで法人の最高議決機関であり執行機関でもあった理事会は、改正法において業務執行の決定機関として位置付けられ、理事長ならびに理事の職務執行の監督等を行う。

理事会では、事業計画・事業報告、予算・決算の承認、中長期的な経営や人材育成、リスクマネジメントも含めたサービス全般にかかわる法人の意思決定を担っている。また、事業展開や改廃といった新たな事業に取り組む場合などそれらの判断や進捗の確認、定款変更に伴う協議なども行う。

従来の社会福祉法人では、法人の創設者や設立時に土地・建物等の整備に際し、寄付を行った者、あるいはその同族等が理事長や理事になる場合も多く、名目的な位置付けとなっていた。一部の社会福祉法人において起きた不祥事の背景には、組織の内部牽制機能がはたらかず、理事長や理事の独断や専決が招いたものも少なくない。

❷理事長

社会福祉法人の理事長は、法人の将来性・継続性をふまえ、中長期的な視野をもち、法人の使命と福祉への理解や実践力を通した意思決定をできる者でなければならない。

近年、社会福祉を取り巻く経営環境は多様化・複雑化しており、さらには災害などさまざまな経営リスクも予測される。そのような状況において、サービスの利用者や地域、職員に向けて公益性と公共性を発揮すべく、社会福祉法人の役割、あり方について強い信念とリーダーシップを発揮し、理事をはじめとする役職員や関係機関と協働する必要がある。

改正法においては、理事長を法人の代表権を有する者として位置付け、権限と義務が法律上明記され、日常の業務として理事会が定めるものについて、理事長が専決することができることとなったが、さらに、内容と権限に応じ、理事会の決議により定款施行細則等に定めた上で、施設長や業務執行理事、あるいは事務等の責任者などに専決させることも可能となった。その際は、３か月に１回以上、理事長から理事会へ職務執行状況ならびに施設長等へ専決させた事項等についての報告が求められている。

❸業務執行理事

　理事長以外にも、法人業務の適切な執行のため、任意で「業務執行理事」を設置することができる。業務執行理事は、各事業所施設長及び管理者等の業務執行状況や法人本部及び法人に属する各事業所の管理監督、入所者・利用者の日常の処遇に関する指導監督、予算執行状況の管理監督などを行い、他の理事と協力し、理事長の専決事項について補佐しなければならない。

　理事長のように対外的な業務を執行する権限はないものの、この場合は3か月に1回以上、職務の執行状況を理事会において報告する必要がある。

❹理事

　理事は、法人に対し、責任ある経営判断やガバナンスを発揮できるよう、名目的な人事ではなく、法人経営の実務的なことを担える者でなければならない。そのため、理事には社会福祉事業の経営に関する識見を有する者、法人が行う事業区域における福祉に関する実情に通じている者のほか、広く利用者や職員の声を反映した法人経営ができるよう、施設の管理者等も含まれる。法人職員の中にそれぞれ、上記の要件に該当する者がいる場合、理事全員が法人職員であってもよいとされている。

　規模の大きい法人や複数種別にまたがる事業を経営している法人等は、部門や拠点ごと、あるいは職務ごとに理事の役割を位置付け、体系的に管理体制を設けることもある。

　法人職員以外には、地域の民生委員・児童委員、自治会の代表、社会福祉協議会役員、ボランティア等で法人とかかわりのある者、当事者やその組織の代表者、保健医療関係者などが該当し、社会福祉事業に対し理解をもち、実際に法人運営に際して職責を果たせる者である。

　理事は、理事長とともに中長期的な法人経営を戦略的に担うため、経営環境の変化をふまえた組織体制の構築や経営の効率化、サービスの質の向上と多様化・複雑化する地域生活課題へ対応すべく人材の育成が役割として求められる。

　特に必要な情報を理事会へ提供し、法人の将来性を考え、次世代を担う中間管理職層の育成や事業展開に向けた法人の継続性・安定性をふまえた意思決定を行える者でなければならない。

（3）監事

　監事は、理事の職務遂行を監査する役割が求められ、理事及び社会福祉法人の職務や会計等の計算書類を監査する立場にある。したがって、法人の経営状況が示されている基礎的資料である財務諸表のみならず、社会福祉法人に関連する制度についても理解していなければならない。

　また監事は、事業の報告を求めたり、業務や財産の状況調査を行うことができ、監査を行った場合には、監査報告を作成することとされている。適正な職務遂行のため、法人の理事及び他の監事、職員や関係者等との意思疎通を図り、情報の収集や監査環境の整備等につなげることが必要となる。

　法人における内部管理体制整備に向けた主な流れは、内部管理状況の確認として規程等の整備状況を確認し、業務適性の確保に向け必要な体制と現状との比較から取り組むべき内容を決定、内部管理体制の基本方針を策定し、理事会で決定し、必要な規定の策定や見直しを行うというものである。

　しかし、実際には特定社会福祉法人[*42]のみならず、すべての社会福祉法人において、ガバナンスの確保やコンプライアンスの徹底、不正防止などの観点から日常の業務を整理し、内部管理体制を構築しておく必要があり、それらをチェックする役割として監事が位置付けられている。

　なお、効果的・効率的な内部管理体制を構築するためにも、リスクマネジメントの視点をふまえ、実効性に基づく規程やマニュアルを整備し、組織内へ浸透させ、サービス提供につなげていくことが重要である。

（4）会計監査人

　社会福祉法人のガバナンスと財務規律の強化を目的に、平成29（2017）年度より、特定社会福祉法人に対し、**会計監査人**を設置することが義務付けられた。[*43]

　会計監査人は、①貸借対照表及び収支計算書といった、社会福祉法人の計算書類及びその附属明細書の監査、②財産目録その他の厚生労働省令で定める書類の監査、③会計監査報告の作成を行うほか、定時評議員会において出席を求める決議があった際は出席し、意見を述べなければならない。

　会計監査は、所轄庁が実施する指導監査とは異なり、会計監査人が財務諸表全体についての適正性意見を表明する「保証型監査」に類型され、是正改善の義務が生じるものではない。そのため、コンプライアンスに

*42
平成29（2017）年度より、収益30億円以上あるいは負債60億円以上の法人を特定社会福祉法人として位置付けている。

*43
特定社会福祉法人以外の社会福祉法人においても、定款で定めた場合は、会計監査人を選任しなければならない。

第4章

基づく事項については、社会福祉法人指導監査要綱に基づく所轄庁の指導型監査に従うことになる。

　会計監査を行う公認会計士あるいは監査法人は、地域によって偏在や監査報酬額などに差異が出るため、会計監査人の選任にあたっては、監査に出向く回数や費用面を比較し、優良な監査人であることを慎重に見定める必要がある。また、会計監査人の選任、予備調査の期間や業務改善のための期間についても地域性や法人の規模、会計監査人によって異なり、法人としての準備や受け入れ体制の整備も必要になる。

　監査にあたっては、法人の理念や中長期的な展望、内部の体制など、現状を認識し、内部の職員に対しても会計監査を受ける目的や意義を十分に共有することで有益なものとなるだろう。

（5）役員等の損害賠償責任

　理事・監事・会計監査人及び評議員は、法人から委任を受けている立場であり、「善良な管理者」として注意をもち、それぞれに重要な役割と責任を果たすものとされている。そのため、不法行為や任務を怠ったり、自己利益のため取引を行ったこと等により、法人や第三者に損害が生じた場合、法人に対する善管注意義務違反とされ、損害賠償を負うこともある。[*44]

　さらに理事会等の決議において、それらに異議を唱えられなかった場合、不法行為や任務懈怠(けたい)を起こした者のみでなく、賛同した者も任務を怠ったとされ、同様に善管注意義務違反となる。

　具体的には、法人内において事故やトラブルなどが繰り返し発生し理事会等へ報告があったにもかかわらず、事態の収束や再発防止に向けた協議・具体的な指示等を行っていない場合、役員が法人を私的利用した場合、事業展開における重大な事業の失敗による損失が発生した場合などがある。

　また、評議員会は法人の業務執行体制である役員を選任・解任する権限を有するため、職務上の義務に違反または職務を怠っている場合、解任権限を行使することも責務とされている。

　ただし、悪意や重大な過失がない場合には義務違反とされず評議員会や理事会等の決議により、免除されることもあるが、社会福祉法人の公益性に基づく事業活動への責任を有する者として、その信頼を失墜することがないよう、日ごろより職員とともに適正な管理を行うことが必要である。

*44
この場合、理事については善管注意義務違反でなく、忠実義務違反となる。

2 経営戦略、事業計画

（1）経営戦略

　社会福祉事業を取り巻く環境は日々変化し、サービスの対象者や制度、社会情勢、景気変動など、事業を管理運営するためにも、経営戦略が欠かせない。

　社会福祉事業所は組織であり、組織の目標を達成するためにも事業の継続性をふまえ、サービスや人事、財務、さらには地域に向けた、多様なマネジメントを発揮していくことが必要とされる。

　組織の目標とは法人や組織の基本理念であり、経営者である理事長などをはじめとする職員は一丸となり、その達成に向けて効果的、効率的に役割を果たすことが求められ、事業を取り巻く経営環境とその変化をとらえた上で、自らの組織の強みや弱みも含めた経営課題を明らかにし、行動計画として具体化させ、実行につなげていかなければならない。

　その経営課題に対し、行動計画である事業計画を作成するための核となるものが経営戦略である。

　そもそも「戦略」とは、競争や戦いに勝つための方策であり、「本来、標的ないし標的を攻略することを意味する軍事用語で、経営における戦略とは、事業体が将来を見据えつつ克服すべき経営課題の選定と、これを攻略するための作戦を意味する」[1]とされている。

　社会福祉事業を行う上では、利用者や職員、地域をはじめとする関係機関といった、多様なステークホルダー[*45]が存在する。それらに対し明確な経営戦略を立て、アプローチをすることが法人内部、外部にとっての良好な関係性構築や社会福祉法人の公益性の発揮、経営の安定性、信頼性、透明性につながるものである。

　一方で、定期的な経営戦略の見直しも必要である。経営環境の変化に合わせ、サービスの稼働率や収入、支出、利用者や職員たちの意見など、調査、分析を行い、革新的で実態に即した経営戦略を作成することが望まれる。そのためにも策定におけるプロセスを重視し、理事長などと役職員が合意形成を高めながら、利用者や地域にとってよりよいサービスや社会に寄与すべく、より具体的で実効性のある経営戦略を定め、組織内で共有していかなければならない。

　ミンツバーグ（Mintzberg, H.）は、戦略形成において、分析と計画化をすることが組織の目標につながるのではなく、さまざまな成功や失敗の積み重ねのなかで実行に移していくことが戦略に基づく行動となり、

*45
ステークホルダーとは、一般的に「利害関係者」を意味しており、社会福祉法人にとっては利用者や職員をはじめ、地域住民や行政、社会福祉協議会、所属している団体、取引業者など、事業活動をしていく中で関係する人や団体、機関などのことである。

〈表4－7〉経営戦略による事業への効果

顧客（利用者等）	顧客にサービスを選択してもらう。サービスの利用増につながる。
取引先	取引先の開拓や効率的な取引の実施、取引の継続等につながる。
地域	地域の理解者、協力者の増加につながる。
	地域への貢献、公益的な取り組みの展開につながる。
競合	競合相手（同業種・異業種）との差別化につながる。
職員	事業の方向性、役割の共有、組織風土とサービスの向上につながる。
法人	事業環境変化への円滑な対応、事業の継続性につながる。
	新たな事業の展開、事業基盤の安定化につながる。

（筆者作成）

　それらが組織の目標につながると説いている。経営戦略を作成することがゴールではなく、組織の目標を達成するための手段であり、それらを実行するのは組織の職員である。つまり、組織の目標に向けて、職員が組織全体で経営戦略とその実行計画を策定し、実行、検証、計画の見直し、また実行と絶えず繰り返す営みが、組織の経営と価値の共有、ひいては優位性の確保につながり、事業経営の強みとなる。

（2）事業計画

❶事業計画の種類と位置付け

　経営戦略を組織のもつ経営資源と結び付け、10年前後の長期的な視点あるいは長期的な方向性を示したものが「長期計画」、3年から5年単位の中期的な視点で落とし込んだものが「中期計画」であり、1年単位

〈図4－10〉事業計画作成プロセスのイメージ

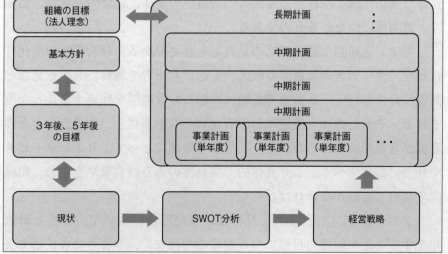

（筆者作成）

の短期的な視点をもったものが単年度の事業計画（以下、単年度計画）である。一般的には、事業を推進・展開していく上での方向性や、それに基づく情報収集と分析、経営戦略の立案、実行手段と役割、進捗管理等を明文化したものである。

　社会福祉法人においては、助成金や金融機関等からの融資等を受ける場合はもとより、法人運営上、予算、決算に向けた事業活動の根拠資料としても位置付けられ、事業計画等の策定を通し、経営管理や経営戦略の実効性をより高め、主体的な法人経営を行っていくことが重要な役割である。

　また、平成12（2000）年の社会福祉法改正以降に求められているように、社会福祉法人が自主性・自律性をもち、公共性・透明性を示す上でも、単年度計画ならびに中期計画を策定し、情報開示していくことが望ましいといえる。

❷中・長期計画

　福祉サービス提供組織の取り組むべき中期計画は、事業に求められる使命を果たすため、地域の福祉ニーズや経営環境の変化を反映し、組織の目標に向けた経営革新を遂行する計画としたものである。したがって、中期計画の作成は、長期計画をふまえた組織の基本理念、基本方針の確認から始まる。基本理念は組織の目標やあるべき姿、あるいは創設者の想いである。そして、その基本理念をより、具体的に実現、行動するために示されたものが基本方針とされている。基本理念や基本方針が明示されていないと、現状と組織の目標との乖離（かいり）や課題、職員や利用者にとっても組織の進むべき方向性を見失い、ベクトルが異なる方向へ向いてしまうことも懸念されかねない。

❸内部環境、外部環境

　さらに福祉サービス提供組織の置かれている内部環境、外部環境の分析が必要であり、これらは社会福祉のみではなく社会情勢や労働市場、景気変動、地域課題など、マーケティングの視点も含めながら、広い角度から分析することが重要である。

　その際、自らの組織や事業所を取り巻く外部環境の分析では、事業展開や推進において有益な機会（チャンス）と考えられ、なおかつ福祉サービス提供組織の役割を果たし、存在意義を向上させるような環境要因、あるいは自組織での事業展開や推進にとって脅威（ピンチ）となり、事

〈図４−11〉社会福祉事業経営における視点

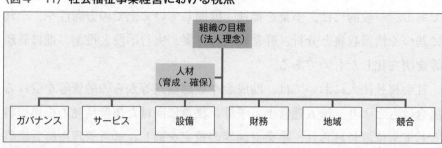

（筆者作成）

業の継続や存在意義へ影響を及ぼしそうな要因を明らかにしていく。同業者や他産業、あるいは組織や事業所とかかわるステークホルダー、人口動態や地域市場など、外部環境の動向を把握し、事業所の位置や役割の見直しに反映させたり、地域福祉計画をはじめとする各自治体等の行政計画を参照し、自組織の取り組みにつなげていくことも可能である。

　内部環境は、外部環境をふまえ、組織内の自己点検を通じて、競合他社等との相対評価として不足している弱みや特色として、さらに強化していきたい、あるいはアピールしていきたい強みや優位性を整理することである。この場合、評価の視点が立場や役割により異なったり、反対に偏りが見られたりするため、**図４−11**の視点から、確認していくことが求められる。

　内部環境の分析においては、①経営資源を活用し、サービスを提供した上で利用者や地域から得られる価値（経済価値）、②自組織の特徴ある取り組みがほかの事業所や他機関など、市場において取り組まれている割合（希少性）、③他組織との差別化できる取り組み（模倣可能性）、④①〜③の経営資源をどのように活用できるか（組織）といったVRIO分析が有効である。[*46] また、「福祉サービス第三者評価」の項目や行政による「検査指導」の項目などといった、既存の仕組みの活用も可能であろう。

❹経営戦略策定のためのフレームワーク

　外部環境と内部環境を分析するフレームワークとして代表的なものがSWOT分析である。内部環境における自組織の強み（Strength）、弱み（Weakness）、外部環境における事業成長の機会（Opportunity）、阻害要因である脅威（Threat）を意味し、この４つの頭文字からSWOT分析という。これによって明らかとなった現状を組織目標の達成に向け、

＊46
VRIOは、Value（価値）、Rarlity（希少性）、Imitability（模倣可能性）、Organization（組織）の頭文字である。

それらがどのように影響するのかを意識した上で、フレームごとに整理し、３年後から５年後の自組織の姿につなげていく。

　SWOT分析の項目である、強み、弱み、機会、脅威は相互に関連し、それぞれの課題解決や成長につながる（**図４-12**）。さらに、それらを具体化したものが経営戦略である。経営戦略が明らかになったところで、３年から５年単位の実行計画である中期計画へ落とし込むため、組織の目標に対し、３年後あるいは５年後のイメージをより具体化させ、5W2Hに基づき整理していく。

　さらに中期計画同様、5W2Hで単年度計画へ落とし込む。この際、可能な限り数値化し、月単位での進捗管理ができるようにすることが望ましい。

　これらの中期計画、単年度事業計画においては、資金計画書とあわせて予算化し、進捗管理とあわせて決算などとも連動していくことが必要である。

　つまり、単に中期計画、単年度の事業計画のみでなく、施設整備、改修等計画や人件費などのシミュレーション、災害時における**事業継続計画（BCP）**、あるいは社会福祉法人であれば社会福祉充実計画など、組織内で作成しているさまざまな計画とも関連付けられたものでなければならない。

　中期計画、単年度事業計画作成においては、組織全体で作成する場合と事業所単位で作成する場合とがあり、作成の目的や事業環境、組織体系などをふまえ、より検討、推進しやすい形で取り組むことが重要である。

　また、中期計画の期間は一般的に３年から５年とされているが、制度改正や行政計画の見直し、あるいは自組織の計画の進捗状況などに応じ

*47
従来の5W1HのWhen（いつ）、Where（どこで）、Who（誰が）、What（何を）、Why（なぜ、何のために）、How（どのように）に、How much（いくらで）が加わったものである。

*48
BCPはBusiness Continuity Planの略であり、災害や事故、感染症など危機的事象が発生した際にリスクを軽減し、事業の継続ならびに早期復旧をめざすための計画。介護保険ならびに障害福祉サービス事業所においては、３年間の経過措置を経て令和６（2024）年度より義務化、児童福祉施設においては令和５（2023）年度より努力義務とされた。業務継続計画ともいう。

〈図４-12〉SWOT分析による戦略策定

SWOT分析項目の活用
①機会を生かし、強みを最大化させる。
②強みを生かし、弱みを補完する。
③強みを生かし、脅威から守る。
④弱みを縮小し、脅威から守る。

（筆者作成）

て設定するものとされている。

❺計画の実施

作成した中期計画は、実行性と検証につなげるため、組織内で共有し、全職員が各自の役割において遂行できるよう浸透させていくことが大切である。理事や評議員等の役員にも提示、説明し、組織における役職員が一体となって取り組めるよう、共通認識を図らなければならない。内部のみならず、ホームページや冊子配布などの形で、関係機関等への発信を通じ、情報公開していくことが、透明性と信頼性の確保につながる。

事業計画は一度作成して終わるものではなく、計画に基づく事業活動の実施と定期的な点検、検証、そして軌道修正、実行といったPDCAサイクルあるいはバランス・スコアカード（Balanced Scorecard：BSC）などに落とし込み、継続して作成、運用していくことが組織強化と永続性を高める展開のポイントである。[*49]

３ マーケティングの基本

（1）マーケティングによる経営戦略策定

社会福祉基礎構造改革により、措置から契約へと福祉サービスの利用システムが大きく変化した。契約に基づくサービスの普遍化を目的として、多様なニーズに対応すべく福祉サービスの担い手は、社会福祉法人のみならず、NPO法人や株式会社といった多様な供給主体の参入が可能となった。

それに伴い、福祉サービスにおいても市場原理が導入され、社会福祉事業経営におけるマーケティングの視点も重要視されてきている。

マーケティングは、市場の変化に基づく顧客のニーズや満足度を得るため、顧客が製品やサービスを得たいと思えるためのニーズ把握や企画開発、生産、販売等を行う活動、取り組みである。主な目的は、サービスや製品の利用、購入を通じ、顧客からの信頼を得た上で再利用、購入をしてもらい、さらに新たな顧客に向けサービスや製品の良さ、満足度を拡散していくことである。そして、サービスや製品の名称によって顧客から選ばれる、ブランド力を向上させていくことがマーケティングの最終目標である。

マーケティングは主に経営戦略の策定につながり、それは以下のプロセスにおいて展開される。

❶環境分析

　自組織を取り巻く機会や脅威といった外部環境、あるいは強みや弱みといった内部環境の分析によるSWOT分析をはじめ、PEST分析、3C分析、4P分析などのフレームワークにおいて現在の状況を明確にする。

　なお、これらのフレームワークの活用については、次の（2）で説明する。

❷マーケティング課題の特定

　基本理念、経営資源、事業及び地域特性などをふまえ、目的課題等の優先順位と効果的な施策を決める。

❸ターゲットの選定 [*50]

　市場を顧客の年齢や性別、購買意欲、社会背景、地域性など、さまざまな切り口から分類し、同様なニーズをもつ顧客ごとに分類する（セグメンテーション）。

　分類した顧客の中から、競合に対し優位性を担保できるものに焦点をあて、経営資源などの配分を決める（ターゲティング）。

　顧客へアプローチを行う際に、競合との明確な差別化を図れるよう、製品やサービスの魅力、価値を定める（ポジショニング）。

❹ターゲットへのはたらきかけ

　マーケティングの目的を達成するため、ターゲットへはたらきかける手段であるマーケティングミックス（MM）の4つの要素（4P）を組み合わせ、検討する。 [*51]

❺実行計画の策定

　4Pの実現に向けて、財務状況もふまえ5W2Hの視点で具体的に決定する。いわば、前節の中長期計画、単年度計画などを作成し、実行につなげることである。

❻実行後の評価

　目標に対しての効果を測定し、戦略や推進体制の見直しを行う。

（2）マーケティングにおけるフレームワーク活用

　マーケティングを経営戦略へつなげ成果を生み出すためには、さまざ

*50
コトラー（Kotler, P.）はマーケティングについて、①Segmentation（市場細分化による市場・顧客をさまざまな切り口で分類する）、②Targeting（市場細分化を通した対象の選定）、③Positioning（対象に向けた自社商品の差別化を明示する）といった3つの視点を重要視する、STPマーケティングを提唱した。

*51
マッカーシー（McCarthy, E. J.）が提唱した用語で、STPの後に活用されるフレームワークである。4つの要素とは、①どのような製品・サービスを提供するか（Product）、②価格をいくらに設定するか（Price）、③どこで販売、提供するか（Place）、④どのように周知するか（Promotion）の4Pである。4Pは売り手側の視点であり、ローターボーン（Lauterborn, R. F.）による買い手側の視点である4C、①Consumer（消費者のニーズ）、②Customer cost（顧客のコスト）、③Communication（コミュニケーション）、④Convenience（利便性）といった考え方もある。

まな角度からの分析により、自組織の現状と価値を見出す必要がある。一方で、マーケティングにおける経営上の弱みとして、収益性や市場成長率が低く、撤退も視野に入れた検討が必要な事業も明らかとなる場合もあるが、社会福祉法人の提供する事業においては、地域の公益性や公共性をふまえると、撤退により地域のセーフティネットが機能しなくなる恐れのある事業も考えられる。また、競合他社とのバランスや他の実施事業との維持にとって欠かすことができない経営資源となる事業もあり、安易に判断をしてはならず、丁寧な環境分析と組織目標の共有に向けた、組織内外でのコミュニケーションが重要である。

ここからは、マーケティングにおける環境分析手法について説明する。

❶PEST分析

PEST分析とは、政治（Politics）、経済（Economics）、社会（Society）、技術（Technology）の4つの切り口で外部環境を分析する方法である。これらの変化が自組織に対して、どのような影響を及ぼすのかを考えるものである。

これらの活用はサービスの質の向上のみならず、労働衛生環境の整備、サービス利用者の傾向、あるいはCSRなどの社会への貢献にもつながるため、多面的な分析が求められる。

外部環境変化が自組織に対し、どのような影響を及ぼすのかを考える手法である（**表4−8**）。

①政治的要因

平成28（2016）年に改正された社会福祉法においても、社会福祉法人制度改革として社会福祉充実残額の算定や社会福祉充実計画の作成、地域における公益的な取組の実施責務、一定規模の法人に対する会計監査人による点検等、法的根拠に基づく実務が求められた。

〈表4−8〉 PEST分析の要因

政治 （Politics）	政治動向、法律の制定・規制緩和・強化、外交など
経済 （Economics）	景気・経済動向、物価変動、平均所得水準、失業率、GDP、消費税率など
社会 （Society）	人口動態、高齢化率、出生率、ライフスタイル、教育指数、障害者福祉手帳等取得率、福祉計画をはじめとする行政計画など
技術 （Technology）	新技術開発、新技術への投資傾向、特許、ICTなど

（筆者作成）

社会福祉法人制度改革にはさまざまな課題や議論が背景にあるが、これらも政治的要因による外部環境変化の一つにあげられる。

②経済的要因

社会福祉事業におけるサービス提供の対価は公的価格であり、物価変動や景気・経済動向により左右される。また景気の変動は、財源である社会保障費用のみならず、サービス利用者やその家族の生活にも大きな影響を及ぼすことが考えられる。

③社会的要因

人口統計による人口動態や高齢化率、出生率、障害者福祉手帳取得率等はサービス利用者の動向や人数が明確に示され、事業展開の方向性や今後の利用者数の見通し等を検討する際の指標となる。また、福祉計画を始めとする行政計画などから、地域経済動向や産業全体の傾向、地域課題等も網羅的に把握することが求められる。

一方でこの要因には、生産年齢人口の動態や産業傾向などが把握できるため、経済、景気等も関係する。

④技術的要因

技術開発やICTの進展など、福祉機器の開発や医学進歩、環境への配慮などが位置付けられる。これらをサービス提供ならびに事業運営への活用、生産性向上に向けた導入とその評価など、先々への投資も含め10年後、20年後の革新も見据え戦略的に検討する必要がある。

❷3C分析

3C分析とは、市場・顧客（Customer）、競合（Competitor）、自社（Company）の3つの切り口で自組織を分析する方法である。外部環境である市場・顧客、競合、内部環境である自社の順で現状と組織の目標とにどのようなギャップがあるか、目標達成に向けて自組織の経営資源で何ができるのか分析を行う。

市場や顧客を分析することによって市場の成長性や潜在顧客（潜在ニーズや潜在的な利用者）を、競合の分析では他社の強みや弱み、動向を、自社の分析では自組織の優位性などを見出し、組織の目標との間に不足している力や経営資源を明らかにする手法である（**図4－13**）。

組織の目標をふまえ、事業展開あるいは組織の方向性、それらに備えた資格取得の推奨など、人材の育成等へつないでいく。

①市場・顧客

事業運営する地域や業界におけるニーズ、あるいは事業の成長率に

〈図4－13〉3C分析のイメージ

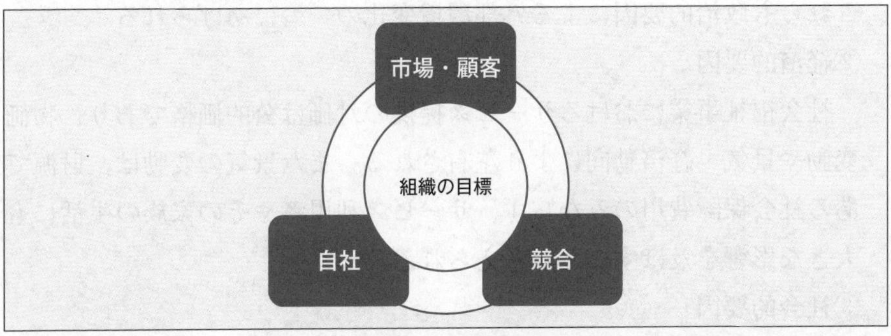

(出典) 本地央明、中野佑一『介護業界で生き残る経営計画・事業計画のつくり方』日本医療企画、2015年、38頁をもとに一部改変

ついて分析をする枠組みである。介護を必要とする高齢者や保育を必要とする世帯、あるいは障害者などの動向、地域福祉計画や分野別計画における地域の状況をふまえる。

　利用者や利用希望者のニーズ、潜在的な地域での福祉課題についての把握である。これらについても利用者からの聞き取りや日頃のサービス提供からうかがえる傾向、あるいは行政計画等をふまえて洗い出す。

②競合

　他法人や他の福祉サービス事業主体の動向をふまえ、自事業所の位置付けや役割について分析をする視点である。産業全体をふまえた異なる業界、企業の動向や経営環境、事業の展開などの情報を収集することで自組織に必要な取り組みや事業を明らかにする。

③自社

　地域や社会からの自分たちの業界に対するイメージや関係性を分析する。地域の中で参画しているネットワーク、協議体あるいはステークホルダーと関係性、組織にかかわるボランティアや利用者、その家族、関係する自治組織等が抱えている課題や理解、協力等さまざまな角度から自組織への影響度合いなどについて分析する。

❸4P分析

　4P分析とは、製品（Product）、価格（Price）、流通・場所（Place）、販売促進（Promotion）といった視点をもとに、どのようなサービスをいくらで、何処で提供し、どのように広報を行うか、自組織が競争優位性を構築するための最適な組み合わせを見出すための分析方法である。

　以下においては福祉サービス提供組織としてとらえるべき視点をもとに示したが、障害者福祉サービスにおける就労支援事業などにおける製品開発や展開、販路拡大、広報など、一般的なマーケティングの視点における４Pをもとにした分析も活用できる。

　地域住民や利用者、あるいはステークホルダーが抱えているニーズや課題に対し、４Pの視点でどのようにアプローチするかを検討することで、差別化された個別の価値が見出される。

①製品

　内部環境分析などから整理された自組織の強みやアピールポイント等を明らかにし、組織目標である法人理念やそれに基づき具体的なサービス、プログラム等が提供できるか、あるいは顧客つまり利用者や地域のニーズ、傾向などに応じたサービス、環境の提供について検討する。

　自組織の強みやアピールポイントをいかし、利用者のニーズや地域生活課題へどのように応えられるか考えることである。

②価格

　福祉サービスの場合、公的価格に基づき示されているため、基本的な利用料は定められており、食費・光熱水費などを除した一部の費用に際し、各事業所や法人の裁量において設定するものがある。利用者やその家族にとっては、支払う費用に対し、サービスの内容や質、事業所の環境が見合っているのかが重要である。また、サービスの付加価値として、法人や事業所独自の取り組みなどを通し、利用希望者や地域へアピールしていくことも大切な視点である。

③流通・場所

　製品を販売する場所や方法を意味するが、福祉サービスにおいてはサービスの利便性や利用へのつながりやすさ、あるいは地域性などが関係する。それらをふまえた、事業展開やその事業形態の選択について、模索する必要がある。利用者やその家族、あるいは地域住民の利便性や福祉力の向上、あるいは利用する上での快適性などの環境への配慮も重要な視点である。

④販売促進

　組織が提供するサービスを必要とする人や情報を求めている人へ届ける方法の工夫である。ニーズに対し、必要なサービスをつなぐことが重要であり、ターゲット層のみでなく、認知者や理解者を広げるため、地域住民やステークホルダーなど、幅広い層への情報の発信が必

要である。

（3）社会福祉法人におけるマーケティング

ここまで、マーケティングの基本について、さまざまな分析方法を紹介した。

マーケティングプロセスやフレームワークの活用は、社会福祉事業の市場である地域、顧客である利用者やその家族、あるいは地域住民の利益に向けて福祉サービスを提供することが目的であり、それらを継続して提供していくため、あるいは新たなニーズへ応えていくために重要な手法である。経営は、利潤追求が目的ではなく、よりよい事業を推進するための利益を生むための方法である。特に非営利組織である社会福祉法人には、公益性・公共性を果たすためのサービスの質向上をめざす経営が必要とされているのである。

顧客と製品・サービスが結び付くためには、顧客へのコミュニケーションが必要である。購入、あるいは契約へつなげるための活動をプロモーションという。プロモーションを行うなかでは自組織の価値や強みを明確に顧客へ伝えていくことが重要であるとともに、顧客の必要とする情報も発信しなければ購入、契約につながらない。特に社会福祉サービスの場合、事前にあるいは予備的に購入されるよりも、ニーズが発生してからサービスにつながることが多いため、日ごろから地域住民と事業所の交流などを通して、基本理念やサービスの内容、職員など、組織の強みや価値の共有を行い、認識と理解を図る取り組みが必要である。

サービスにおけるプロモーションには、誇大広告などで顧客の期待値を上げすぎないよう、適正な説明を行う必要がある。

（4）ソーシャルマーケティング

コトラー（Kotler, P.）は、営利組織の製造販売に限定されていたマーケティングを公共機関や非営利組織の社会活動にも応用、拡張するものとし、顧客のみでなく、地域コミュニティや社会全体を対象としたマーケティング（ソーシャルマーケティング）の必要性を唱えている。

ソーシャルマーケティングは、広く企業や製品・サービス、顧客を取り巻く多くの個人や組織といったステークホルダーを対象に、潜在的なニーズや社会課題、あるいはそれらの活動を実施している組織等へはたらきかけていくことである。

近年、**企業の社会的責任**として取り組まれている活動、**CSR**（Corporate Social Responsibility）もソーシャルマーケティングの取り組みとして位置付けられることもある。環境や社会問題をデザインや製造、あるいは調達、購買など、企業の事業活動や理念、方針へ取り入れ、それらが顧客シェアやロイヤリティ、あるいは顧客価値を高め、自組織の利益や成長といった優位性の確立に有効となる。

　CSRには、自治体や非営利組織との連携や寄付、ボランティア活動、スポンサー協力などさまざまな方法がある。非営利組織はニッチャーとしての活動が多く、財源確保やPR戦略に課題を有する組織もあるため、企業のCSRと連携する方法が考えられる。非営利組織側は活動継続性の担保、企業側は社会的責任を果たすことができ、さらには、社会貢献意欲をもつ消費者の共感を得て、企業の製品、サービスが購入されると収益の増加につながる。[*52]近年、多くの企業において取り組まれているＳＤＧｓ<ruby>エスディージーズ</ruby>も同様であろう。[*53]

　コトラーによると、ソーシャルマーケティングは「行動変容のための戦略」とされており、市場の原則や技術を通した対象者や社会の利益となるためのプロセスでもある。

　アンドレアセン（Andreasen, AR.）は、プログラムの分析、計画、評価にマーケティングを応用したものが、対象者の行動変容へはたらきかけるためのソーシャルマーケティングであるとしている。

　そして、プロモーションにかたよった手法とならないよう、①顧客志向、②行動、③理論、④洞察、⑤交換、⑥競争、⑦セグメンテーション（対象の細分化）、⑧メソッドミックス（さまざまなアプローチを混合する）といった8つの基準が定められている。[*54]

　それらから欧米では、ソーシャルマーケティングが、健康教育プログラムやアルコール・薬物乱用防止、など保健医療分野、あるいは、スクールソーシャルワークの分野においても積極的に導入されている。

　わが国でも近年、多様化・複雑化する地域ニーズや社会環境をふまえ、社会と個人の双方に利益を生みだすための社会資源開発手段として、社会福祉分野においても、このアプローチは有効である。特に、保健医療や福祉における計画づくり、市民教育に対し、8つの基準などを踏まえたソーシャルマーケティングの展開は効果的といえるだろう。

　「地域共生社会」の実現に向け、地域生活課題の解決やつながりを構築する上では、社会福祉の枠組みを超えた多様な組織や団体、企業との連携・協働も必要であり、福祉サービス提供組織も企業のCSR等と積極的にかかわっていかなければならない。さらに社会福祉法人においては

*52
企業の営利活動と結び付いた社会貢献が社会的価値と収益の両方を得ることにつながる取り組みをCRM（Cause Related Marketing）という。

*53
「持続可能な開発目標（Sustainable Development Goals：SDGｓ）」は、世界的な活動である「持続可能な開発のための2030アジェンダ」に基づく、社会、経済、環境に対する目標を設定すること。国内の企業や市民団体、自治体等でも参画が進んでいる。本双書第12巻第2部第8章第5節2参照。

*54
8つの基準のうち①から⑥までがアンドレアセンにより示され、⑦⑧については後にイギリスソーシャルマーケティングセンターが追加し、8つの基準とされた。

第4章

「地域における公益的な取組」が責務とされており、ソーシャルマーケティングの視点をもち、多様な組織、団体、企業との連携を通して、地域生活課題や制度の狭間等へ対応していくことが求められている。

引用文献
1）宇山勝儀「社会福祉事業の戦略管理」宇山勝儀・小林　理『社会福祉事業経営論－福祉事業の経営と管理』光生館、2011年、235頁

参考文献
● 関川芳孝 編『社会福祉法人制度改革の展望と課題』大阪公立大学共同出版会、2019年
● 社会福祉法令研究会 編『社会福祉法の解説』中央法規出版、2001年
● 社会福祉法人経営研究会 編『社会福祉法人経営の現状と課題』全国社会福祉協議会、2006年
● H. ミンツバーグ他、齋藤嘉則 監訳『戦略サファリ－戦略マネジメント・ガイドブック』東洋経済新報社、1999年
● 独立行政法人福祉医療機構・本地央明・中野佑一『介護業界で生き残る経営計画・事業計画のつくり方』日本医療企画、2015年
● 宇山勝儀・小林　理『社会福祉事業経営論－福祉事業の経営と管理』光生館、2011年
● P. F. ドラッカー、上田惇生 編訳『[エッセンシャル版] マネジメント－基本と原則』ダイヤモンド社、2019年
● F. コトラー・E. L. ロベルト、井関利明 監訳『ソーシャル・マーケティング－行動変革のための戦略』ダイヤモンド社、1995年

第5章

福祉サービスの品質管理と経営資源の管理

学習のねらい

　本章は、福祉サービス提供組織における管理がテーマである。

　まず、福祉サービスの業務管理またはサービス管理である。対人援助サービスである福祉サービスは、利用者の自立支援を目的としていること、専門性をもったサービスであること、社会福祉法等の社会保障制度のもとで経営する社会的役割をもっていること、公的資金が投入されていることなどの特色があり、尊厳を支えるサービスであることが求められる。またそれは、顧客としての利用者の満足につながるサービスでなくてはならないという性格も有する。良質で利用者のニーズに合うサービスを提供するために、どのような管理が必要かを知り、実践につなげなければならない。

　また、福祉サービス提供組織の管理として、サービスの品質管理のほかに、情報管理、財務管理、人的資源管理等がある。いずれも「経営資源」の管理として重要である。

　この章では、福祉サービスの品質管理、情報管理、財務管理について学習する。

第1節　福祉サービスの品質管理

1　品質マネジメントシステム

（1）品質マネジメントシステムが求められる背景

　社会福祉基礎構造改革による利用者本位の福祉サービス利用制度への転換（措置から契約への移行）は、利用者がサービス事業所を選択するきっかけとなった。利用者はよりよい福祉サービスを求め、事業者には利用者から選択してもらえるよう、これまでのサービスの量的拡大からサービスの質的向上が求められるようになった。

　さらに少子高齢化の進展による生産年齢人口の減少により、例えば、これまでの利用者獲得の競争（顧客市場）から職員獲得の競争（労働市場）への変化が生じている。人手不足などの問題が深刻化する中でも、福祉サービス事業所はこれまでどおりの役割を果たし、多様化・複雑化する福祉ニーズへの対応など、さらなる期待に応えていけるよう、利用者からも職員からも選ばれる組織として維持・発展させていかなければならない。そのために必要なのが品質マネジメントシステムである。

（2）品質マネジメントシステム
　　（Quality Management System）とは

　マネジメントシステムとは、組織を動かす仕組み（経営を管理する仕組み）のことであり、「方針・目標を、どのような方法で達成するのか、誰がどのような役割分担で活動を行うのか、それらの活動がうまくいったかどうか評価し、目標が達成できそうにない、あるいはできなかった場合はどう対処するのか、といった経営方針・目標を達成するための活動の仕組みやルール」といえる。

　その仕組みやルールは、組織によって仕組み化（仕組みづくり）の取り組み状況や確実さ、緻密さ、厳格さ、定着度などに差はあるものの、すべての組織にはすでに独自の仕組みやルールは必ず存在している。

　このマネジメントシステムに「品質」がつく**品質マネジメントシステム**とは、①顧客の要求に合った品質の製品・サービスを提供すること、②製品・サービスの品質のばらつきを減少させること、③品質基準に適合しない製品・サービスの再発を防止することで顧客満足という目標を達成するためのマネジメントシステムである。ここでいう品質とは、優

れた製品や贅沢なサービスということではなく、顧客の期待するレベル
のことであり、品質マネジメントシステムを具体的にいえば、不良品を
出さないことで顧客満足を維持することや、顧客の要求を理解し、その
要求を満たす製品やサービスを提供するための仕組みということができ
る。

　さらに、どのように顧客要求を把握するか、どうすれば不良品質率を
低減することができるか、問題が起こったときにどのように対処して二
度と同じ問題が起こらないようにするかというような、顧客満足を高め
ることを仕組みとして構築し、継続的に品質を高めていくためには、
PDCAサイクルを回し、プロセスアプローチを使うことが有効である。

　これらのことから、福祉サービスにおける品質マネジメントシステム
とは、利用者のニーズを把握し、そのニーズに合致した適切なサービス
を提供するためのマネジメント活動全般のことであり、その運用の維
持・管理ならびに継続的改善を行っていく（利用者に対するサービスの
質を向上させる）ための仕組みであり、目的（利用者のニーズを満たす
サービスを提供する）を達成するために、①サービス活動全体の方向性
を示し、②それが可能となるサービス活動の仕組みをつくり、③活動の
仕組みが機能しているかを評価し、④活動の結果としてのサービスの質
を改善し続け、⑤これらの活動が全体として、よりよい循環となるよう
に調整することであるといえる。

（3）プロセスアプローチ

　製造業においては、製品の品質管理は古くから経営上の重要課題であ
り、品質基準を満たしている製品であることを確認するために出荷前検
査を行っている。しかし、出荷前検査で不良品を排除しても、その段階
で多くの不良品が検出されれば、その損失は多大である。そこで、製造
工程（プロセス）そのものの適切性を確保しようとする**プロセスアプロ
ーチ**という考え方が重視されるようになった。

　一つひとつのプロセスに着目し、それぞれのプロセスが適切に構築さ
れ運用されれば、そのプロセスから産出される製品の品質は適切なもの
であるはずである。しかし、産出された製品の品質が基準を満たさない
不良品であれば、プロセスに問題があると考え、プロセス自体あるいは
その運用を見直さなければならない。このようにプロセスを管理するこ
とによって製品の品質を管理することが容易になる。

　ISO9001では、プロセスアプローチについて「組織が効果的、効率的

第5章

に機能するためには、数多くの関連し合う活動を明確にし、運営管理する必要がある。インプットをアウトプットに変換することを可能にするために資源を使って運営管理される一つの活動または一連の活動は、プロセスとみなすことができる。一つのプロセスのアウトプットは、多くの場合、次のプロセスへの直接のインプットとなる。組織内において、望まれる成果を生み出すために、プロセスを明確にし、その相互関係を把握し、運営管理することと合わせて、一連のプロセスをシステムとして運用すること」と表現している。

　例えば、「夕食をつくる」という大きなプロセスを、小さなプロセス（「献立を考える」「食材を購入する」「調理する」「盛り付けする」「配膳する」）に分解し、それぞれのプロセスに対してどうすればもっとうまくできるのかを考えると、改善しやすい。「食事時間に合わせてご飯を炊く」というプロセスのインプットは「米と水」、アウトプットは「炊きたてのおいしいご飯」となる。その際利用する資源は、「炊飯器・電力・情報・マンパワー」となる（**図5−1**）。より具体的には、①何人が食べるかの情報を得て、②ご飯を炊く量を決め、③必要な米を計量し、④米を研いで、⑤必要な水を計量し、⑥炊飯器にセットし、⑦夕食の時間に合わせて炊けるようタイマーをセットし、⑧その時間においしいご飯が炊きあがる、というように、さらにプロセスを細分化することができる。おいしいご飯が炊けなかったとき、その原因が細分化されたプロセスのどこにあったのかがわかることで改善が容易になる。

　福祉サービスを含めて、サービスの特性からもたらされる品質管理上

〈図5−1〉プロセスアプローチの例　「夕食をつくる」

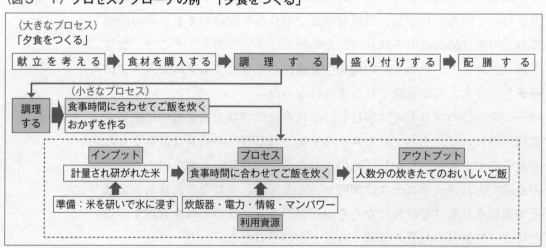

（筆者作成）

のリスク（やり直しができない、「ひと」の違いによって品質にばらつきが生じやすいことなど）を低減する上で、また、サービスの質を維持し、高めていく上で、さらには介護現場の業務仕分けなどに対応するために、プロセスアプローチの考え方は極めて有益である。

〈表5-1〉ISO9001　品質マネジメントの7原則

原則1	顧客重視	品質マネジメントの主眼は、顧客の要求事項を満たすことおよび顧客の期待を超えるよう努力をすることにある
原則2	リーダーシップ	すべての階層のリーダーは、目的および目指す方向を一致させ、人々が組織の品質目標の達成に積極的に参加している状況を作り出す
原則3	人々の積極的参加	組織のすべての階層にいる、力量があり、権限を与えられ、積極的に参加する人々が、価値を創造し提供する組織の実現能力を強化するために必須である
原則4	プロセスアプローチ	活動を首尾一貫したシステムとして機能する相互に関連するプロセスであると理解し、マネジメントすることにより、矛盾のない予測可能な結果が、より効率的かつ効果的にできる
原則5	改善	成功する組織は、改善に対して継続して焦点を当てている
原則6	客観的事実に基づく意思決定	データおよび情報の分析および評価に基づく意思決定により、望む結果が得られる可能性が高まる
原則7	関係性管理	組織は持続的成功のために、例えば提供者のような密接に関連する利害関係者との関係をマネジメントする

（出典）日本規格協会「JIS Q 9001：2015 品質マネジメントシステム-基本及び用語」

〈図5-2〉ISO9001認証を取得した社会福祉法人の品質マネジメントシステム例

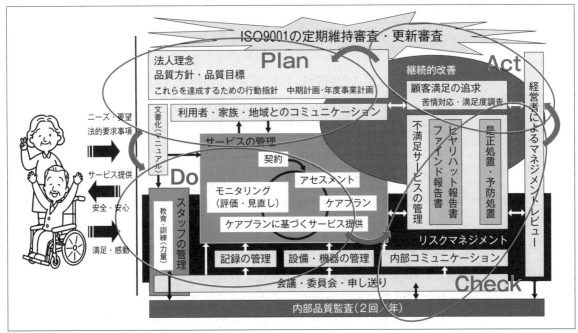

（筆者作成）

（4）品質マネジメントシステムISO9001

　品質マネジメントシステムの規格としてISO9001がある。ISO9001は、よりよい製品やサービスを提供するための仕組みづくりのガイドラインであり、製品やサービスの品質マネジメントシステムに関する国際標準規格である。品質マネジメント7原則（**表5-1**）を基盤にし、製品やサービスの品質を継続的に改善し、顧客の要求に応えることで顧客満足をめざすものである。**図5-2**は、介護保険事業所における品質マネジメントシステムの例である。

2 PDCAとSDCA管理サイクル

（1）標準化

❶標準化は画一化ではない

　標準化とは自由に放置すれば、多様化、複雑化、無秩序化してしまうような「もの」や「ことがら」を秩序が保たれる状態を実現するため、少数化、単純化し、誰もが共通に使用できる一定の基準を定めること、秩序化する行動とされ、これによって定められた取り決めが標準である。

　標準化のメリットは互換性の確保、品質の確保、生産効率の向上、相互理解の促進など多くある。

　一方で、標準化すると自由な発想や選択ができなくなり、創意工夫や創造性を阻害するのではという意見があるが、標準化された基準や共通認識があれば、それを土台としてその上に新たな創造をすることができる。

　福祉サービスの分野においても、「標準化すると個別ケアができなくなる」との考えから否定的に受け止められることが少なくなかった。ケアは、利用者の個別性に配慮した個別サービス計画（ケアプラン）が策定され、文書化されるが、これは、利用者へのケアを行うときに、そのケアサービスを提供する誰も（どの従事者も）が、同様の配慮を行えるようにするための一つの標準である。このように、標準化とは、利用者に画一的にケアするのではなく、サービス提供者側の仕事のばらつきを低減することである。ある標準が利用者の個別性を阻害するものであるとすれば、それは、標準が策定されたことが問題なのではなく、策定された標準の内容に問題があるということであり、標準そのものの見直しが必要である。標準化とは誰がやっても同じように一定の基準を満たす仕事ができる状態を求めるものであり、画一化は誰がやっても仕事の結

〈表5－2〉　標準化のメリット

① 職員固有の能力に依存することなく常に一定レベルの仕事を可能にする
② 事故や苦情の減少につながる
③ ノウハウの共有化ができる
④ 教育の均質化・効率化ができる（新入職員・外国人福祉人材）
⑤ 業務の効率化により生産性向上につながる
⑥ 業務委託について委託業務が明確化され管理がしやすくなる
⑦ 介護現場の業務の洗い出し・仕分けがしやすくなる
⑧ 個人の仕事を組織の仕事に変える
⑨ 職員の異動がしやすくなり、退職にもスムーズに対応できる
⑩ 継続的な改善が可能になる

（筆者作成）

果が同じになることを求めるものであるといえる。

　プロセスを管理する上で必要なことは、プロセスを標準化し、マニュアルや手順書として文書化することであり、これが改善のベースとなる。細分化されたプロセスごとに管理基準と作業手順が明確化され、そのとおり実施され、記録や必要な情報が次のプロセスにつながる仕組みができている状態を業務の標準化が図られているという（**表5－2**）。

　例えば、特別養護老人ホーム等の介護施設では、職員の仕事（直接的な介護行為だけではなく建物・設備の維持管理なども含む）に起因する介護事故が少なからず発生する。その介護事故の発生原因を掘り下げると、プロセス自体に問題があったか、あるいはプロセスが正しく実行されていなかったかのいずれかである。したがって、これらの事故を防ぐためには、正しい標準（正しい仕事のやり方）を組織内に定着させる必要がある。

❷標準化したものを形にして維持改善する

　標準化に求められる要素として、以下の5点をあげることができる。

　①可視化（文書、図表、画像、動画等）すること、誰もが実行できること、誰にもわかりやすいことが求められる。

　②文書において、「何を」「どのように」するかだけでなく、「なぜ」「何のために」を示すこと、誰にも守りやすいことが求められる。

　③文書が仕事の複雑さや従業者の力量に見合った詳細さを備えていること。従業者の力量が高く、仕事の実行手順を従業者の属人的な要素に委ねることができる度合いが高ければ高いほど、文書化は簡単なものでよいだろうし、反対に、従業者の力量が低い場合にはより詳細なものが必要になる。外国人福祉人材や新入職員への対応のた

第5章

めに重要である。マニュアルは、仕事を覚えようとする新人の教育
ツールであり、指導する者にとっては指導の手引書となる。複数の
指導者がかかわる場合においても指導内容のばらつきがなくなるな
ど教育の効率化につながる。また、使いやすいように階層化を図り、
業務全体の中での関連が理解でき、見たいところをすぐに見ること
ができる工夫も必要である。

④文書の発行、配布、改定、廃止、回収等の管理が徹底されること。
最新版の管理（作成年月日・作成者の明記）が行われ、最新版に基
づいて仕事できるように管理されていないと、標準はあってないも
のとなる。

⑤マニュアルや手順書にそって業務を行い、必要に応じて改善し続け
ること。文書化して、マニュアルや手順書として作成したから標準
化ができたとはいえない。標準化された根拠を考えながら、それに
そって業務を行い、必要に応じて改善し続けることまでが標準化と
いえる。

また、標準化を推進することは、暗黙知の形式知化につながる。どの
ような仕事でも、現場の従業者の中にはその仕事に関する優れたノウハ
ウを会得している者が少なくない。しかしそれは、しばしば、その人固
有のものであり、組織によって共有されていない。このようなノウハウ
を暗黙知というが、それを標準化し、組織の構成員が共有することがで
きれば、暗黙知が形式知へ転化され、組織が提供するサービスの品質は
そのことについて最も優れたノウハウをもつ従事者の水準に近づくこと
ができる。

（2）プロセスの維持と継続的改善
　　（SDCAサイクルとPDCAサイクル）

❶継続的改善はPDCAサイクルで

前述のように、プロセスアプローチで、プロセスの適切さを確保する
ことによって、プロセスのアウトプットとしてのサービスの適切さを確
保することが期待できる。また、プロセスを改善することによって、サ
ービスの改善が可能となる。福祉サービス提供組織がサービスの質向上
をめざすためには、プロセスの標準化による維持活動とプロセスの継続
的な改善活動を行わなければならない。プロセスの継続的な改善活動は、
PDCAサイクルに基づいて管理することが効果的である。

PDCAサイクルとは、P（Plan）計画：目標を設定し、目標を達成

するために必要な計画を立案する（何をするのか・誰に対してするのか・なぜするのか・どのくらいの量を行うのか・いつまでに行うのかなど5W1Hで考えるとよい）。事業計画書や業務マニュアル、ケアプランといった文書はこのPの段階でのアウトプットとなる。D（Do）実行：立案した計画の実行（計画どおりに確実に実施する）。C（Check）評価：計画どおりに実施した結果、ねらいどおりの結果がでたのか、目標に対する進捗を確認し評価する（評価できる指標が必要である）。手順どおりにやっても業務上発生する問題については、その原因を分析する必要がある。A（Act）改善：評価に基づき、適切な改善を行う（実行した結果をもとに、計画を続けるか・止めるか・改善して実行するかなどを考える。このときに、次のサイクルの「Plan」を意識して考えることが重要）。その結果、活動はPに戻り、新たな計画書や手順書が改訂されることになる（**図5−3**）。

　このPDCAの4段階について螺旋を描くように回し続ける（スパイラルアップする）ことで継続的な改善が可能となる。良い品質の製品やサービスを生み出すプロセスをレベルアップし続けるための手法である。

　PDCAサイクルの中で重要視すべきはC（評価）である。評価ができなければ次なるA（改善）につながらないからである。P（計画）の段階においてC（評価）の方法を検討しておくことが極めて重要である。実行した結果が、良かったのか悪かったのかを判断する。その際、何を根拠にできたのか、できなかったのか判断できるように、具体的な数値目標が求められる。測れることが重要であり、定期的に進捗状況を確認

〈図5−3〉SDCAサイクルとPDCAサイクル

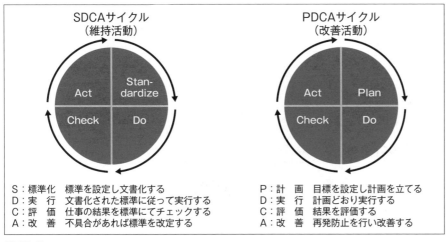

（筆者作成）

することが求められる。

　PDCAサイクルは数多くあり、その大きさや回す速さはさまざまであり、中長期計画のPDCA、年間事業計画のPDCA、個別サービス計画（ケアプラン）のPDCA、行事やクラブ活動のPDCAなどがある。

❷維持活動はSDCAサイクルで

　プロセスの標準化による維持活動は、SDCAサイクルで行う。**SDCAサイクル**ではPDCAサイクルのPがSに変わる。SDCAサイクルとは、S（Standardize）標準化：誰でもいつでも同じ方法で作業や業務を行うことができるよう、標準を文書化し、D（Do）実行：標準どおりに実行し、C（Check）評価：標準どおり実行ができていたのかを確認・評価し、A（Act）改善：評価に基づき、適切に標準を改定するという、標準化により成果を定着させるためのサイクルである。このSDCAサイクルを回すことが維持活動となる（**図5−3**）。

❸PDCAサイクルとSDCAサイクルは車の両輪

　改善活動として、PDCAサイクルを回しながら、一つひとつのサービス提供プロセスを改善し、一つひとつのサービス品質を高めていく。日常業務レベルにおけるPDCAサイクルを小さく・速く確実に回すことと、法人レベルでの実行管理や中・長期計画の推進などのPDCAサイクルを大きく・ダイナミックに回すことがポイントとなる。また、PDCAサイ

〈図5−4〉PDCAサイクルに組み込まれるPDCAサイクル

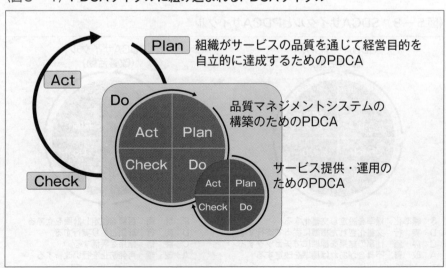

（出典）「ISO9001：2015要求事項の解説」日本規格協会、180頁より一部改変

クルはPDCAサイクルに組み込まれることもある（**図5－4**）。改善した内容が定着するように、SDCAサイクルで標準化したよいプロセスについて、PDCAサイクルを活用しながら交互に回し続けていくことで品質改善と維持管理が可能となり、継続的な改善につながる（**図5－5**）。

また、ときにSDCAサイクルはPDCAサイクルに組み込まれる（**図5－6**）。品質マネジメントシステムによる継続的改善を進める上で、PDCAサイクルとSDCAサイクルは車の両輪である。

わが国では製造業を中心に、1960年代からQCサークル活動とよばれ

〈図5－5〉SDCAサイクルとPDCAサイクルによる継続的改善のイメージ

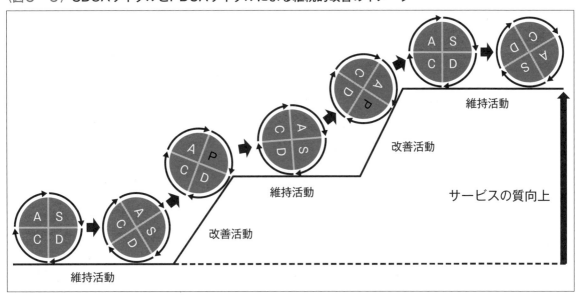

（筆者作成）

〈図5－6〉PDCAサイクルに組み込まれるSDCAサイクル

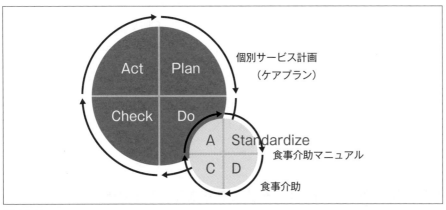

（筆者作成）

る小集団の品質管理活動が展開されてきたが、その意義の一つは現場の従業者がPDCAサイクルの一部ではなく、全局面にわたって関与することにある。福祉サービスの分野においてもQCサークル活動を活発に展開している組織もある。

3 リスクマネジメント

（1）リスクマネジメントとは

　リスクマネジメントとは、一般的に、「保険や安全対策、さらには経営戦略などを活用して事業の偶発的あるいは人為的な損失（リスク）を発生しないようにし、もしリスクが発生した場合には、それを最小化し、さらに実現したリスクに適切に対処する経営管理の方法」である。

　企業のリスクマネジメントについて定めたISO31000では、リスクマネジメントとは、「リスクについて組織を指揮統制するための調整された活動」であり、「価値を創造し、保護するもの」と定義されている。そして、リスクとは、「目的に対する不確かさの影響」と定義しており、リスクはマイナス面だけでなく、プラス面でも起こるとされ、その結果、好ましくない方向に向かうだけではなく、好ましい方向に向かうことも対象としている。

　また、リスクは「事象の発生確率と結果の組み合わせ」ともいわれる。例えば、「転倒」ならば、事象は「転倒事故」、発生確率は「転倒事故が起こる確率」、結果は「転倒によるけがの程度」となり、「転倒のリスク」は、転倒がどれくらいの確率で発生し、その結果、骨折がどれくらい、打撲がどれくらい起きるかということになる。

　組織のあらゆる活動にはリスクが存在することから、常にリスクマネジメントの視点による運用が必要である。その際、組織の活動に好ましい影響は促進し、好ましくない影響を与える活動を減少・回避する対策をとることで、組織の目標達成の可能性を高めることとなる。

　リスクマネジメントは組織の目的を達成するための手段であって、それによって達成しようとしている目的を常に意識しておくことが重要であり、リスクマネジメントを精度よく実施すること自体を目的化してはならない。

（2）福祉サービスにおけるリスクマネジメントの基本的な視点

　福祉サービス提供組織においては、厚生労働省が指針を示しており[*1]、

＊1
厚生労働省福祉サービスにおける危機管理に関する検討会「福祉サービスにおける危機管理（リスクマネジメント）に関する取り組み指針〜利用者の笑顔と満足を求めて〜」平成14（2002）年3月28日。

この中で「福祉サービスにおけるリスクマネジメントの基本的な視点」として以下のような記述がある。

福祉サービスにおけるリスクマネジメントの基本的な視点

①「社会福祉法の理念とリスクマネジメント」

　社会福祉法第3条に、福祉サービスの基本理念として「福祉サービスは、個人の尊厳の保持を旨とし、その内容は、福祉サービスの利用者が心身ともに健やかに育成され、又はその有する能力に応じ自立した日常生活を営むことができるように支援するものとして、良質かつ適切なものでなければならない」と規定されています。

　介護サービスを提供する福祉施設等からは、利用者の自立的な生活を重視すればするほど「リスク」は高まるのではないか、と危惧する声も聞こえてきます。しかし、事故を起こさないようにするあまり、極端に管理的になりすぎてしまい、サービスの提供が事業者側の都合により行われるとするならば、人間としての成長、発達の機会や人間としての尊厳を奪うことになり、福祉サービスの基本理念に逆行することになりかねません。

　そこで、このように「自由」か「安全」かという二者択一ではなく、福祉サービスにおいては、事故を完全に未然防止するということは困難なもの、と捉えてみます。

　その上で、事故を限りなく「ゼロ」にするためにはどうしたらよいか、あるいは、万が一起きてしまった場合に適切な対応を図ることはもとより、同じような事故が再び起こることのないような対策を講じるなど、より積極的な姿勢をもつことが重要であると考えられます。

②「基本的な視点は『クオリティーインプルーブメント（QI）』」

　本検討会では「クオリティーインプルーブメント（QI）」を基本的な視点として福祉サービスにおけるリスクマネジメントのあり方についての検討を行ってきました。これまでは、ともすると「リスクマネジメント＝損害賠償対策・対応」という捉えられ方がなされることがあったことも否定しがたく、特に前述のような特性をもつ福祉サービスにおいてはこのように矮小化した捉え方は適切ではありません。福祉サービスにおけるリスクマネジメントは、「より質の高いサービスを提供することによって多くの事故が未然に回避できる」という考え方で取り組みを進めることが大変重要です。

　前記のように考えることは、福祉サービス提供組織としてリスクマネジメントに取り組む大前提として極めて重要である。[*2] さらに本指針では、「個別性が高いためそれぞれの施設において十分な検討と創意工夫が必

＊2
「介護保険施設におけるリスクマネジメントの強化」として令和3年度介護報酬改定において、介護保険施設における事故発生の防止と発生時の適切な対応を推進する観点から基準の見直しが行われ、安全対策担当者の設置が義務付けられた。なお、安全対策体制加算として、外部の研修を受けた担当者が配置され、施設内に安全対策部門を設置し、組織的に安全対策を実施する体制が整備されていることで20単位（入所時に1回）が新設された。一方で、運営基準における事故の発生または再発を防止するための措置が講じられていない場合は、安全管理体制未実施減算5単位／日となる。

要」であり、そのために経営者のリーダーシップと決意が必要とされ、リスクマネジメント体制の整備や取り組みを進める上で、⑦組織風土の改善、①組織全体での取り組み、②継続的な取り組みがポイントであることが示されている。

（3）リスクマネジメントの進め方

❶リスクマネジメント方針の確定

リスクマネジメントを推進する上で、その方針（4つのステップ）を明確にして組織間で共有し、組織内で徹底させる必要がある（**図5－7**）。各ステップの責任者を明確にするとともに、リスクにはさまざまな種類があるため、リスク同士の関係にも留意が必要である。法規や組織に対する要求を下回っていないことを前提として、リスク基準としてどこまで許容できるか、許容するかを決定することが必要である。リスクマネジメント方針は社会の価値観や状況の変化の影響も受けることから、リスクマネジメントの継続的改善のなかで方針を見直すことが必要である。

❷リスク特定（洗い出し）［第1ステップ］

自分たちの日常のすべての事業活動・業務を正確に把握して、想定されるリスクを漏れなく特定し、見逃さないようにすることが必要である。組織として、あらゆる部門が参画し、全員参加で行うことが望ましい。特定すべきリスクとは、組織に好ましくない影響を与えるリスクだけではなく、目標の達成を促進する事象も含むことに留意が必要である。

また、リスク特定においては既存の価値観にとどまらず、環境変化等

〈図5－7〉 リスクマネジメントの進め方

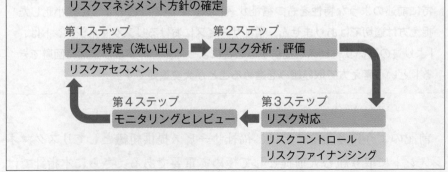

（筆者作成）

に即した新たなリスクを意識することも重要である。

❸リスク分析・評価［第2ステップ］

　リスク分析は、影響規模とその起こりやすさ（リスクの原因及びリスク源、リスクの好ましい結果及び好ましくない結果、これらの結果がどの程度発生するか）の双方を検討することである。

　リスク評価は、リスク分析の結果に基づき、どのリスクへ対応するか、対応の優先順位を決定するために必要である。

　つまり、特定したリスクについて、そのリスクによる起こりやすさ（損害の発生頻度）と影響（損害の規模）を推定し、その結果に基づきリスク評価を行う。それぞれのリスクについて分析・評価を行うことにより、リスクの全体像を把握し、リスクの処置の方法と処置の優先順位を明らかにしていく。リスクマトリックスの図をもとに考えてみよう（**図5−8**）。

　起こりやすさが高く、影響規模も大きいリスク（領域A）については最優先で対応し、リスクを低減することが求められる。どうしても低減できない場合で、かつその組織がリスクを受容できない場合は回避することになる。

　起こりやすさは高いが、影響規模は小さいリスク（領域B）については、起こりやすさを低くする低減策が求められる。影響規模が小さいためリスクの保有も考えられる（例：不明外傷・ずり落ち）。

　起こりやすさは低いが、影響規模が大きいリスク（領域C）について

〈図5−8〉リスクマトリックスに対する対応原則

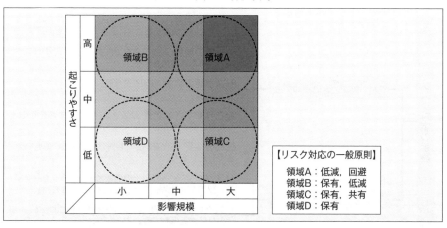

（出典）三菱総合研究所実践的リスクマネジメント研究会　編著『リスクマネジメントの実践ガイド　ISO31000の組織経営への取り込み』日本規格協会、31頁

は、リスク保有も可能であるが、起こったときにできるだけ影響規模を小さくするような低減策が求められる。また、組織体力を超えるような影響を被る可能性がある場合は、保険等を利用したリスク共有が求められる。起こりやすさが低くても継続的な注意も必要である（例：誤嚥窒息死・誤薬死亡・転落死）。

　起こりやすさが低く、影響規模も小さい（領域D）については、リスク保有が許容される。組織に対する影響規模は小さいが、組織がリスクに耐え得ることが求められる。

❹リスク対応［第3ステップ］

　リスク分析・評価に基づき、リスクに対処するためにリスクコントロールとリスクファイナンシングの手段を組み合わせて、コスト対効果を考えながら最も適切なリスク対応の手段を選択し、実行する（図5－9）。

　リスク対応には、リスクコントロールとしての①リスクの回避、②リスク（好ましい影響を与える）の増加、③リスク源の除去、④起こりやすさの変更、⑤結果の変更、さらにリスクファイナンシングとしての⑥リスクの共有、⑦リスクの保有、の7つの選択肢がある。

　リスクコントロールとは、リスクが好ましくない影響を与える場合、リスクそのものの発生を少なくする、もしくは発生した際の被害を最小限にすることである。①リスクの回避は、リスクの発生そのものを回避することである。リスクにかかわる事象（ヒト・モノ・活動など）との

〈図5－9〉リスク対応の分類

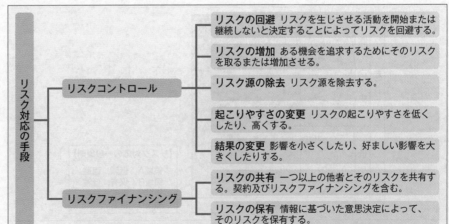

（出典）「ISO31000：2018リスクマネジメント　解説と適用ガイド」日本規格協会、2019年、96〜98頁をもとに筆者作成

関係を絶つことである（例えば、自動車事故のリスクを考慮して送迎を行わないことなど）。この方法ばかりをとれば事業そのものが成り立たなくなる。あらゆる手段をとってもリスクを低減することができない場合やリスクが許容できない場合に有効である。②リスク（好ましい影響を与える）の増加は、新規ビジネスへの投資などがこれにあたる。③リスク源の除去は、リスクの根本原因を除去することでリスクを発生させないこと。④起こりやすさの変更とは、予防措置を講じて発生頻度を少なくすること。⑤結果の変更とは、事故等が発生したとしても損失の拡大を防止・軽減し、損失規模を小さくすることである。

　リスクファイナンシングとは、損失を補てんするために金銭的な手当てをする方法である。⑥リスクの共有は、保険等で第三者に金銭的なリスクを移転する（負担させる）こと（会社と株主がメリット、デメリットを共有する株式会社制度を含んでいる）。⑦リスクの保有は、資金の積み立て等を行い、損失を自己負担することである。

　福祉サービス提供組織におけるリスク対応については、③のリスクの根本原因を除去するか、それができない場合には予防、最適化・低減するといった対応（④⑤）が中心となる。リスクファイナンシングについては、損害賠償保険に加入する⑥の対応が中心となろう。

　リスク対応の手段が選択され実施されると、そのリスク対応の評価をし、残留リスクレベルが許容可能かの判断が求められる。許容できない場合は新たなリスク対応の策定が求められる。後述のハインリッヒの法

〈図５−10〉コストと安全性

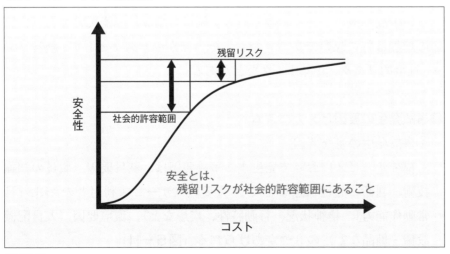

（筆者作成）

則からも残留リスクはゼロにはならないことに留意が必要である（**図5－10**）。

❺モニタリングとレビュー［第4ステップ］

とったリスク対応策が有効に機能しているかどうかをモニタリングしレビューする。**図5－8**のリスクマトリックスで示したように、軽微で頻繁に発生するもの（領域B）からほとんど発生しないが発生したら影響が極めて大きいもの（領域C）までさまざまあるので、それぞれの特性に応じて、日々、週次、月次、年次など、いつ誰がどのようにモニタリングするかを計画し、結果をレビューする。また、必要があればリスク評価や対応プロセスを修正することが求められる。

（4）福祉サービスにおけるリスクマネジメントの効果的取り組み

❶福祉サービスにおけるリスクの特徴

福祉サービスのリスクマネジメントの中心に考えられるのが業務リスクである。業務リスクには、サービスの提供に伴う利用者の事故、職員・従業者の事故、感染症の発生拡大、苦情対応ミスなどがある。利用者の事故については、福祉施設は「生活の場」であるから、24時間365日あらゆる生活場面でリスクがあり、リスク対象が特定しにくい。福祉サービスのリスクは、ほかのサービスや事業と比較して、財物的リスクより身体的リスクがほとんどという特徴がある。また、集団を対象とする事故ではなく、個別対象に発生し、自由度を高めれば高めるほど、リスクが高まる。さらに、高齢、障害などの特性により利用者そのものの保有しているリスクが高く、いつ、どこで、どのように発生したかわからない事故が多いことも特徴である。職員の事故は労働災害であり、腰痛の増加は特に課題である。なお、そのほかのリスクとして、経営リスク、社会的リスク、災害リスクなどがある。

❷事故発生の要因とメカニズム

①事故発生の主な要因

福祉サービスにおいて発生する事故要因は、職員要因（職員の知識、技術、判断、心理状態など）、本人要因（サービス利用者のADL〔日常動作能力〕、精神状況、行動特性、疾患など）、環境要因（人員配置、設備・備品など）の3つがあげられる（**図5－11**）。

②事故の発生は必然

　どのような事故防止対策を講じたとしても事故を完全に防止することはできない。ハインリッヒ（Heinrich, H. W.）は、労災事故の発生を確率として法則化している。このメカニズムを理解することで効果的にリスクマネジメントを進めることができる。**ハインリッヒの法則**とは、労働災害の重大事故の事例を統計分析した結果、１つの重大事故（死亡・重症）の背景には、29件の障害が残らない程度の軽症事故と300件の軽微な事故（ヒヤリハット）があると法則化したものである（**図５−12**）。このような法則をふまえ、ヒヤリハット事例を顕在

〈図５−11〉事故発生の主な要因

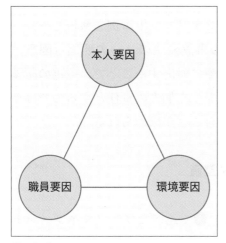

（筆者作成）

〈図５−12〉ハインリッヒの法則～労災事故の分析結果

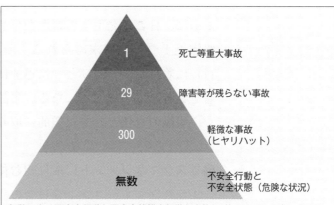

（筆者作成）

〈図５−13〉リーズンの軌道モデル（スイスチーズモデル）の応用例

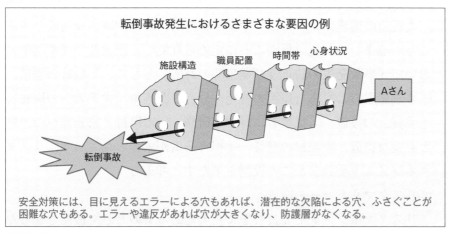

（筆者作成）

化（見える化）することで今後の重大事故の防止につながる。ヒヤリハット事例を潜在化させてしまうと今後の重大事故の発生につながる。
③事故発生のメカニズム

　リーズン（Reason, J.）は、事故発生の軌道モデル（スイスチーズモデル）として、事故を起こす原因が一つ発生しても、複数あるどこかの安全対策に止められる場合には事故は発生しないが、いずれの安全対策にも必ずどこかに穴があいており、たまたま穴の位置が重なると、事故発生まで到達してしまうと指摘している（**図5-13**）。

　事故につながる可能性のある穴をふさぐ（できるだけ小さくする）か、さらなる安全対策を組み込む（防護層を増やす）ことで事故発生の予防につながる。

　このような要因とメカニズムをふまえ、1件の重大事故を起こさないために、日ごろ発生する軽微な事故やヒヤリハット事例を報告しやすい組織風土づくりが求められる。前述の事故発生の3つの要因（**図5-11**）に着目し、一つひとつに迅速に丁寧に対応することで、多重の防護層を改善していくことになる。事故の発生を個人の責任とするのではなく、組織の責任として組織的に取り組むことが求められる。

❸リスクマネジメントに取り組む体制整備
①リスクマネジメント委員会の設置

　効果的に取り組む上で、先の（3）❶で述べたリスクマネジメント方針をふまえ、リスクマネジメント委員会を設置する。委員会の目的を明確にするとともに、委員会に権限を委譲し責任をもたせることが重要である。理事長や施設長の決定ではなく、職員で構成される委員会での決定＝「自分たちで決めたことは自分たちで守る」となる。

　委員会の構成メンバーは、事業所横断的、職種横断的な構成とすることが望ましい。施設種別ごとに定められている設備及び運営基準において「事故発生の防止及び発生時の対応」として、㋐指針の整備、㋑事故発生時の対応（原因の特定・分析、改善策、従業者への周知）、㋒委員会の設置、㋓従業者に対する研修、㋔市町村・家族等への連絡と必要な措置、㋕記録の整備、㋖損害賠償が求められており、リスクマネジメント委員会がこの役割を果たすと考える。
②リスクマネジャーの設置

　リスクマネジメント委員会をより実効あるものとして機能させるために、その推進者としてリスクマネジメントに関する知識を有するリ

スクマネジャーを選任・設置することが望ましい。リスクマネジャーが果たす機能には、⑦情報管理機能（事故・ヒヤリハット報告書を収集・分析し、是正処置・予防処置を検討する）、⑦コンサルティング機能（各部門における事故予防、問題解決サービス改善の支援）、⑦アドバイザリー機能（迅速・適切な事故や苦情の対応を実現する組織の意思決定の支援）、⑦フィードバック機能（事故・ヒヤリハット情報や再発防止策などの職員への周知、他部門の事例の共有と再発防止策の水平展開）、⑦コーディネート機能（各部門、他委員会との連絡調整、経営管理層とサービス現場職員との橋渡し）の5つがあり、これらの機能を効果的に果たすことが求められる。なお、令和3年度介護報酬改定において介護保険施設におけるリスクマネジメントの強化として、前述の設備及び運営基準の「事故発生の防止及び発生時の対応」⑦〜⑦を適切に実施するための担当者の設置が義務付けられることとなり、リスクマネジャーがこの役割を担うこととなった。

③事故報告書・ヒヤリハット報告書

　事故報告書を作成する目的は、事故の迅速な解決と事故の再発防止のためである。事故が発生した場合、利用者・家族、市町村等に事故内容を正確に連絡しなければならない。事実関係の認識が食い違わず、責任を追及され訴訟に発展したとしても対応できるような正確さが求められる。また、同じ事故を二度と起こさないために再発防止の処置をとらなければならない。

　事故報告書からは、再発防止につながるように事故要因が把握できなければならない。そのためには、⑦報告書の様式を統一し、記入方法を周知徹底する（記入の負担軽減も意識する）、⑦事実に基づく記載を徹底する（憶測や感想は不要）、⑦第三者が読んでもわかるように書く、⑦事故発生までのプロセスを正確に記録することがポイントとなる。

　事故要因の把握＝事故が発生した真の原因にたどりつくためには、要因分析が重要である。要因分析の手法には、⑦SHELLモデル、⑦4M4Eモデル、⑦RCA（なぜなぜ分析）などがある。

　要因分析により真の原因が把握できれば、的確な再発防止策（事故予防策）を立てることが可能となる。特に福祉施設は生活の場であるため、日常生活の生活場面での転倒事故など、利用者の本人要因の事故が少なくない。こうした事故の再発防止のためには、利用者の心身のリスクを適切にとらえることに加えて、職員の「気付き」の感性を

*3
S（Software：ソフトウェア）、H（Hardware：ハードウェア）、E（Environment：環境）、L（Liveware：当事者以外の人々）の4つの側面と当事者の相互関連から多角的に要因分析して対策を立てる手法。

*4
事故要因を、Man（人）、Machine（物）、Media（環境）、Management（管理）の4つの側面から分析し、それぞれのMに対する対策をEducation（教育）、Engineering（技術）、Enforcement（強化）、Example（規範）の4つの視点から立てる手法。

*5
Root Cause Analysis（根本原因解析）の略。「なぜそうなったのか」の検討を繰り返し、問題を深掘りして、根本原因にたどり着き、対策して再発を防ぐ手法。

高めることが有効である。

その手法の一つに危険予知訓練（KYT）がある。日々の業務の中で「これは危ない」「このやり方では事故につながる」と危険を先回りして感じる「気付きの感性」が高まれば、事故を未然に防ぐことにつながる。

また、再発防止策を実施し定着させるためには、ルールとして業務手順書に反映させ、全職員に周知徹底しなければならない。予防策が実施されているか、定着しているか、効果があるかなどを評価することが必要であり、効果がない場合は新たな再発防止策が必要になる。

④業務マニュアルの活用

リスクマネジメントを効果的に行うためには業務マニュアルの活用が不可欠である。すべての職員がマニュアル・手順書の内容どおりのサービスを提供することにより、サービスの質の標準化を図ることができることは本節2で述べたとおりである。

事故・ヒヤリハット事例において、マニュアルどおりのサービス提供ができていなかった場合は、さらなる周知徹底が必要であろう。一方、マニュアルどおりサービス提供していたにもかかわらず事故・ヒヤリハットが発生した場合や、新たに再発防止策や事故予防策を立案した際には、改善策や新たなサービス提供手順にそって業務マニュアル・手順書の変更が必要である。業務マニュアル・手順書は改善し続けることが求められる。

⑤事故による法的責任追及

福祉サービス提供組織で事故が起こってしまった場合、利用者及び利用者家族との間で法的責任として問題となるのは、故意や重過失のような場合を除き「民事責任」である。

利用者の事故について民法上の賠償責任を追及される根拠としては、不法行為責任[*6]と債務不履行責任[*7]がある。いずれも原則として過失がなければ賠償責任は負わないという過失責任の原則による。

過失責任の原則は、「うっかりしていたのだから責任を取れ」という安全配慮義務違反に対する責任である。安全配慮義務の構造は、①結果の予見可能性（事故が起こることを予測できたかどうか）、②結果の回避義務違反（事故が起こることを避ける努力を尽くしたか）に分かれ、結果を予想できたか、回避努力を尽くしたかという2段階で「うっかりしていたかどうか」をチェックすることとなる。事故を予見し、事故を避ける努力を尽くすことが求められる。

*6
故意または過失によって他人の権利や法律上保護される利益を違法に侵害した場合、その損害を賠償する責任を負う。本双書第13巻第1部第2章第3節3参照。

*7
契約などによって相手方に対して債務を負っている人が、その債務を履行せず損害を与えた場合、その損害を賠償する責任を負う。本双書第13巻第1部第2章第3節2（2）❸参照。

⑥事故発生時の対応

　事故発生後の対応については、まず、㋐利用者の生命、身体の安全を最優先する。次いで、㋑迅速に正確に事実を把握する。

　そして、㋒施設の責任の有無を問わず、誠意をもって利用者家族に対応する。具体的には、事故後の初期対応をきちんとしたことを伝える。事故原因を究明し、事実を隠さず伝える。施設に責任がある場合、謝罪とともに今後の利用者への対応を伝える。同じことが二度と起こらないように改善策に取り組むことを伝えるなどが求められる。

　また、緊急時対応ができるよう、平時における緊急時対応マニュアルの周知徹底とシミュレーションが求められる。

　万一事故が起きてしまった場合、利用者家族との関係が良好で、利用者家族が、施設の日常のリスクマネジメントの取り組みや真摯な姿勢を理解し、利用者の状態やリスクを把握していた場合は、事故後の話し合いもスムーズにいくことが多い。しかしながら、利用者家族が施設にめったに来ることなく、利用者の状態が変化していることを知らない場合は、事故後の話し合いも難航し訴訟になることも考えられる。日ごろから利用者家族をはじめ、関係者に対してリスクの相互理解を図る「リスクコミュニケーション」が極めて重要である。

4 権利擁護制度と苦情解決体制

（1）福祉サービスにおける権利擁護とは

　福祉サービスにおける権利擁護とは、福祉サービスの提供や支援を通じて利用者一人ひとりの権利を守ることであり、自己選択・自己決定の過程、さらには自己決定の結果としての権利の実現を支援するものである。この権利は、生命の維持や確保、不当な差別や虐待・被害にあわないことだけではなく、その存在に意味や価値が認められ、その人らしい暮らしの実現など、誰もが当り前にもっている、もっていたいと願っている権利が侵害されないように守ることといえる。

　このことは、福祉サービスに共通する本来業務であり、福祉サービスを提供する管理者および職員一人ひとりが常に提供する福祉サービスの振り返りや点検を行うことは当然の責務であり、社会福祉法第78条を待つまでもない。しかし、それでもこの本来業務が適切に行われないこともある。また、利用者のニーズの高まり等をふまえ質的水準を高めていく必要もあり、こうした観点からさまざまな権利擁護を支える仕組み

（制度）がつくられたと考えなければならない。

　とりわけサービス管理者は、権利を代弁・擁護する責任者として、あらゆる福祉サービスの提供プロセスにおいて、一人ひとりの利用者に対するサービス提供が効果的に行われているか、さらには権利の擁護が適切に行われているかを定期的かつ継続的にチェックし、問題があれば改善することが求められる。その際、必ず存在するグレーゾーンをどう考えるかが極めて重要であり、サービス管理者として、職員の安全確保や労働環境を整備しつつ「利用者にとっての最善は何か」を追求することが重要である。

（2）福祉サービスにおける権利擁護の制度

　福祉サービスの契約制度への移行により、本人の意向＝自己決定権をいっそう尊重し、保障することが求められるようになった。認知症高齢者や知的障害者、精神障害者などの本人の意向を表明することが困難で判断能力が不十分な人の自己決定を支えるための権利擁護の仕組みとして、成年後見制度と日常生活自立支援事業がある。

　また、本人の自己選択・自己決定を保障するためには、選択・決定するための情報が必要であり、例えば介護保険制度においては介護サービス情報の公表制度がある。

　さらに、福祉サービスにおいては、前述の情報量の不足やサービス量の不足などから、対等な関係であるはずの利用者と事業者の力関係では圧倒的に前者が弱い実態がある。弱い立場にある利用者が苦情の申し出をしやすいよう、また当事者間での苦情解決が困難な場合においてもその解決が図られるよう、利用者の権利擁護のための仕組みとして苦情解決制度がある。

　加えて、障害者、高齢者、児童それぞれに対する権利利益の擁護に資することを目的として、障害者虐待防止法（障害者虐待の防止、障害者の養護者に対する支援等に関する法律）、高齢者虐待防止法（高齢者虐待の防止、高齢者の養護者に対する支援等に関する法律）、児童虐待防止法（児童虐待の防止等に関する法律）が定められており、これらの虐待防止制度も権利擁護を支える仕組みとして広義の権利擁護制度となる（図5−14）。

　これらの権利擁護を支える仕組みは、日常業務から切り離されて存在するものではなく、日常の福祉サービス提供と一体的に存在する。福祉サービスの品質管理として、サービスの質を高めようとすればするほど

〈図5−14〉自己決定の支援と権利擁護を支える仕組み

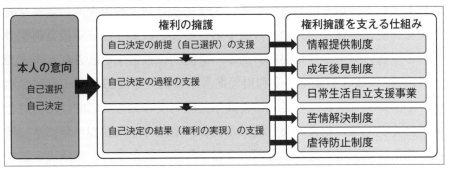

（筆者作成）

これらの権利擁護を支える仕組みは切っても切り離すことができない。これらの仕組みを理解し、積極的活用を意識することがサービスの質の向上につながる。

（3）成年後見制度と日常生活自立支援事業

❶成年後見制度

成年後見制度[*8]とは、判断能力が不十分なため契約等の法律行為を行えない人を後見人等が代理し、必要な契約等を締結したり財産を管理したりして本人の保護を図るものである。

法定後見制度と任意後見制度の2つがあり、法定後見制度は、すでに判断能力が不十分なときに、申立てにより家庭裁判所によって選任された後見人等（成年後見人、保佐人、補助人）が本人に代わって財産や権利を守り、本人を法的に支援する制度である。任意後見制度は、将来、判断能力が不十分となったときに備えるための制度である。法定後見には後見、保佐、補助の3つがあり、類型により、後見人等に与えられる権限や職務の範囲が異なる。

申立件数について令和4（2022）年度39,719件（令和3〔2021〕年度39,809件、令和2〔2020〕年度32,735件）であり、対前年は横ばいであるが、近年においては成年後見人と本人の関係についても親族後見人の割合よりも第三者後見人の割合が高くなっていること、市区町村長の申立件数も増加傾向にあるなど成年後見制度が機能してきていることがうかがえる。受け皿としての限界もあることから、地域で成年後見による支援を行おうという「市民後見」が期待されている。

しかしながら、まだまだ利用が不十分との判断から、成年後見制度の利用の促進に関する法律が平成28（2016）年に施行された。本法律では、

＊8
本双書第13巻第2部第1章参照。

第5章

その基本理念を定め、国の責務等を明らかにし、また、基本方針その他の基本となる事項を定めるとともに、成年後見制度利用促進会議及び成年後見制度利用促進委員会を設置することなどにより、成年後見制度の利用の促進に関する施策を総合的かつ計画的に推進するとされ、平成29（2017）年には成年後見制度利用促進基本計画（平成29年度～令和 3 年度）が閣議決定された。さらに、成年後見制度の見直しに向けた検討と権利擁護支援策の総合的な充実のために、令和 4 年（2022）年に第二期成年後見制度利用促進基本計画（令和 4 年度～ 8 年度）が閣議決定された。

❷日常生活自立支援事業

＊9
本双書第13巻第 2 部第 2 章第 1 節参照。

　日常生活自立支援事業[*9]とは、認知症高齢者、知的障害者、精神障害者等のうち判断能力が不十分な人が地域において自立した生活が送れるよう、利用者の契約に基づいて、地域の社会福祉協議会が福祉サービスの利用援助等を行うものである。

　自分で金銭の支払いや重要な書類の保管が困難な人で、本事業の契約内容について理解し、自分の意思で利用申込を決めることができる人が対象となる。前述の成年後見制度が「財産管理を中心とした法的支援制度」であるのに対して、この事業は、「日常生活における具体的なケアを中心とした福祉的支援事業」ということができる。

　本人の利用意思と契約締結能力が問題であり、成年後見制度との連携も考慮する必要がある。

　成年後見制度や日常生活自立支援事業の活用にあたっては、本人の自己決定権が最大限に尊重されているか、自己決定を侵害していないか、本人の心情に十分配慮されているか、に留意が必要である。また、日常生活自立支援事業は、本人の希望によって支援を行うものであり、本人の判断能力が低下し、意思が確認できなくなった場合には、解約し、成年後見制度へつないでいく必要がある。後見人の選任等に時間を要することから、スムーズな移行のためには 2 つの制度が密接にかかわりあっていることを理解した上で併用も考慮し、早め早めの対応を意識しなければならない。

　活用の仕方によっては、提供者目線になりがちであるため、常に権利擁護の視点をもってサービス提供することが求められる。サービス提供者（支援者）側は権利侵害を起こしやすい立場であることを理解し、自

ら提供した一つひとつのサービスの振り返りが求められる。あくまで本人の自己決定の尊重に基づき、サービス提供者の価値観においては不合理と思われる決定であっても、他者への権利侵害がないのであればその選択決定を尊重する姿勢が求められる。福祉現場において、利用者一人ひとりの本人の内なる意思・希望に気付き、本人の好き・嫌いを解釈し、何がその人にとって最善かを考えることがサービスの維持・向上につながる。

（4）情報公表制度

　以下のサービス等情報の公表について、①全事業所を対象に、②全国一律の標準化された項目で、③年 1 回更新することが義務化され、④すべての情報が公表されることで、サービスを選択しようとする利用者とサービス提供事業者の情報の非対称性の軽減につなげ、これまでのような情報がないままでサービス選択する「あいまいな自己決定」を避けることになる。

　サービス種別ごとにある情報公表制度は、対象サービスの利用者にとってはサービス利用の入り口である。サービスを選択し、利用してもらうための情報提供が求められる。利用者が必要なサービスを正しく選択し、納得して利用するためのものであり、「利用者が知りたい情報が届けられているか」という視点が求められる。また、あわせて「地域になくてはならない法人」であると認識してもらえるような地域に向けての情報発信ツールも必要である。

❶介護サービス情報公表制度

　介護サービス情報公表制度は、介護保険制度の基本理念を、現実のサービス利用場面において、利用者の権利擁護、サービスの質の向上等に資する情報提供のための仕組みを実現することを目的に、平成18（2006）年 4 月から導入された。介護保険法の規定に基づいて、介護サービス事業者に対し「介護サービス情報」の公表が義務付けられている。公表情報は、基本情報（人員配置や利用料等）、運営情報（マニュアルの有無、権利擁護の取り組み、サービスの質の確保への取り組み、従業者の研修の状況等）である。対象は、介護保険法に基づく全26種類54サービスの事業所・施設であるが、年間収入100万円以下の事業所は公表の対象外となっている。

　全国的に標準化された項目で、年 1 回見直し、前記のすべての情報が

公表されていることから、利用者は同じ条件のもと比較、検討しながら事業者を選ぶことが可能となる。

❷障害福祉サービス等情報公表制度

障害福祉サービスについても、平成28（2016）年5月に成立した改正障害者総合支援法及び児童福祉法において、事業者に対して障害福祉サービスの内容等を都道府県知事等へ報告することを求めるとともに、都道府県知事等が報告された内容を公表する仕組みが創設され、平成30（2018）年4月に施行されている。

❸子ども・子育て支援全国総合システム等情報公表事業

子ども・子育て支援法第58条に基づく特定施設・保育施設の情報公表、及び幼児教育無償化の対象となる認可外保育施設等の情報公表について、保護者が適切かつ円滑に教育・保育を子どもに受けさせる機会を確保するための選択に資する情報を、インターネット上で直接閲覧できる環境で構築し、安定した運用を行うことを目的として、令和2（2020）年度から運用が実施されている。

❹社会福祉法人の財務諸表等電子開示システム

社会福祉法人の運営の透明性を確保することや、国民に対する説明責任を果たすことなどを目的に、法人の運営状況及び財務状況にかかる情報について、一覧性・検索性のあるシステムを構築し、国民に情報提供できる体制である。このシステムでは、社会福祉法人が所轄庁に届出を行った現況報告書等（現況報告書、計算書類及び社会福祉充実計画）の内容が集約された結果が公表されている。

（5）苦情解決制度
❶苦情とは

苦情とは、利用者・家族などが福祉サービス提供組織の提供するサービスまたは苦情対応そのものに関して、そのサービスを提供した個人あるいは法人・施設・事業所に対して表明する「不満」を意味するものであり、その対応、解決が求められるものである。

福祉サービスに対する利用者の要求を満たすことができないときに苦情となる。利用者の要求どおりのサービスが提供されたときに利用者満足は高くなり、利用者の要求どおりのサービス提供がされなかったとき

〈図５－15〉苦情を発生させないために

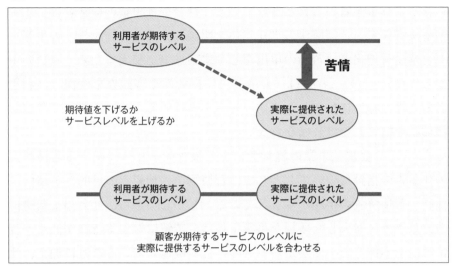

（出典）宮田裕司 編著『社会福祉施設経営管理論2020』全国社会福祉協議会、2020年、191頁をもとに筆者作成

に不満足サービスとなり、苦情につながる。

　利用者が期待するサービスのレベルと実際に提供されたサービスのレベルに差異があればあるほど苦情につながりやすくなる。利用者が期待するサービスのレベルと実際に提供するサービスのレベルを合わせるためには、利用者が期待するサービスのレベルを下げるか、組織が提供するサービスのレベルを上げることが求められる（**図５－15**）。

　また、利用者が当たり前と思っているため口には出さないニーズがあるが、この利用者の当たり前と事業者の当たり前が異なっている場合、当たり前のズレが苦情につながることにも留意が必要である。

　「不満をもった顧客のうち、苦情を申し立て、その解決に満足した顧客の当該商品サービスの再購入決定率は、不満をもちながら苦情を申し立てない顧客のそれに比べて高い」というグッドマンの法則からも、苦情を申し出てもらい、その解決に満足してもらうことで、サービス、法人事業所に信頼を寄せ、愛着をもち、支持し続けてくれる利用者となり得る。

❷苦情解決制度

　苦情解決制度については、社会福祉法上２つの仕組みがある。

　一つは、社会福祉法第82条に規定される、社会福祉事業者が自ら構築し機能させる苦情解決体制である。福祉サービスに関する苦情については、第一義的には、利用者と事業者の両当事者間で解決が図られること

が望ましいとの観点から、福祉サービスに関する苦情の適切な解決が図られるよう事業者の責務とされている。社会福祉事業の経営者は、①苦情解決責任者（苦情解決の責任主体を明確にするため施設長、理事等）、②苦情受付担当者（苦情の申出をしやすい環境を整えるため、職員の中から任命）、③第三者委員（苦情解決に社会性や客観性を確保し、利用者の立場や特性に配慮した適切な対応を推進するため）を置いて苦情解決体制を構築しなければならない。

また、「社会福祉事業の経営者による福祉サービスに関する苦情解決の仕組みの指針について」[*10]として、苦情解決の仕組みの目的、苦情解決体制、苦情解決の手順が示されている。しかしながら、社会福祉基礎構造改革以降に参入した多様な事業主体は、苦情に対する認識が低く、苦情解決を不採算で手間がかかるものとして敬遠していることに加え、サービスの質の向上を自らの課題として認識していないとの指摘もある。[*11]経営管理者には、苦情解決制度の意義・目的を理解するとともに、法人（事業所）内外に苦情解決体制を構築し、機能させることも責務の一つであるとの認識が必要である。機能する苦情解決体制があることは、サービス利用者の満足度を高め、働く職員の安心につながり、結果として経営基盤の安定に資するものとなる。

もう一つは、社会福祉法第83・第85条に規定される**運営適正化委員会**による苦情解決制度である。運営適正化委員会は、利用者－事業者間では適切な解決が困難であるような事例に対応する役割を期待されている。運営適正化委員会が中立的な立場で利用者を代弁しながら事業者との紛争を解決する役割を果たすことから権利擁護制度の一つといえる。

運営適正化委員会に寄せられる苦情内容（令和3〔2021〕年度）については、職員の接遇が36.0%、サービスの質や量が18.2%であった。[*12]

苦情対応や苦情解決事例は、法人・事業所におけるサービスの質を高める取り組みや、職員一人ひとりの専門性の向上につながるものである。一つひとつの苦情対応・苦情解決事例を自法人・事業所におけるサービスの質向上につなげる意識が求められる。

（6）虐待防止制度

障害者、高齢者、児童に対する虐待の防止や擁護者に対する支援等について、障害者虐待防止法、高齢者虐待防止法、児童虐待防止法が定められている。[*13]いずれも障害者・高齢者・児童の権利利益の擁護を目的とするものである。虐待には、身体的虐待、放任、心理的虐待、性的虐待、

*10
平成12年6月7日付け厚生省大臣官房障害保健福祉部長、社会・援護局長、老健局長、児童家庭局長連名通知。この指針は、制度改正により福祉サービスの提供体制が大きく変化するとともに、これによる福祉サービスの充実に伴い、運営適正化委員会に寄せられる苦情内容が多様化、複雑化していたことから、平成29（2017）年3月7日付けで一部改正された。

*11
全国社会福祉協議会福祉サービスの質の向上推進委員会 運営適正化委員会事業のあり方に関する検討会「運営適正化委員会事業のあり方に関する検討会報告書」令和5（2023）年3月31日。

*12
全国社会福祉協議会「苦情受付・解決の状況―令和3年度都道府県運営適正化委員会事業実績報告」令和4（2022）年10月7日。

*13
本双書第13巻第2部第2章第4節参照。

経済的虐待（児童虐待を除く）の5類型がある。サービス利用者がその養護者等から虐待を受けていることを発見した者は、通報義務を果たさなければならない。

また、事業所内における従業者による虐待については、「虐待はいつでもどこでも起こる種があること」を前提として、サービス提供者は「権利を守る立場」「権利を侵害しかねない立場」の両方であることを理解し、利用者を守り、自分を守り、組織を守ることが求められる。

施設サービスにおいては、職員一人ひとりが利用者を大切にすること、そして利用者は大切にされていることが実感できていること。このことが虐待のない、当たり前に暮らす権利の支援となる。保育を含む、在宅サービスにおいては、前述に加え、保護者や家族とのコミュニケーション、子どもや利用者の様子から虐待の兆候を読み取らなければならない。一人ひとりの子ども、利用者にどれだけ関心をもってかかわるかが問われる。

5 福祉サービスの質と評価

（1）福祉サービスの質を評価する

社会福祉法は、福祉サービスの質の向上をサービス事業者の責務とし、その措置として自己評価を位置付け、さらに福祉サービスの質の評価を公正適切に行うことを国の責務としている。

利用者が自ら福祉サービスを選択し、事業者と対等な関係で契約するいわゆる「措置から契約へ」と抜本的改革が進められ、サービスの質向上が社会福祉基礎構造改革の柱となった。あわせて、平成12（2000）年の社会福祉法の改正においても福祉サービスの質に関する関連条項が定められた。

社会福祉法

（経営の原則等）

第24条　社会福祉法人は、社会福祉事業の主たる担い手としてふさわしい事業を確実、効果的かつ適正に行うため、自主的にその経営基盤の強化を図るとともに、その提供する福祉サービスの質の向上及び事業経営の透明性の確保を図らなければならない。

2（略）

（福祉サービスの質の向上のための措置等）

> 第78条　社会福祉事業の経営者は、自らその提供する福祉サービスの質の評
> 　　価を行うことその他の措置を講ずることにより、常に福祉サービスを受け
> 　　る者の立場に立って良質かつ適切な福祉サービスを提供するよう努めなけ
> 　　ればならない。
> ２　国は、社会福祉事業の経営者が行う福祉サービスの質の向上のための措
> 　　置を援助するために、福祉サービスの質の公正かつ適切な評価の実施に資
> 　　するための措置を講ずるよう努めなければならない。

　さらに、社会福祉法第３条では、福祉サービスは、「良質かつ適切な
ものでなければならない」としている。

　同法における事業者の責務について、「サービスの内容が良質かつ適
切なものであるか、サービスの多様性・総合性、利用者の意向の尊重、
関連サービスと有機的な連携等に十分な配慮がなされているか等につい
て、事業者が自主的な自己評価を行うなどの姿勢が強く求められてくる。
このことは、新しい技術の開発や新しい需要の開拓につながり、ひいて
は福祉サービス全体の水準を持続的に引き上げていくことになる。利用
者の『立場に立って』いるといえるか、提供されている福祉サービスが
『良質かつ適切』であるか、については、その時代における社会通念や
福祉サービスの技術水準・利用者側の意識などによって決定されるもの
である」と解説されている[3]。

（2）福祉サービスの質とは

　福祉サービスの質とは何かについては、定義があいまいなままで、質
の確保・向上をめざす施策や質を評価する仕組みの検討がされている。
それぞれの福祉サービス提供組織において、「福祉サービスの質」につ
いて議論し、「私たちが提供する福祉サービスの質」を明確化すること
が必要である。

　医療においては、医療の質を測る指標としてドナベディアンモデルが
ある。「構造 structure（医療を提供するのに必要なヒト、モノ、カネ
などの資源）」「過程 process（医療者が患者に行う一連の診療・看護プ
ロセス）」「結果 outcome（診療や看護の結果として得られる患者の健
康変化と満足）」の３つの枠組みから医療の質を検討するものであり、
合わせて患者の満足を医療の重要な構成要素としてとらえている。また、
質の定義について飯塚悦功らは、「ニーズにかかわる対象の特徴の全体
像」と述べ[4]、さらにサービスの質の定義として富田健司は「実際に顧客

が受けたサービスから顧客の事前の期待を引いたもの」と述べている[5]。

　福祉サービスの質を考える上で、質が高いかどうかは、あくまで利用者の期待値によるところが大きく、提供されたサービスに対する満足度であり、その満足度は、期待値による。利用者のニーズに合致していればしているほど、そのサービスの質は高いと評価されることになる（**図5−15**）。

　また、サービスの評価は平均点ではないことにも留意が必要である。例えば、食事介助・入浴介助・排泄介助などのサービスは一つひとつ独立しているが、利用者は個々のサービスととらえていない。どれか一つでも劣悪なサービスを受けると全体の評価は下がってしまう。福祉サービスの質を高めるためにはトータルコーディネートの視点（部分最適化とともに、全体最適化をめざす）が必要である。

（3）福祉サービスの第三者評価

　社会福祉事業については、社会福祉法第78条（福祉サービスの質の向上のための措置等）により、サービスの質の評価を行うこと等によって良質かつ適切なサービスを提供する努力義務が課せられている。そのために、**福祉サービスの第三者評価**が福祉サービスの質の向上のための仕組みとして位置付けられ、「福祉サービス第三者評価事業に関する指針」[*14]により実施されている。外部評価が義務化されているサービスもある。

　社会的養護関係施設[*15]は、3年に1度の受審と結果の公表が義務化されている。これらの施設は子どもが施設を選ぶ仕組みではない措置制度等であり、施設長による親権代行等の規定もあるほか、被虐待児等が増加し、施設運営の質の向上が必要であることが義務化の背景となる。

　認知症対応型共同生活介護事業所（認知症高齢者グループホーム）は、「地域密着型サービスの事業の人員、設備及び運営に関する基準」第97条の第8項により、原則年1回の受審が義務化されている。認知症高齢者グループホームは、営利法人の占める割合が高い、小規模で家庭的である反面介護サービスの密室性が高い、利用者が認知症高齢者であるために問題が表面化しにくいことが義務化の背景となる。なお、この基準は令和3（2021）年度には一部改正が行われ、これまでの外部の者による評価のほか、運営推進会議を活用した評価が可能となった。

　保育所については、「子ども・子育て支援制度」の中で公定価格の加算として補助を行い、第三者評価の受審を努力義務化した。

第5章

*14
厚生労働省、平成26（2014）年4月全部改正、平成30（2018）年3月一部改正。

*15
児童養護施設、乳児院、母子生活支援施設、児童心理治療施設・児童自立支援施設。

（４）福祉サービスの第三者評価受審の意義

行政による運営指導・指導監査（以下、行政監査）が公的福祉サービスとして行政が定める水準の確認（最低基準の順守）を行うものであるのに対して、福祉サービス第三者評価事業は、利用者の選択の保障、事業者の自助努力の取り組みと、利用者の権利擁護のありようをみるものであり、利用者の視点に立って実施されるものである。例えば「権利擁護」について、行政監査では「権利侵害」が行われていないか確認されるが、福祉サービス第三者評価事業では利用者の視点に立って、利用者の自己実現を支援する観点から「権利実現」が評価される。[16]

福祉サービスの利用を希望する者にとっては、どこの福祉サービスを利用するかの選択につながるサービスの質に関する情報など、サービス選択の指標となる。

福祉サービス提供事業者にとっては、自ら提供する福祉サービスを点検、評価してもらうことで、強み・弱み・改善すべき点・新たな発見・気付きを事業所全体で共有・改善し、福祉サービスの質を高めていくことが可能となる。これらのサービスの質向上への継続的かつ組織的な取り組みは、職員のモチベーションを維持・向上させることに加え、事業所に対する信頼感や強い愛着を醸成することにつながる。

また、自らの活動や成果の積極的公表は、サービスの「見える化」につながる。事業者自身の真摯な姿勢を示すことが、事業者の地域における信頼度を高めることになり、新たな人材確保につながるほか、社会福祉法人の存在意義を発信することにもなる。

ただし、利用者本人から見たサービスの質と第三者が評価するサービスの質との間に差があることに留意が必要である。利用者本人の主観的判断であったとしても、利用者本人が十分であると満足しているとすればそのサービスの質は高い（本人にとっての最高品質）と考えられる。このため、利用者満足度を把握するための調査などもあわせて行い比較検討することで、第三者評価との相乗効果が期待できる。

⑥ 福祉サービスの生産性

（１）生産性とは

生産性とは「生産過程に投入される生産要素が生産物の産出に貢献する程度」（デジタル大辞泉）とされ、投入される生産要素は、労働力、設備、原材料などであり、生産物は、製品やサービスである。製品やサ

*16
全国社会福祉協議会福祉サービス第三者評価事業のあり方に関する検討会「福祉サービス第三者評価事業の改善に向けて～福祉サービス第三者評価事業のあり方に関する検討会報告書～」令和４（2022）年３月４日。福祉サービス第三者評価事業の課題と今後の方向性がまとめられ、今後に向けて、この事業の存続を考えるラストチャンスとしてどう再生するか提言されている。

ービスをつくるために投入したお金がどれだけ効果的に使われたかを測る数字といえる。「Output ＝産出」を「Input ＝投入」で割ることで算出される指標であり、投入される生産要素が労働力の場合、労働生産性とよばれる。

　また、生産性は、産出（Output）として何を対象とするかによって「物的生産性」と「付加価値生産性」に分けられる。物的生産性は、生産数量や販売金額を産出とし、物的生産性＝産出（生産量：生産数量や販売金額）÷投入で求められ、付加価値生産性は、付加価値を産出とし、付加価値生産性＝産出（付加価値額：営業利益＋人件費＋減価償却費）÷投入で求められる。

　生産性を議論するにあたっては、分子となる産出を何にするかが重要である。「『生産性の定義と測定』について、付加価値で測るのは間違い[6]」であり、付加価値生産性の方法によるサービス産業の労働生産性の測り方だと、「生産性を上げようと思って賃金を下げれば下げるほど、そして診療報酬や介護報酬を下げるほど医療介護関係者たちの労働生産性は下が[7]る。「付加価値生産性によって、民間のサービスだけでなく社会サービスも語られるようになってしまった結果、医療介護の見た目の『付加価値生産性』は低く、そのことが経済の重荷であると断定され[8]」ている、との指摘もある。分子に付加価値を置くのではなく、福祉サービスの質を置いて考えなければならないが、この質をどのように測るかという課題がある。

　なお、生産性を向上させるためには、①より多く産出すること、②投入する生産要素を減らすこと、③投入する生産要素を増やしながら、投入量以上により多く産出することが考えられる。

（2）生産性向上の目的

　わが国の生産性について、先進国内で最下位であることや、働き方改革やワークライフバランスが注目されるなか、多くの企業において業務の効率化や長時間労働への問題意識が高まっている。労働力人口の減少が進み、多くの企業が人手不足に悩まされているなか、限られた資源を最大限に活用し、成果や付加価値を維持、拡大する取り組み「生産性向上」が重要な課題となっている。

　福祉サービスにおいても、例えば、介護分野の活性化・生産性向上としてサービス需要を充足させる人材の量的拡大と質的向上を目的として、サービス需要を充足させる人材の量的確保を進め、介護分野を活性化す

るとともに、業務効率化や人材の質の向上等により生産性を向上する必要があるとし、業務プロセスの革新による生産性向上・業務改善を通じ、一人の人材が提供し得るサービスの量的・質的向上を図り、生産性を向上させることが求められることとなった。[*17]

＊17
厚生労働省「医療・介護・保育の活性化・生産性向上について」（平成26年11月14日）。

　生産性向上の目的について、営利企業は、利益を増大させることが目的であるのに対して、社会福祉法人は、地域福祉の増進が目的であり、利益はそのための手段である。つまり、「福祉の生産性＝QOLの維持・向上、地域貢献、セーフティネットの強化」であり、福祉の生産性を高めることは、「福祉サービスの価値」や「利用者の生活の質」を高めることといえる。

（3）福祉サービスにおける生産性向上

　2040年を展望した社会保障・働き方改革本部における「医療・福祉サービス改革プラン」（令和元〔2019〕年5月29日）として2040年時点で単位時間当たりのサービス提供を5％（医師は7％）以上改善するという数値目標が示され、①ロボット・AI・ICT等の実用化推進、データヘルス改革、②タスクシフティングを担う人材の育成、シニア人材の活用推進、③組織マネジメント改革、④経営の大規模化・協働化の4つのアプローチが示された。

　さらには、規制改革実施計画（令和4〔2022〕年6月7日　閣議決定）の主な実施事項として「医療・介護職の専門能力の最大発揮」として「介護施設の入居者に対するケアの質の確保を前提に、介護職員の負担軽減・処遇改善を図るための、介護付き有料老人ホームにおける人員配置基準の特例的な柔軟化（遅くとも令和5〔2023〕年度結論・措置）」が示された。いわゆる現行法上の人員配置基準である利用者3：職員1を4：1への緩和をめざすものである。

　介護人材不足の更なる深刻化を見据え、ビッグデータ解析やICTなどの活用により3：1の人員配置基準よりも少ない配置職員数で介護サービスの提供を実現できる見通しであるといった事業者側の提案を受けたものであり、国において、今後の介護人材不足の解決に向けた有力な一つの方策となる可能性があるとして実証事業が進められることとなった。

　一方で、厚生労働省が作成した「介護サービス事業における生産性向上に資するガイドライン」においては、「介護サービスにおける生産性向上」は、「要介護者の増加やニーズがより多様化していくなかで、業務を見直し、限られた資源（人材等）を用いて1人でも多くの利用者に

質の高いケアを届ける」「改善で生まれた時間を有効活用して、利用者に向き合う時間を増やしたり、自分たちで質をどう高めるか考えていくこと」として、「介護の価値を高めること」と示しており、生産性向上が単なる業務の効率化や人員削減ではないことを明確化している。

また、これまでユニットケアや小規模多機能型居宅介護など、非効率ではあるが、良質な個別ケアの提供がめざされてきた経緯もある。

これらのことから、「人員配置基準の柔軟化」については、「介護の質が維持されること」「介護職員の負担増につながらないこと」が客観的に検証されるとともに、「介護の価値が高まるか」の大前提があることを忘れられてはならない。

財務省の財政制度等審議会がとりまとめた「歴史的転機における財政」（令和5〔2023〕年5月29日）では、「介護保険制度の現状と課題」において、限られた介護人材のリソースを有効に活用し、生産性を上げていくため、経営の協働化・大規模化は重要な取り組みであると示されており、留意が必要である。

（4）福祉サービスの生産性を高める上での問題点

サービスの生産性とその質との関係については、「サービスの生産性と品質は両立せず、相矛盾する関係にある場合がある。レストランや小売店での従業員数は、客へのサービス水準（品質）と相関しているが、従業員数が増えると生産性が下がるために、サービスの質を向上するために従業員数をむやみに多くすることはできない。[9]」とされ、福祉サービスの生産性を高めた上で、サービスの質を高めることは極めて難易度が高いと考える。前述の実証事業においても「介護の質が維持されること」を測ることができるのかといった課題も残る。なによりも、福祉サービスにおいて、サービスの質を問わないとすると職員数はいくらでも減らすことができることに留意が必要である。

「人員配置基準の柔軟化」の議論は、なんとか質を維持できたとして、「ICTやロボットの活用で職員数を減らすことができる＝労働を資本に代替できる」という議論であり、「生産性を高める＝福祉サービスの価値を高める」という議論ではない。

生産年齢人口が減少していくなかで、福祉サービスの質を確保しつつ、向上させていくためには、業務の「ムリ・ムダ・ムラ」をなくすなど業務の効率化が求められる。効率化は生産性向上のための一つの手段であり、その成果は、事業者の利益ではなく、サービスの質が高まることや

職場環境が改善されることでなければならない。

　福祉サービスの質が高まると利用者の満足度が高まる、利用者の満足度が高まると職員のモチベーションが高まり福祉現場の魅力も高まる。職場環境改善と相まって、職員の定着につながる。魅力ある福祉職場として福祉人材確保につながるといったよい循環が生まれる。福祉サービスの生産性向上の取り組みはこのよい循環を生み出すものであり、決してサービスの質向上をないがしろにした社会保障費の抑制につなげるものであってはならない。

引用文献

1）日本規格協会 編『対訳ISO9001：2008 品質マネジメントの国際規格』日本規格協会、2009年、29頁

2）全国社会福祉施設経営者協議会 編『福祉施設におけるリスクマネジャーの実践』全国社会福祉協議会、2006年、45〜46頁

3）社会福祉法令研究会 編『社会福祉法の解説』中央法規出版、2001年、274〜275頁

4）飯塚悦功・棟近雅彦・上原鳴夫 監修『医療の質マネジメントシステム−医療機関必携 質向上につながるISO導入ガイド』日本規格協会、2006年、71頁

5）富田健司「医療の質とサービスの質」『同志社商学』第63巻第1・2号、2011年、76頁

6）権丈善一『ちょっと気になる医療と介護　増補版』勁草書房、2018年、16頁

7）権丈善一、前掲書、21頁

8）権丈善一、前掲書、26頁

9）近藤隆雄『サービスマネジメント入門第3版―ものづくりから価値づくりの視点へ』生産性出版、2007年、245頁

参考文献

● 小林久貴『やさしいISO9001（JIS Q 9001）品質マネジメントシステム入門』日本規格協会、2015年

● 上月宏司・井上道也『やさしいシリーズ1　2008年改正対応　ISO9000入門』日本規格協会、2009年

● 棟近雅彦・水流聡子 監修『福祉サービスの質保証−職員の質を高めて利用者満足を獲得する』全国社会福祉協議会、2009年

● リスクマネジメント規格活用検討会 編著『ISO31000：2018（JIS Q 31000：2019）リスクマネジメント解説と適用ガイド』日本規格協会、2019年

● 全国社会福祉法人経営者協議会「社会福祉法人・福祉施設におけるリスクマネジメントの基本的な視点〔改訂版〕」2016年

● 砂川直樹・佐藤 崇『かんたん！福祉施設のリスクマネジメント80のポイント』筒井書房、2010年

第2節 福祉サービス提供組織の情報管理

1 福祉サービス提供組織と情報化社会

（1）インターネットと情報化社会

　1980年代よりパーソナルコンピューター（PC）が実用化され、1990年代にマイクロソフト社より発売されたWindows 95をきっかけにオフィスにも普及しはじめた。また、同時期に当初は軍事技術として開発されたインターネットの民間開放がなされ、それに並行する形で携帯電話が普及しはじめた。さらに2000年代には、PCの小型化や携帯電話の進化形としてのスマートフォンが世の中に広まり、その後フェイスブックやツイッターなどのSNS（Social Networking Service）が爆発的に広まったというのが近年の大きな流れである（**表5－3**）。SNSの登場以前は、新聞やテレビを中心としたマスメディアから個人に対して一方向に情報が伝わるのみで、個人間の情報伝達といえば、信書か固定電話であった。家庭やオフィスにPCが普及するにつれ信書がメールに変わり、固定電話も携帯電話に変わっていった。携帯電話の機能は多機能化し、スマートフォンへと変貌し、写真やビデオ機能など、音声や文字のみならず映像を誰でも簡単に世界中に発信できるようになったことは、社会的には極めて大きい変化である。

　現在、世界中でICT（Information and Communication Technology）を活用した業務省力化の波は着実に到来しており、例えば、エストニア

〈表5－3〉 **情報化社会の発展に関する主な事柄**

昭和57（1982）年	NECより「PC-9800シリーズ」発売開始
昭和62（1987）年	携帯電話サービス開始
平成7（1995）年	マイクロソフトよりWindows 95発売開始
平成11（1999）年	巨大掲示板「2ちゃんねる」サービス開始
平成12（2000）年	携帯電話普及率50％を超える
平成19（2007）年	アップル社よりiPhone発売開始
平成20（2008）年	日本にてFacebook、Twitterサービス開始
平成23（2011）年	LINEサービス開始
平成26（2014）年	Instagram 日本にてサービス開始

（筆者作成）

のように行政サービスの99％をオンラインで行える国家も出現している。日本においても出入国の管理が自動化されるなど行政の取り組みは進んでいるが、今のところこの分野において最先端を走っているとはいい難い状況である。しかしながら、着実にICT化の波は訪れつつあり、福祉サービス提供組織においてもグループウェアによる組織内の情報伝達やテレビ会議システム、電子カルテなどを導入している組織は少なくない。福祉サービスにおいても一定の業務効率化が求められるなか、こうした機器やシステムの積極的な導入が期待される。

　一方で、こうした新しい技術は、人々に新しい価値や利便性を与えるとともに、新たな軋轢（あつれき）や犯罪行為が明るみに出る事態となった。一例として、従業員やアルバイトが職場において不適正な映像を撮影しSNSに投稿する行為が、風評被害等を含め企業活動の著しい妨げになるなどの企業不祥事となったことは記憶に新しい。その反対に、福祉施設において利用者家族が居室にカメラを設置して虐待の事実が判明し、事業者が問い詰められるような状況も出現している。映像技術が発達し、誰もが簡単に比較的安価にさまざまな場面を撮影できるようになり、かつ世の中に広めることが可能であることを管理者はよく認識しなければならないことはいうまでもない。

　福祉サービス提供組織の職員は、その職務上、利用者の個人情報を知り得る立場にある。管理者は、職員が不用意に個人情報を流出しないように配慮する義務が生じている。そのほかにも、データ化された情報の管理の不備により、個人情報が外部に漏れる事件も少なからず起こっている。さらには、必要な情報公開がなされないなど現場のICT技術の進歩をよく認識した上で対応を行わなければならないことが増えてきている。福祉サービス提供組織の管理者は、技術的進歩をふまえ事案に備えた組織的な教育や準備を怠らないようにしなければならない。

　その一方で、現代においてあらゆる組織は、社会より情報公開を求められている。ホームページにてさまざまな情報を公開することはもとより、社会に対する広報活動をどのようなツールを用いて、どのような内容を発信するのかが問われている。現代は、1人が1台スマートフォンという高性能の録画機能付きPCを持ち歩き、情報を収集しかつ発信をしている時代である。管理者は、福祉サービスの経営を行うにあたり、情報化社会への知識をもちながら進化し続けるICTに対応することが必須の時代となっている。本節では、関連する法律に対する理解及び経営管理に必要なICT知識について論じたい。

2 福祉サービス提供組織と個人情報保護法

（1）個人情報保護法とは

　福祉サービスを提供するにあたり、福祉関係事業者は、利用者やその家族の詳細な個人情報を知り得る立場にある。従来より刑法や医師法等にて医師などの専門職が業務上知り得た個人情報を他者に漏らしてはならないという守秘義務が定められていたが、情報化社会の到来などの背景をもとに、平成15（2003）年**個人情報保護法**関連5法が成立した。

　この法律は、「個人情報の保護に関する法律」「行政機関の保有する個人情報の保護に関する法律」「独立行政法人の保有する個人情報の保護に関する法律」「情報公開・個人情報保護審査会設置法」「法令施行のための整備法」の5つから成り、「個人情報の保護に関する法律」には基本理念、国・地方の責務及び民間個人情報取扱事業者の義務などが定められた。また、この法律により、個人情報取扱事業者として医療機関などと同様に、福祉サービス提供組織においても、個人情報の適正な取扱いが求められるようになった。

　その後、さらなる情報通信技術の発展や事業活動のグローバル化等の急速な環境変化等をふまえ、平成29（2017）年より改正個人情報保護法が施行されることになった。この法改正により、個人情報を取り扱うすべての事業者に個人情報保護法が適用されることとなった（用語の定義については**表5−4**を参照）。加えて、令和2（2020）年にも個人情報への意識の高まり、技術革新をふまえた保護と利活用のバランス、越境データの流通増大に伴う新たなリスクへの対応等の観点からさらなる法

〈表5−4〉個人情報保護法に関する用語の定義

個人情報	生存する個人に関する情報であって、当該情報に含まれる氏名、生年月日、その他の記述等により特定の個人を識別することができるものと定義される。個人に関する情報は、氏名、性別、生年月日、住所、年齢、職業、続柄等の事実に関する情報のみならず、個人の身体、財産、職種、肩書等の属性に関する判断や評価を表すすべての情報である。これらの個人に関する情報が、氏名等とあいまって「特定の個人を識別することができる」ことになれば、それが「個人情報」となる。
個人情報の匿名化	個人情報から、当該情報に含まれる氏名、生年月日、住所の記述等、個人を識別する情報を取り除くことで、特定の個人を識別できないようにすることをいう。匿名化された情報は個人情報ではなくなり、この法律の対象外となる。
個人情報データベース	特定の個人情報をコンピュータを用いて検索することができるように体系的に構成した、個人情報を含む情報の集合体のことをいう。
個人データ	個人情報データベース等を構築する個人情報をいう。
個人情報取扱事業者	国・地方公共団体・独立行政法人などを除いた個人情報データベース等を事業の用に供している者をいう。

（出典）個人情報保護委員会「個人情報の保護に関する法律についてのガイドライン」（平成28年11月）をもとに筆者作成

＊18
令和3（2021）年に公布されたデジタル社会形成整備法（デジタル社会の形成を図るための関係法律の整備に関する法律）により、「個人情報保護法」「行政機関個人情報保護法」「独立行政法人等個人情報保護法」が1本の法律（個人情報保護法）に統合され、令和5（2023）年4月より施行されている。

改正が行われた。[18]さらに、令和5（2023）年4月「デジタル社会の形成を図るための関係法律」が施行され、「個人情報保護」と「データ流通」の両立に必要な全国的な共通ルールが法律で制定された。

（2）個人情報保護法の4つの基本ルール

個人情報保護法では、民間事業者の個人情報の取扱いについて、以下の4つの基本ルールを規定している。

❶個人情報の取得・利用

個人情報取扱事業者は、個人情報を取り扱うにあたって、利用目的をできる限り特定しなければならないとされている。その際、利用目的はできるだけ具体的に特定し、特定した利用目的は、あらかじめ公表しておくか、個人情報を取得する際に本人に通知する必要がある。また、個人情報を書面で取得する場合は、利用目的を本人に明示する必要があるとされる。ただし、取得の状況から見て利用目的が明らかである場合は、通知・公表する必要はない（商品配送のために配送伝票に氏名・住所等を記載してもらう場合など）。

取得した個人情報は、特定した利用目的の範囲内で利用する必要があり、特定した利用範囲以外のことに利用する場合は、あらかじめ本人の同意を得なければならないとされている。また、個人データは、利用目的の達成に必要な範囲内において、正確かつ最新の内容に保つとともに、利用する必要がなくなったときは、当該データを遅滞なく消去するように努めなければならない（デイサービス等の利用が中止になった場合など）。

これまでも、コンビニの購買履歴などの情報は、匿名化（匿名加工情報）の上、ビッグデータ化され商業利用がされているが、令和2（2020）年の法改正により、仮名加工情報（他の情報と照合しない限り特定の個人を識別することができないように加工された個人情報）という新しい定義ができた。

ビッグデータを利活用するための仕組みとして従来よりデータ活用がしやすくなる一方で、取得目的の明確化やデータの他者への販売が厳しく制限されるなどの規定がある。

なお、要配慮個人情報とは、不当な差別、偏見その他の不利益が生じないように取扱いに配慮を要する情報として、法律・政令・規則に定められた情報である。

　人種、信条、社会的身分、病歴、犯罪の経歴、犯罪により害を被った事実などのほか、身体障害、知的障害、精神障害等の障害があること、健康診断そのほかの検査の結果、保健指導、診療・調剤情報、本人を被疑者または被告人として、逮捕、捜索等の刑事事件に関する手続が行われたこと、本人を非行少年またはその疑いがある者として、保護処分等の少年の保護事件に関する手続が行われたことなどが該当する。

　要配慮個人情報を取得する場合は、利用目的の特定、通知または公表に加え、あらかじめ本人の同意が必要である。また、要配慮個人情報は、オプトアウトによる第三者提供はできないので注意が必要である。[19]

❷個人データの安全管理措置

　個人情報取扱事業者は、個人データの安全管理のために必要かつ適切な措置を講じなければならないとされている。漏えい等が生じないよう、安全に管理するほか、業者・委託先にも安全管理を徹底する必要がある。

　①安全管理の方法について

　個人データの安全管理のため講じなければならない措置は、個人データが漏えい等した場合に本人が被る権利利益の侵害の大きさを考慮し、事業の規模及び性質、個人データの取扱状況、個人データを記録した媒体の性質等に起因するリスクに応じて、必要かつ適切な内容とする必要がある。個人データの適正な取扱いの確保について組織として取り組むために、基本方針や個人データの取扱いにかかる規定を策定することが重要である。また、そのほか、具体的に講ずるべき措置には、**表5−5**のようなものがある。

　②小規模事業者に対する特例について

　小規模の事業者の事業が円滑に行われるように配慮することとされており、安全管理措置については、従業員の数が100人以下の中小規

〈表5−5〉**個人情報取扱事業者が講ずるべき安全管理措置**

組織的安全管理措置	・組織体制の整備　・個人データの取扱いにかかる規律に従った運用　・個人データの取扱状況を確認する手段の整備　・漏えい等の事案に対応する体制の整備　・取扱状況の把握及び安全管理措置の見直し
人的安全管理措置	・従業者の教育
物理的安全管理措置	・個人データを取り扱う区域の管理　・機器及び電子媒体等の盗難等の防止　・電子媒体等を持ち運ぶ場合の漏えい等の防止　・個人データの削除及び機器、電子媒体等の廃棄
技術的安全管理措置	・アクセス制御　・アクセス者の識別と認証　・外部からの不正アクセス等の防止　・情報システムの使用に伴う漏えい等の防止

（出典）個人情報保護委員会「個人情報の保護に関する法律についてのガイドライン」（平成28年11月）をもとに筆者作成

225

模事業者（一部の事業者を除く）に対して、ガイドラインにおいて特例的な対応方法が示されている。

取り扱う個人情報の性質や量等によるが、例えば、

- 個人情報の取扱いの基本的なルールを決める
- 従業者を教育する
- 紙で管理している場合は、鍵のかかる引き出しに保管する
- PC等で管理している場合は、ファイルにパスワードを設定する
- PCにセキュリティ対策ソフトウェアを導入する

　　などの手法が考えられる。

❸個人データの第三者提供

　個人情報取扱事業者は、個人データを第三者に提供する場合、原則としてあらかじめ本人の同意を得なければならないとされている。また、第三者に個人データを提供した場合、第三者から個人データの提供を受けた場合は、一定事項を記録する必要があるとともに、本人よりの開示請求があれば、それに応じる必要がある。

　ただし、以下のような場合は例外的に、第三者提供の本人の同意が不要となる。

- 法令に基づく場合（例：警察、裁判所、税務署等からの照会）
- 人の生命・身体・財産の保護に必要（本人同意取得が困難）（例：災害時の被災者情報の家族・自治体等への提供）
- 公衆衛生・児童の健全育成に必要（本人同意取得が困難）（例：児童生徒の不登校や、児童虐待の恐れのある情報を関係機関で共有）
- 国の機関等の法令の定める事務への協力（例：国や地方公共団体の統計調査等への回答）
- 委託、事業承継、共同利用

　提供した場合は、「いつ・誰の・どんな情報を・誰に」提供したかについて記録しなければならない。

　提供を受けた場合は、「いつ・誰の・どんな情報を・誰から」提供されたかの記録に加えて、「相手方の取得経緯」についても記録しなければならない。ただし、一般的なビジネスの実態に配慮して、以下の例外規定がある。

- 本人との契約等に基づいて提供した場合は、記録は契約書で代替可能
- 反復継続して提供する場合は、包括的な記録でかまわない

　なお、上の例外規定に加え、以下の場合には記録義務はかからない
・本人による提供と整理できる場合（SNSでの個人の投稿など）
・本人に代わって提供していると整理できる場合（銀行振込など）
・本人側への提供と整理できる場合（同席している家族への提供など）
・「個人データ」に該当しないと整理できる場合（名刺１枚のコピーなど）等
　記録の保存期間は原則３年である。

　オプトアウトにより個人データを第三者に提供する場合は、必要な事項を個人情報保護委員会に届け出なければならない。委員会は、届出のあった事項を公表することとなっており、委員会のウェブサイトでオプトアウトを行っている事業者や、第三者提供されている個人データ項目などを確認することで、本人が当該第三者提供の停止を求めることができる。

❹保有個人データの開示請求
　個人情報取扱事業者は、本人から保有個人データの開示請求を受けたときは、本人に対し、原則として当該保有個人データを開示しなければならないとされている。また、個人情報の取扱いに関する苦情等には、適切・迅速に対応するよう努めることが必要である。
　事業者は、ホームページ上や事業所での掲示で、事業者の名称、利用目的、請求手続、苦情申出先、加入している認定個人情報保護団体の名称・苦情申出先（認定個人情報保護団体に加入している場合のみ）を明らかにしておく必要がある。
　また、それらを行わず、以下の事項に関する問い合わせに対して遅滞なく答えられるようにしておくことでもよい。

（3）組織としての個人情報保護の対応
　組織としての個人情報保護の対応は、**表5－6**のような項目があげられる。まず、個人情報保護方針を策定し、施設内への掲示及びホームページ上への掲載などで周知をする必要がある。職員の採用時や業者との取引開始時にも個人情報保護の誓約書の取り交わしは必須であるし、必要な場合、サービス利用開始にあたって利用者との個人情報保護の同意書を取り交わすことも忘れてはならない。
　次に、個人情報保護規定を作成し、定期的な職員への個人情報保護に

第5章

〈表5-6〉組織としての対応

> ①個人情報保護に関する規定の整備、公表
> ②個人情報保護推進のための組織体制等の整備
> ③個人データの漏えい等の問題が発生した場合等における報告連絡体制の整備
> ④雇用契約時における個人情報保護に関する規定の整備
> ⑤従業者に対する教育研修の実施

（出典）個人情報保護委員会「医療・介護関係事業者における個人情報の適切な取扱いのためのガイダンス」（令和2年10月改正）をもとに筆者作成

関する教育を行い、持続的な取り組みを行うことがリスクマネジメントとしても重要である。福祉サービス事業者において、要配慮個人情報や災害時や利用者に対する虐待が発生したときの個人情報の取扱いについては特に注意が必要である。

　また、新たな改定により漏えい等が発生し、個人の権利利益を害する恐れがある場合に、個人情報保護委員会への報告及び本人への通知を義務化されるとともに、委員会よりの命令に対する違反や虚偽報告に対して罰則が強化された。個人情報への関心の高まりとともに事業者の責務も増大しているといえよう。

３ 福祉サービス提供組織と公益通報者保護法

（1）公益通報者保護法とは

　公益通報者保護法は、労働者が公益のために通報を行ったことを理由として解雇等の不利益な取扱いを受けることがないように保護するための法律で、平成16（2004）年に交布された。

　この法律の制定の背景として、食品偽装表示事件や自動車のリコール隠し事件等において、事業者内部の労働者からの内部告発により事件が明らかになったことがある。従前より、労働基準法並びに労働契約法においても不当な解雇は禁じられているものの、労働者が企業不祥事を諸機関に通報するにあたり、どのような内容の通報をどこへ行えばよいのか必ずしも明確ではなかった。

　本法律の目的は、内部通報の制度的なルールを定めて内部通報者の保護を行うとともに、かつ企業不祥事から国民の生命、身体、財産等を守ることにある。

　令和2（2020）年に同法が改正され、保護対象を労働者のみならず退

職者や役員も追加することや、実効性を高めるために行政措置・行政罰の追加、通報に伴う損害賠償責任の免除などが追加された（令和3〔2021〕年度中にガイドライン策定予定）。

（2）公益通報とは

　公益通報とは、労働者が労働提供先の不正行為を不正の目的ではなく一定の通報先に通報することをいう。ここでいう労働者とは、労働基準法第9条に規定される労働者のことをいい、正社員、派遣労働者、アルバイト、パートタイマー、公務員などのことである。

　労働提供先の不正行為とは、対象となる法律に違反する犯罪行為または最終的に刑罰につながる行為のことで、刑法、食品衛生法、食品表示法、建築基準法、労働基準法、金融商品取引法、特定商取引に関する法律などがあげられる。社会福祉分野に限定すれば、介護保険法、障害者総合支援法、児童福祉法、児童虐待防止法などの違反による公益通報が考えられる。

　労働者が内部通報を行うにあたり、公益通報者保護法では、事業者内部、行政機関、その他の事業者外部の3つの通報先が制定されており、それぞれに保護要件（同法に基づく保護を受けるための要件）が異なっている。労働者が事業者内部への通報を行うときは、通報対象事実が生じているか、生じようとしていると思われるときに行ったものが保護対象となる。労働者が行政機関への通報を行うときは、単なる憶測や伝聞ではなく、通報内容が真実であることを裏付ける証拠や関係者の信用性の高い供述などの相当の根拠のもとに行われたものが保護対象になる。

　事業者外部への通報は、上記の状況に加えて、以下の場合は保護要件にあたるとされる。

・事業所内部または行政機関に公益通報すれば解雇その他不利益な取扱いを受けると信じるにたりる相当の理由がある場合
・証拠隠滅の恐れや偽造捏造される恐れがあると信じるにたりる場合
・労務提供先から事業者内部または行政機関に公益通報をしないことを正当な理由もなく要求された場合
・書面により事業者内部に公益通報してから20日を経過しても、当該労務提供先から調査を行う旨の通知がない場合、または調査を行わない場合
・個人の生命または身体に危害が発生する、もしくは発生すると信じるにたる相当の理由がある場合

労働者が、保護要件を満たして公益通報をした場合、解雇の無効や降格、減給などの不利益な取扱い、労働者派遣契約解除の無効などの保護を受けることができるとされる。

（3）公益通報者保護法の保護の対象とならない通報と注意事項

公益通報者保護法の保護の対象とならない通報については、労働契約法などのほかの法令等の中で通報者が保護されるか否かが判断される。公益通報者保護法の保護の対象とならない通報であっても、こうしたほかの法令等、例えば労働契約法などに通報者が保護される場合もある。

通報者は、公益通報の際に他人の正当な利益や公共の利益を害することがないように注意する必要がある。例として、利用者の個人情報や通報内容とは関係のない事業者の営業の秘密、国の安全にかかわる情報などが考えられる。また、通報内容が真実でなかった場合に、報道や公表を通じて、広く知られてしまうと、当該の個人や事業者が取り返しのつかない損害を受けてしまうことも考慮しなければならない。

（4）組織としての事業者の対応

令和2（2020）年の改正により、従業員数が300人を超える事業者においては、窓口設定、調査、是正措置の実施などが義務化されることとなった。詳細についてはガイドラインの発出が待たれるが、いずれにしても公益通報を受けた事業者は速やかに事実関係を確認し、当該事象が起こっていると判断されれば、直ちに是正を行い、その結果を通報者に報告する必要がある。この際、必要であれば第三者委員会などの設立も考慮しなければならない。

組織の不正は常にどのような組織でも起こり得る。今までは、普通になされていたことが、時代の変化とともに不適切となったり、誰も気付かないうちに不正の状態にあったり、皆が不正であると気付いていても経済的な背景から不正を見逃しているといったことも起こり得る。しかしながら、隠蔽していた不正がひとたび社会に知れ渡ると組織は甚大な被害を被る。管理者は、悪い情報は上司に伝わりにくいものであるということをよく認識しなければならない。公益通報制度は、組織の不正を暴いていくというより、公益通報制度があるという抑止力によって組織の不正を未然に防ぐことに価値があると考えられている。すなわち、管理者は平素よりいわゆる風通しのよい組織づくりを心がけ、不正の芽を早い段階で摘んでしまう体制を構築することが求められている。

4 情報公開とパブリックリレーションズ

（1）社会福祉法人に課せられた情報公開

　平成28（2016）年に改正された社会福祉法により、社会福祉法人は、定款、役員の報酬支給基準、現況報告書、貸借対照表、事業活動計算書、資金収支計算表などの計算書類、役員等名簿、社会福祉充実計画及び社会福祉充実事業にかかわる実績などをインターネット上で公表することが義務付けられた。現状では、社会福祉法人自身のホームページ上にて公開してもよいし、独立行政法人福祉医療機構（WAM）のWAMネット上で公開してもよい。事業報告書・監査報告書・財産目録・第三者評価結果・苦情解決結果などは、任意事項とされている。

　社会福祉法人など非営利かつ公益性の高い組織は、組織の透明性を高めることが社会から求められている。組織の透明性が高い状態とは、利害関係者に適時に適切な情報が提供されている状態のことをいう。情報公開についてもその仕組みがあることによって、組織の不正を未然に防ぐ効果が期待されている。非営利・非課税の組織は、社会に対して常に情報公開を行い、社会からの信頼を維持し、その理念に基づいた行動を行う必要がある。

（2）パブリックリレーションズとは

　パブリックリレーションズとは、語源をさかのぼればパブリック（公衆）とのリレーション（関係）であり、日本語では「広報」と訳される。広報とは、ある組織が社会一般に対して双方向性をもつ情報交換を行うことにより、組織への信頼や、活動に対する理解を広げていく活動とも定義される。日本においてその訳語であるPRが、プロモーションやキャンペーンのような一方向的な広告と同義的に使われたため、広報活動と広告が混在した意味にとらえられていることに注意をしなければならない。

　広報の究極のゴールは、それぞれの組織の中長期の戦略に基づきよい経営環境を構築することである。したがって、組織の広報担当者は、まず自身が所属する組織の利害関係者は誰であるかを確認する必要がある。一般的な福祉サービス提供組織においての利害関係者は、利用者及びその家族、職員、地域住民、取引業者などがあげられる。広報担当者は、これらの利害関係者に恒常的に適切な情報発信を行うとともに、彼らからの組織に対する評価や要望などを収集することが求められる。

第5章

　情報発信については、広報誌、ウェブサイト、新聞などによる広告など事業者が費用をかけて行うものと、マスメディアによる取材に大別される。前者は、組織が伝えたいことを伝えたいときに見合った費用によって行うことができる。後者は取材対象になるようなトピックスがないと不可能であるが、より多くの人に伝達できること、マスメディアという一定の信頼のおける媒体による情報の信頼性を勝ち取れること、費用がほとんどかからないことなどが最大の利点である。広報担当者は、広報誌などでステークホルダーとかかわり合う地道な活動も必要であるし、組織のトピックスを積極的にマスメディアにアプローチして社会的評価を上げる努力も必要である。

（3）パブリックリレーションズの内容と評価方法

　社会的に広報の内容として求められているものとして、商品・サービスや財務パフォーマンスのみならず、社会的責任、ビジョン・リーダーシップ、職場環境、情緒的なアピールなどがあげられている。

　現状で福祉サービス提供組織の多くが行っているのが、利用者及びその家族に施設のイベントの紹介を中心とした組織の取り組みや決算状況などを記載した広報誌を配布することである。また、組織のホームページをもち上記の内容に加えて施設紹介ならびに職員募集を行うなども一般的である。しかしながら、ユーチューブなどの動画を使用したり、フェイスブックなどのSNSを利用するなどの工夫をしている組織はまだ少数派である。

　福祉サービス提供組織は、情報発信に対して消極的で、ホームページが何年も更新されていないなどの組織も少なくない。これは、弱者救済を旨とする福祉サービス組織において、宣伝広告を行いにくい背景があることも影響していると思われる。しかしながら、前述のとおり広報は広告ではない。適切な情報発信に基づく正しい広報活動は本来なら必要不可欠のはずである。現状において、専任の広報担当者を配置できる福祉サービス組織はごく少数と思われるが、仮に併任であっても、ホームページでの情報発信などの最低限の活動は継続しておきたい。

　広報担当者は、単に広報活動を行うだけでなく、提供している福祉サービスの評価も行わなければならない。企業における一般的な評価内容は、株価や離職率などの既存の統計資料、アンケート、ヒアリングなどの直接調査、メディアやネットなどによるとされる。福祉サービス提供組織では、離職率などの職員体制や定期的なアンケートなどが比較的取

り組みやすいデータ収集である。広報担当者は単に広報として組織の内外をつなぐのみではなく、その得た情報をもとに組織自体の戦略を立案するようになるのが理想である。また、組織の不祥事が起こった際のダメージコントロールを行うことも広報の役割といえる。福祉サービス提供組織において、広報は軽視されがちだが、事業を主体的に担っていくぐらいの力強い広報部門をつくることが望ましい。

5 ICTの活用と情報管理

（1）ICTの福祉現場における活用法

　少子高齢化の加速と労働者人口の減少により、今後日本の労働力が慢性的に不足すると予想されている。そうしたなか、福祉職場においても今までより少人数で業務が維持できるように生産性の向上が求められている。近年、福祉サービス事業者においても、電子カルテやセンサーなどを中心にさまざまなICT機器が導入されはじめている。例えば、電子カルテについては、今まで紙ベースで行われていた文書や画像のやりとりが電子化されることによりかなりの時間の削減が可能になったといわれている。そのほかにも訪問看護や訪問介護において、スマートフォンを利用することにより職員が自宅と利用者の家を直行直帰することも可能となった。また、ベッド上で心拍数や呼吸数がわかるセンサーを用いることにより夜間の巡回を減らすことや、睡眠状態を確認してケアプランにフィードバックすることもできるようになった。さらには、スタッフの業務時間を測定し、新たなICT機器を使うことでどのくらい業務の削減ができるかということを組織的に行っている事業者もある。

　このように、介護などの現場では仕事のやり方が少しずつ変化しつつある。今後、TV会議システムなどを使うことにより、同じ空間にいなくとも会議を行うことが可能となり、リモートワークの推進などにより長時間の通勤や出張などが減少してくることも大いに期待される。

（2）ビッグデータと情報管理

　ビッグデータとは、第一義的には、一般のデータベースソフトなどでは管理しきれないほどの量のデータのことである。その構成要素は、量（Volume）、多様性（Variety）、生成される速度（Velocity）の3つから成るとされている。よく知られている例は、コンビニなどに導入されているPOSシステムやウェブ上のショッピングサイトで、購買履歴がビ

ッグデータとして集積される。コンビニ会社やサイトの運営者は、性別、年齢別、期日別、時間別に購買データの分析を行い、価格や品揃えなどを最適化していくことが可能であるとされている。

　社会保障の分野においても、医療保険については、包括的医療費支払い制度（DPC）において医療データの活用が始まっていたが、令和3（2021）年4月の介護報酬改定より、介護分野でも新しく科学的介護情報システムLIFE（Long-term care Information system For Evidence）が導入された。このシステムは、事業者が利用者の身体機能のアセスメントを定期的に入力し、その情報に基づいて事業者がPDCAサイクルを回すことによってケアの改善を図ることを目標にしている。導入当初の混乱は見られているものの、ビッグデータを分析していくことにより、5年後10年後に向けて介護給付の最適化が図られる方向に進むものと思われる。

（3）組織としての事業者の対応

　ICTが、日々の暮らしの中に入ってくることにより、人々の行動様式は確実に変化してきている。ラインやフェイスブックなどのSNSを使えば、中学生でも瞬時に画像を世界中に送ることができる。

　しかしながら、発育の途中にある者でも等しく情報のやりとりができることは、必ずしもよいことばかりではない。お互いが面と向かって話していればなんでもない言葉でも、SNSでは厳しい表現と受け取られることもある。しかも、その内容が証拠として残ってしまい、周辺の学校・地域を巻き込んだ騒動になることもしばしば見受けられる。本来であれば、義務教育を終えるまでにSNSに対する一定のリテラシーを身に付けることが望ましいが、学校教育の中で多くの時間が割かれているわけではないのが現状である。

　したがって、SNSの利用に対する組織内の規定をつくるとともに、新人職員研修を含めた定期的なSNS利用に対する教育を行っていく必要がある。

　組織における情報セキュリティは、今後ますます重要になってくると思われる。情報セキュリティとは、情報資産の機密性・完全性・可用性（3要素）の確保を行いつつ、組織の情報システムを取り巻くさまざまな脅威から、情報システムを正常に維持することと定義される。機密性の確保とは、アクセス権の設定や暗号の利用などによる情報資産に対して正当な権利をもった人のみが利用できる状態にしておくことである。ま

た、完全性の確保とは、ログを残すような設定にして誰がいつアクセスしたかを把握することにより不正な改ざんなどを予防することである。さらに、可用性の確保とは、バックアップをきちんと行うことや災害時の非常電源を確保することなどの情報資源を必要な時に使えるようにすることである。福祉サービス提供組織において、これらすべてを自前で行うのは簡単ではなく、必要に応じて外部委託を行うことが望ましい。

　福祉サービスの利用者は、ICTに対する知識に乏しい人も少なくない。管理者は、そうした利用者の保護に努め、トラブルから守る責務が生じる場合も想定される。前述のとおり、福祉サービス事業者は、その業務上の特性として要配慮個人情報を取得したり、取得しなければならないこともある。すべての管理者は、自身のみならず職員が良心に従って利用者の個人情報を取り扱うよう指導する必要があり、情報管理に対する職員教育を組織的かつ継続的に行っていくことが重要である。

第5章

BOOK 学びの参考図書

● 佐々木俊尚『フラット革命』講談社、2007年。
　　マスメディアからの一方的な情報発信しかなかった社会から、ネットにおける個人より情報発信も可能になった時期の著作。IT革命により生じた社会と個人の関係性の変化を学ぶことができる。

● 成毛　眞『amazon－世界最先端の戦略がわかる』ダイヤモンド社、2018年。
　　物流革命の最先端を行く巨大企業の戦略についての著作。福祉に携わるものとしても、人々の生活を変えていくこの企業について知っておくべきである。

参考文献

● 個人情報保護委員会「個人情報の保護に関する法律についてのガイドライン」2016年
● 飯田修平 編『医療・介護における個人情報保護Q&A』じほう、2017年
● 消費者庁「公益通報者保護法を踏まえた内部通報制度の整備・運用に関する民間事業者向けガイドライン」2016年
● 消費者庁消費者制度課 編『逐条解説 公益通報者保護法』商事法務、2016年
● 企業広報戦力研究所『戦略思考の広報マネジメント』日経BPコンサルティング、2015年
● 五味祐子『社会福祉関係者のための個人情報保護Q&A』全国社会福祉協議会、2018年
● 個人情報保護委員会『医療・介護関係事業者における個人情報の適切な取扱いのためのガイダンス』厚生労働省、2017年（2020年一部改正）
● 三菱総合研究所ヘルスケア・ウェルネス事業本部「ケアの質の向上に向けた科学的介護情報システム（LIFE）利活用の手引き」（令和元年度厚生労働省老人保健事業推進費等補助金〔老人保健健康増進等事業分〕）、2021年

第3節 福祉サービス提供組織の財務管理

① 企業会計と社会福祉法人の会計

（1）組織における資金の流れ

　財務管理とは、資金調達・資金運用などの計画を立てて遂行していく経営管理活動である。ここで資金調達・資金運用の前提として、組織における資金の流れを理解する必要がある。

　営利企業、非営利組織を問わず事業を実施していくためには、さまざまな経営資源（ヒト・モノ・カネなど）を用いなければならず、その獲得は基本的に有償である。事業実施にあたっては、あらかじめ経営資源を獲得する必要があり、その元手となる資金を準備することが必要となる。その上で経営資源を用いて商品やサービスを生み出し、提供することで、再び資金という形に戻って還流してくる。

　さらにその資金は、次の経営資源の獲得に使われていく。事業を実施するということは、このような資金循環サイクルを続けていくことだといえる。

　しかしながら、この資金循環サイクルは常に順調に回り続ける保証はない。例えば、調達と運用の期間の不整合（長期間かけないと資金回収できない設備投資とそのための資金調達期間とのバランス）、労働や原材料などの経営資源獲得の不確実性、産出した商品・サービスに対する需要の有無や価格の変動（売れないリスクや値崩れリスク）など、資金循環を滞らせるさまざまなリスクが事業運営には存在している。こうした資金循環におけるさまざまなリスクを管理された状態に置くことが財務管理の役割だといえる。

（2）会計とは

　財務管理を行うためには、さまざまな資金循環リスクを見える化し、PDCAサイクルを回すことが求められる。ここで資金循環を定量的に把握していく手段となるのが会計である。具体的には、会計とは経営管理の対象となる組織活動（経営実体）を貨幣価値という形で認識・測定・分類・報告する写像行為だということができる。

　また会計は、単に経営を担う者に対する報告を目的とするだけでなく、当該組織の外部にいるさまざまな利害関係者に対しても情報を提供し、それらの者が行う意思決定にも用いられる。経営者の管理活動に資するための会計のことを管理会計、利害関係者に対する報告と意思決定支援を目的とする会計のことを財務会計という。

　このような会計情報については、それをつくる側と使う側がいる。一般につくる側は組織の内部事情を知り得る立場にあり情報量は多い。他方使う側は、組織の内部情報を必ずしも十分に知り得る立場にない。このような中でつくる側が自らに有利な事象だけを認識・測定することが許されると、使う側の利害関係者は誤った意思決定をしてしまう。このため、つくる側と使う側が会計情報共通のルールをもつことで、両者の情報の乖離を少なくすることができる。会計基準というルールを定めるのは、そうした理由によるものである。

（3）企業会計の制度

　わが国の企業会計制度については、第二次世界大戦後に経済復興本部、及びその後の企業会計審議会で制定された「企業会計原則」が企業の会計基準の始まりである。その前文において「企業会計原則は、企業会計の実務の中に慣習として発達したもののなかから、一般に公正と認められたところを要約したものであって、必ずしも法令によって強制されないでも、すべての企業がその会計を処理するのに当たって従わなければならない基準である」とされている。

　これ以外にも法令として定められている企業会計ルールがある。金融商品取引法に基づく「財務諸表規則」、会社法に基づく「計算書類規則」、税法などである。

　また企業会計原則と法令による会計との間の相違点の調整や企業会計原則の考え方の明確化のため、「企業会計原則と関係諸法令との調整に関する連続意見書」も制定されている。

　その後、国際会計基準審議会（IASB）の改組において、加盟国は会計基準設定主体を民間組織とすべきとされたことから、わが国では、公益財団法人財務会計基準機構の内部組織である企業会計基準委員会（ASBJ）が企業会計基準の制定主体となっている。

（4）社会福祉法人の会計制度

　社会福祉法人の会計については、社会福祉法第45条の23から第45条の

35において社会福祉法人の「計算」として定めがある。第45条の23においては、「社会福祉法人は、厚生労働省令で定める基準に従い、会計処理を行わなければならない」とされ、その省令として**社会福祉法人会計基準**が定められている（以下、会計基準省令）。

会計基準省令第1条では、社会福祉法人会計基準は社会福祉法人の会計処理の基準及び計算書類等の作成の基準を定めるものとされている。

さらに同条第2項では、会計基準省令に定めのないものについては、「一般に公正妥当と認められる社会福祉法人会計の慣行を斟酌しなければならない」と定めている。そしてこの「一般に公正妥当と認められる社会福祉法人会計の慣行」として、厚生労働省から2つの通知が発出されている。[20]

＊20
厚生労働省社会・援護局長ほか連名通知「社会福祉法人会計基準の制定に伴う運用上の取扱いについて」（平成28年3月31日／社援発0331第39号）。厚生労働省社会・援護局福祉基盤課長ほか連名通知「社会福祉法人会計基準の制定に伴う運用上の留意事項について」（平成28年3月31日／社援基発0331第2号）。

2 社会福祉法人会計の原則と具体的な特徴

（1）社会福祉法人の会計の原則

会計基準省令第2条において、社会福祉法人の会計処理に際して従うべき4つの原則が定められている。「企業会計原則」における一般原則に相当するものである。

❶真実性の原則及び明瞭性の原則

会計基準省令第2条第1号では、一般の会計慣行において「真実性の原則」とよばれるものと、「明瞭性の原則」とよばれるものが含まれている。

①真実性の原則

一般に公正妥当と認められる会計慣行においては、真実とは「相対的真実」をいう。会計の実務においては会計処理の選択や会計上の見積もりなど作成者の側に一定の幅をもたせている場合がある。このため、同じ会計事象を処理する場合でも、異なる認識・測定の結果が生成されることがある。会計処理の選択が一般の会計慣行として認められている範囲に収まっている限り、それらの会計情報はいずれも真実だとみなされる。唯一絶対の真実ではなく、ある一定の幅をもった事象をすべて真実とみること、これが相対的真実の意味である。

②明瞭性の原則

会計情報を利用する者は必要な情報を適切に獲得できるようにすることが求められる。具体的には利害関係者に会計情報を伝達する手段

となる**財務諸表**において、表示の区分方法や勘定科目の分類方法、表示情報の配列方法などについて見やすいこと、概括的に理解が可能なことなどが求められる。また、財務諸表だけでは表しきれない重要な会計方針や後発事象などについて、注記で適切に表示することも含まれる。

「会計は法人の自治だ」として一般には認められないような会計処理方針を選択したり、「自法人に都合のよいやり方で勝手に勘定科目を決めて」いたりするのは、真実性の原則や明瞭性の原則に違反するものである。会計基準省令で定められた認識・測定方法、勘定科目の設定方法、配列表示方法を適切に遵守することが求められる。

❷正規の簿記の原則

正規の簿記とは、正確な帳簿記録に基づいて財務諸表が作成されていることを意味する。

正確な帳簿記録として一般に求められる性質とは、①網羅性があること（組織の経済活動が網羅的に記録されていること）、②立証性があること（すべての会計記録が検証可能な証拠書類に基づいて作成されていること）、③秩序性があること（すべての会計記録が継続的、組織的に行われていること）である。

そして、これらの性質を満たす帳簿記録の方式として、一般的には複式簿記が該当するといわれている。

社会福祉法人は、複式簿記の方法を用いて事業活動計算／貸借対照表の総勘定元帳系列の仕訳を行うのと同時に、資金収支計算系列の仕訳も行っている。このことは、総勘定元帳から見積もり誘導でキャッシュフロー計算を作成する企業会計と比べて、社会福祉法人では資金計算について緻密な処理が行えるのが特徴である。

❸継続性の原則

継続性の原則とは、いったん採用した会計処理の方法については毎期継続して適用し続けなければならないことを求める原則である。一般に公正妥当と認められる会計慣行においては、同一の会計事象に対して複数の会計処理方法が選択可能な場合があり、それらの違いから会計情報が異なる結果を生む。こうした会計処理の幅を悪用すれば、粉飾等会計情報を歪曲させる恣意性がはたらく可能性が生ずる。このため、会計処理方針の選択や会計の見積もり処理にあたっては、いったん採用した方

第5章

法を継続的に適用することを求めることを通じて、恣意的な会計情報の歪曲を排除しようとするものである。

❹重要性の原則

　本来会計は、定められた処理方法に基づき正確な計算を行うべきとされている。しかしながら、会計の目的が組織の財務内容を明らかにし、利害関係者の判断を誤らせないようにすることであるため、重要性の乏しいものについては、本来の厳密な会計処理によらないで他の簡便な方法によることも正規の簿記の原則に従った処理として認められるとする考え方が、重要性の原則とよばれるものである。

（2）社会福祉法人会計の特徴

　社会福祉法人会計については、以下のような特徴が指摘できる。

❶会計の区分

　社会福祉法人が行う社会福祉事業は、憲法第25条の国民の生存権を国として保障するための具体的なプログラム体系であり、国は社会福祉法人等が社会福祉事業を公明かつ適正に実施していることを管理する必要がある。そこで社会福祉法人は、社会福祉事業ごとに会計を区分し、それぞれの実施顛末を解明することとされている。

　具体的には、会計基準省令第10条において、計算書類の作成に関して、事業区分及び拠点区分、サービス区分を設けなければならないとされている。さらにその詳細な取扱いについては、「運用上の取扱い通知」及び「運用上の留意事項通知」において定められている。

*21
*20に同じ。

❷資金概念

　企業会計においても社会福祉法人会計においても、計算書類（財務諸表）として資金計算が行われている。企業会計ではキャッシュフロー計算書、社会福祉法人では資金収支計算書とよばれ、これらの計算書類の対象となる資金の範囲は異なっている。社会福祉法人会計における資金収支計算の対象は支払資金とよばれ、流動資産及び流動負債（引当金及びワンイヤールールを除く）とされている。他方、企業会計のキャッシュフロー計算書の対象は現金及び現金同等物とされ、支払資金より狭い範囲の取引しか対象としていない。

　社会福祉事業の資金の使途制限については、支払資金を用いて管理さ

*22
貸付金、借入金等の債権債務は、毎会計年度末の翌日から1年以内に入金・支払いの期限が来るものを、流動資産・負債とし、1年を超えるものを固定資産・負債と分類するルール。「1年以内～」と表示される。

れており、そのツールとなってきたのが資金収支計算書である。一方企業では、資金繰り倒産がないかを管理する必要から、支払資金ではなく厳密に現預金等に限定する必要があったという経緯がある。社会福祉法人は基本的に公費による事業の実施が主であるため、企業のような資金繰り倒産のリスクはほとんど想定されない。こうした事情の違いによって、同じ資金計算でも企業と社会福祉法人では対象が異なったのである。

❸国庫補助金等の会計

　国庫補助金等の会計についても、企業会計と社会福祉法人会計とでは異なっている。企業における会計慣行では、国庫補助金等については法人税等の課税所得計算にかかる税務会計において、課税所得の算定から除外する取扱いとされ、補助金による資金の流入は益金とはせず、また補助金を用いた固定資産取得等への支出の部分は損金とはされない（圧縮記帳）。

　しかしながら、施設・設備整備において多額の公費が用いられる社会福祉法人においては、仮に圧縮記帳をしてしまうと補助金を用いて得られた資産が貸借対照表上には計上されなくなることから、貸借対照表の表示能力に問題が生じてしまう。このため、社会福祉法人では圧縮記帳せず、国庫補助金等を用いて取得した固定資産についてはその総額を資産に計上するとともに、その財源として純資産に国庫補助金等特別積立金を表示することとされた。

　さらに、補助対象となった固定資産については、減価償却[*23]の対象となることから、補助金の額を含めた対象を償却計算する。このためその財源であった純資産の国庫補助金等特別積立金についても減価償却と同等の計算を行い、毎期当該額を取り崩す取扱いとされた。

❹行政指導に適合した勘定科目

　社会福祉法人の計算書類における勘定科目については、会計基準省令第18条（資金収支計算書の勘定科目）、第24条（事業活動計算書の勘定科目）、第28条（貸借対照表の勘定科目）で定められている。その表記や分類については、企業会計に用いられるものと比較すると異なるものが多い。これは社会福祉事業の公明かつ適正な実施を管理する行政指導の目的に適合したものにする必要があるからである。

[*23]
減価償却とは、耐用年数が1年以上で、使用または時の経過により価値が減ずる固定資産について、その取得支出の費用認識を支出年度で一括計上するのでなく、耐用年数期間にわたり費用として配分することをいう。

（3）社会福祉法人の計算書類

　社会福祉法人が作成すべき計算書類については、会計基準省令第7条の2において定められている。それぞれの内容については、**図5−16**のとおりである。

❶貸借対照表とは

　貸借対照表とは、会計基準省令第25条において「当該会計年度末現在における全ての資産、負債及び純資産の状態を明瞭に表示するもの」とされている。

　貸借対照表の区分については、会計基準省令第26条において、資産の部、負債の部及び純資産の部に区分し、さらに資産の部については流動資産及び固定資産に、負債の部については流動負債及び固定負債に区分することとされている。純資産の部については基本金、国庫補助金等特別積立金、その他の積立金、及び次期繰越活動増減差額に区分しなければならないとされている。

　資産の部は、会計年度末現在におけるすべての資産（＝プラスの財

〈図5−16〉**社会福祉法人が作成すべき計算書類**

	資金収支計算書	事業活動計算書	貸借対照表	備考
法 人 全 体	法人単位資金収支計算書	法人単位事業活動計算書	法人単位貸借対照表	左記について注記及び付属明細表を作成
法 人 全 体（事業区分別）	資金収支内訳表 ○◎	事業活動内訳表 ○◎	貸借対照表内訳表 ○◎	左記様式では事業区分間の内部取引消去を行う
事 業 区 分（拠点区分別）	事業区分資金収支内訳表 ◎	事業区分事業活動内訳表 ◎	事業区分貸借対照表内訳表 ◎	左記様式では拠点区分間の内部取引消去を行う
拠 点 区 分（1つの拠点を表示）	拠点区分資金収支計算書	拠点区分事業活動計算書	拠点区分貸借対照表	左記について注記及び付属明細表を作成
サービス区分	拠点区分資金収支明細書 ☆	拠点区分事業活動明細書 ☆		

（注）法人の事務負担軽減のため、以下の場合は財務諸表及び基準別紙の作成を省略できるものとする
1．○印の様式は、事業区分が社会福祉事業のみの法人の場合省略できる
2．◎印の様式は、拠点が1つの法人の場合省略できる
3．☆印の様式は、附属明細書として作成するが、その拠点で実施する事業の種類に応じていずれか1つを省略できる

（筆者作成）

〈表5－7〉法人単位貸借対照表の様式

法人単位貸借対照表

第三号第一様式（第二十七条第四項関係）

令和　年　月　日現在

（単位：円）

資　産　の　部				負　債　の　部			
	当年度末	前年度末	増減		当年度末	前年度末	増減
流動資産				流動負債			
現金預金 　有価証券 　事業未収金 　・・・・ 　1年以内回収予定長期貸付金 　・・・・ 　徴収不能引当金	△×××	△×××		短期運営資金借入金 　事業未払金 　・・・・ 　1年以内返済予定設備資金借入金 　・・・・ 　賞与引当金 　・・・・			
固定資産				固定負債			
基本財産				設備資金借入金 　長期運営資金借入金 　・・・・ 　退職給付引当金 　役員退職慰労引当金 　・・・・			
土地 　　建物 　　建物減価償却累計額 　　・・・・	△×××	△×××					
その他の固定資産				負債の部合計			
土地 　　建物 　　建物減価償却累計額 　　・・・・ 　　徴収不能引当金	△×××	△×××		純　資　産　の　部			
				基本金 　国庫補助金等特別積立金 　その他の積立金 　次期繰越活動増減差額 　（うち当期活動増減差額）			
				純資産の部合計			
資産の部合計				負債及び純資産の部合計			

※　本様式は、勘定科目の大区分及び中区分を記載するが、必要のない中区分の勘定科目は省略することができる。
※　勘定科目の中区分についてはやむを得ない場合、適当な科目を追加できるものとする。

（出典）「会計基準省令」をもとに筆者作成

産）が示され、負債の部と純資産の部については、資産がどのような原因によって形成されたかを示すいわば「財源」を表している。負債の部は、その財源のうち返済義務が生じるものを、また純資産の部は、返済義務が生じないものを表す。すべての財産は必ずその原因たる財源と対応していることから、貸借対照表の借方合計にある「資産の部合計」の額と貸方合計にある「負債及び純資産の部合計」の額とは恒常的に一致する。

　経営的に見ると、資産の総額に対して返済義務のない財源が多く含まれると、債務履行という経営リスクが少なくなることから、財務内容が充実していると考えられ、経営の安定性を評価する視点となる。

〈表5-8〉法人単位事業活動計算書の様式

法人単位事業活動計算書　　　　　第二号第一様式（第二十三条第四項関係）

（自）令和　年　月　日　（至）令和　年　月　日　　　　　　　（単位：円）

勘定科目			当年度決算（A）	前年度決算（B）	増減（A）-（B）
サービス活動増減の部	収益	介護保険事業収益 老人福祉事業収益 児童福祉事業収益 ・・・・			
		サービス活動収益計（1）			
	費用	人件費 事業費 事務費 ・・・・			
		サービス活動費用計（2）			
	サービス活動増減差額（3）＝（1）-（2）				
サービス活動外増減の部	収益	借入金利息補助金収益 ・・・・			
		サービス活動外収益計（4）			
	費用	支払利息 ・・・・			
		サービス活動外費用計（5）			
	サービス活動外増減差額（6）＝（4）-（5）				
経常増減差額（7）＝（3）＋（6）					
特別増減の部	収益	施設整備等補助金収益 施設整備等寄附金収益 ・・・・			
		特別収益計（8）			
	費用	基本金組入額 ・・・・			
		特別費用計（9）			
	特別増減差額（10）＝（8）-（9）				
当期活動増減差額（11）＝（7）＋（10）					
繰越活動増減差額の部	前期繰越活動増減差額（12）				
	当期末繰越活動増減差額（13）＝（11）＋（12）				
	基本金取崩額（14）				
	その他の積立金取崩額（15）				
	その他の積立金積立額（16）				
	次期繰越活動増減差額（17）＝（13）＋（14）＋（15）-（16）				

※　本様式は、勘定科目の大区分のみを記載するが、必要のないものは省略することができる。ただし追加・修正はできないものとする。

（出典）「会計基準省令」をもとに筆者作成

❷事業活動計算書とは

　事業活動計算書とは、会計基準省令第19条において「当該会計年度における全ての純資産の増減の内容を明瞭に表示するもの」とされている。

　事業活動計算書の区分については、会計基準省令第21条において「サービス活動増減の部」（サービス活動による収益及び費用を記載しサービス活動増減差額を算定）、「サービス活動外増減の部」（サービス活動以外の原因による収益及び費用であって経常的に発生するものを記載し、サービス活動外増減差額を算定）、「特別増減の部」（施設整備等にかかる臨時的な収益、費用を記載し、特別増減差額を算定）及び「繰越活動増減差額の部」に区分して計算するとされる。

　さらに、各区分の増減差額を逐次加算していくことで当期活動増減差額を算定し、これに過年度の増減差額や基本金・積立金の積立取崩を加減することで、当会計年度末における次期繰越活動増減差額が算定される。

　この次期繰越活動増減差額が、前項で述べた貸借対照表の純資産の部にある同名の勘定科目の金額と必ず一致するという特徴がある。見方を変えると、貸借対照表と事業活動計算書とは次期繰越活動増減差額を介して、貸借対照表の純資産の増加・減少の要因を事業活動計算書における収益と費用とに分解して解明する機能を有するものといえる。

❸資金収支計算書とは

　資金収支計算書とは、会計基準省令第12条において「当該会計年度における全ての支払資金の増加及び減少の状況を明瞭に表示するもの」とされている。

　この中で「支払資金」とは、流動資産及び流動負債（ワンイヤールールによる振替額及び引当金並びに棚卸資産を除く）のことをさし、その残高は流動資産と流動負債（同前）の差額である。

　資金収支計算書の区分については、会計基準省令第15条において「事業活動による収支」（経常的な事業活動による収入及び支出を記載し、事業活動資金収支差額を算定）、「施設整備等による収支」（施設整備等にかかる資金の収入及び支出を記載し、施設整備等資金収支差額を算定）、「その他の活動による収支」（上記収支以外の収入及び支出を記載し、その他の活動資金収支差額を算定）に区分して計算することとされている。

〈表5－9〉法人単位資金収支計算書の様式

法人単位資金収支計算書

第一号第一様式（第十七条第四項関係）

（自）令和　年　月　日　（至）令和　年　月　日

（単位：円）

勘定科目			予算(A)	決算(B)	差異(A)－(B)	備考
事業活動による収支	収入	介護保険事業収入 老人福祉事業収入 児童福祉事業収入 ・・・・				
		事業活動収入計（1）				
	支出	人件費支出 事業費支出 事務費支出 ・・・・				
		事業活動支出計（2）				
	事業活動資金収支差額（3）＝（1）－（2）					
施設整備等による収支	収入	施設整備等補助金収入 ・・・・				
		施設整備等収入計（4）				
	支出	設備資金借入金元金償還支出 ・・・・				
		施設整備等支出計（5）				
	施設整備等資金収支差額（6）＝（4）－（5）					
その他の活動による収支	収入	長期運営資金借入金元金償還寄附金収入 ・・・・				
		その他の活動収入計（7）				
	支出	長期運営資金借入金元金償還支出 ・・・・				
		その他の活動支出計（8）				
	その他の活動資金収支差額（9）＝（7）－（8）					
予備費支出(10)						
当期資金収支差額合計(11)＝（3）＋（6）＋（9）－(10)						

前期末支払資金残高(12)				
当期末支払資金残高(11)＋(12)				

※　本様式は、勘定科目の大区分のみを記載するが、必要のないものは省略することができる。ただし追加・修正はできないものとする。

（出典）「会計基準省令」をもとに筆者作成

3 福祉サービスの収入の種類と留意点

（1）福祉サービス運営に関する財源

　　福祉サービスの運営財源については、公費が多く入っていることが特徴である（**図5－17**）。またその財源の性格によって、資金の使途制限などの規制が伴い経営の裁量性に大きく影響するものがあることも特徴である。

〈図5−17〉　福祉サービスの運営に関する財源

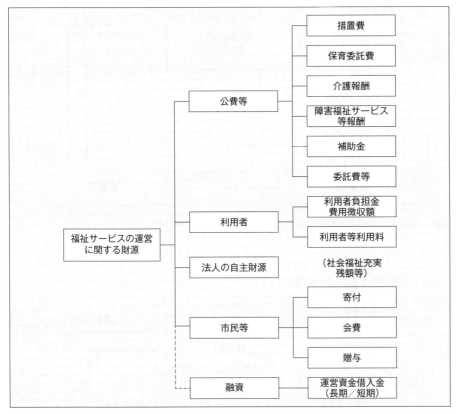

（筆者作成）

（2）措置制度

　社会福祉関係各法により、措置権者（援護の実施機関で行政のこと）が、対象者（要援護者）を社会福祉施設へ入所させるなどの措置をとった場合、その措置に要する費用を措置権者が福祉サービスの実施者に支弁するという規定がある。この支弁される費用のことを「措置費」という。

　措置制度は、行政が保護を必要とする者を措置する仕組みであり（**図5−18**）、行政が自らサービス提供する代わりに事業者に提供を委託する場合、行政から事業者に支払われるのが措置費である。このため当該措置については、行政から事業者に対する委託契約に基づく取扱いとなる。委託者である行政は委託先が提供する福祉サービスが適切に実施されることを確保するため、委託費である措置費について使途制限を設け管理することとされている。受託者である社会福祉法人においては、当該資金の使途制限によって、経営の自由裁量性が限定されてしまうという特性を有している。

〈図5−18〉措置制度におけるサービス・給付の仕組み

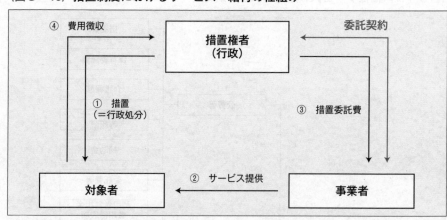

（出典）厚生労働省「社会福祉施設の整備及び運営について」をもとに筆者作成

〈図5−19〉保育委託費の仕組み

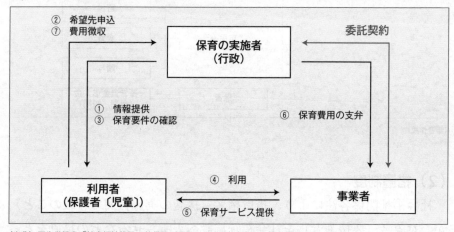

（出典）厚生労働省「社会福祉施設の整備及び運営について」をもとに筆者作成

（3）介護保険制度

　高齢化が進み、介護を必要とする高齢者の増加や核家族化の進行で介護による離職が社会問題となるなか、家族の負担を軽減し、介護を社会全体で支えることを目的に、平成12（2000）年に介護保険制度が創設された。介護の給付の仕組み（**図5−20**）については、市町村は要介護被保険者（利用者）が介護保険の指定サービスを受けたときは、当該利用者に対し、指定サービスに要した費用について介護サービス費を支給するとされている。

　また、利用者が指定サービス等を受けたとき、市町村は指定サービス等に要した費用について、介護サービス費として当該利用者に支給すべ

〈図5-20〉介護保険制度におけるサービス・給付の仕組み

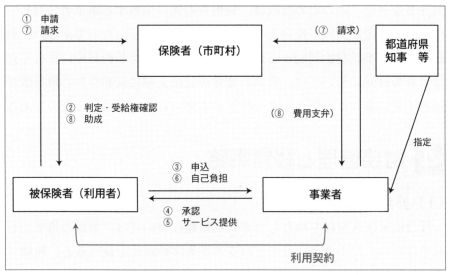

（出典）厚生労働省「社会福祉施設の整備及び運営について」をもとに筆者作成

〈図5-21〉障害者総合支援法におけるサービス・給付の仕組み

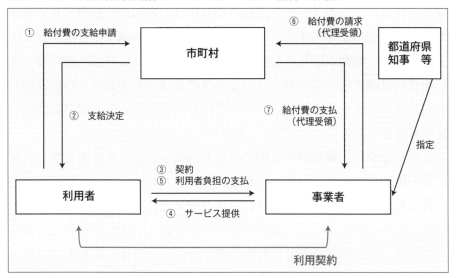

（出典）厚生労働省「社会福祉施設の整備及び運営について」をもとに筆者作成

き額を限度として、当該利用の代わりに指定事業者に支払うことができるとされる。その場合、利用者に対し介護サービス費の支給があったものとみなすとされている（**法定代理受領**）。

（4）利用契約制度移行の経営への影響

　介護保険制度をはじめとした利用契約制度においては、サービスの提供についての契約関係は利用者と事業者との間で結ばれる。ここにおい

て行政は利用者が利用したサービスに対して資金的に助成する形だけの
関与となった。このため行政は、利用者の先に位置する事業者に対して
は支払う資金について使途を制限する権限がなくなったのである。措置
制度という委託契約制度から介護保険制度等の利用契約制度に移行した
事業者の経営においては、資金の使途規制は大幅に緩和され、事業者の
創意工夫に基づく自律と自立の経営が求められるようになったのである。

4 財務管理と経営戦略

（1）非営利組織の財務管理

　社会福祉法人をはじめとした非営利組織においては、利潤の追求が目
的ではない。だからといって、収支差が赤字の経営を続けると、組織に
投じられた資本が毀損され、経営破綻に向かうことになる。したがって、
非営利組織といえども決して赤字執行は許されない。

　非営利組織は「貨幣資本の増大ではない特定のミッション」の達成が
求められる。そのミッション達成のためには、相応の活動が必要であり、
当然一定の費用が発生する。このことから非営利組織では費用が多く出
ているほど、活動が活発に行われていると評価される可能性がある。逆
に非営利組織で収支差額が大きいということは、ミッションの達成のた
めの活動にお金を出し惜しみ、使わずにため込んでいると認識されてし
まう可能性もある。

　しかしながら、費用が多く出ていたとしても、コスト管理がなされず、
冗費が生じている場合も考えられる。ミッション達成という積極経営と
冗費乱発の後ろ向きの経営は財務諸表データだけでは識別ができず、財
務諸表以外の活動データ・機能性データを動員した分析が求められる。

　つまり、非営利組織の財務管理の考え方については、当然赤字であっ
てはならず、しかしながら黒字が出過ぎても評価されない、とてもむず
かしい舵取りが求められるのである。

（2）利潤極大化と成果極大化

　経営分析を行うときは、対象となる組織がその組織目的を効果的・効
率的に達成しているかを評価することになる。

　ところで組織目標が異なると、当然ながらその組織の経営行動も異な
ってくる。企業の場合は利潤（収支差）として貨幣資本の増大を追求す
ることが「目的」であり、そのためには収入（売上）の増大や支出（費

〈図５−22〉営利企業の経営行動モデル（利潤極大化）

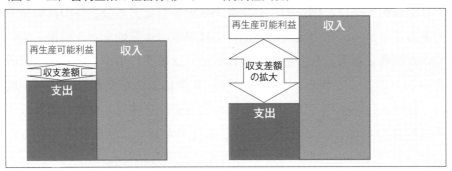

（筆者作成）

〈図５−23〉社会福祉法人の経営行動モデル（成果極大化）

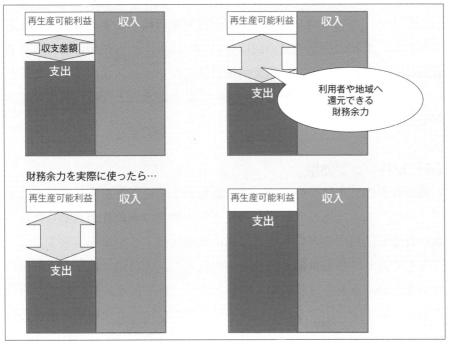

（筆者作成）

用）の削減という管理行動が「手段」となる（利潤極大化・**図５−22**）。

　一方、非営利の社会福祉法人については、利益により形成される貨幣資本の増大以外の組織ミッションの達成が目的となる（成果極大化・**図５−23**）。ミッション達成のためには相応の組織活動が必要となり、そのためには一定のコストが発生する。つまり、社会福祉法人ではミッション＝活動＝費用の増大が目的となり、収支差は活動を増大させる財務余力であり手段となる。

（3）事業の永続性と再生産

　社会福祉事業は、国民のセーフティネットを支える公益性の高い事業であることから、その実施にあたっては事業の永続性をどう確保していくかが問題となる。社会福祉事業については事業に用いる財産の自己所有規制があることから、賃貸借／リース等による事業形態に比べ、取得・維持・付替／建替における多額の投下資金を確保しなければならず、特に取得から建替までの間に投下した資金が適切に回収できているか（超長期的な投下・回収バランスの管理）が重要になる。

　会計メカニズムとしては、事業活動計算書における当期活動増減差額が毎期マイナスでないことを継続できれば、耐用年数経過時には当該事業用資産にかかる当初の投下資金分は回収できることがわかっている。したがって、赤字経営をしないことが再生産戦略の必要条件だといえる。

　ただし、当初の投下資金の回収分だけでは実際の再生産における必要財源はまかなえないので、事業活動計算において再生産をまかなえる額の黒字となるよう財務管理を行っていくことが重要となる（再生産可能利益）。

（4）レバレッジ効果

　融資資金の活用については、返済義務が生ずることを十分に認識しておく必要がある。福祉サービスの性格上、事業の永続性が求められる。融資資金を活用するということは返済義務を負って事業を実施するということであり、事業目的・特性をふまえると、返済確実性をどう確保していくかが、重要な財務戦略上の柱となる。保守的な経営の視点から考えると、無借金経営すなわち返済不能リスクのない資金戦略が重要ということになる。

　しかしながら、積極的な経営の視点から考えると、融資は事業発展の重要な手段になる点にも注目する必要がある。一般に融資のレバレッジ効果とよばれるものになる。具体的には借入金利より投資の利回り（投資額に対する利益率）が上回る場合は、借入利息を支払ってでも積極的な投資を行えば、より高い実質利回り（投資利益から支払利息を控除したもの）が得られるという考え方である。

　積極的な事業展開のときに使われる財務戦略であるが、金融環境が激変し金利と投資利回りが逆転した場合は、逆レバレッジという深刻な経営リスクを抱え込む恐れもあることから、経営戦略としては慎重に検討することが必要である。

〈図5-24〉財源手段による調達特性のイメージ

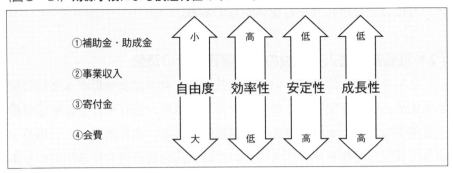

（筆者作成）

（5）資金調達のポートフォリオ

　福祉サービスの財源にはさまざまなものが存在する。それぞれの財源制度の特性を理解し、調達においてそれらを適切に組み合わせていくこと（ポートフォリオ）が重要となる。

　例えば、補助金について見ると、交付された資金の使途の自由度は一般に制約を受けるが、資金調達の効率性（1回の調達行為で得られる資金量）は高いが、毎年度安定的に調達できるかについてはあまり期待できない。その他事業収入や寄付、会費などの調達手段の特性を比較すると、図5-24のようになる。

5 財務諸表分析と組織のマネジメント状況の把握

（1）財務諸表分析とは

　分析とは「物事をいくつかの要素に分け、要素・成分・構成などを細かな点まではっきりさせること」をいうとされる。経営分析とは経営という事象をいくつもの要素・成分に分けその細かな内容・原因などを明らかにすることである。財務諸表分析とは、財務諸表のデータを用いて行う経営分析である。

　財務諸表分析を行うためには、その分析の目的を明確に理解しておくことが重要である。営利組織である企業の経営分析として発達してきた財務諸表分析は、利益分析を中心にその要因分析に展開して行われる。

　しかし、非営利で公益性の高い社会福祉法人については、企業における財務諸表分析の手法やその解釈・評価方法などを無批判に当てはめることはできない。企業と社会福祉法人で同じ計算式の経営分析指標であ

ったとしても、その意味や解釈については、社会福祉法人の特性をふまえたものにしなければならないからである。

（2）社会福祉法人・施設の財務諸表分析の背景

社会福祉法人・施設についての経営分析・財務諸表分析が本格的に関心を集め、実践が始まったのは、介護保険制度の施行や社会福祉基礎構造改革がなされた平成12（2000）年以降である。措置制度から利用契約制度に移行した福祉サービスにおいては、運営費の資金使途制限が基本的に廃止され、経営の自主性・裁量性が増大し、経営者の施設経営に対する自己責任が大きくなったことから、財務諸表を用いた経営の分析・管理の必要性が高まった。

しかしながら当時問題となったのは、社会福祉施設のどのような経営の側面について何を分析するかということであった。それまで一般に行われてきた営利企業の経営分析の体系をそのまま非営利の社会福祉法人・施設の分析に当てはめることは適切ではないと考えられたからである。

社会福祉事業は国民のセーフティネットとして公益性が高い事業であり、その担い手である社会福祉法人は持分を有しない非営利の法人であることから、社会福祉法人・施設の経営は、利益測定を主眼とした企業経営とは異なる目的と手段で経営されるべきもので、経営分析にあたっても企業とは異なる評価・分析の仕方を採用すべきだとされた。

（3）社会福祉法人・施設の経営分析データ

社会福祉法人をはじめ福祉サービス等に係る財務諸表分析については、国等の調査を含め多様な分析データが存在する。

（4）社会福祉法人・施設の経営分析データの見方・使い方

①時系列分析・横断面分析

経営分析とは、経営データ（主として財務データ）を用いて、その組織の経営状況の良否とその原因の分析を行うことである。経営分析にあたっては、経営状況の良否を判定するための何らかの基準・比較対象が必要となる。その判定の基準は大別すると、①分析対象となる施設等の過去データからの推移を見るもの（時系列分析・タイムシリーズ分析）と、②分析対象となる施設等と同一時点での他施設との比較（横断面分析・クロスセクション分析）とがある。前述の経営分析

〈表5-10〉社会福祉法人・施設の経営分析データ

名称	作成主体	概要
経営分析参考指標	独立行政法人福祉医療機構	福祉医療貸付事業において貸付先から受けた決算書・事業報告書に基づき、15種類の法人・施設データを調査。財務・非財務データを用いた多数の分析指標を公表。
介護事業経営概況／実態調査	厚生労働省	介護保険の各サービス施設・事業所の経営状況を把握し、制度改正及び報酬改定に必要な基礎資料を得ることが目的。収支差・人件費率など限られた指標。介護保険の全サービスを網羅。
社会福祉法人の財務諸表等電子開示システム	厚生労働省	社会福祉法第59条の2に基づいて、所轄庁及び都道府県の協力のもと、国において情報を収集し、全国的なデータベースとしたもの。全国の社会福祉法人を網羅。
その他	各種団体	上記公的機関以外にも福祉サービスの事業者団体等において独自に経営状況を把握する調査がなされている。

（筆者作成）

データはクロスセクション分析での比較値として活用することができる。

②経営分析参考指標

　独立行政法人福祉医療機構では、経営分析参考指標を調査・公表している。公表内容は、社会福祉法人及び医療法人といった「法人の経営指標」に加え、特別養護老人ホーム、デイサービス、認知症対応型グループホーム、小規模多機能居宅介護、軽費老人ホーム、養護老人ホーム、保育所・認定こども園、障害福祉サービス、病院、介護老人保健施設などの「施設別の経営指標」である。

　経営分析の指標の概要は**表5-11**のとおりである。

③経営分析参考指標の見方・使い方

　社会福祉法人・施設の経営の良否は、そこで供給される福祉サービスの永続性を左右する。経営の赤字が続けば、その法人・施設の財源が毀損され、最終的には枯渇し、経営が破綻する。そのようなことになれば、施設を利用している福祉サービスの支援を要する者がサービスを受け続けることができなくなり、ひいてはその施設が国民のセーフティネットの役割を果たせなくなってしまう。

　非営利で公共性の高い社会福祉法人・施設にあっては、サービス提供の基礎を成す経営状況の把握・管理は不可欠なものである。その中心となるのが損益と支払能力の管理である。

❶損益の管理

　収支の状況は、事業活動計算書のサービス活動増減差額比率や経常増

〈表5－11〉経営分析参考指標（主なもの）

指標銘	算　式		令和3（2021）年度決算		
			特別養護老人ホーム（従来型）	障害福祉サービス（居住複合型）	保育所
機能性					
入所利用率	【算式】	$入所利用率 = \dfrac{年間延べ利用者数}{年間延べ定員数}$	93.7%	94.8%	98.2%
利用者1人1日当たりサービス活動収益	【算式】	$利用者1人1日当たりサービス活動収益 = \dfrac{サービス活動収益}{年間延べ利用者数}$	12,406円	9,699円	124,192円 ※児童1人1月当たり
利用者10人当たり従事者数	【算式】	$利用者10人当たり従事者数 = \dfrac{年平均従事者数 \times 10}{1日平均利用者数}$	6.68人	4.01人	2.62人
従事者1人当たり人件費	【算式】	$従事者1人当たり人件費 = \dfrac{人件費}{年間平均従事者数}$	4,468千円	4,223千円	4,148千円
費用の適正性					
人件費率	【算式】	$人件費率 = \dfrac{人件費}{サービス活動収益}$	65.9%	63.2%	73.0%
経費率	【算式】	$経費率 = \dfrac{経費}{サービス活動収益} = \dfrac{事務費 + 事業費}{サービス活動収益}$	28.3%	23.2%	19.4%
給食材料費率	【算式】	$給食材料費率 = \dfrac{給食材料費}{サービス活動収益}$	6.7%	5.8%	4.5%
水道光熱費率	【算式】	$水道光熱費率 = \dfrac{水道光熱費}{サービス活動収益}$	4.9%	4.3%	2.1%
修繕費率	【算式】	$修繕費率 = \dfrac{修繕費}{サービス活動収益}$	1.1%	1.1%	0.7%
業務委託費率	【算式】	$業務委託費率 = \dfrac{業務委託費}{サービス活動収益}$	6.3%	4.8%	2.6%
減価償却費率	【算式】	$減価償却費率 = \dfrac{減価償却費 + 国庫補助金等特別積立金取崩額}{サービス活動収益}$（※ただし「国庫補助金等特別積立金取崩額」はマイナス値）	4.2%	4.1%	3.3%
収益性					
サービス活動収益対サービス活動増減差額比率	【算式】	$サービス活動収益対サービス活動増減差額比率 = \dfrac{サービス活動増減差額}{サービス活動収益}$	1.4%	9.4%	4.4%
生産性					
労働生産性	【算式】	$労働生産性 = \dfrac{付加価値額}{年間平均従事者数}$	4,574千円	4,856千円	4,399千円
労働分配率	【算式】	$労働分配率 = \dfrac{人件費}{付加価値額}$	97.7%	87.0%	94.3%

参考：安定性指標の算定式は次の通り

$流動比率 = \dfrac{流動資産}{流動負債}$ 　　　　$固定長期適合率 = \dfrac{固定資産}{純資産 + 固定負債}$

（出典）福祉医療機構「経営分析参考指標」令和3年度決算分を一部改変

減差額比率などで把握できる。各施設においてこれらの増減差額を算定し、経営分析参考指標と比較することで、経営成績の良否が分析できる。次にその経営成績がおもわしくない場合、その原因がどこにあるのか分析を進める必要がある。

　具体的には増減差額は事業活動計算書の収益と費用との差額なので、次に分析するのが収益側の問題なのか、費用側の問題なのか（あるいはその両方なのか）を分析する。

　収益側については、収益が利用者の数や利用者単価に左右される。利用者が確保できているかどうかは、施設定員に対して実際の利用者がどの程度いるかを示す「入所利用率」などを用いて分析する。また、利用者を受け入れた際にどの程度の収益が得られているのかといった利用者単価を示す「利用者1人1日当たりサービス活動収益」を用いて分析する。

　他方、費用については、費用を構成するどの勘定科目に問題があるのかを分析する。具体的には費用を「人件費率」「経費率」「減価償却費率」などに分解し、それぞれについて比較値と比べて高くなりすぎていないかどうかを検討する。さらにこのうち人件費については、人件費単価である「従事者1人当たり人件費」と人員配置の手厚さの指標である「利用者10人当たり従事者数」とを用いて分析を行う。経費については、

〈図5−25〉経営分析参考指標を用いた経営状況の要因分解

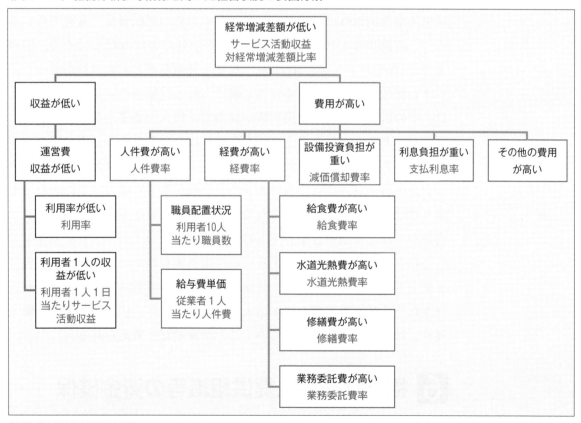

（出典）独立行政法人福祉医療機構

さらに給食費、水道光熱費、修繕費、業務委託費などに分解して、分析する（**図5−25**）。

このようにして細かな要因に分解していくことで、経営の現場のどの部分で問題が生じているのかが具体的に把握でき、その改善方策を考え、実施し、振り返るPDCAサイクルを回しながら経営収支構造の改善を図っていくことができる。

❷支払能力の管理

経営の安定性を脅かすもう1つの要因が、支払能力である。支払能力とは、債務の償還期限（＝借入金の返済期日）が到来したとき十分な支払いができる資金を有しているかどうかを表す。返済期限が差し迫った借入金は、貸借対照表の流動負債に計上されている。他方、返済に充てられる資金は貸借対照表の流動資産に計上されている。このため、支払能力を分析するには、流動負債に対して流動資産がどの程度存在しているかをみる必要があり、このことを指標にしたのが「流動比率」（**表5−11**の表下欄外）である。流動比率が100％を超えていれば、返済額に対し資金が上回っているということになる。ただし、実際には流動資産は借入金返済以外に、日々の事業活動のための運転資金にも充てられるので、流動比率が100％では支払能力が十分だとはみなしにくく、実務上では120％以上とか、200％以上などを判断基準とする慣行があった。

また複数の年にわたって使用し続けられる建物等の固定資産については、その財源が短期に返済期限が到来する借入金でまかなわれた場合、返済のつど新たな借り換えを行わなければならなくなり、資金繰りが不安定となる。一般に経営判断として、このような長期にわたって使用する資産獲得の財源には、返済義務のない財源もしくは、長期にわたって借り続けられる財源が充てられることが望ましいとされる。これを表す指標が「固定長期適合率」である。

これらの支払能力を改善するには、返済義務のない財源である純資産を充実させることが重要で、具体的には日々の事業活動による収支が管理され、活動増減差額が年々増大していくことや、法人・施設の整備・運営に対する寄付を獲得していくことが有効だと考えられる。

6 福祉サービス提供組織等の資金確保

福祉サービスの施設整備等に関する財源については、大別して公費等

によるもの、市民等から提供されるもの、融資等によるものなどがあげられるが、特に公費による財源が充実していることや、市民から提供される寄付とそのための税制優遇や政策融資の仕組みがあることなどが特徴である。

（1）公費等による財源

　図５－26の「施設整備に関する財源」では、公費による財源に多様な資金項目が並んでいるが、これはそれぞれの公費の対象種別によって補助金や交付金の制度が設けられているためである。「社会福祉施設等施設整備費補助金」は障害者支援施設や措置施設等に対する補助制度である。

　「地域医療介護総合確保基金」は介護保険にかかる施設等の整備のための都道府県に置かれた基金、「地域介護・福祉空間整備等施設整備交付金」は小規模な介護施設等のスプリンクラー等の整備、「保育所等整備交付金」は保育所の新規整備等、「次世代育成支援対策施設整備交付

〈図５－26〉**施設整備に関する財源**

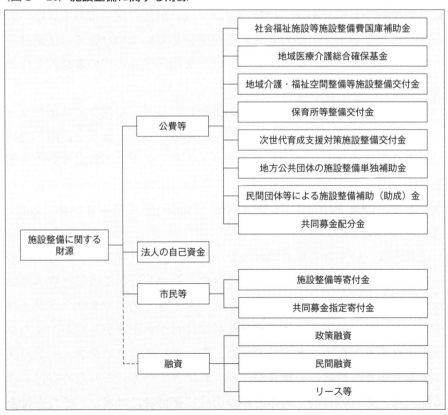

（筆者作成）

金」は助産院、乳児院、母子生活支援施設等の整備に対する補助である。

（2）政策融資

　福祉医療機構では、国の福祉政策を促進・支援するための政策融資（福祉貸付）を実施している。この福祉貸付とは、社会福祉事業施設を設置し、または経営する社会福祉法人その他政令で定める者に対して、社会福祉事業施設の設置、整備または経営に必要な資金を貸し付ける制度である。その特徴は、①長期・固定・低利の資金を安定的に供給すること、②与信リスク評価が困難な融資について専門的相談対応を行うこと、③国の政策に応じた貸付条件等の優遇がされることなどである。

　社会福祉法人が施設整備をする場合に資金調達を円滑に行えるようにするため、福祉医療機構と民間金融機関とが連携して融資を行う協調融資制度がある。

（3）ファンドレイジング

　ファンドレイジングとは、民間の非営利団体等が活動のための資金を個人、法人、政府などから集める行為全般をさすものとされる。寄付が最も典型的なものである。福祉の分野では、制度の狭間にある課題への取り組みなど事業や活動の財源制度が完備していない分野での活動財源として活用され、ソーシャルアクションを指向する市民の善意の受け皿でもある。

　また、近時のネットワーク社会の進展に伴って、SNSなど多様なソーシャルコミュニケーションが発達しつつあるなか、それらを活用した新たな資金調達手段として、クラウドファンディング（不特定多数の人が通常インターネット経由で他の人々や組織に財源の提供や協力などを行うことで、群衆〔crowd〕と資金調達〔funding〕を組み合わせた造語）にも注目が集まっている。

　これらは、いずれも反対給付のない資源の獲得（寄付者から対象への一方的な資金の移転）と考えられてきた。しかし近年では寄付者への反対給付の重要性が意識されてきている。ふるさと納税やクラウドファンディングでは、税制上の恩典や返礼品に注目が集まりがちだが、ソーシャルアクションをめざす寄付者へは、寄付の社会的成果をフィードバックするという反対給付の意義が注目されてきている。このため寄付を募る際には、寄付の目的を具体的かつ明確に寄付者に訴求し、また寄付を受けた後は寄付による社会的成果を寄付者にフィードバックすることで、

＊24
社会福祉法第2条に規定する社会福祉事業にかかる施設その他これに準ずる施設であって政令で定めるものをいう。

＊25
「社会福祉事業施設の設置者等」という。

寄付者は寄付を通じたソーシャルアクションへの参加を実感できる。クラウドファンディングなどで目標額を上回る実績を上げた事例の多くは、こうした寄付者とのコミュニケーション管理をしっかり行ったものであるといわれている。つまり、より効果をあげるためには寄付者との関係づくり（DR：ドネーターズ・リレーション。企業等での投資家との関係づくりIR〔インベスターズ・リレーション〕を模した造語）が重要となるのである。

（4）助成制度とプログラム・オフィサー

　福祉サービスの実施にあたって、公費以外に民間団体から資金を交付される場合がある。特に法律や制度に定めのない福祉サービスについて、先駆的・開拓的な取り組みに対する各種助成制度が存在する。

　また一部の助成団体においては、単に事業用資金を提供するだけでなく、その資金の効率的・効果的な利活用を支援するプログラム・オフィサー[*26]の制度をもつところも現れている。

（5）成果連動型民間委託契約方式、ソーシャルインパクトボンド

　行政の分野においては、行政課題の解決に向けて、民間事業者を活用した成果連動型民間委託契約方式（PFS：Pay For Success）が試行され始めている。具体的には、地方公共団体等が民間事業者等に委託して実施させる事業のうち、その事業により解決をめざす行政課題に対応し

[*26]
プログラム・オフィサーは、助成金の配分・決定を行う以外にも、助成分野の社会動向の把握、社会課題の発掘、課題解決の検討支援、プロジェクトの進捗や成果の評価・公表発信など、助成対象のプロジェクトの実施管理・支援に関与する。助成団体ごとにどの程度の関与を行うかは異なる。

第5章

〈表5-12〉厚生労働省によるPFSモデル事業の事例（抜粋）

タイトル	自治体	概要
包括的支援による養育里親の質・量の向上	大阪府	社会的養護を必要とする児童に対して家庭と同様の養育環境を整備するため、養育里親のリクルートからトレーニング終了後のサポートまでを包括的に実施し、里親登録数等の向上を図る
フリースクール事業による不登校の子どもへの相談・通学指導等を通じた自立支援	大阪府池田市	様々な課題を抱え、既存の学校の枠に入りきらない子どもに対し、他者と関わりが持てる「場」を提供することで、不登校や引きこもりなどの社会的孤立を防ぎ、将来の自立を支援
引きこもり等の社会的孤立者へのアウトリーチによる就労に向けたステップアップ支援	千葉県佐倉市	引きこもり等の社会的孤立状態の方に対し、就労意欲の喚起、さらには就労による自立を促すためのマンツーマンのアウトリーチを実施

（出典）厚生労働省「厚生労働省における成果連動型民間委託契約の取組み」

た成果指標を設定し、委託等による支払額が、当該成果指標の改善状況に連動するものである。

さらにこのPFS事業において、その資金調達を行政からの委託費以外に民間の投資家から受ける際、債券等を発行し、その返済を行政等からのPFSの支払いに連動して返済等を行うソーシャルインパクトボンド（SIB）という手法も注目されつつある。

限られた行政資源を用いて、行政サービスの質の確保を図る新たな事業手法として期待されている。

7 福祉サービス提供組織に求められる財務規律

（1）社会福祉法人制度改革における財務規律の強化

社会福祉法人については、平成28（2016）年に社会福祉法が改正され、社会福祉法人の経営組織のガバナンスの強化、事業運営の透明性の向上、財務規律の強化、地域における公益的な取組を実施する責務等の法人制度の改革が進められた。

その中で社会福祉法人の財務規律については、高い公益性と非営利性をもつ法人制度にふさわしいものとするため、①適正かつ公正な支出管理を確立するとともに、法令や最低基準に則した事業運営を行うこと、②その上で生じた収支差については、その位置付けを明確にし、③福祉サービスへの再投下や社会貢献での活用を図っていくこととされた。

（2）適正かつ公正な支出管理

社会福祉法人制度改革における財務規律の強化のうち、適正かつ公正な支出管理については、①社会福祉法人の役員に対する報酬や退職金などについて、その算定方法の方針や役員区分ごとの報酬等の総額の開示を義務付けること、②社会福祉法人の役員の親族・特別の利害関係を有する者との取引について取引相手・取引内容を開示する等調達の公正性や妥当性を担保する仕組みを構築すること、③一定規模を超える社会福祉法人に対する外部機関による会計監査を義務付けることなどが定められた。

（3）内部留保の明確化と福祉サービスへの再投下

社会福祉法人の制度改革が行われる以前においても、社会福祉法人制

度では事業運営の中で発生する収支差については、配当することは禁止され、社会福祉事業または公益事業に再投下することが求められてきた。

　しかしながら、内部留保など資産の分類や取扱い、その説明責任などについては、明文上の規定が存在していなかった。このため、法人制度改革において、財務規律の強化の取り組みとして、内部留保の明確化と福祉サービスへの再投下を制度として明確にすることとなった。

　具体的には、社会福祉法人が有する内部留保の実態を明らかにするために、法人が保有するすべての内部留保から事業継続に必要な最低限の財産の額（控除対象財産額）を控除した額を導き、これを福祉サービスに再投下可能な財産額（社会福祉充実残額）[27] として位置付けることとされた。毎年度社会福祉法人においては決算財務諸表等の所轄庁への報告を行うのに合わせて、社会福祉充実残額も報告することとなった。

　また、この算定の結果、再投下可能な財産額（社会福祉充実残額）が生じた法人においては、福祉サービスへの再投下の計画（社会福祉充実計画）を策定、所轄庁に提出承認を受けた上で、この計画に沿って福祉サービスへの再投下を行っていくこととなった。

*27
社会福祉充実残額は、社会福祉法第55条の2及び社会福祉法施行規則第16条の14等に基づき、法人の内部留保額から控除対象財産（①社会福祉法で定める事業の用に供する財産、②再取得に必要な財産、③必要な運転資金）を差し引いて求めることとされている。令和4（2022）年度の決算において社会福祉充実残額が生じたのは、1,941法人（全体の9.2%）であった。再投下先としては「サービス向上のための既存施設の改築・設備整備」「新規事業の実施」「職員給与、一時金の増額」などが多かった（厚生労働省調べ）。

第5章

📖 **BOOK 学びの参考図書**

● 千葉正展「実践マネジメント講座2・財務管理」（連載）『月刊福祉』第101巻第5号（2018年5月号）〜第102巻第4号（2019年4月号）、全国社会福祉協議会。
　財務諸表分析についてのさらに深い学習のために活用できる。
● 渡部　博『社会福祉法人・福祉施設経営における財務管理論2022-2023』全国社会福祉協議会、2022年。
　法人の財務管理、または財務を中心とした経営管理に役立つ一冊。

参考文献
● 宮田裕司　編著『社会福祉施設経営管理論2021』全国社会福祉協議会、2021年
● 千葉正展『福祉経営論』ヘルス・システム研究所、2006年

第6章
福祉人材のマネジメント

学習のねらい

　福祉サービスは、人によって提供されることを基本にした対人援助サービスである。したがって、経営という視点から見れば、人材は福祉サービスにとって最も重要な経営資源である。このため本章では、特に経営資源の中から人的資源に関するマネジメントを取り上げた。

　事業所の数や規模が増大した結果、従業員数も急速に増加してきた。今後も、サービスの量的拡大のために、まずは人材の数の確保が必要である。しかし、当面の間、介護サービスや保育のニーズが拡大し、必要とされる職員数はまだ増加していくとみられるが、それにもかかわらず、労働力人口比率は徐々に低下する傾向にある。この傾向は進み、将来はさらに必要な人材の確保が困難となるだろう。

　そのため、まずは新たに職員を採用すること、さらに、現在の職員が就業を継続できるためには、待遇の改善や働きやすい労働環境の整備等、さまざまな新しい考え方や具体策の導入が必要となる。

　また、人材の質の確保はサービスの質の確保そのものである。福祉サービスの質の向上のためには人材の育成が最も重要である。福祉サービスのニーズが増大し、多くの事業主体により提供されるようになり、そのサービスの質の確保・向上のために、社会福祉士をはじめとした国家資格の専門職が生まれた。

　福祉サービスにおける人材のマネジメントをどのように進めるべきか、とりわけ人材育成はどうあるべきかを、福祉サービスの専門職として学習しておかなければならない。

第1節　人材マネジメントの基本と福祉人材を取り巻く状況

1　人材マネジメントとは

　かつて、組織経営における人的資源についての管理を人事・労務管理と呼んだ。人事管理と労務管理とに分けて定義すると、人事管理とは組織目標の達成に必要な労働力（従業員）を確保し、その合理的な利用を図る管理活動であると定義される。Human Resource Managementの訳として、近年では、人的資源管理、人材マネジメントといわれている。労務管理とは労使関係を中心とした労働条件を含む施策を管理することで、主として、労働法例の遵守と就業規則の適切な運用を指す。Labor ManagementやPersonnel Managementといわれている。

　本章で考える福祉人材のマネジメントとは、福祉経営組織のもつ最も重要な経営機能であり4つの目的がある。1つは組織のニーズである組織の目的とそのための戦略を実現することであり、より生産性の高い組織体をつくることである。2つめは1つめの一要素ともいえるが、福祉サービスの特性として、各事業の対象である利用者の特性や利用受け入れ人数に応じて「最低基準」等といわれるような職員の配置基準があり、職員の保有すべき資格やその人数が法令で定められていることから、この遵守が重要な目的となる。3つめは、働く職員のニーズで、職員一人ひとりがより意欲的に働きがいをもって働くことができ、適切な評価と処遇を得て、福祉職場でのキャリアを通して成長することができ、自己実現を実感できることである。4つめは、個々の職員の労働環境を理解し、職場全体を通じて、労働三法等の労働関係法令を遵守した適正な労務管理を行うことである。

　ただし、職場における労働者の行動は、合理的でかつ制度が予定しているような行動だけではない。多様な行動を起こすことを前提として、それらの行動を人間の心理的な動きから解明する必要がある。組織におけるメンバーの行動を人間の心理から解明しようという研究が組織行動学（Organizational Behavior）である。そして、本章で主たるテーマとしている人材マネジメントとは、組織構造を用意して人材を適時適材に動かす方法である。前者のテーマは組織文化、組織構造、人材マネジメ

ントシステム等であり、後者のテーマはモチベーション[*1]、リーダーシップ[*2]、エンパワメント等である。後者の組織行動学は前者の人材マネジメントに大きな影響を与えるものである。この章では、人材マネジメントの一般論だけを述べるものではなく、福祉サービスの人材における特性についての視点を明確にするとともに、福祉サービスの人材をめぐる環境と課題について検討する。

② 福祉人材を取り巻く状況

　福祉人材を取り巻く状況は刻々と変化している。そして、その変化は予測を上回って深刻である。まず福祉人材の需要側、つまり利用者のニーズの変化による福祉人材ニーズから見てみよう。

　高齢化の進展により、介護需要は今後も確実に増大する。要介護認定者、認知症高齢者、ひとり暮らし高齢者や高齢者夫婦のみ世帯の増加である。これらの介護需要の増加に対して国民からは、利用者の状況やニーズに合った介護施設、及び在宅サービス系の事業が求められている。また、障害保健福祉分野では、社会福祉施設から地域生活への移行が進められ、訪問系、通所系事業所職員が増加している。いずれの介護も当面の利用ニーズは拡大し、そのための人材の不足が心配される状況が続くこととなる。しかし、数の問題にとどまらず、障害者のニーズや団塊の世代以降の高齢者のニーズは多様であり、多様性への要望は時代とともに変化し増加していく。一定の限界はあるとしても、個々のニーズに応じた質をどこまで確保するかの課題は大きい。

　少子化の影響は子ども家庭福祉分野にさまざまな変化をもたらしている。女性の就労ニーズが高まり女性の労働力人口は増加し[*3]、女性の就業率（25〜44歳）も増加傾向であり、共稼ぎ夫婦も増加しているが、一方で少子化や新型コロナウイルス感染症の影響もあり、保育所等の利用申込者数はここ3年で少しずつ減少している[*4]。少子化対策としてさまざまな子育て支援のあり方を模索するなかで、従来の「保育に欠ける」という利用要件の見直しや、利用者数に対する保育士配置人数のあり方の見直しが検討されると、保育人材は現状でも不足している（**表6−1**参照）が、さらにニーズが高まるものと考えられる。

　地域社会の変容は急速で、都市部では人口集中、高齢化により住民の抱える課題は多様化・複雑化している。一方、地方部では若者を中心に人口が流出し、経済活動の低下により地方社会の維持そのものが困難に

*1
本書第4章第1節5参照。

*2
本書第4章第1節8参照。

*3
「総務省統計局令和4（2022）年労働力調査労働力人口」15歳以上の人口のうち就業者と完全失業者を合わせた人口。2023年には6,893万人（総人口の55.09％）。平成31（2019）年まで順調に増加していたが、以降は横ばいまたは微減である。男女の内訳では、男性の数が減少傾向で女性の数が微増している。本双書第1巻第1部第2章第1節参照。

*4
令和4（2022）年4月1日保育所等利用状況こども家庭庁資料。本双書第5巻第2部第2章第2節参照。

第6章

〈図6-1〉日本の人口の推移

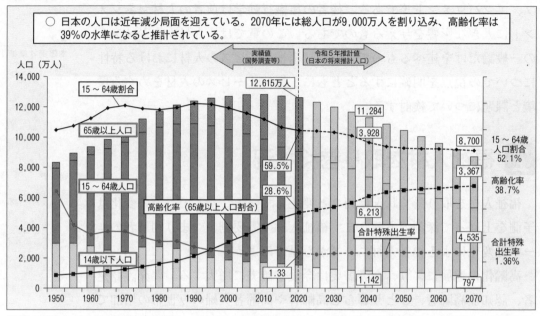

○ 日本の人口は近年減少局面を迎えている。2070年には総人口が9,000万人を割り込み、高齢化率は39%の水準になると推計されている。

（出典）2020年までの人口は総務省「国勢調査」、合計特殊出生率は厚生労働省「人口動態統計」、2025年以降は国立社会保障・人口問題研究所「日本の将来推計人口（令和5年推計）」（出生中位〔死亡中位〕推計）

なっていくといった現象がでている。これらの結果従来の制度の枠では対応できない新たな福祉ニーズが次々と生まれることが予測される。

　人材の需要に対する供給の状況を見てみよう。少子高齢化、人口減少により就業可能な労働力人口の減少に向かうことは予測ができ、絶対的な福祉サービス人材の供給不足となっていく。労働力人口は令和元（2019）年まで順調に増加していたが、以降は横ばいから減少に向かい、令和5（2023）年には6,893万人（総人口の55.1%）となった。男女の内訳では、男性の労働力人口が減少傾向で女性の数が微増している。コロナ禍において、外国人観光客の減少、飲食業の低迷等によりサービス業を中心に労働力需要が低下した時期もあったが、その反動もありどの産業分野においても人材不足は深刻化している。介護の需要の伸びに対応して、さまざまな介護事業の拡大が進んだ。これらの結果、厚生労働省の資料によると、介護保険事業の介護職員の必要人数は令和7（2025）年度243万人、令和22（2040）年度280万人だが、不足数は令和7（2025）年度32万人、令和22（2040）年度69万人と推計され大幅に不足することは間違いがない。これにより介護保険制度が行き詰まるようなことになれば、今まで受けることができていたサービスが不足することになり、もしもそれを家族による介護に頼らざるを得なくなる場合に

は、この影響による経済的損失は令和12（2030）年度時点で9兆円となるという試算もある。[*5] 一方、サービス供給量の増加による介護費用の増加は必至で、介護保険制度の持続性が課題となっていることから、人材確保のためにどこまで費用が確保されるのか、といった課題も見えてきた。今後人材不足はさらに深刻化することが予測される。図6－2は近年の介護福祉分野と全職種の有効求人倍率の比較である。「介護サービスの職業」では全職種の約3倍、「社会福祉の専門的職業」は約2倍である。介護職員や保育士などの待遇は、近年処遇改善のための加算の制度が成果をあげ、特に中堅層の待遇改善が進んだが、全産業と比べるとまだ低い状況にある。

　これらからわかるように、福祉・介護の人材の不足はますます増大している。

　さらに、福祉医療機構の特別養護老人ホームに対する人材調査[*6]（以下「2022年度特別養護老人ホーム人材調査」）によると、「職員が不足している」と回答した施設は68.6%で約3分の2の特別養護老人ホームで不足[*7]であるという。不足と回答したうちの27.3%は5人以上の不足だとしている。また、職員不足施設において利用者の受け入れを制限している施設は14.3%であった。つまり、令和4（2022）年度の調査結果からは、全調査対象施設のうちの9.8%が職員不足によって利用者の受け制限を

＊5
「経済産業省における介護分野の取組について2023年5月」経済産業省ヘルスケア産業課。

＊6
「2022年度特別養護老人ホームの人材確保および処遇改善に関する調査」令和4（2023）年1月現在、特別養護老人ホームを経営する法人を対象。回答数679法人701施設。Webアンケート（調査期間令和5〔2023〕年1月16日から2月17日。独立行政法人福祉医療機構の調査による）。

＊7
令和2（2020）年1月時点で64.1%、令和3（2021）年同時点では55.1%であった。

〈図6－2〉介護・福祉分野の有効求人倍率の推移

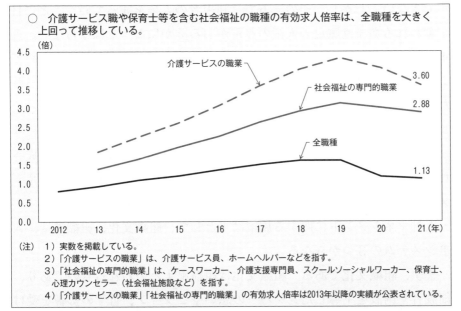

○　介護サービス職や保育士等を含む社会福祉の職種の有効求人倍率は、全職種を大きく上回って推移している。

（注）　1）実数を掲載している。
　　　　2）「介護サービスの職業」は、介護サービス員、ホームヘルパーなどを指す。
　　　　3）「社会福祉の専門的職業」は、ケースワーカー、介護支援専門員、スクールソーシャルワーカー、保育士、心理カウンセラー（社会福祉施設など）を指す。
　　　　4）「介護サービスの職業」「社会福祉の専門的職業」の有効求人倍率は2013年以降の実績が公表されている。

（出典）厚生労働省「職業安定業務統計」をもとに厚生労働省政策統括官付政策統括室にて作成

＊8
「2022年度保育所・認定
こども園の人材確保お
よび処遇改善に関する
調査結果」保育所・認
定こども園を運営する
法人を対象。回答数
1,057法人1,130施設。
webアンケート（調査
期間令和5〔2023〕年
2月1日から2月28日。
独立行政法人福祉医療
機構の調査による）。

している　ということである。

　保育所・認定こども園でも同様の福祉医療機構の調査（以下「2022年度保育所等の人材調査」）[＊8]がある。この調査によると、「人員（直接処遇職員）が不足している」と回答した施設は年々増えていて47.9%であった。さらに、不足していると回答した保育所・認定こども園のうちの49.9%が、保育士・保育教諭が3人以上不足しているという結果であった。

3 福祉人材マネジメントの特性と構成要素

　福祉サービスの多くは、個々の職員及び職員集団から利用者に直接提供されるサービスで、生産と消費が同時に起こるものであるというサービスの一般的特性から、利用者に対する職員及び職員集団の言動のすべてが福祉サービス実践そのものである。この実践の質が、提供されるすべてのサービスの質を決定付ける重要な要素となる。福祉サービス実践は「価値・倫理、知識、技術」によって構成され、医療や教育と同様に利用者の生命や人権に直接影響を及ぼすサービス実践である。その意味では、福祉サービス実践における「価値・倫理」は職務遂行上の能力を支える基本となることから、職員は明確な価値観や倫理観をもった行動が必要である。そうでないと、例えば、安易な言動がときとして利用者の虐待につながる危険性をはらんでいるのだということを認識することができない。しかし、その一方で、利用者の人権を守っていくことに目を奪われるあまり職員の人権の尊重がおろそかになってはならない。近年、カスタマーハラスメント[＊9]が注目されるようになったのもこのためである。福祉人材は単に経営資源の一つとして、職員は組織から指示された最低限の行為を実行することにとどまるものではなく、意思をもったサービス提供主体として職員個々の価値と能力を認められ、主体的にサービスの価値を高めなければならない存在として動機づけられ、育成されていかなければならない。このことからも福祉サービスの人材マネジメントは他の産業以上に重要な管理機能であるといえよう。

＊9
本章第5節5（4）参
照。

　人材マネジメントに関する施策は主として、組織文化、組織構造、人事システムの3つからなる。

　まず、組織文化である。組織文化は組織風土といわれるものであり、創設者や創設を主導したメンバーの思いやビジョン、哲学の影響を受ける。例えば、創業者たちの宗教的な哲学に裏付けられた人間観等である。

これらを、法人が求める福祉サービス実践につなげるために、法人の理念として明文化して内外に示し、事業運営上の方針や戦略へと具体化し、職員全体に浸透させる必要がある。前述のとおり、人間に対するサービスである以上そのバックボーンには人間観、価値観が重要で、これが組織全体の風土や文化を形成し、個々の職員の行動にも影響を与えることとなる。

　2つめは組織構造である。組織における分業と調整のあり方を組織構造という。決められた組織構造の下で、各職員への仕事の割り当てや、役職に応じた責任と権限や指示命令系統が明確に示される。福祉サービスの事業所は、一般的には大企業の大工場とは異なり50人から100人規模の職能別組織である。職能別組織とは、同種の業務を担当する職員の単位で専門分野の仕事を実施するもので、多くの福祉サービス事業所で採用されている組織構造である。一方、このような固定的な組織構造だけでは問題解決につながらないことから、ある目的のために必要に応じてチームを形成することが一般的になっている。プロジェクトチーム制、委員会制度、等である。一定期間所属部署を離れて、または必要に応じて集まってチームで仕事をすることにより、組織横断的な課題解決のはたらきをするものである。

　3つめは人材マネジメントシステム（一般に人事システムといわれている）である。人材マネジメントシステムの主たる目的は、現状での戦略推進のために必要な人材を確保し、育て、配置して評価し報酬を決定することである。さらに、長期的視点でキャリア開発を進め、将来に向けた人材を育成することである。人材マネジメントのシステムは、その組織文化のもとに組織の使命や方針が決められ、経営戦略が形成され、組織の構造化が成立する。人材マネジメントシステムの詳細は第2節以降で検討していく。

①雇用管理システム（採用、配置、退職等）：本章第2節
②人事評価システム（職能資格等級制度、目標による管理、人事考課制度、等）：本章第3節
③報酬システム（賃金制度、賞与、年金・退職金制度、等）：本章第3節
④能力開発システム（専門職集団または職員個々の専門性の育成、組織力向上のための育成、等）：本章第4節

第6章

4 人事方針の策定とトータルに管理される システムの運用

　全国社会福祉法人経営者協議会では、令和3（2021）年度から令和7（2025）年度に向けた中期行動計画として「社会福祉法人アクションプラン2025」を示している。そこでは「中長期的な人材戦略の構築」の必要性を説き、そのために、経営理念の明示と周知徹底、期待する職員像の明確化とそれらを継続・発展させるための取り組み、業務の標準化と統一した業務行動、総合的な人材マネジメントシステムの構築、職員間の横断的連携の推進を進めることが要諦であると示している。

　次節以降で人材マネジメントシステムの各論の検討を進めるが、その前に、一般的にどの組織においても経営の中期的（3〜5年先）な戦略を考える際には、どのような顧客にどのような商品を提供するのかについての基本的な考え方をもとにして、これに基づく経営資源としての人材をどのように確保していくかの基本的な方針が重要となる。特に福祉[*10]サービスにおいては、法令で直接処遇職員の数が定められていることを前提にした上で、配置される職員の数と質によってサービスは大きく変化するものであり、どの時期にどの地域のどの分野にサービスの展開を図るのかについて中期的な経営戦略を考える際には、そのために必要な人材が確保されることが重要な鍵となる。そして採用計画、異動計画を立てることとなる。例えば、保育所を設置している法人が、少子化のなかで利用者の減少傾向にあるため、今後は、保育事業に加えて障害児に関する事業を始めるという方針が明確になることによって、看護師等の医療職を何人どのように確保するかなどを計画的に行わなければならない。短期的な即戦力の人材か、中長期的に育成していくのか、マネジメント層はどう確保するのか等である。このように、各サービス組織が作成した明確な戦略と方針のもとに、先に示した4つの人材マネジメントシステムが構築され、各々が個々に動くのではなく、4つのシステムが適切に管理されるとともに、システム全体が相互に関連しなければならない。例えば、人材マネジメントシステムの一つである人事評価システムは職員の保有能力、発揮能力、成果・実績を評価するものだが、それは単に報酬システムにおいて個々の職員の給与に差をつけるためだけに用いるわけではなく、雇用管理システムの一環として異動を検討する際に適材適所に配置するための根拠となるものであり、さらに、能力開発システムのなかで伸ばすべき育成目標の発見にもつながるものである。

*10
本書第4章第3節参照。

第2節 雇用管理システム（雇用管理、採用、配置システム、福祉人材の確保）

　雇用管理システムは人材マネジメントシステムの一つで、必要な人材を採用し、採用した人材を配置し、定期的な人事異動をすることによって適材適所に配置しながら育て、最終的に退職となるまでの間、その人材の雇用に関する管理をしていくものである。

1 職員区分とその採用、確保の現状と課題

　人材確保の入口は採用である。一般的に行われてきたのは、採用によって事業に必要な労働力を正規職員として調達し、不足している部分を非正規職員で補うという方法であった。しかし、近年人材確保の方法が多様化、複雑化している。その結果、勤務形態、賃金、配置、教育訓練が異なることとなり職員の区分が複雑化している。このためまず、人材確保のための職員の雇用形態による近年の傾向とそれらの課題を考えてみたい。

（1）正規職員

　正規職員とは、勤務する事業主体と雇用関係があり、原則として雇用期限の定めがないものをいう。全労働時間勤務が基本だが、短時間勤務の正規職員制度をとりいれている組織もでてきた。一般企業では、正規職員においても勤務地の限定や転勤の有無、業務内容、専門職等による社員区分があり、これらによって賃金や教育訓練が異なる等の差がある。福祉サービスにおいて、かつて職員区分は正規職員とパート職員の2種であった。近年、事業の拡大により地方と大都市に事業所をもつ法人などがでてきて、正規職員であっても勤務地による区分のある法人もある。近年の特色として、人口減少や高齢者の増加等の外的要因、人件費の効率的な運用を目的とした経営上の要因、人員配置基準を常勤者1名から人員換算で1名となるなど柔軟になった制度上の変化等を背景に、多くの事業所は正規職員の採用が少しずつ減少している。事業所によっては

第6章

273

全職員数の半数程度にまで減少しているところもある。日本的な雇用関係の特徴として終身雇用制度があるが、福祉人材は女性の職員が多いことから、定年まで正規職員として就労するのではなく、結婚、出産で職場を離れて、子育ての時期が過ぎて正規職員、非正規職員として再就職するケースも多い。先に示した「2022年度特別養護老人ホームの人材調査」によれば、この調査対象事業所の介護職員の定年退職者の比率は年間退職者のうちの2.5％、「2022年度保育所等の人材調査」によれば定年退職者の比率は全退職者数のうちの5.5％であった。

（2）非正規職員

　非正規職員とは事業主体と雇用関係があり、雇用期間の定めのあるものである。雇用期間、労働日数、労働時間等の雇用契約内容が正規職員とは異なるものをいう。短時間勤務で1か月以上の雇用期間のものをパートタイム職員と呼ぶなど、契約社員、アルバイトというように各事業所により呼称も分類もさまざまである。福祉サービス人材においても、前述のように正規職員の減少に伴い、社会保険の加入の有無、福祉職員退職共済加入の有無などのさまざまな待遇条件が異なる非正規職員が存在する。また、不足する人材を確保するために、就職希望者の勤務方法に関する要望に合わせて採用せざるを得ないことから、雇用区分はますます複雑になっている。また、正規職員と非正規職員との間で待遇差が存在する場合に、どのような待遇差が不合理なものであるかを明確にするための[11]「同一労働同一賃金に関するガイドライン」が示されたこと、最低賃金の大幅な引き上げがなされたことなどにより、非正規職員の大幅な待遇の見直しが必要となったことが、非正規職員の雇用管理上の大きな課題となっている。

*11
「短時間・有期雇用労働者及び派遣労働者に対する不合理な待遇の禁止等に関する指針」厚生労働省告示第430号平成30（2018）年12月28日。

（3）人材派遣、業務委託

　人材派遣は、労働者派遣法に基づいて派遣元である人材派遣会社との雇用関係のある者を、事業所を設置経営している派遣先の事業所に派遣してもらい、派遣先の指揮命令のもとで仕事をする雇用形態である。派遣労働者は[11]「同一労働同一賃金に関するガイドライン」の対象となる。業務委託は、事業の設置者である委託元が事業所のすべての業務、または一部の業務を他の事業者に委託することで、委託業務に従事する職員は委託先の事業者との契約関係にある。これらの事業の形態も増加してきた。事業の設置経営者が直接雇用しているものとそうでないものがあ

ることから、人事労務管理などの業務は複雑である。

（4）出向

　ある事業体に在籍したまま、別の事業体に一定期間所属して出向先の指示下で業務につくのが在籍出向である。職員は出向元と出向先の両方と雇用契約を結ぶ。また、転籍出向は当初契約していた事業体との雇用契約を打ち切り、出向先の事業体との契約を結ぶものである。後者は、職員合意の下で当初所属した組織の人事的な政策の下に行われるものが一般的である。福祉人材に関しても、人材不足解消の目的で法人間連携等がさらに推進されると、出向といった方法を選択することも考えられる。

（5）外国人介護人材の受け入れ

　外国人介護人材は、わが国の将来の介護人材の大幅な不足状況を予測して、そのために外国からの人材を受け入れる制度で、現在4種の形態

〈図6-3〉外国人介護人材受け入れの仕組み

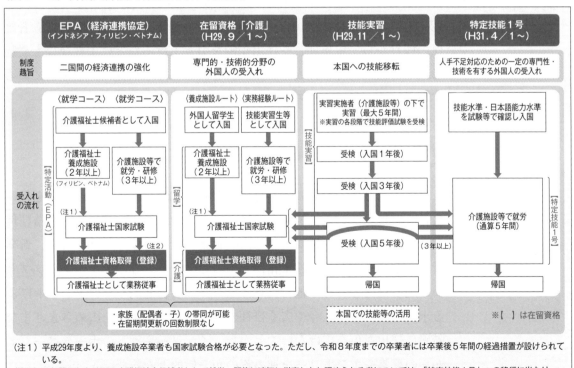

（注1）平成29年度より、養成施設卒業者も国家試験合格が必要となった。ただし、令和8年度までの卒業者には卒業後5年間の経過措置が設けられている。
（注2）4年間にわたりEPA介護福祉士候補者として就労・研修に適切に従事したと認められる者については、「特定技能1号」への移行に当たり、技能試験及び日本語試験等を免除。

（出典）厚生労働省「外国人介護人材の受入れについて」

が認められている（**図6-3**）。

（6）その他多様な人材による人材確保

　総務省統計局の「労働力調査」によると女性の労働力人口は3,096万人で女性の全人口比で54.2%である。近年の労働力人口の変化を実数で見ると、減少傾向にある男性に対して女性の労働力人口は増加している。これは、育児・介護等の両立支援など、女性の就労へのさまざまな支援策を打ち出すことによって、女性の就労希望を実現しようとした成果であろう。福祉事業所は女性の職員が多い職場であることから、労働力人口全体は近年横ばいの状況のなかで女性の労働力人口が増加していることが、福祉職場の人材の確保にプラス要因となっている。今後もワーク・ライフ・バランスのための制度などを進めることにより、さらなる女性の就労支援策を強化していく必要がある。また、高齢者雇用も国の政策として進められており、令和4（2022）年の「介護労働実態調査[12]」によると、65歳以上の労働者がいると回答した介護事業所は69.1%であった[13]。職種別従業員数に占める65歳以上の割合を見ると、訪問介護員の26.3%つまり、訪問介護はその4分の1を高齢の労働者が担っているということである。そのほかにも看護職員の14.2%、介護支援専門員の12.3%、介護職員の11.0%が65歳以上の労働者となっている。労働者確保の観点から、定年延長や採用年齢を引き上げるなどにより今後も高齢者の雇用についても、安全の確保に努めることを前提に、積極的に進めていかざるを得ないだろう。

*12
令和2、3、4年介護労働実態調査「事業所における介護労働実態調査 結果報告書」より。

*13
令和3（2021）年は68.0%、令和2（2020）年は72.6%であった。

2 採用、募集活動の現状と課題

　日本の企業は一般的に新卒採用のための試験等により定期採用を行い、人材を確保している。募集方法はさまざまであるが、採用に直接結び付かなくても、一定の期間実際に当該企業で仕事をすることにより、新卒者も企業側も相互に適性や相性を判断しようというインターンシップという制度がある。その他、ハローワーク、会社訪問やパンフレットによる求人活動に加え、今や広く自社のアピールポイントを広めさまざまな階層に採用対象を広げたいことから、インターネットのホームページ上からの募集やエントリーを進めるのが一般的となった。

　福祉人材の採用にあたっても、先に人事方針の明確化が必要なことを述べたが、まず、外部環境の状況把握と、法人内の職員の就労状況と職

員の意向を把握していくことなどが必要で、一般企業の募集方法と大きな違いはないが、効果的な募集方法には違いがあるようだ。まず、新卒者の応募者が少なくなっている現状では、採用要件の緩和等の見直しが必要になるだろう。しかし、人数の確保が難しければ質の確保にも影響はでてくる。その際にもこれだけはという採用要件を明確にし、それ以上は採用後の育成で担保していくこととなる。つまり、「採用要件」と「育成要件」とを分けることが必要である。

　募集方法とその効果について、正規職員新卒者と正規職員中途採用者に分けて見てみよう。**表6－1**のように特別養護老人ホームの介護職の雇用状況（「2022年度特別養護老人ホームの人材調査」）と保育所・認定こども園の雇用状況（「2022年度保育所等の人材調査」）とも差がある。特養の新卒採用者数は平均2.42人だったが、新卒採用は他の業界との競争もあり、**表6－1**の結果からは現在成功しているとはいえない。そこで採用の中心は、採用しやすい女性や中高年者の中途採用に移り、この方法による中途採用正規職員の数は平均6.17人で、年間を通じた採用活動を進め成果が上がっている。しかし、7割の施設は採用予定数と比較するとまだ不足しているという結果であった。一方、保育所等は大半が女性の有資格者という特殊性ゆえに、結婚・育児で長期間仕事を離れていて再就職する場合は、非正規職員を経て正規職員になるケースが多いことや、年度単位でクラスを担任することが一般的であることから、年度途中で中途の正規職員採用試験のケースは少なく、新卒採用を中心として募集しそのなかから確実に雇用していくことを考えていかなければならない。保育所の新卒者の採用者数は、平均では1.99人募集して1.39人の採用につながった。

　では効果的な募集方法とは何か。**表6－1**を見ると特養と保育所には違いがあり、特養では新卒者と中途採用者の間に違いがある（「2022年度特別養護老人ホームの人材調査」と「2022年度保育所等の人材調査」）。特養の正規職員新卒者の効果があった募集方法は、①学校訪問・就職課等、②ハローワーク、③資格取得のための実習受け入れ、④新卒者採用サイト、⑤学校訪問・説明会参加、の順であった。特養の正規職員中途採用者では、①ハローワーク、②人材紹介会社、③職員からの紹介、④法人・施設ホームページ、⑤転職サイト、となっている。これに対して保育所等で正規職員採用に効果の大きかったと答えた媒体は、①人材紹介会社、②資格取得のための実習受け入れ、③大学等の教員やOBを通じた推薦・仲介、④職員からの紹介、⑤学校訪問・就職課等である。

第6章

〈表6－1〉令和4年度　職員採用の状況

令和4（2022）年度		特別養護老人ホーム	保育所・認定こども園
A正規職員 新卒採用者	①試験実施し採用できた	42.2%	53.5%
	②試験実施し採用できない	35.9%	18.7%
	③試験実施せず	21.8%	27.8%
B正規職員 中途採用者	①試験実施し採用できた	87.2%	39.9%
	②試験実施し採用できない	9.8%	19.3%
	③試験実施せず	3.0%	40.8%

（出典）「2022年度特別養護老人ホームの人材調査」「2022年度保育所等の人材調査」をもとに筆者作成

各々に特色がでている。

　これらの結果から、まず募集方法の多角化が必要だといえる。さらに原則的なことがいくつかあげられる。まず1つは、新卒者の採用においては特に大学や養成校との連携が重要なポイントとなる。福祉現場は大学や養成校からの実習の受け入れをしているし、さらに、学生の自主実習という名のインターンシップの受け入れも行っている。これらを通して養成校とその教職員との関係を深めることは、福祉教育の視点からも福祉人材の確保の視点からも重要である。学生は実習という現場体験を積むことによって、福祉職場の実態や難しさ・やりがいなどを感じることができ、就労への準備をすることになる。その他、ハローワーク、法人・施設のホームページ、福祉人材センターなど、基本的な募集媒体はしっかり押さえておく必要があること、大学等の教員やOBを通じた推薦・仲介、職員からの紹介などの関係、何より実習で施設を訪れた学生本人との交流等、信頼性のある人間関係を通しての募集は効果的であることから、これらを確実に実施していきたい。また、これだけ厳しい採用環境のなかで他の組織ではなく自法人に応募してもらうには、日ごろから法人や事業所の事業内容や活動について地域社会に認知してもらうことが必要となる。今や、事業の紹介やサービスの内容、法人の情報開示などの広報活動は利用者へのマーケティング戦略だけでなく、職員採用のための重要な戦略だと考えなければならない。

3 有料職業紹介事業者の現状と課題

　ここで、近年、利用されるようになっている有料職業紹介について問題点を整理しておきたい。医療・介護・保育分野の有料職業紹介は、医師の就職問題から始まったようである。その後、看護師等の医療職から、人材確保が困難な福祉関係職種にも広がった。テレビCMも目立つ。事業者側の最大のメリットは手数料を払えば何人でも紹介してくれて、数の確保には確実な方法であることだ。特養の調査でも保育所等の調査でも採用に効果が大きい媒体の上位に挙がっている。しかし、問題は手数料が高額なことである。紹介する就職者の3か月分の給与とも、予定年収の3分の1ともいわれている。さらに、高額の手数料にもかかわらずその他の方法に比べて定着率が「低い」と答えた事業所が41〜43%もあった。さらに利用する事業所にとって問題が大きいのは、このシステムで就職した職員が一定期間就労後に辞めても事業所に手数料の返金がないことである。その職員が再度紹介会社に登録し、紹介会社が別の事業者に紹介すると、紹介会社はそこでまた手数料収入が得られる。つまり、紹介会社は紹介した職員が就職・退職を繰り返すことで収入が増えることから、不正に紹介者を転々とさせる危険性がある。

　先に示した特養の調査（「2022年度特別養護老人ホームの人材調査」）によると、2021年度に募集した際に中途採用の正規職員募集に人材紹介会社を使用した特養は57.1%で、それらの事業所の年間の手数料総額の平均が354.5万円で、これはその施設の年間の「サービス活動収益」の0.99%に相当する。保育所等では正規職員募集に人材紹介会社を使用した事業所は22.2%で、その事業所の手数料総額の平均が217.4万円で、これはその施設の「サービス活動収益」の1.37%に相当する（「2022年度保育所等の人材調査」）。つまり、人材紹介会社に紹介された職員の40%は定着率が低いにもかかわらず、その費用として年間のサービス活動収益の1%程度も使わざるを得ないということである。このような状況を背景に、2020年「医療・介護・保育分野における適正な有料職業紹介事業者の認定制度」が創設され、不当に高額な紹介料を取らないこと、不正な紹介をしないこと、就職者に「お祝い金を支給しない」こと、再転職の勧奨を行わないことなどを守る紹介事業者に対して、認定マークを付与することとなった。[*14] 令和5（2023）年3月現在で医療・介護・保育の各分野で各々39社、21社、13社が認定を受けている。今後ますます人材確保が厳しくなるなかで、紹介料のあり方等より一層の検討が期待

*14
厚生労働省は、医療・介護・保育に分けて人材紹介会社のための基準とチェックシートを示すなどとしており、今後さらに規制されていくものと思われる。

されている。

4 配置・異動

　雇用管理システムの一つに配置・異動がある。採用した職員は雇用契約に基づいて配属先が決まりそこでの業務の担当となる。企業等では一般的に退職まで同じ職場や施設にいるわけではなく、職場内で仕事の担当の交替や職場間や施設間の異動、ときには異なった仕事内容や役割に替わることもある。これらを配置換えまたは人事異動という。福祉サービス事業所においても、法人や施設の規模にもよるが、同様の方法により各職場の業務を遂行するのに必要な職務や役割に必要な人材を配置し、異動させている。退職や休職者の後任の配置・異動等が一般的だが、近年、福祉職場では徐々に専門分化が進んでいることから、配置予定の専門資格職員と職場が必要としている資格者とのマッチングを行い、各事業の日々の運営に必要な職員数の確保のための異動や、報酬の加算取得のために資格職種者を厚く配置するなど、直接収入にも影響する雇用管理である。

　福祉サービス事業所は、1法人1施設のように規模が小さい職場や法人が多いことから組織内の異動先が少ない。「適材適所」な配置をめざすには、専門職職場の特色を活かしながら、必要に応じて柔軟な配置転換、異動の可能な職場を考えていく必要もあるが、このような組織ではそれらが制限されてしまい、人事の活性化やキャリア形成が進まないという問題点もあげられている。

　一般に配置・異動は職場の適正な運営を考えて組織主導で進められるものである。しかし、職場の都合により進めると、対象となる職員の状況との不適合が生じやすく、職員の生活に大きな負担になるといった問題も生じ、結果的に退職してしまうというような結果になることも多々ある。そこでさまざまな施策が講じられている。具体的には、職員の個人的な事情や希望を自己申告してもらい、その情報を配置やキャリア形成の際に考慮することで、組織の人事政策と職員の事情の調和を図る自己申告制度や、個人の側から異動等に手をあげてもらう社内公募制度がある。また、住居の変更を伴う異動や、長距離の通勤を伴う職場への異動は職員本人のワーク・ライフ・バランスや家族の生活に影響することから、給与等の処遇条件が落ちても、異動の範囲を限定することにより問題解決を図ろうという勤務地限定職員制度もある。女性の多い福祉職

場にとって、子育てや要介護高齢者を抱える職員等の離職防止に役立ち、業務経験のある中堅職員や優秀な職員の確保の方法として参考になるものである。

5 福祉人材の確保のために

このような状況を背景に令和4年版厚生労働白書は「社会保障を支える人材の確保」という副題を付け、社会保障にかかわる人材の今後の方向性として、持続可能な社会保障制度実現には医療・福祉サービス改革と地域に応じた重点的なサービスの取り組みが必要であり、これとともに従事者の処遇改善と多様な人材の参入促進が必要だとしている。また、これとは別に、さらに社会全体に福祉の仕事に対する理解を進めること

〈表6-2〉 福祉サービス事業者が行う人材確保施策

①必要な人材の採用強化	内部環境・外部環境を把握した採用計画の立案 地元福祉系大学・養成校との連携強化 採用方法・採用対象の多様化・多角化 さまざまな採用ツールを用意した広報活動の充実 採用人材の多様化への適切な対応 広報の強化等による法人、事業所の特色や取り組み内容の「見える化・見せる化」
②現有職員の定着＝「働き続けられる」に向けた取り組み	職場の風土づくり 採用後の定期的なフォローアップ 職場内のコミュニケーションの活性化 職員の安全と健康のための施策の施行 職員の給与等の処遇改善の取り組み 労働時間・休暇等の管理 職員のワーク・ライフ・バランスへの配慮 カスタマーハラスメントの防止など利用者との適正な関係の形成 「タスク・シフト／シェア」*15・ロボット・AI・ICTの導入などによる生産性の向上への取り組み
③人材の育成	体系的な研修制度の構築 OJTの体制づくりと強化、キャリアパスの明確化 リーダー層（特にミドルリーダー）の育成 「地域共生社会」の実現など広く地域に目を向ける人材の育成
④離職防止の取り組み	職場の人間関係（特に上下の関係）の改善 ワーク・ライフ・バランスの浸透 超過勤務の削減や休暇・休日数の確保 公正な人事評価システムの構築 更なる処遇改善策の拡大 勤務意向調査や定期面接の実施

（筆者作成）

*15
医療・福祉現場における「タスク・シフト／シェア」とは、①専門性の高い業務の一部を他の資格を有する人材も担うようにすること②有資格者がその専門的業務に集中して取り組めるよう、補助的業務を一定の研修を受けた資格を有さない人材に移行すること。介護分野では、福祉人材センターに2022年度から介護助手等普及推進員を配置し介護助手希望者の掘り起こしを、介護事業所に対し、介護助手導入のための業務改善にかかる助言、求人開拓等を行っている。保育分野では「保育士の業務の補助を行う保育補助者の雇上げに必要な費用の一部を補助」している。
『令和4年度 厚生労働白書』2022年、120頁、123頁。

*16
本双書第8巻第1部第
2章第4節2（3）参
照。

が必要で、このためには子どもの頃からの福祉教育が必要である[*16]。それは結果的に、子どもたちの家族やその教育を担当する教員の教育にもつながる。例えば、小中学生や高校生を対象とした職場見学、職場体験、出前授業などである。それによって福祉の仕事を身近に感じ、正確な情報の下にやりがいのある職業であるという認識をもってもらうためのはたらきであり、私たち福祉関係者が行っていかなければならない。

　福祉人材の確保が厳しいことは繰り返し述べてきた。**表6-2**では、全国社会福祉法人経営者協議会の「社会福祉法人アクションプラン2025」の「福祉人材に対する基本姿勢」を参考に、人材確保という視点でどのような施策が必要なのか基本的な考え方を整理した。

第3節　福祉人材マネジメント

　働き方改革の中で、本節の人材マネジメントに関連する法改正が行われている。雇用対策法が、労働施策の総合的な推進並びに労働者の雇用の安定及び職業生活の充実等に関する法律（労働施策総合推進法）に改正されたが、その第3条の基本的理念で、「労働者は、職務の内容及び職務に必要な能力、経験その他の職務遂行上必要な事項の内容が明らかにされ、並びにこれらに即した評価方法により能力等を公正に評価され、当該評価に基づく処遇を受けることその他の適切な処遇を確保するための措置が効果的に実施されることにより、その職業の安定が図られるように配慮されるものとする」が追加・新設されている。地味な改正内容であるが、国及び事業主は、第1項の能力開発と相まって、キャリアパス、評価、その反映としての処遇を整えて、職業の安定を図ることが求められることとなった。本節で解説する人材マネジメントについて、法令上、明記された意義は大きい。

1 キャリアパスの構築と支援

（1）キャリアパス

　キャリアパスとは、昇進を含めた配置異動ルールと異動の際の基準を定めたものである。具体的には、ある職位や役割・職務に就くための、そのルート（順序）と、その順序ごとの必要な資格、経験、実績等を定めることとなる。こうしたキャリアパスを定めておくことは、職員がどのようにキャリアを形成していけばよいかの指標にもなり、自己の努力目標の尺度にもなるので、自己啓発意欲を刺激するとされている。人材マネジメントを運用していくためには、運用を支える制度が必要だが、このキャリアパスは、主要制度の一つである等級制度といえる。この等級制度に関連付けられて、キャリアアップ支援として階層別研修のような育成制度が整えられ、評価の仕組みや処遇の仕組みが整えられることとなるため、いわば人材マネジメントにおける主柱といえる制度である。

　キャリアパス、すなわちキャリアの通り道（Path）をつくっても、キャリアアップ意欲をもって歩いてもらわなくては意味がない。そこでキャリアパスを整える一方で、職員のキャリアビジョンへの支援も行うことが重要である。キャリアビジョンとは、自分自身が将来どのような

分野で、どのような仕事に取り組みたいかという、職業生活における将来目標のことである。職員の価値観は、組織内の役職志向からこのキャリア志向に変化しているといわれているが、人手不足の福祉サービス提供組織としては、法人内に魅力あるキャリアパスを整えて、人材を内部に引き留めて法人内でキャリア形成できるように支援することは重要である。

　比較的実施されていると思われる面談や評価のフィードバックの機会等をとらえて、職員がどのようなキャリアを形成したいと考えているかを聞き、資格取得の支援や教育訓練等の育成していくことが大切であろう。こうしたキャリアビジョン支援は、福祉サービスで活発に行われている「育成」の大切な目的の一つであることは再確認しておきたい。

（2）福祉サービスにおけるキャリアパス

　福祉サービスでは、人材を組織内でどう育成し活用していくかといった観点からキャリアパスを検討してきた一方で、高齢・障害分野では平成21（2009）年度から始まった処遇改善事業にキャリアパスの要件が加わったこと、その後児童分野でも平成27（2015）年度からほぼ同様の要件でキャリアパスの構築が求められたことにより、半ば強制的にキャリアパスをつくらなければならなくなった面もある。

　このキャリアパス要件が導入された際に、関係団体から事例集等が示されて、それをもとに作成してきた事業所が多いと思われるが、構築にあたってはどのような観点があるかについて解説していく。

　まず、（1）で述べたように、「ある職位や役割・職務に就くための、そのルート（順序）と、その順序ごとの必要な資格、経験、実績等を定める」こととなるが、何を重視するかは法人ごとに異なる。有資格者をそろえて加算を得ようと考える法人もあれば、それよりも人柄や勤務の実績を重視することもあるであろう。キャリアパスを整えるということは、法人が職員に何を期待しているかを表明していることと同じなので、法人が独自に、期待する職員が増えていくよう、目的をもってつくらなくてはならない。

　次に具体的な構築手順だが、おおむね次の3点を整備することとなる。
　①法人の職員を階層（等級）化
　②それぞれの定義を作成
　③階層の上がり下がりのルール化
　「①法人の職員を階層化」するということは、職員のランク（等級）

〈表6-3〉 等級を考えるにあたっての基軸

区　分	基　軸
人 基 準	年 齢 ・ 勤 続 年 数
	職 務 遂 行 能 力
仕 事 基 準	職 務
	役 割

（筆者作成）

をつくることとなるので、人事制度上の等級制度を作成することと同義と考えてよい。この等級制度自体は、何を基軸に考えるかによって自ずと決まってくるが、基軸の種類としては、おおむね**表6-3**のように区分されるであろう。

　何を基軸に考えるかによって自ずと決まるというのは、例えば年齢・勤続年数を基軸とすれば年齢が高いあるいは勤続年数が長い者ほど高い格付けとなり、役割を基軸とすれば責任の重い役割（役職）に就き役割を全うしている者が高い格付けとなるように等級制度がつくられることとなるからである。

　どの基軸とするかは、法人がどのような人材を求めているかによるので、法人独自に決定することとなる。一つの基軸だけでもよいし、例えば一般職層は職務遂行能力を基軸とし、管理監督職層は役割を基軸とするといったように複数の基軸を組み合わせてもよい。ただ、処遇改善の要件で「職員の任用の際における職位、職責又は職務内容等に応じた任用等の要件」としていること、もともとサービス提供組織では管理者・サービス提供責任者、サービス管理責任者等の配置とその役割が運営基準等で定められ、それに合わせた組織構造となっていること、同一労働同一賃金への対応としては人基準より仕事基準の方が説明しやすいこと等の要素も考え合わせて検討すべきであろう。

　基軸の選択後は、ランク（等級）の設定となるが、その数もまた法人によって独自に定めることとなる。②や③とも関係するが、等級数は、等級異動の管理の煩雑さや、等級が上がったというインセンティブの機会をどの程度与えるかなどを勘案して適度な等級数を設定することとなる。**図6-4**の例示は、小規模組織で、役割を基軸とし、組織の役職を手がかりに簡略化したものである。なお、役職がない一般職であっても、入職したてのルーキー、一人前のレギュラー、ベテラン職員のアドバンスのような少なくとも3段階程度の役割ランクがあると考える。

　また、**図6-4**は単純化してあるものの、一般職から施設長までのキ

第6章

〈図6-4〉小規模組織でのキャリアパスのイメージ

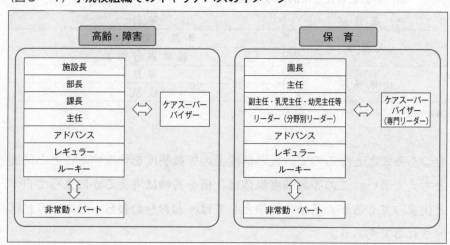

（筆者作成）

ャリアパスしかない単線型ではなく、ケアスーパーバイザーにも転換できる複線型のキャリアパスとなっている。

　キャリアパスとは昇進のルートであるが、昇進したい者ばかりではないし、現場での仕事に誇りをもってそれにこだわっている職員もいる。また、優秀な上司がいる場合、その者が昇進等で異動しない限りなかなかそのポストも空かないので、優秀な職員が見切りをつけて退職してしまうこともある。これらの課題に対して複線型のキャリアパスを設定し、一本道でなく多様なキャリアを描けるようにすることは、特に人員配置が固定化しやすい小規模な組織ほど重要であろう。なお、ポストの流動化については、一定年齢に達した場合に役職を解く役職定年制や一定期間の業績によって役職への任用審査を行う役職任期制といった制度もある。

　次に②それぞれの定義を作成することについてだが、法人としての期待する人材像を等級ごとに記述することが必要になる。このとき注意しなければならないのは、現状何をやっているかということよりも、現状はできていないけれども本来はこうありたいという視点で描き、現状の人材ではまだ到達していなくても、最終ゴールのイメージを明確にし、育成等によって、あるべき姿に誘導することが重要といえる。

　また、定義自体は普遍的なものではなく、法人の置かれている環境によって変化する。したがって、定義は主要業務と果たすべき責任や遂行レベルの概要程度にして、より具体的な業務内容や果たすべき責任や遂行レベルは、人事考課の内容や目標管理の目標と達成レベルで補完する

仕組みとすることが現実的といえる。

　③の階層の上がり下がり（昇格・降格）の要件と、審査手続等を定めればキャリアパスは完成する。昇降格の要件としては、主に次のようなものが考えられる。

　　　㋐等級の在級年数
　　　㋑研修の受講
　　　㋒公的資格の有無
　　　㋓過去の実績：人事考課成績等
　　　㋔異動の経験
　　　㋕上司の推薦の要否
　　　㋖主任等ポストの数が限られている場合は、その空位を条件とするかどうか

　これらを法人の望む方向で適宜組み合わせて設定するわけだが、ここでも現状に引っ張られすぎることなく、将来の人材構成はどうあるべきかを考えて設定することとなる。例えば、介護事業所で**図6－4**のようなキャリアパスを設定していた場合、アドバンスになるには介護福祉士の資格取得を要件として設定し、資格取得支援をしながら運用していくと、何年後かにはアドバンス以上は介護福祉士資格取得者となる。こうした将来の構想を明確にして要件設定することが重要である。

　昇格についてのルールがあれば、当然降格についてのルールも定めることとなるが、降格に関しては、業務上の重大な失態があった場合等を要件として、等級ごとに定めず、各等級共通とするほうが現実的といえよう。

　このほか、要件を満たした場合、必ず昇格あるいは降格するのかも検討が必要だが、あくまで「候補者」としてその候補者の中から定められた審査を経て決定するほうが現実的であろう。

2 目標管理制度とは

（1）目標管理制度

　目標管理は、もともとは1954年にドラッカー（Drucker, P. F.）が『現代の経営』で提唱した概念で、部下の管理のためではなく動機づけ（モチベーション）のための手段として目標を利用することを提唱し、目標と自己統制による経営の重要性を説いた。その後に、この考え方を理論的に補強したのが、目標設定理論といえる。目標設定理論は、目標

が人を動かすというはたらきに着目した動機づけ理論で、目標は「ある程度困難であること」「抽象的でなく具体的であること」「本人が目標を受け入れること」「目標の進捗や到達度合いといった成果の水準のフィードバックがあること」といった4条件が必要であるとした。こうした考え方や理論を、実際の運用システムとしたものが、**目標管理制度**（Management by Objective）である。

（2）日本における目標管理制度

わが国では、1990年代から急速に目標管理制度の導入が進み、労務行政研究所が定期的に実施している人事労務管理諸制度実施状況調査（上場企業等の大手企業が対象）では、いまや8割近い企業で導入されている。企業が目標管理制度を導入した時期が1990年代後半から増えていることから、成果主義の導入に歩調を合わせてその普及が進んできた制度といえる。

また、同調査で目標達成度を人事考課に反映している企業の割合は、直接的あるいは間接的に反映させる企業が9割を占める一方で、反映させない企業、すなわち業績向上等のための経営ツールとして活用しているところは1割に満たない結果となっている。もともとは経営管理ツールとして重要視されて導入されてきたが、いまやわが国において目標管理制度は、経営管理ツールというよりも、評価ツールに実態はなっているといえよう。

（3）目標管理制度の仕組み

目標管理制度は、主要な機能として経営目標と個人の目標を結び付ける機能があるが、その結び付け方は、経営目標から部門目標、さらに個人目標へと落とし込む過程で、一方的に上司が押し付けるのではなく、上司と部下が話し合い、共同で行うことに特徴がある。トップダウンのみではなく、一部ボトムアップもある方法で、経営目標のコンセプトを受け継がせ、浸透させていくこととなる。目標設定理論では、一方的に押し付けた場合でもうまくいっているケースもあるが、困難な目標でも本人が受け入れてもらう状況をつくるという意味では、話し合いによる目標の連鎖の仕組みは必要といえよう。

目標についても、目標設定理論では、高くて困難な目標のほうがよいとされるが、あまりに高すぎる目標だと最初から投げてしまい機能しなくなる。努力すれば達成できるような目標とすることが、最も効果的に

動機づけに作用するといわれており、実際の制度運用でもそのように目標を設定するようはたらきかけられていることが多い。また、何を目標にするかについては、「利用者満足を向上させる」、というような漠然とした目標では、どのように努力してよいか不明確であるし、動機づけとしては弱いといえる。まして評価ツールとして機能させるのであれば、目標の達成度等を評価あるいは測定するために、抽象的な目標ではなく、具体的な数値目標と達成までの期間を定める必要があるのは当然といえる。

　目標管理制度の実施プロセスは、**図６－５**のようなPDCAサイクルを、一定の期間、評価するのであれば評価期間で区切って、回し続けることとなる。

　期首に設定した目標を、上司は部下に丸投げし、そのまま放っておいて、期末に評価するだけでは、目標が絵に描いた餅となってしまう。そのため、このcheck部分で、目標設定理論でいう「目標の進捗や到達度合いといった成果の水準のフィードバック」が実践されている。目標設定時や達成度評価時だけでなく、期中においても公式・非公式の話し合いを行い、進捗状況や目標達成に重要な影響を与える環境変化等への対応を協議することとなる。こうした話し合いは、目標達成にとって不可欠なだけでなく、上司が部下に対して適切な助言や指導を行い、目標達成の支援をすることは、動機づけという意味でも重要である。

〈図６－５〉 **目標管理制度実施上のPDCAサイクル**

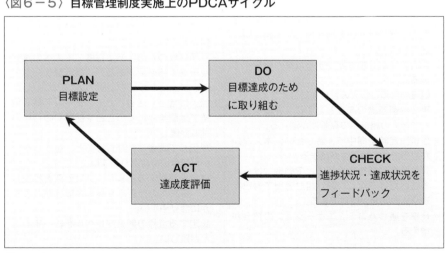

（筆者作成）

（4）目標管理制度のメリットとデメリット

　広く普及している目標管理制度だが、評価ツールとしてはまだまだ課題が多い。目標管理制度の代表的なメリットとデメリットをあげると**表6-4**のようになろう。

　なお、デメリットについては、組織目標を個人目標に展開していく目標管理制度の特徴がもたらす上記のようなもののほか、運用する組織や人材の能力に起因すると推測される、「そもそも組織目標が不明確である」「上司が上位目標をふまえた目標内容等を明示できない」「上司による達成へのフォローがない」等の問題も見られる。

　このように目標管理制度は、広く普及し運用されているからといって、必ずしもうまく機能しているわけではない。近年では、KPI（Key Performance Indicator）[18]、OKR（Objectives and Key Results）[19]のような新しい概念が登場したり、評価と結び付けるのをやめたり、チーム単位で目標設定をしたりと、いろいろと模索が続けられている。また、そもそも動機づけ理論の大半は、英米で開発発展してきたものといえるが、そこには適度なリスク指向性と業績への関心が高いといった英米の文化的特徴が大きく影響するとされ、職員に適度な独立性があって、チャレンジ志向があり、達成志向も強い文化圏では機能するが、そうでない国においてはマイナス効果もあり得るといわれる。振り返ってわが国の文化的特徴としては、どちらかというとリスク志向というよりもリスク回

*18　重要業績評価指標と訳され、目標をより明確にするため経営上の重要テーマを数値化・指標化してその達成にフォーカスして取り組む仕組みといえる。

*19　アメリカの大手IT企業で導入されて注目されている仕組み。定性的な目的と定量的な結果指標を組み合わせて、短いサイクルでPDCAを回す仕組みといえ、評価ツールとして活用していないところもある。

〈表6-4〉目標管理制度の代表的なメリット・デメリット

メリット	デメリット
・評価の基準が個人ごとに設定できるため定型化されていない業務を担当する管理職に適用しやすい。 ・各人の役割分担や期待する成果が明確化できる。 ・組織の目標と個人の目標を結合できるので、事業参画意識の向上とともに、評価することで個人の組織への貢献度が測れる。 ・目標設定時や期中で、話し合いに本人がかかわるため、納得性が高まる。 ・具体的な目標を定めることで動機づけられることだけでなく、取り組む過程で自己実現や能力開発が期待できる。 ・仕事を通したコミュニケーションの機会が増える。	・機能させるために各人の進捗状況等の把握とフィードバックが不可欠なので上司の負担が大きい。 ・目標達成のためにある程度の本人への権限委譲をする必要があるが、指示型リーダーシップ上司のもとでは機能しにくい。 ・個人に落とし込むことで、チームで動く組織では馴染みにくいことや部門間の目標の共有が難しい。 ・評価して賃金に結び付けると、達成しやすい目標ばかりになりやすい。 ・結果を重視するあまり、プロセスを軽視して、将来への仕込みや種まき部分がおろそかになりやすい。 ・設定する目標の難易度レベルを統一することが難しい。

（出典）髙橋　潔『人事評価の総合科学—努力と能力と行動の評価』白桃書房、2010年を参考に筆者作成

避、個人よりもチーム志向ではないだろうか。

　目標管理制度は、福祉サービスにおいても導入しているところが多いと思われるが、デメリットといわれるものをどう軽減していくか、また職員が動機づけられる源泉は何か、職員は福祉サービスにかかわることで何を志向しているのかも考え合わせて、今後も各法人でメンテナンスしていく必要があろう。

3 人事考課、評価のためのシステム

（1）人材評価の目的

　評価は、人材の現状を把握することであるが、評価を通して職員や組織の弱点を見つけて職員の育成につなげたり、評価結果を蓄積していくことで、昇進等の人材の配置に活用したり、評価の結果に基づいて、その働きぶりや努力に報酬として報いたりするといった手段を通して、事業目標達成や生産性の向上、働く意欲の向上につなげて、法人の価値向上を目的とする管理活動といえる。

　育成、配置活用、処遇すべてに活用されるので、その意味では、評価は人材マネジメントにおける回転軸のようなもので、これがうまく回らないと他の機能もうまく機能しない。例えば、職務遂行能力や役割等に応じて精巧な給与システムを構築しても、その運用の実際は評価によって運用されるので、評価が機能していないと給与制度も回らない。また、評価については、よく給料や賞与を合理的に決める仕組みととらえがちであるが、それはあくまで手段であり目的ではない。職員に評価とは給与決定のためだけにやっているといったんとらえられてしまうと、育成等への活用が機能しなくなる恐れもあるので、手段を目的化しないようにすべきである。

　報酬との関係でよく関連付けられる動機づけにおける期待理論があるが、得られる報酬の魅力と、努力が報酬に変わる期待の2つの要因によって本人の努力の度合いが決まるとされている。どう努力したらよいかが不明で、正当に評価されるかに期待がもてないのであれば、動機づけにはつながらない。どういう方向で努力すればよいのか、何を職員に対して法人は期待しているか、どう評価され報酬に結び付くのかも明確にすることが必要である。

*20
期待理論とは、簡略化すると、人が行為（努力）しようとする力は、「行為が結果をもたらす期待×結果の主観的な魅力の度合い」で表すことができるとした理論で、ブルーム（Vroom, V. H.）によって提唱され、のちにブルームの理論を発展修正させたものが、ポーター（Porter, L. W.）とローラー（Lawler, E. E. Ⅲ）によるポーター・ローラーモデルである。

（2）人事考課

（1）のとおり、目的をもって、さまざまな人事管理の機能と関連付けて、人材を評価することとなるが、その際の主要な道具は、わが国では「人事考課」と「目標管理制度」が使われることが多い。このうち**人事考課**とは、法人それぞれの考え方に基づいて、目的等に合わせて成果、仕事ぶり、能力、意欲等の基準を設定し、職員一人ひとりに対して、上司その他が評価を行う仕組みである。

この仕組みとしては、少なくとも次のことは整えておかなくてはならない。また、これらの仕組みやルールについては、公開にして納得性を高め、どこをどうがんばればよいか、努力がどう報酬等で報われるのかを理解してもらい、法人が求める人材への誘導性を強めることが重要である。

- ・人事考課で何を見るのか
- ・人事考課は誰が、いつ見るのか
- ・人事考課はどのように評価されるのか
- ・評価結果のフィードバック
- ・人事考課の最終成績はどのように決まるのか

❶人事考課で何を見るのか

業務遂行のプロセスと、それに関連する評価要素と評価の仕組みを整理すると**表6-5**のようになるといわれる。なお、成果評価に関しては、個人ごとに設定できる目標管理制度の達成度を組み込むところは多い。

評価の目的である各法人の価値向上等のためには、どのような人材であってほしいのかをベースに、これらの要素を評価の特徴と目的を勘案して組み合わせていくこととなる。安定的に長期勤続してもらいたいと期待するのであれば、インプットやスループット部分を重視していくであろうし、逆にしっかりと仕事上の結果を残せる人材がほしいと期待す

〈表6-5〉人事考課における評価の要素と仕組み

業務遂行プロセス	評価の要素	評価の仕組み
インプット	潜在能力 意欲態度	能力評価 意欲態度評価
スループット	職務行動 仕事	コンピテンシー評価 職務評価
アウトプット	成果	成果評価

（出典）今野浩一郎・佐藤博樹『マネジメントテキスト 人事管理入門 第3版』151頁をもとに筆者作成

るのであれば、スループットやアウトプットを重視していくこととなろう。最終的には、キャリアパスと関連付けながら、要素の特徴や目的をふまえて、管理職層はアウトプット重視、一般職層はインプット重視等というように、職階や等級区分に応じた期待する人材像に導けるように組み立てていくこととなる。

また近年、潜在能力が顕在化して職務行動に表れたところをとらえる**コンピテンシー**評価も導入が行われている。一般的には、高業績者と低業績者を比べて高業績者の行動特性に着目してモデル化し、それに基づいて評価する仕組みといえる。ただ、この考え方は過去と現在の分析で導き出されたコンピテンシーなので、未来の変革に対応しにくいこともあり、経営戦略や法人の価値観から導き出したコンピテンシーモデルも考えられている。

もう一つの観点としては、基準をどのように設定するかということがある。求める人材像から導かれるあるべき基準と現実の実態から求められる基準とは乖離がある。今まで行ってきた前例や経緯だけで基準を設定することは避けるべきと考える。現実にやっていることを基準にすると、それ以上の実績や成果に誘導しにくいので、本来はこうあるべきという評価基準、すなわち法人の意思を明確にして設定することが重要といえる。

❷人事考課は誰が、いつ見るのか

上司の役割は部下の業績等に対して責任をもつことという考え方を基本とすれば、直属の上司が評価者となるのが当然といえよう。また、評価にあたってその仕事ぶりを観察したり、指導したりする機会も多いことからも、直属の上司が評価者として適任といえる。

ただ、直属の上司の評価だけでは、上司の主観や考え方の偏りが強く出てしまうこともある。そこで評価の客観性や公平性を目的として、評価段階を増やして、一次考課者を直属の上司、二次考課者をさらに上位の上司として、複数の目で見た評価となるよう、評価段階が複数設定されることが一般的である。

なお、直属の上司からの評価だけでなく、他の部署の上司や部下等からも評価を行う360度評価も近年注目されている。適切に行えば、多面的に評価されることで本人への気付きや行動変容に効果が期待できる一方、評価者との人間関係が表れやすいことや、上司が部下に迎合してしまう懸念のほか、かなりの時間と手間がかかるというデメリットもある。

第6章

導入する場合は、何を期待して導入するのか、その導入目的に合ったフィードバックはどのように行うのか、評価結果を昇給や昇進の資料とするのか等をはっきりさせて導入する必要があろう。

　評価の時期については、その評価要素の性格や処遇へどう反映させるかによって決まってくる。能力評価のように長期的視点で評価すべきものは年間で行い、成果や意欲態度のように短期的視点で変動しやすいものは、半年に1回で行うことが多い。この短期的成果を処遇に反映する方法として賞与があるが、年2回の賞与が一般的であることから、成果評価等の短期的視点の評価結果を反映することとなり、一方、年1回の昇格・昇進等については能力評価等の長期的視点の評価結果を重視した反映が多く見られる。

❸人事考課はどのように評価されるのか

　どのように評価するかについては、客観性と公平性が必要だが、上記の複数の評価段階を設定することでこれらを保とうとする仕組みのほかにも、いわゆる評価バイアスの軽減対策がある。

　評価バイアスとは、評価者が陥りやすいエラーのことで、さまざまな区分で列挙されているが、代表的なものとしては**表6−6**のものがある。

　評価バイアスに陥らないよう評価する者同士の目線を合わせていく方法として、考課者訓練がある。さまざまな方法があるが、例えば、考課者を一堂に集めて、演習形式で実際に評価をやってみて、自分が陥りや

〈表6−6〉　代表的な評価バイアス

評価バイアス	内　容
ハロー効果	特に優れた点、劣った点があると、それによってそれ以外の評価が影響されてしまう。
寛大化傾向	被考課者との関係や印象から、実際よりも甘く評価してしまう。
中心化傾向	厳しい優劣をつけることを避けてしまい、結果として評価段階の中央に評価が集まってしまう。
厳格化傾向	少しよければ極端によくし、少し悪ければ極端に悪く考課をし、結果として、中心化傾向とは逆に、評価段階の両端に評価が集まってしまう。
論理誤差	さまざまな事実を関連がありそうな考課要素や他の事実に意識的に関連付けてしまう。
対比誤差	自分の得意分野や不得意分野によって、評価が辛くなったり甘くなったりしてしまう。過去の自分と部下とを比較してしまう。
遠近効果	考課実施時の直前の事実は大きく見え、何か月も前の事実は小さく見える。
逆算化傾向	先に評価者が評価結果をイメージして、その結果となるように点数を調整してしまう。

（筆者作成）

すい評価バイアスに気付いたり、他者との感じ方等のズレを認識したりすることを通して、評価者の目線を合わせ、客観性、公平性につなげる方法などがある。ただ、どんな方法を取るにせよ、学習効果は時間とともに薄らいでいくので、評価者となったときだけでなく、定期的に開催することが望ましい。

　この評価バイアスに陥る前に、そもそも何を求められている要素なのかが不明確ではまともな評価はできまい。客観性や公平性を担保するためには、評価基準をできるだけ具体的に明示しておくという評価のフォーマット上の工夫が必要である。例えば、意欲態度考課では「積極性」という項目がよく使われるが、そのとらえ方は人によってまちまちで、何をもって積極性があるというのかを明確にしておかなければ、評価者によってぶれが生じる。人事考課では、考課シート等が活用されるが、そのフォーマットは考課要素のみが記載されているものもみられるが、やはり考課要素とその着眼点（説明文）が明示されているもののほうが客観性、公平性に資すると考える。評価の基準や意味がわかりやすく明示されていることは、法人が求めるあるべき基準に向かって職員を誘導するためにも重要である。

　このように一定の基準と職員の特性や成果の事実に基づき評価をする絶対評価が、わが国では主流といえるが、評価項目を細分化しすぎて木を見て森を見ずとなってしまうことや評価の過程でどうしても人が介在するため、評価バイアスによる誤差が生まれ、必ずしも適正な評価とならないという短所もある。

　この絶対評価と対極にあるのが、人と人を比較する相対評価である。評価対象のグループのメンバーによって自分の評価が相対的に変動することなどの短所が指摘されるが、要素等を細分化する必要がなく、その者の総合的な評価結果が導かれること、絶対評価より評価確定までの手間が少ないこと等の長所もある。また、昇進や昇格の運用で、複数の候補者の中から選抜する際は、評価成績だけで選抜するのではなく、人柄や人望といったことも含めて総合的に候補者を比較して決定するほうが妥当といえ、実態としてもわが国の昇進・昇格の運用は相対評価で行われているといえよう。

　このように絶対評価と相対評価はそれぞれ長所短所があり、どちらが勝るというものではない。活用の場面にあわせて、それぞれの特長を考え運用していく必要がある。

第6章

❹評価結果のフィードバック

　以前は、評価結果を処遇に反映させるための成績のフィードバックが主眼となっていたが、今では評価結果をフィードバックすることを通して、より高い業績へ導くことや、人材の能力開発や行動変革といったところまでを射程にした育成目的に変容しつつある。

　そのため、年1・2回程度のフィードバック面接での評価結果等のフィードバックにとどまらず、評価をベースとした継続的なコーチングによって人材を育成し、組織力の向上をめざすところまでを評価者は担うこととなり、その役割自体が変化してきている。

　実際のフィードバック場面では、特にマイナスの評価結果を伝える場合、多くの評価者は躊躇するであろうし、伝えられたほうも反感を抱く場合もある。こうした課題に対して、ただ評価結果を伝達する場ではなく、建設的に助言を与える場であることを、評価者、被評価者ともに認識できるように、コーチング等の研修も含めて、組織をあげて取り組む必要があろう。

　コーチングを行って建設的な助言を与える場としても、それが評価者の主観に頼った評価だけ行われると、反感や不信を招くこともあり得る。その対策として上司だけでなく、他部署の上司、部下、同僚、顧客から多面的な評価を得る多面評価、いわゆる360度評価が有効ではあるが、日本においての導入率は、各種調査でも低い状態となっている。この360度評価は、顧客の評価が入ることが重要だが、顧客等の協力を得るというのがなかなかむずかしいこと、多面で評価するため上司のみの評価に比べて格段に時間がかかること、クラウド等での運用にコストがかかること等の課題があると考えられる。

❺人事考課の最終成績はどのように決まるのか

　人事考課の最終成績は、よく評語として「SABCD」が使われるが、この決め方についてもあらかじめ設定しておく必要がある。この最終成績の評語を使って、例えばA評価を取ったら、○○円昇給するというように、給与や賞与の運用につなげられることとなる。評価が育成目的に変容しつつあるとはいえ、期待理論でいうところの、努力が報酬に変わる期待を満たして動機づけにつなげるためにも、評価結果がどのように決定され報酬に反映するのかは、明確にしておかなくてはならない。潜在能力を顕在化させて、行動実績や成果につなげてもらうためにも、こうした動機づけは不可欠である。

具体的な方法についてだが、仮に100点満点で75点以上を取ればＡ評価とする方法だと、育成等によって職員全体が成長してＡ評価者が増えた場合、職員達は正当に評価されたと感じるだろうが、法人からみると昇給原資が増えることとなる。また、一定の職種や階層ごとのグループで、上位20％に入ればＳないしＡ評価、下位20％だとＣないしＤ評価とするような相対的に分布させ区分する方法だと、法人にとっては一定の割合で最終成績が分布するため、ある程度の見込みが立てられるので、昇給原資の対応がしやすいが、職員にとっては、75点取ったとしても皆が努力し成長すれば必ずしもＡ評価にならないことになる。

要はどちらの方法も一長一短なので、目的に応じて使い分ければよい。法人がどこを重視するかに合わせた方法を選択し、ルールとして明確にし、公開しておくことが重要である。

4 報酬システムのあり方と活用

（1）報酬とは

人事考課のところで触れた期待理論では、職員を動機づけるための要因の一つに「得られる報酬の魅力」がある。報酬というと、給与や賞与といった金銭的なものをイメージするが、それだけではない。報酬は、大きく分けて金銭報酬と非金銭報酬に区分され、図化すると**図６−６**のようになると考えられる。

金銭報酬も非金銭報酬も確かに動機づけにはなるが、金銭報酬は効果が長続きしにくいという特徴があり、また金銭等をもらうこと自体が目的化し他者からやらされている、制御されているという感覚を自覚するようになると、内発的な動機づけが弱まるとも指摘されている。[21]

福祉サービス従事者は、働きがいがある仕事と感じ、自分の能力をいかして、社会に貢献したいという動機で就労する者が多いが、金銭報酬のみに頼った報酬システムでは、徐々にそうした職員の思いを低下させていくこともあり得るといえよう。

一方、自らの行動について、外部からプラスのフィードバックが与えられ、有能さと自己決定の感情が高められると、それによって内発的動機づけは強化されるともいわれる。[22] 適切な人事考課での面談やフィードバックの過程で感謝や賞賛といった非金銭報酬をうまく与えていくことで、内発的動機が低下するのを防ぐ効果がある。

福祉サービス従事者の報酬は低いといわれて久しい。そのため処遇改

*21
アンダーマイニング効果といわれ、金銭報酬を与えたときだけでなく、表彰等でも低下させる効果があるといわれる。また、期限や罰のような外的な抑制によっても生じるとされる。

*22
エンハンシング効果といわれ、金銭のような外的報酬がすべてアンダーマイニング効果を生じさせるわけではなく、賞賛や激励等の言葉による報酬は、内発的動機づけを強めるとされる。

〈図6-6〉報酬の体系

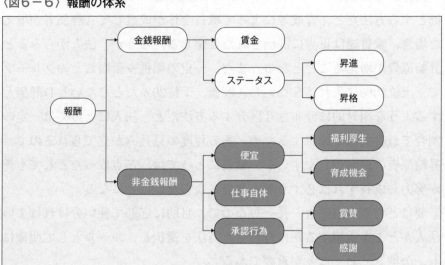

（筆者作成）

善の取り組みが行われてきており、一定の成果は上げているといえよう。ただ、人はお金のみで動くにあらず、とよくいわれる。**ハーズバーグ**（Herzberg, F.）によれば、金銭的な報酬が低いことは不満を招くが、それが十分高いからといって職務満足につながるとは限らない、という指摘を思い返す必要があろう。報酬が魅力的であることは大切だが、金銭報酬に限らず、金銭報酬と非金銭報酬、それぞれの効果や特性を考え、トータルで報酬システムは考える必要がある。

（2）報酬システムの前提となる考え方

　金銭報酬と非金銭報酬を含めた労働に関する費用、いわゆる総額人件費を法人としてどのように決定していくかについては、法人の置かれている外部環境や内部環境に基づき設定された長期・中期の経営計画によって、その方向性が決まることとなる。その計画の際の指標としては、人件費率や労働分配率等の世間相場を勘案して決定される場合が多い。

　福祉サービスにおけるこれらの指標について、独立行政法人福祉医療機構が行った社会福祉法人の経営状況調査の事業別で見てみると、**表6-7**のようなデータとなっている。

　福祉サービスにおいて、いわゆる措置の時代には、収入が労働費用（人件費）に応じて確保されていたため、労働費用（人件費）をいかに配分するべきかという考え方はほとんど必要なかったといえる。ただ、

〈表６−７〉**2021年度　社会福祉法人の経営状況**

区　分	単位	介護 n=3,289	保育 n=3,159	障害 n=1,360
従事者数	人	164.7	65.6	112.4
サービス活動収益	千円	1,007,948	353,808	691,732
サービス活動費用	千円	990,546	338,500	674,502
サービス活動増減差額	千円	17,402	15,309	17,230
人件費率	％	66.4	72.6	65.8
経費率	％	25.9	19.7	21.5
減価償却費率	％	5.6	3.3	4.0
サービス活動増減差額率	％	1.7	4.3	2.5
経常増減差額率	％	1.6	4.7	3.0
従事者１人当たりサービス活動収益	千円	6,121	5,396	6,157
従事者１人当たり人件費	千円	4,061	3,918	4,050

（出典）福祉医療機構「Research Report　2021年度（令和３年度）社会福祉法人の経営状況について」2023年１月17日、図表５より抜粋

　いまや高齢分野や障害分野の収入は変動する構造となっていること、福祉サービスは労働集約型産業のため収入に占める人件費率が高いことなどから、事業を継続的・安定的に運営するため、労働費用の総額、すなわち総額人件費をどう設定するかは重要な経営課題となっている。

　労働費用（人件費）の総額の決定と同時に、その内訳も考えることとなるが、厚生労働省の就労条件総合調査から、医療・福祉分野の事業規模別データを抜粋すると**表６−８**のとおりとなっている。

　近年、労働費用のうち、社会保険料の料率が上昇してきていること等から、法定福利費の占める割合が高くなってきている。さらに短時間労働者への社会保険の適用拡大が進められており、非正規職員の割合が高

〈表６−８〉**労働費用の内訳**　　　　　　　　　　　　　　　　　　　　（％）

産業、 企業規模	労働費用総額	現金給与額	毎月きまって支給する給与	賞与・期末手当	現金給与以外の労働費用	法定福利費	法定外福利費	現物給与の費用	退職給付等の費用	教育訓練費	募集費	その他の労働費用
300〜999人	100.0	82.5	70.2	12.2	17.5	11.2	0.6	0.0	5.4	0.1	0.2	0.0
100〜299人	100.0	86.8	62.4	24.4	13.2	10.2	1.0	0.0	1.6	0.2	0.2	0.1
30〜99人	100.0	83.8	72.0	11.9	16.2	12.0	1.3	0.0	2.4	0.1	0.3	0.1

※医療・福祉分野の常用労働者１人１か月平均労働費用の構成比
（出典）厚生労働省「令和３年　就労条件総合調査」をもとに筆者作成

い福祉サービスでは、今後ますます法定福利費は増加していくことが予想される。

人材の確保・定着をめざして、また後述する同一労働同一賃金への対応も視野に入れると、賃金だけでなく、福利厚生や教育訓練の費用も充実させたいところである。しかし、国が決定するため、法人がコントロールできない法定福利費の増大は、法人が置かれた環境に合わせて労働費用（人件費）を決定すること、及び金銭報酬と非金銭報酬の内訳を決定することを、年々困難にしているといえよう。

（3）賃金制度の考え方

金銭報酬を個別の職員に配分していく仕組みとして、賃金制度がある。この賃金制度は、キャリアパスの考え方や、評価の仕組みの考え方と一貫していることが重要である。キャリアパスは組織上の役割や役職に基づき昇格等を行い、評価は職員の職務遂行能力で決まり、賃金は年功的に決定するというような、一貫性のない仕組みは、職員を混乱させるだけであろう。キャリアパスのところで述べた基軸に基づき、キャリアパス（等級制度）を整え、等級の定義等から求められる要素を見る評価制度とし、その評価結果に報いる仕組みである賃金制度は、これら各制度と整合性をもつことが求められる。

わが国の賃金制度のトレンドとしては、さまざまな要因が考えられるが、**図6-7**にあるように、人基準の賃金制度から仕事基準の賃金制度に移行しており、特に役割や職務に応じた賃金への移行が進んでいる。令和4（2022）年度就労条件総合調査でも、平成31（2019）年から令和3（2021）年までの過去3年間に賃金制度の改定を行った企業は40.4%であり、そのうち、「職務・職種などの仕事の内容に対応する賃金部分の拡大」が65.7%と最も高くなっている。わが国の賃金政策が、「人」基準から「仕事」基準にシフトする、いわゆるジョブ型雇用に移行しようとする流れとも同調している。

振り返って現在の福祉業界を眺めてみると、中途採用がほとんどで、必要な職務をこなせるかどうかを資格・経験等で見極め法人組織に当てはめて、職種別の賃金の相場も緩やかではあるが形成され、その相場に合わせた募集活動をしている。一方の職員も、経験を積み、資格を取り、よりよい条件やキャリアをいかせる職場への労働移動も起こっている。すでにジョブ型雇用の特徴を備えてきている環境にあるといえよう。

福祉サービスでは、行政職俸給表に準じた給与制度を採用していると

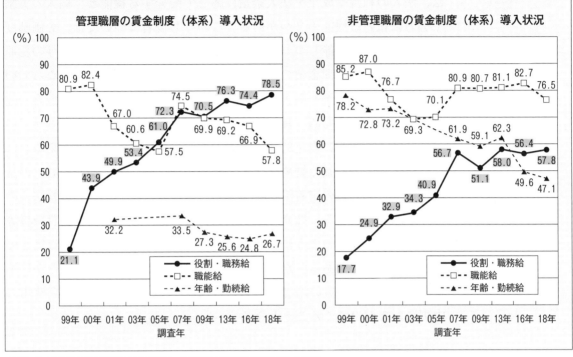

〈図6-7〉賃金体系の経年変化　　　　　　　　　　　　　　　　　　　　（1999年～2018年）

（出典）日本生産性本部「第16回 日本的雇用・人事の変容に関する調査結果」2019年

ころは多い。行政職俸給表による賃金の仕組みは、職務に応じた等級定義や評価による昇降格と昇降給が人事院規則に定められており、本来は職務を基軸とした職種別賃金といえる。福祉サービスでこれを準用し運用する過程で、本来の形ではなく、勤続等による年功的な運用に変容してきたと思われる。年功賃金自体は、育成による勤続年数に比例する能力の向上、それに伴い給与が上昇するという一定の合理性はある。ただ、これが機能するための前提として、転職せずある程度長期に勤続する必要がある。福祉サービスにおいては厚生労働省の「賃金構造基本統計調査」での勤続年数も、全産業と比べて低く、令和4（2022）年度の調査結果では社会保険・社会福祉・介護事業の勤続年数は、男女・学歴計で8.6年となっている。長期に勤続することが前提となる年功序列賃金と相性がいいとは言い難い状況と考える。こうした福祉サービスの現状に加えて、キャリアパス要件で職責や職務等に応じた仕組みを求められていること等を考えると、福祉サービスも民間企業と同様に、年齢や勤続といった人基準の賃金制度から、仕事基準の賃金制度に徐々に移行していくことは十分考えられる。

第6章

　また、賃金制度は、広義では賞与や退職金も含まれる。賞与については、法人の利益や成果を法人業績に応じて配分する機能と、個人の実績や努力に報いる機能の2つがある。このうち後者については、評価制度の導入によって機能しつつあるといえるが、前者については賞与の総原資は固定化し、民間企業のような業績に応じた柔軟な支給とはなっていない。特に介護報酬や障害サービス等報酬は、法人業績や経営努力に関係なく改定されるため、賞与の総原資を法人業績に応じて変動させていくことは、長期的に安定的な事業運営にするためにも必要といえる。

　退職金制度は、長く勤めるほど支給額が増えるため、長期勤続への誘導性をもち、人材の定着策として導入する法人は多い。社会福祉法人の多くが加入している、独立行政法人福祉医療機構の社会福祉施設職員等退職手当共済制度のように、国庫からの補助を受けて、比較的充実している退職金制度もある。ただ、国庫からの補助が今後も継続するかは不透明で、急激な掛金の増加等も想定されるので、その場合は労働費用の内訳に影響が出てくることとなろう。

（4）同一労働同一賃金

　働き方改革によって、同一労働同一賃金という考え方が、法令上明確にされたことにより、賃金制度を考える上での重要な要素となった。

　法改正の内容としては、パートタイム労働法が、フルタイマーも含めた有期雇用者全般を対象としたパートタイム・有期雇用労働法となり、さらに有期契約労働者と無期契約労働者との不合理な労働条件の禁止を定めた労働契約法第20条が廃止され、この改正パートタイム・有期雇用労働法に移され、不合理な労働条件の禁止（均衡待遇）と差別的取扱禁止（均等待遇）として整理された。個々の待遇ごとに、職務内容等が同一の場合、待遇は平等に取り扱わなくてはならず、職務内容が同一でないとしても均衡（バランス）のとれた待遇を実現しなくてはならない。ここでいう待遇とは、基本的に、賃金（給与・賞与・退職金）、教育訓練、福利厚生施設、休憩、休日、休暇、安全衛生、災害補償、解雇等といったすべての待遇が含まれる。これらの均衡待遇、均等待遇に関する解釈を明確にするために、「短時間・有期雇用労働者及び派遣労働者に対する不合理な待遇の禁止等に関する指針」、いわゆる同一労働同一賃金ガイドラインが示されている。また、改正パートタイム・有期雇用労働法では、雇い入れ時には実施している雇用管理改善のための措置の内容等を、短時間・有期雇用労働者から求めがあったときには、待遇の相

違内容及び理由等を説明しなければならないと規定されている。したがって、あらかじめ法人として、均等待遇や均衡待遇についての整理をしておかないと、説明の場面で問題が顕在化することとなる。仮に説明できないあるいはしない場合、そのことをもって法令違反となるといわれている。今後はパート等も含めて全職員に、職員区分ごとの業務内容の違い、それに基づく待遇差やその根拠を示すことが必要となる。

　この同一労働同一賃金問題は非正規職員比率の高い業種を直撃した形となっているが、福祉サービスもその中に含まれる。もともと、非正規職員の比率が高い業種であり、有期契約の定年後再雇用者も増えているにもかかわらず、賃金制度を含めた待遇の整備は正規職員を中心にその仕組みが整えられてきたため、非正規職員の処遇に関しては体系的な整備をしているところは、まだ少ないと思われる。非正規雇用の処遇改善という働き方改革の目的から見ても、非正規職員の待遇改善は避けて通れない問題といえる。上記ガイドラインや判例動向に注意し、整合性を取る必要がある。非正規職員に対しては、その人材活用の方向性、人事制度の基軸のあり方はもとより、扶養手当等の諸手当や賞与・退職金の支給をどうするか、さらには非金銭報酬と結び付きが強い研修等の育成に関する事項や休暇等の福利厚生制度をどうするかといった待遇全般を再構築する時期に来ているといえよう。

BOOK 学びの参考図書

● DIAMONDハーバード・ビジネス・レビュー編集部 編訳『新版 動機づける力－モチベーションの理論と実践』ダイヤモンド社、2009年。
　　動機づけに関して広く理解していくためのわかりやすい一冊である。
● 髙橋　潔『人事評価の総合科学－努力と能力と行動の評価』白桃書房、2010年。
　　評価についてはさまざまな手法があるが、それらをていねいに解説しており、実務担当者にも役立つ本である。

参考文献
● S. P. ロビンス、髙木晴夫 訳『新版　組織行動のマネジメント－入門から実践へ』ダイヤモンド社、2009年
● 髙橋　潔『人事評価の総合科学－努力と能力と行動の評価』白桃書房、2010年
● P. F. ドラッカー、上田惇生 訳『現代の経営（上）』ダイヤモンド社、2006年
● 今野浩一郎・佐藤博樹『マネジメント・テキスト 人事管理入門　第3版』日本経済新聞出版、2020年
● 佐藤博樹・藤村博之・八代充史『新しい人事労務管理　第6版』有斐閣、2019年

第4節　福祉人材の育成

1 職員の育成と資質の向上

（1）福祉サービスにおける人材育成の目的

　福祉サービスは、人を相手として、人的資源を中心に提供される対人サービスである。したがって、その担い手である職員一人ひとりの資質能力がそのままサービスの質に結び付く。職員採用にあたっては、期待される能力が高い職員を採用することが必要なことはいうまでもない。しかし、終身雇用型の日本的な雇用関係においては、採用時にもっている能力のみを期待しているのではなく、雇用後の職場研修によって能力をよりいっそう伸ばし、新たな能力を開発することで職員の資質向上を図っている。その意味で、職員の資質向上を図ることは、サービスの質を決定付ける最も重要な課題であり、経営組織を維持発展させていく上で、普遍的課題であるといえよう。

　福祉サービスの人材育成は大きく3つの流れがある。

　第1は、大学、大学院、専門学校等教育機関による福祉サービス専門職への教育である。この中には、社会福祉士資格をはじめ福祉専門資格取得への支援も含まれる。近年、社会人に対する卒後教育も盛んになっている。

　第2に、専門職団体を中心にした専門職としての専門性の育成である。例えば、社会福祉士については、職能団体である日本社会福祉士会を中心に、平成23（2011）年キャリアアップを支援する仕組みである「認定社会福祉士」「認定上級社会福祉士」制度を創設した。また介護福祉士においても、令和元（2019）年「認定介護福祉士」制度が発足し、翌年養成研修が開始された。

　第3は職場研修である。福祉サービス組織が職員を対象に実施する研修である。人材育成の責任単位は職場である。職員と利用者とのかかわりをもつサービス実践の場を基礎にした、「職場研修」が中核となるものである。職場研修は、福祉サービスの基本理念や組織の経営理念を前提に人材育成の理念や方針を策定し、系統的、継続的に実施することが重要である。

　福祉サービスにおける人材育成の目的は以下のようなものである。

❶利用者のニーズ・社会のニーズの充足

　福祉サービス事業組織とその職員は、利用者のニーズと社会のニーズを解決するために存在する。その結果事業組織は、利用者や社会からの評価を得て組織としてますます発展する。職員個人は、ニーズに応え質のよいサービスを提供することで利用者から感謝され、評価されることにより自己実現を果たし、生きがいを見出すことができる。

　福祉人材の育成は、社会福祉法にいう「福祉サービスの利用者の利益の保護及び地域における社会福祉の推進」のためである。そのためには、科学的根拠に基づいた知識・技術等の基礎力が必要であり、社会・政治・制度・環境の変化等、利用者のニーズ・社会のニーズを発見し、実践につなげる技術力・実行力が要求される。

　かつての福祉専門職には、任用資格である社会福祉主事、訪問介護員養成研修を受講したホームヘルパーなどがあったが、いずれも国家資格ではない。少子高齢化時代に発生する福祉ニーズの量的・質的な変化に対応し、福祉サービス専門職として活躍することができる新たな国家資格者を確立するために、昭和62（1987）年に社会福祉士及び介護福祉士法、平成9（1997）年に精神保健福祉士法が成立した。また、平成13（2001）年児童福祉法の改正により保育士資格の名称独占が制度化された。これを契機に、福祉サービスの専門職について制度的な位置付けが明確になり、福祉人材の専門職としての育成は進んだ。

❷福祉サービス事業組織のサービスの質の向上

　事業組織における人材に関するマネジメントは人的資源管理ともよばれ、特にサービスを中心とする事業経営にとっては最も重要な経営課題である。福祉サービス組織も同様に、それぞれの対象別に必要なサービス提供を目的にした組織である。組織の使命、目的や経営目標を達成するためには、利用者や地域の信頼とそのための生産性の高い組織づくりが大切である。言い換えれば、提供する福祉サービスの質の確保、向上が必要であり、そのためにサービスを担当する職員個々人の育成とサービス提供する組織の組織力の向上とが必要である。

　福祉サービス組織は、資格取得の有無にかかわらず、さまざまな専門性をもった職員の集合体である。社会福祉士・精神保健福祉士をはじめ、各職能分化・機能分化され専門的な知識と技術をもった職員が、各々の専門性をより高めることによって組織全体のサービスの質の向上につながる。組織として個々の専門性を高めるための育成プログラムや支援が

必要で、そのシステムの構築、指導者の養成を進めなければならない。

　近年、いわゆる顧客からのハラスメントの問題が増加していることから、労働者保護の立場に立って、令和2（2020）年1月に、厚生労働省から指針[23]が示され、顧客等からの暴行、脅迫、ひどい暴言、不当な要求等の著しい迷惑行為（カスタマーハラスメント）に関して、事業主は、相談に応じ、適切に対応するための体制の整備や被害者への配慮の取り組みを行うことが望ましい旨、また、被害を防止するための取り組みを行うことが有効である旨が示された。福祉サービスの現場では、社会的弱者である利用者の権利の擁護に尽力してきたが、その一方で、働く職員の権利が侵害されていいわけではない。ここでも同様に、利用者からのハラスメントが問題となってきている。

　福祉サービスの利用者も顧客である。その際、顧客のための最善のサービスを考えることが必要だが、それは、顧客である利用者の言いなりになることではないことに注意しなければならない。例えば、最近の教育や保育の場では、モンスターペアレントとよばれるような、自分の子どもに対して過剰とも思えるサービスを要求する親がいる。しかし、この要求のように一人の利用者のニーズに限りなく応えようとすれば、他の利用者のニーズに応えられない事態もありうる。サービスの質にも量にも自ずと限界はあるから、ニーズの重要性や緊急性により優先順位を付けざるを得ない。

　特に近年、介護サービスの現場には利用者やその家族によるハラスメントが増えている。平成30（2018）年の調査[24]によると、利用者や家族等から、身体的暴力や精神的暴力、セクシュアルハラスメントなどのハラスメントを受けた経験のある職員は、サービス種別により違いはあるものの、利用者からでは4〜7割、家族等からでは1〜3割になっている。これらは、組織に所属する職員の安全を確保する意味からも組織として容認すべきではなく、解決しなければならない問題である。[25]

　福祉サービスは、専門性に照らして個々の利用者に最も必要で有益なサービスは何かを判断し、利用者との適切な援助関係の形成により、利用者が今必要なサービス内容を納得し決定に参加することができ、そしてそれを組織として提供できるものでなければならない。

　一方、福祉サービス組織は、その業務のほとんどは複数の職員で勤務分担して、チームでサービス提供している。多くの職場は、就労人口の減少のなかで人材確保に苦労しながら雇用することもあり、教育や経験に違いがある職員が、一様に高度な知識や技術をもつことはむずかしい。

*23
「事業主が職場における優越的な関係を背景とした言動に起因する問題に関して雇用管理上講ずべき措置等についての指針」（令和2年厚生労働省告示第5号）。

*24
「介護現場におけるハラスメントに関する調査研究報告書」（平成30年度厚生労働省老人保健健康増進等事業）平成31（2019）年3月。

*25
「介護現場におけるハラスメント対策マニュアル」令和4（2022）年3月改訂、株式会社三菱総合研究所。

まずは、それらの職員の基礎レベルを確保するなどの教育研修が必要となる。また、職場のサービスはチーム構成員が各々の能力に応じて役割を分担し、その役割を適切にマネジメントすることで組織として適切なサービスが提供できる。このような組織力の強化のための人材育成も組織としての重要な育成ニーズである。

❸職員（個人）の資質の向上・キャリアアップ

職員が、サービス提供組織の中で複数の職員と協働してサービス提供する際に、職務行動に必要な能力の構成要素は下記のようなものがある。
　①倫理観・価値観、態度
　②知識・情報
　③技能、技術
　　㋐実務的な業務遂行能力、専門性の技術力
　　㋑対人関係能力、コミュニケーション能力、チームワーク力
　　㋒総合的な判断・概念化能力
このような職業人として身に付けなければならない資質能力と、新任の職員から役職者まで、職場の各階層別に必要となる能力が要求される。職場研修は、組織人としての個々の職員の職能・職階別に教育を受けることとなる。

　一方、組織の役割とは別の個人としての研修目的は、例えば、社会福祉士という専門職としての資質を上げていくこと、専門職として自己実現でき、福祉サービス従事者として生きがいを見出すこと、収入を得ることができることなどである。

神谷美恵子は「人間が最も生きがいを感じるのは、自分がしたいと思うことと義務とが一致した時だ」[1]と述べている。所属する組織から求められる業務（義務）や組織人としての役割があり、一方、個人としてこうありたいと考える福祉サービス実践や、自分がぜひともしたい仕事というものがある。これらが一致したとき、最も生きがいを感じられることができるということだ。組織が提供する仕事の場と機会、個人の提供する職務遂行能力は相互に依存関係にあるのだから、目的が共有でき相互に高め合うことができれば、よりよい仕事ができ、福祉サービス従事者としてのキャリアアップにつながり、生きがいを感じることができる職業人生を過ごすことができるのではないか。

第6章

（2）キャリアアップの仕組みの構築とキャリア形成

❶福祉職員のキャリアパス

　個人のキャリア（career）にはさまざまなものがある。キャリアとは人間の生き方だといわれることもあるが、家庭人としてのキャリアもあれば趣味の世界のキャリアもあるなかで、ここでいうキャリアは職業人としてのキャリアである。職場における**キャリアパス**とは、職員一人ひとりが所属する組織の中で展望できる職業人生の段階であり、どのような立場で、どのような職務を担当し、どのように歩んでいくかの道筋を示したものである。職業生活をどのように進歩させ、職務遂行能力をどのように向上させていくかということである。

　シャイン（Schein, E. H.）によれば、「キャリアの主要な段階」が（**図6-8**）のように示されていて、その中で職業人としてのキャリアは、第2段階から第9段階である。さらにシャインは、キャリアを「キャリアコーン」の円錐形で示し、次のような3つの軸でとらえる。[2]

　①職能の種類

　　何ができるか、それをどの程度までこなすことができるか

　②職位の高さ（職階横断的階層）

　　組織の階層、職位の高さや肩書

　③内部者化または中心性

　　人が組織か職種の中枢に精通できている（または、そう感じてい

〈図6-8〉キャリアの主要な段階

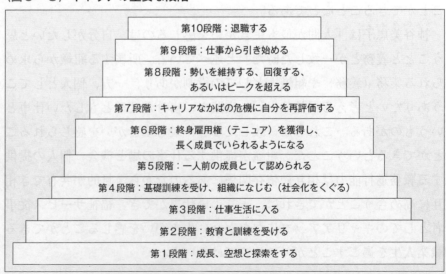

（出典）E. H. シャイン、金井壽宏 訳『キャリア・アンカー—自分のほんとうの価値を発見しよう』白桃書房、2003年、13頁

る）度合い

　キャリアアップとは、この①の能力・技能の発達、②の階層のはしご
を縦に上ること、③の影響力と権力を獲得することを示している。

〈表6-9〉職務階層と求められる機能のイメージ

	職務階層	求められる機能	役職名称 [例示]
第5段階	トップマネジメント リーダー* シニアマネジャー （上級管理者）	・運営統括責任者として、自組織の目標を設定し、計画を立てて遂行する。 ・必要な権限委譲を行い、部下の自主性を尊重して自律的な組織運営環境を整える。 ・人材育成、組織改革、法令遵守の徹底などを通じて、自組織を改善・向上させる。 ・自らの公益性を理解し、他機関や行政に働きかけ、連携・協働を通じて地域の福祉向上に貢献する。 ・所属する法人全体の経営の安定と改善に寄与する。	施設長（1） （部長）
第4段階	マネジメントリーダー マネジャー （管理者） ↑　管理職　↑	・業務執行責任者として、状況を適切に判断し、部門の業務を円滑に遂行する。 ・職員の育成と労務管理を通じて組織の強化を図る。 ・提供するサービスの質の維持・向上に努める。 ・経営環境を理解し、上位者の業務を代行する。 ・他部門や地域の関係機関と連携・協働する。 ・教育研修プログラムを開発・実施・評価する。	施設長（2） 小規模事業管理者 部門管理者 （課長）
第3段階	チームリーダー リーダー （職員Ⅲ）	・チームのリーダーとして、メンバー間の信頼関係を築く。 ・チームの目標を立て、課題解決に取り組む。 ・上位者の業務を補佐・支援する。 ・当該分野の高度かつ適切な技術を身につけ、同僚・後輩に対してのモデルとしての役割を担う。 ・地域資源を活用して業務に取組む。 ・教育指導者（スーパーバイザー）として、指導・育成等の役割を果たす。 ・研究活動や発表などを通じて知識・技術等の向上を図る。	（係長） 主任
第2段階	メンバーⅡ スタッフⅡ （職員Ⅱ）	・組織の中での自分の役割を理解し、担当業務を遂行する。 ・職場の課題を発見し、チームの一員として課題の解決に努める。 ・地域資源の活用方法を理解する。 ・後輩を育てるという視点を持って、助言・指導を行う。 ・業務の遂行に必要な専門的知識・技術等の向上を図る。 ・職業人としての自分の将来像を設定し、具体化する。	職員（一般）**
第1段階	メンバーⅠ スタッフⅠ （職員Ⅰ）	・指導・教育を受けつつ、担当業務を安全・的確に行う。 ・組織・職場の理念と目標を理解する。 ・担当業務に必要な制度や法令等を理解する。 ・組織内の人間関係を良好にする。 ・福祉の仕事を理解し、自己目標の設定に努める。 ・仕事から生じるストレスを理解し、対処方法を身につける。 ・福祉・介護サービス従事者としてのルール・マナーを順守する。	職員（新任）

*この場合のトップマネジメントとは、法人を単位とした経営管理についてではなく、施設・事業所を単位とした運営統括に係るものに限定される。
**職員（一般）には、第1段階（新任職員期間）を終えて独り立ちした段階から、監督的立場ではないが個々のサービス提供場面などにおいてスタッフリーダーとしての役割を果たす段階までが含まれている。
（出典）全国社会福祉協議会中央福祉学院「福祉・介護サービス従事者の職務階層ごとに求められる機能と研修体系－キャリアパスに対応した生涯研修体系構築を目指して－福祉・介護サービス従事者のキャリアパスに対応した生涯研修体系構築検討委員会報告書」2010年、15頁

〈図6−9〉福祉職員のキャリアパス（モデル）

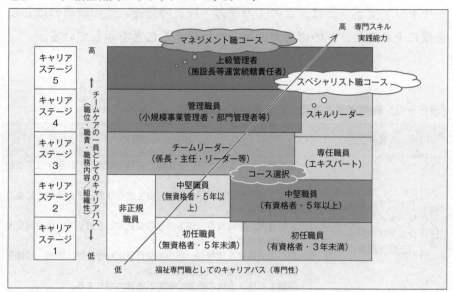

（出典）福祉職員キャリアパス対応生涯研修課程テキスト編集委員会　編『改訂2版　福祉職員キャリアパス対応生涯研修課程テキスト　管理職員編』全国社会福祉協議会、2021年、15頁

*27
『「社会福祉事業に従事する者の確保を図るための措置に関する基本的な指針」の見直しについて』（平成19年8月28日／平成19年厚生労働省告示第289号）。平成5（1993）年のいわゆる「人材確保指針」（『社会福祉事業に従事する者の確保を図るための措置に関する基本的な指針』〔平成5年4月14日／平成5年厚生労働省告示第116号〕）の中では「キャリア」という用語は使われていない。

*28
厚生労働省老健局長通知「介護職員処遇改善加算に関する基本的考え方並びに事務処理手順及び様式例の提示について」（平成29年3月9日／老発0309第5号）。

*29
厚生労働省雇用均等・児童家庭局保育課長通知「保育士等キャリアアップ研修の実施について」（平成29年4月1日／雇児保発第0401第1号）。

　わが国の福祉サービスにおいて「キャリアパス」「キャリアアップ」を明確に表現したのは、平成19（2007）年のいわゆる「新人材確保指針」[27]からである。人材確保のためには、主として「労働環境の整備」と「福祉・介護サービス分野における従事者のキャリアパスに対応した生涯を通じた研修体系の構築を図る」必要があるものとしている。その後、平成20（2008）年度から全国社会福祉協議会において「福祉・介護サービス従事者のキャリアパスに対応した生涯研修体系」が検討された（**表6−9**）。その結果開発された「福祉職員キャリアパス対応生涯研修課程」を使った人材育成（職種に固有の専門性に関する研修内容は含まれていない）が、それ以降現在まで全国で行われている。これは、他の業界に類を見ない。また、介護職員処遇改善加算にかかわる「キャリアパス要件」[28]や「保育士等キャリアアップ研修の実施について」[29]など、福祉職員の処遇改善に関する加算要件などにおける研修についても、キャリアアップの体系が示されるようになった。

　福祉サービス従事者のキャリアパスモデルは、おおむね**図6−9**のように考えられる。このキャリアステージ1から5は、**表6−9**の各段階に示す職務階層を示している。**図6−9**の右側半分は、福祉専門職としてのキャリアパスである「スペシャリスト職コース」であり、左側半分は、主としてステージ3から求められるような、組織をマネジメントし

ていくためのキャリアパスである「マネジメント職コース」である。

❷キャリアの危機

　前出のシャインの**図6−8**の第7段階の「キャリアなかばの危機」とは、どのような組織に所属している場合でも、キャリア形成にとって重要な転機となる時期のことである。それまでの自分のキャリア形成を内省し、次にどんなキャリアを形成すべきか、今の仕事は本当に自分に向いているのか、と自問する時期である。今の仕事とこの方向が自分の道であると、明確な自分のキャリアと自信を見つける人がいる一方、ある人は転職などの重大な意思決定をしなければならない等の「危機」を迎えることとなる。

　一般的にキャリアの危機に直接的な影響を及ぼす原因には、心身の健康やワーク・ライフ・バランス（仕事と生活の調和）等の問題がある。なかでも仕事への心の健康度（ワークエンゲージメント）が問題とされる。仕事への強い使命感をもっていることはいいのだが、その結果過度な葛藤やネガティブな状態を抱え、仕事中毒（ワーカホリック）や燃え尽き症候群（バーンアウト）の状況になってしまうと、まさにキャリアの危機となってしまう。そうならないために、当事者は休みを取る、職場は起きた問題を個人の問題とせずに職場全体で共有する、などによる改善策が必要である。

　福祉職員のキャリアパス（モデル）の場合、前出の**図6−9**の中段に「コース選択」とあるが、これは、専門職としてのキャリアを進むのか、マネジメント職の道を選ぶかの選択である。例えば、当事者の職員としては、サービス提供に生きがいを感じてこの仕事を選択して入職した。やっと仕事も面白くなり、専門職としての仕事に満足できるようになってきたころである。それを事業組織側からみれば、日々の仕事においてロールモデルとなれる職員だからこそ、その能力を生かしてマネジメント職となってほしい、となるのである。この結果は、往々にして「自分がしたいと思うことと義務とが一致」しない状況を招き、「キャリアの危機」となることが多い。そのような状況をつくらないためには、それ以前のキャリアステージからチームや組織の一員として身に付けるべきキャリア形成を重ね、次のステージであるマネジャーのステージの準備の機会や研修を用意しなければならない。

第6章

（3）職員の育成と資質の向上の課題

❶キャリアアップを指導する職員の育成

　人材育成は福祉サービス組織の人的資源管理にとって最も重要なものであり、その目的は、職員個々の成長と組織の発展である。当然のことながら、人材育成に全く取り組んでいないという職場はない。しかし、実態を見るとまだ課題は多い。

＊30
介護労働安定センター「令和4年度介護労働実態調査－介護労働者の就業実態と就業意識調査 結果報告書」令和5（2023）年8月公表。

　介護労働安定センターの調査[*30]によると、介護職員がこの仕事を続けていく上での不満や悩みについての1位は、近年「人手が足りない」であるが、令和4（2022）年度は52.1%でやや増加に転じた。これに次いで「仕事内容のわりに賃金が低い」と答えた人は、41.4%で増加する傾向にある。どこの職場にもありがちな一般的な不満や悩みの内容である。年齢別平均給与を福祉職場と一般企業全体とで比較すると、若年層の給与は大幅に改善してきたが、中高年の給与はいまだ低いといわざるを得ない実態にある。しかし、福祉職場は歴史の浅い職場が多いことから、年齢に比して職員の経験年数が少ないこと、規模の小さな職場が多いことなどから、業界全体の比較が必ずしも実態を示しているとはいえない。令和4（2022）年度の調査結果で特徴的なものとして「健康面の不安がある」が、令和2（2020）年度6位の20.5%から、令和3（2021）年度28.1%、令和4（2022）年度29.0%に増加し、4位であった。新型コロナウイルス感染症の影響だと考えられる。

　一方、同じ調査で、「現在の法人に就職した理由」は、「資格・技能が活かせるから（男性1位）」（37.2%）が最も多く、「やりたい職種・仕事内容だから」（36.4%）、「通勤が便利だから（女性1位）」（36.3%）がほぼ同程度に高く、「働きがいのある仕事だと思ったから」（34.8%）は減少傾向である。その一方、介護関係の仕事を辞めた人の理由は「職場の人間関係に問題があった（女性1位）」「法人や施設・事業所の理念や運営のあり方に不満があったため（男性1位）」「他に良い仕事・職場があったため」「収入が少なかったため」の順であった。このことから、職場の人間関係を中心にしたメンバー間の信頼関係の構築や職員のワーク・ライフ・バランスに配慮した待遇改善等、職場の基本的な運営管理の必要性が見えてくる。

　社会的、制度的な環境変化や利用者の権利意識の高まり等で、職員に要求される専門性は高くなってきている。しかし、指導的立場である中間管理者は日常業務に追われ、施設内に研修体制が整っていないために、指導しにくい環境にある場合も散見される。正職員、非正職員の就職後

の現任教育、中堅職員の育成のためには、早急にこれを担当する現場の指導的職員の育成が先決となろう。そのためには、管理職が意識して指導的立場の職員を育成し、職場のOJT（On the Job Training：職務を通じての研修）の体制を整え、新人から順次育成していくという「職場研修」のシステムを構築する必要がある。外部研修に派遣するというだけで人材育成は成就しない。

　介護職員処遇改善加算や保育士等の**処遇改善加算**の要件であるキャリアアップ研修では、専門分野やマネジメントの研修内容が示され、同時にこれを実施した職員に対する「処遇改善等加算」が支給されることとなり、大幅な給与改善がみられた。このようなキャリアアップのための育成方針が各法人事業所で示され、尊敬できる先輩が育てば、一般職員は自分の成長した将来像を描くことができ、実力が身に付いたかどうかを見極めるシステムが構築される。魅力ある職場、「仕事のやりがい」を見出せるという実感がもてる職場であれば、職場を転々と変わることもなくなるであろう。こうしたことが、サービスの向上につながるのである。

❷地域共生社会における社会福祉専門職の育成

　少子高齢・人口減少社会に対応する取り組みとして、地域共生社会の実現に向けた施策が進められている。「地域共生社会」とは制度・分野ごとの縦割りや、「支え手」「受け手」という関係を超えて、地域住民や地域の多様な主体が「我が事」として参画し、人と人、人と資源が世代や分野を超えて「丸ごと」つながることで、住民一人ひとりの暮らしと生きがい、地域をともに創っていく社会であると定義されている。[*31]

　地域共生社会の実現は、「公的支援」と「地域づくり」の仕組み双方の転換をめざすもので、「公的支援」を転換し、制度・分野ごとの縦割りでは解決できない課題（複合的課題、制度の狭間（はざま）など）や社会的孤立・社会的排除への対応をするため、「地域づくり」の仕組みを転換し地域の「つながり」の弱まりや地域の持続可能性の危機などの諸問題に対応するものである。

　このような目的に向け、福祉サービスの各専門職は具体的な取り組みを始める必要がある。とりわけ、社会福祉士については、地域共生社会の実現に向けて求められる、複合化・複雑化した課題を受け止める多機関の協働による包括的な相談支援体制、及び地域住民等が主体的に地域課題を把握して解決を試みる体制の構築や、その後の運営推進において

＊31
厚生労働省「我が事・丸ごと」地域共生社会実現本部『「地域共生社会」の実現に向けて（当面の改革工程）』平成29（2017）年2月7日。

第6章

中核的な役割を担うとともに、新たに生じるニーズに対応するため、ソーシャルワーク機能を発揮できるよう必要な実践能力を身に付けていくことが今後の重要な課題である。社会福祉士の実践能力を高めていくためには、カリキュラムの見直しの中で、実践能力を養うための機会である実習や演習を充実させるとともに、教員が新カリキュラムを展開していくための研修や教員、実習指導者の要件等について検討する必要がある。

また、社会福祉士に限らず、精神保健福祉士、介護福祉士、保育士等福祉サービスにかかるすべての専門職が、各々同様の取り組みに向けて努力をする必要がある。

2 職務能力別・機能別研修と職務階層別研修

福祉サービス組織は大きく2つに構造分化（**図6-10**）される。専門性や担当するサービス機能により組織を縦断的に分ける職務能力・機能分化と、職種や職能にとらわれずに組織内における職務経験や役割によって組織を横断的に分けた階層分化とがある。したがって、福祉サービスの人材育成は、主として職務能力別・機能別研修と職務階層別研修が

〈図6-10〉組織の構造の2つの分化と求められる人材（介護系事業所の例）

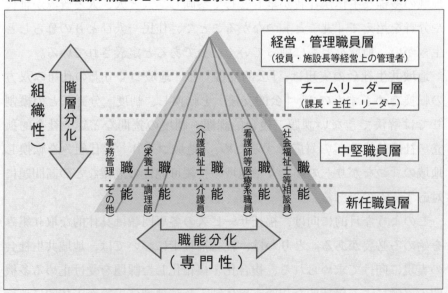

（出典）福祉職員キャリアパス対応生涯研修課程テキスト編集委員会編『改訂2版 福祉職員キャリアパス対応生涯研修課程テキスト 初任者編』全国社会福祉協議会、2021年、95頁をもとに筆者作成

ある。その他、これからの地域包括システム等、地域福祉の分野ではファシリテーターという役割の育成も必要となる。

（1）職務能力別・機能別研修

　職場における職能別・機能別研修は「専門性の向上」に重点を置き、担当する職務遂行に必要な知識・技術取得のための研修である。例えば、高齢者施設の看護職員や介護職員のための「感染症対策の具体的な方法」や、児童施設の保育士や児童指導員のために行われる「発達障害児の理解」などである。**図6-10**の職能分化した各機能を担当する職種の職員のための研修である。

　また、福祉サービスに従事する専門職は、所属する各専門職団体等で担当業務の職能の向上のため、さまざまな研修を用意している。これはOFF-JT（職務を離れての研修）で行われる集合研修が一般的である。これに対して、例えば、社会福祉士について、社会福祉士という国家資格取得後に、さらに「高度な知識と卓越した技術」を身に付けるためのキャリアアップを支援する仕組みとして「認定制度」が誕生した。平成23（2011）年に職能団体である日本社会福祉士会を中心に、「認定社会福祉士」「認定上級社会福祉士」制度とその認定のための機関である認定社会福祉士認証・認定機構（以下、機構）を創設し、この制度により認定された「認定社会福祉士」を誕生させるとともに、その際の指導的役割を果たすためのスーパーバイザーとなる「認定上級社会福祉士」制度も創設した。このための研修実施機関は機構から認証された職能団体や大学等の教育機関が中心で、この組織に所属する「認定社会福祉士」（将来は「認定上級社会福祉士」を取得した者）がスーパーバイザーとなる。

　また介護福祉士についても、令和2（2020）年より「認定介護福祉士」の養成研修が開始された。

（2）職務階層別研修

　職場における職務階層別研修は「組織人としての成長」「組織全体の成長」に重点を置いている。福祉サービスは主として複数の人によるチームで提供される。「組織人としての成長」とは、前出の**表6-9**に示されるような各職務階層に「求められる機能」を習得し、その機能をいかして職場集団の中でほかのメンバーと協働することができる、つまり組織人として期待される役割がとれるようになることである。職場の専

第6章

〈表6−10〉福祉・介護サービス従事者の職務階層に対応した研修体系～科目設定と職務階層ごとの教育・研修のポイント～（概念図）

科目		福祉サービスの倫理と基本理念			セルフマネジメント（自己管理と環境づくり）				メンバーシップ・リーダーシップ		
第5段階	シニアマネジャー（上級管理者）	組織方針の決定と体制・環境整備					対策の実践	体制整備	組織・部門管理者に必要なコミュニケーション技術		トップとしてのリーダーシップ
第4段階	マネジメントリーダー／マネジャー（管理者）		サービスの質の管理と環境整備				環境改善／要因分析	職場管理			トップを補佐するリーダーシップ
第3段階	チームリーダー／リーダー（職員Ⅲ）	チームによる実践と展開	チームによる福祉サービスの展開	ニーズに基づく福祉サービスの			自己管理／チーム管理		指導者に必要なコミュニケーション技術		チームのリーダーシップ
第2段階	メンバーⅡ／スタッフⅡ（職員Ⅱ）	尊厳・職業倫理の理解と実践	利用者・家族の理解に基づくニーズの把握と支援	福祉サービスの実践と質の向上	自己目標の設定と管理	健康管理の基本と実践	自己管理	他者理解	従事者の基本としてのコミュニケーション技術（基礎と実践）	メンバーシップの確立と実践	
第1段階	メンバーⅠ／スタッフⅠ（職員Ⅰ）	職業倫理の理解と実践		福祉サービスの特徴と業務理解	職業理解と自己／目標の重要性		自己理解			基本の理解	
教育内容		福祉サービスの倫理と基本理念（尊厳の保持・権利擁護）	利用者・家族の理解と支援	福祉サービスの基礎と実践	キャリアデザイン	身体の健康管理	ストレスマネジメント	モチベーションマネジメント	コミュニケーション技術	メンバーシップの理解と実践	リーダーシップの理解と実践
科目		福祉サービスの倫理と基本理念			セルフマネジメント（自己管理と環境づくり）				メンバーシップ・リーダーシップ		

（出典）全国社会福祉協議会中央福祉学院「福祉・介護サービス従事者の職務階層ごとに求められる機能と研修体系－キャリアパスに対応した生涯研修体系構築を目指して－福祉・介護サービス従事者のキャリアパスに対応した生涯研修体系構築検討委員会報告書」2010年、20～21頁

多職種連携・地域協働	人材育成	業務課題の解決と実践研究	リスクマネジメント	組織運営管理
行政・他機関との連携／方針の決定・体制整備	体制整備	課題解決のためのトップマネジメント／組織経営課題の発見・分析／支援方策の検討と実施・職場環境づくり	方針の決定／制度の構築と運用、改善／制度の構築と運用、管理（コンプライアンスマネジメント）	制度の構築と運用、改善／経営への応用
実践の点検とマネジメント／マネジメントと開発／地域協働の実践	技術の活用・育成推進	サービスの質の管理／自職場課題の発見・分析	対策の推進／予防と管理	実践と展開（適切な制度運用）／自職場の理解
職場内の多職種連携・協働の推進／他組織や地域の関係機関との連携・協働の実践／住民、地域社会、ボランティア等との連携・協働の実践	役割理解と実践／基本の理解と技術の修得	チーム課題の発見・分析／階層別の業務課題に対応した解決策の検討・推進／研究の意義と進め方	リスクを生まない環境づくり／実践への展開（苦情を通じた解決の推進）	制度・規定の理解／基本の理解
職場内の多職種連携・協働の理解と実践（チーム実践、仲間との連携）／多職種連携・協働の理解と実践／地域との連携・協働の重要性	役割理解と実践	業務課題の発見・分析／研究課題の発見と取り組み・研究の必要性理解／必要性理解	リスクへの気づきと対応／苦情への対応／リスクの理解・苦情の理解	基本の理解
組織の中での多職種連携・協働（専門性の理解、チーム実践等）／他組織や地域の専門職との連携・協働（専門性の理解、ネットワーク構築、行政との連携等）／地域におけるインフォーマルサービスとの連携・協働（住民、地域社会、ボランティア等）	エルダー・チューター養成／ファシリテーター養成／部下の育成と能力開発（コーチング、スーパービジョン）	業務課題の発見と分析（職場の課題形成）／業務課題への対応（職場の問題解決）／実践研究の推進	利用者や地域のリスクへの対応／苦情への対応／コンプライアンスの理解と遵守	労務の理解と管理の実践／人事制度の理解と組織への展開／財務の理解と経営への応用
多職種連携・地域協働	人材育成	業務課題の解決と実践研究	リスクマネジメント	組織運営管理

※上記以外に、法人の理念や目的、方針やサービス提供に係る基本技術については、職場内研修により教育・訓練を行う必要がある。

門的な職務遂行能力や職種に固有の機能にとらわれるのではなく、例え
ば、栄養士も介護職員も送迎車両の運転手もさまざまな職種が混在して、
組織内における職務経験や役割によって組織を横断的に分けた職務階層
別に行う研修である。この結果、各階層に求められる機能が習得され、
組織内で各階層が適切に役割を果たすことができれば、組織全体が成長
でき組織力が上がることとなる。

　この機能を習得するために行うべき研修の具体的な内容については、
先に示した「新人材確保指針」後、平成22（2010）年の委員会で示され
た「職務階層に対応した」研修体系（**表6-10**）に、職務階層ごとに求
められる機能と詳細な研修体系が示されている。

（3）ネットワークとファシリテーション

　多くの福祉サービス事業所の組織の構造は、階層化されたヒエラルキ
ー型の組織が一般的である。しかし、福祉サービスは一定の雇用関係に
ある組織内だけでサービス提供するものではない。例えば、地域包括ケ
アのような場面や地域共生社会をめざすなかでは、ある利用者を中心に
して、複数の組織に所属している専門職がかかわることもあれば、専門
職だけでなくボランティアや近隣住民等、さまざまな関係者が共同して
住民の福祉にかかわるといった場面が多くなる。この関係は、雇用関係
のような上下の関係や、指導する人とされる人というような関係ではな
く、いわゆるネットワークの関係である。

　ネットワークの関係の中では、人と組織に関する新しいアプローチが
必要で、上記のような組織のための関係づくりについて、堀　公俊は
「『自律分散協調型（ネットワーク型）の組織』では『ファシリテーショ
ン』という考え方が有効である[3]」という。ファシリテーションは構造的
なアプローチでなく、人と人との相互作用の集まりとして組織を考える
関係的なアプローチが重要となってくる。個人を中心にした組織運営か
ら人と人との関係性を中心にした組織運営である。

＊32
本双書第10巻第4章第
8節2参照。

　ファシリテーションは、集団による知的相互作用を促進するはたらき
であり、中立的な立場でチームのプロセスを管理しチームワークを引き
出し、チームの成果が最大となるよう支援することである。ファシリテ
ーターが成果に対する主体性をチームに与えることができるようにする
ために、活動の内容そのものはチームに任せて、そこに至る過程を中心
に支援すること、また、求められる成果を引き出すために、中立的な立
場で活動を支援することがポイントとなる。これによりファシリテータ

ーへの信頼が生まれ、チームの自立的な力を引き出すことができる。

　今後、福祉サービス、特に地域共生社会をめざす地域福祉にとっては、このようなネットワーク組織を理解した、ファシリテーションのための研修が必要となる。

3 職場研修の内容、体制、形態

（1）職場研修の内容、体制、形態

　組織的に人材育成を進めるためには、研修を単独の施策と考えるのではなく、広い意味での人的資源管理の中の一つとして考え、組織全体の多角的な展開を図る経営戦略課題と位置付けることが重要である。そのために事業所全体の方針のもと、施設長等の管理者が中心になって「職場研修」体制を整備していくことが必要である。

　社会福祉法は、福祉サービスの基本的理念を定めているが[33]、各法人でも、この基本的理念にそった自法人の経営理念・基本方針や、施設のサービス目標を明確にし、それらに基づいた人材育成の方針を明確にすることが必要である。職場研修の理念や方針策定のステップについて**表6－11**に示す。

　職場研修の体系は、職員が学ぶべき研修テーマである「研修課題」と、そのテーマを実現するための具体的な研修方法である「研修施策」とを明らかにすることを通して構想される。また、研修体系は、研修対象者と研修形態とのマトリックスによって構成される（**図6－11**）。

　職場研修の形態には、OJT、Off-JT（Off the Job Training：職務を離れての研修）、SDS（Self Development System：自己啓発支援制度）があり、研修体系はこの3種類の研修形態を駆使して意図的に組み立てられるものである。

　研修対象者を軸に構成する研修体系には、組織縦断的に機能分化された職種別に行われる研修と、組織横断的に階層分化された階層別に行わ

*33
「福祉サービスは、個人の尊厳の保持を旨とし、その内容は、福祉サービスの利用者が心身ともに健やかに育成され、又はその有する能力に応じ自立した日常生活を営むことができるように支援するもの」（社会福祉法第3条）。

第6章

〈表6－11〉「職場研修の理念、方針策定のステップ」具体的な取り組み例

①経営方針・サービス目標の確認　→	②職場の現状と将来の分析　→
③中長期の人材育成の課題の整理　→	④職場研修の理念や方針の策定　→
⑤求められる職員像の明確化　→	⑥研修ニーズの把握　→
⑦研修体系の確立	

（筆者作成）

〈図6－11〉「職場研修体系」（例）

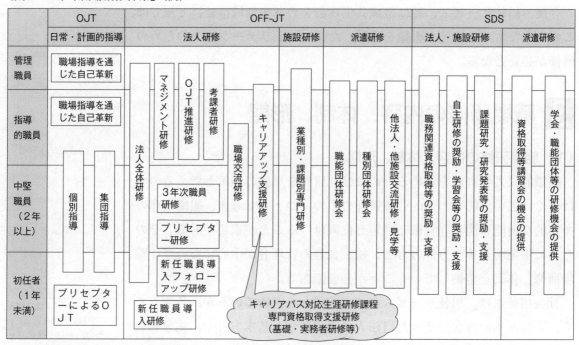

OJT	OFF-JT				SDS	
日常・計画的指導	法人研修	施設研修	派遣研修		法人・施設研修	派遣研修

（管理職員）職場指導を通じた自己革新

（指導的職員）職場指導を通じた自己革新

（中堅職員（2年以上））個別指導／集団指導

（初任者（1年未満））プリセプターによるOJT

法人全体研修

マネジメント研修／OJT推進研修／考課者研修／職場交流研修／3年次職員研修／プリセプター研修／新任職員導入フォローアップ研修／新任職員導入研修

キャリアアップ支援研修

業種別・課題別専門研修

職能団体研修会／種別団体研修会／他法人・他施設交流研修・見学等

職務関連資格取得等の奨励・支援／自主研修の奨励・学習会等の奨励・支援／課題研究・研究発表等の奨励・支援／資格取得等講習会の機会の提供／学会・職能団体等の研修機会の提供

キャリアパス対応生涯研修課程
専門資格取得支援研修
（基礎・実務者研修等）

（出典）福祉職員キャリアパス対応生涯研修課程テキスト編集委員会 編『改訂2版 福祉職員キャリアパス対応生涯研修課程テキスト 管理職員編』全国社会福祉協議会、2021年、57頁を一部改変

れる研修の2つがある。

　職場研修体制の例として、①職場研修を効果的に進めるために、施設長を研修責任者とする、②研修担当者（第一線の職員を指導できる職員の役割例：**図6－12**）の選任をする、③「職場研修推進委員会」（仮称）の設置と委員の選任をする、といった方法が必要となる。

　研修計画を策定するにあたって、まず、職場全体の研修の方針、課題、ニーズを整理し、当該年度のテーマ、施策、具体的な研修メニューの決

〈図6－12〉職場研修担当者の役割

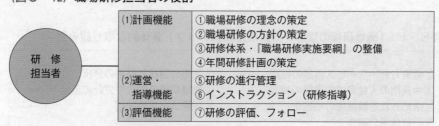

研修担当者	(1)計画機能	①職場研修の理念の策定 ②職場研修の方針の策定 ③研修体系・『職場研修実施要綱』の整備 ④年間研修計画の策定
	(2)運営・指導機能	⑤研修の進行管理 ⑥インストラクション（研修指導）
	(3)評価機能	⑦研修の評価、フォロー

（出典）在宅福祉サービス従事者の職場内研修のあり方に関する調査研究委員会 編『福祉の「職場研修」マニュアル－福祉人材育成のための実践手引』全国社会福祉協議会、1995年、25頁

定を行うことが必要となる。一方で、その方針に基づいて職場研修の計画を進めるにあたり、職員個々に必要と判断されるキャリアパス実現のための研修内容についても計画を立てる必要がある。この両者の組み合わせにより職場全体の具体的な計画が実現される。

　なお、職場研修が円滑に行われるためには、職場の上司がその必要性と意義を十分認識することが重要である。また、上司の一方的な判断で決定するのではなく、上司と職員の面談・合意のもと両者で当該職員の研修課題・ニーズを分析し、習得が必要とされる資質・技術を把握し、専門性の向上や組織の中で果たすべき役割に必要な研修テーマや目標を明確にした上で作成することで、参加意欲を高め、ひいては高い研修効果が得られるものであることに留意が必要である。

（2）OJT
❶OJT（職務を通じての研修）
　OJTは職場研修の基本である。日常業務の実践能力の向上のために、職場の上司や先輩が職務を通じて部下や後輩を指導・育成する研修である。どのような職場においても実施されているが、OJTをより効果的にするために以下のような内容の組み合わせが必要となる。
　①OJTの基本的方法
　　日々の仕事の中で、教える、見習わせる。また、例えば新人だけに基礎を教えるなど、特別の機会を用意して指導する。一人ひとりの職員を動機づけることが重要である。
　②日常的な中で行うOJTと計画的・意図的なOJT
　　まず、日常の仕事の場、例えば、打ち合わせに来たとき、実際の仕事の場面などあらゆる場を育成の機会ととらえて育成指導する。さらに、計画的・意図的に、あらかじめ目標・計画を立てPDCAのサイクルの中で管理したり、定期的な面接を用意するなどして育成指導を行う。この2つの方法を組み合わせて行うことが必要である。
　③個別指導と集団指導
　　面接、実技指導等を通して一人ひとりの職員の業務上の課題を見つけ、指導・助言をする個別指導が基本である。一方、ケースカンファレンスや職場内会議などで、一定のテーマ・課題を目的として職場の集団に対して指導する集団指導がある。
　近年、介護現場でのOJTの一つの方法として行われているものにプリセプター制度がある。これは、先輩職員がおおむね就職1年めの新人職

第6章

員をマンツーマンで教育・指導する制度である。

　看護師等の医療専門職の職場研修制度から始まり、現在では、介護職場でも使われている。3年めくらいの職員がプリセプター（指導担当先輩職員）となり、新人に技術の基本や、職場の決まりを教えることにより、早く専門職として自立できるよう支援するとともに、相談しやすい身近な先輩と仕事を通して交流することにより、早期退職を防ぐ意味もある。

　プリセプターにとっては負担も大きいが、新人職員に教えることで自身の知識や技術の向上を図ることができる。

❷スーパービジョン

＊34
本双書第10巻第4章第2節参照。

　スーパービジョン[*34]とは、スーパーバイザーにより対人援助を行う専門職を対象に行われる養成課程である。スーパーバイザーは援助を受ける専門職であるワーカー（正式にはスーパーバイジーだがここではワーカーと表記する）を育成する人である。スーパービジョンは対人援助を行う施設や機関の専門職の関係の中で行われるものだが、ほかの機関の専門職がスーパーバイザーということも想定される。

　個人スーパービジョンは面接を通して、グループスーパービジョンはグループワークを通して行う。その他、同僚間で行うピアスーパービジョン、自分自身で行うセルフスーパービジョンがある。

　スーパービジョンには、支持的機能、教育的機能、管理的機能の3つの機能がある。

　まず、ワーカーを支える必要性から支持的機能がある。対人援助の仕事は、多くの対人関係のストレスの中で人を相手にする仕事である。まず、利用者や家族といった当事者との環境から生じるストレス、組織に帰属しているところから来るストレス、スーパーバイザーとの関係や同僚・他職種職員との関係からもストレスを感じる。その結果起きるバーンアウトを防ぎ援助実践の質を向上させる目的がある。

　次に、ワーカーを育てる必要性から教育的機能がある。対人援助の実践は大学や学校で学ぶ知識や技術だけではたりない。経験の浅いワーカーなどを育て、専門職として独り立ちできるようにすることを目的とする。まず、ワーカーの学習の動機づけを高める、対人援助に必要な知識・技術・価値を伝授する、具体的なケースを通して理論と実践を結ぶなどである。

　組織環境やワーカーを管理する必要性から管理的機能がある。ワーカーが能力を発揮できるようなさまざまな職場環境、職場に必要な資機材

から職場の人間関係などを整えること、また、ワーカーが組織の方針・機能などを十分理解している必要がある。このように、ワーカーが組織の一員としての自覚をもって活動できるようにすることが管理的機能である。

職場に実習に来た実習生へのスーパービジョンも同様である。

スーパービジョンは、基本的には先に説明した研修形態であるOJTとほぼ同じ機能をもったものと考えることができる。

（3）OFF-JT

OFF-JTは職務を離れて行う研修である。OJTでは得られにくい、専門的な知識や技能・技術の習得、向上を目的に行う研修である。

職務を離れて集中して受講できること、職場研修では受けられない講師や研修内容が受講できること、ほかの職場の研修生との交流や情報交換ができることなどの利点がある。一方、職場外研修では旅費等の費用がかかること、長期の派遣や一度に多数の職員を派遣するのは職場運営に支障が出ることなどの欠点もある。

基本的な方法は講義法、討議法、事例研究法、ロールプレイングなどの手法による。

職場内のOFF-JTでは、事例検討会、外部講師を招聘しての研修会、自主的勉強会などがある。一方、職場外のOFF-JTには、主として、行政、事業種別協議会、関係団体や専門職団体等がテーマや課題別に用意する集合研修で、職場以外の場所に出かけて受講するケースが多い。グループワークなど他事業所の職員との意見交換等を通して、視野の拡大や新たな動機づけが得られる。

個々の職員のキャリアアップのためには、専門職種、職場内の役割、法人内での役割等に合った研修を受講できるようにしなければならない。職場の職員が順次必要な研修を受けられるよう、職場全体の職員の個人別研修計画に基づいた研修管理をする必要がある。

（4）SDS

SDSは、個々の職員の自己啓発を支援するとともに、学習に積極的な職場風土づくりを目的とするものである。本来、自己啓発は職員が個々人の必要性に応じで自主的に学習するものであるが、組織として、今後の仕事に有意義であるものを認め、ルールを決めて、それを直接・間接に支援するものである。例えば、個人の研修活動を奨励し助成する、

　自主勉強会の場所や設備を利用することを支援する、勤務時間内の外部研修参加についての職務免除や研修にかかる費用や旅費の一部（または全部）を助成することなどである。

　SDSが行われるのは、社会福祉士や介護福祉士など新しい資格職種ができて間もないことや、福祉サービスの業界がまだ拡大していることなどの理由により、職場としても自己啓発を奨励する動機があるからである。

（5）職場研修の評価と効果測定

　職場研修に期待される研修の効果として、①受講者の能力の向上、②受講者の態度変容、③利用者サービスへの貢献、があげられる。しかしながら、職場研修の多くは一朝一夕に成果が表れるものではなく、継続的に実施していくことでその効果が期待できる。そのためには、研修個々のプログラムも、各研修年度全体も評価し、その結果を次回にいかさなければならない（**表6－12**）。

　研修の評価では、まず期待される効果のうちで何を目的に効果測定を行うか、どのような方法で測定を行うかが重要である。評価のポイントとしては、①成果の評価、②実施経過の評価、③計画内容の評価、に着

〈表6－12〉効果測定の主な方法

1	客観テスト	・知識の習得度の判定、応用力の判定に有効である。 ・研修前後の評価が必要である。 ・行動変容の判定には不向きである。
2	行動観察法	・受講者の行動をありのままに観察し、評定する。 ・態度、行動、パーソナリティーの評価に適する。 ・客観的評価が難しい。
3	面　談　法	・受講者面談を通じて話し合いながら評価する。 ・人格、行動特性、学習の態度、意欲、熱意等、幅広い領域の評価ができる。 ・面談者の専門性が問われる。
4	レ ポ ー ト	・知識の習得度合いや応用力、情報収集力、構想力等の判定に有効である。 ・研修との因果関係を明確にすることがポイント。
5	実　　　習	・技術や技能の習得度合い、態度や行動等の検証に効果的である。 ・前後評価が望ましい。
6	上司等への 意見の聴取 （アンケート）	・研修直後には把握しにくい能力、態度、意欲等の向上の検証に効果的である。 ・職場環境、受講者の仕事の内容、上司の判断基準等、他の要因が介在するため正確な判定が難しい。

（出典）宮崎民雄 監修 全国社会福祉協議会 編『改訂 福祉の「職場研修」マニュアル－福祉人材育成のための実践手引』全国社会福祉協議会、2020年、107頁

目する。そして、得られた測定結果は、職場研修責任者である経営者、関係する管理者、研修担当者にフィードバックするとともに、記録として保存する。

BOOK 学びの参考図書

● 福祉職員キャリアパス対応生涯研修課程テキスト編集委員会 編『改訂2版 福祉職員キャリアパス対応生涯研修課程テキスト 初任者編』全国社会福祉協議会、2021年。

　福祉現場で仕事をする者が基本的に知っておくべき知識が端的に整理されている。さらに、中堅職員編、チームリーダー編、管理職員編と、キャリアアップに応じたテキストも用意されている。

引用文献

1）神谷美恵子『生きがいについて』みすず書房、2004年、32頁
2）E. H.シャイン、金井壽宏 訳『キャリア・アンカー－自分のほんとうの価値を発見しよう』白桃書房、2003年、12～19頁
3）堀　公俊『問題解決ファシリテーター「ファシリテーション能力」養成講座』東洋経済新報社、2003年、16頁

参考文献

● 奥林康司・平野光俊・上林憲雄『入門 人的資源管理 第2版』中央経済社、2010年
● グロービス経営大学院、佐藤　剛 監修『MBA 組織と人材マネジメント』ダイヤモンド社、2007年
● 宮崎民雄 監修、全国社会福祉協議会 編『改訂 福祉の「職場研修」マニュアル－福祉人材育成のための実践手引』全国社会福祉協議会、2020年

第5節　働きやすい労働環境の整備

1　福祉サービス提供組織の労働環境の特徴

（1）労働環境の特徴

　かなり以前から、民間企業の採用が活発になると、福祉業界では採用力が弱いところほど採用が困難になり人手不足になる傾向がみられたが、近年の少子高齢化による労働力人口の減少等によって、福祉サービスの人手不足はさらに深刻化している。

　職場の人手不足は、必然的に業務の多忙をもたらし、残業時間の増加、休暇取得の減少に至ることが多い。また、業務多忙が続けば、能力開発の機会の減少や、働きがいや意欲の低下をもたらす可能性が高く、さらには将来の不安やキャリアに展望が見出せなくなり、離職者が増加することも考えられる。

　人手不足は、事業的にみれば、労働集約型産業である福祉サービスにおいては、利用者定員の削減等の事業の縮小だけでなく、事業廃止までに至り得る大きな経営上の課題といえる。また、働く職員からみても、長時間労働等による労働環境悪化だけでなく、職員自身の働きがいやキャリア形成にも悪影響を及ぼす。

　また、人手不足による業務量の増加等は、職員の健康にも悪影響を与える。メンタルヘルスに問題を抱えている正社員の有無を、仕事量の増減別にみた調査では、仕事量が増えるほど、メンタルヘルスに問題を抱えている正社員のいる事業所の割合が高くなっており、仕事の多さとメンタルヘルスには強い関係があるといわれている。

　この点人手不足が深刻化している福祉サービスはどうであろうか。各種調査や統計では、業種別にみてメンタルヘルスに問題を抱えている正社員の割合が医療・福祉分野で高いとした調査結果や、精神障害の労災補償状況でも、医療・福祉分野では、請求件数・決定件数ともに上位を占めている。[*35]

　以前から「燃え尽き症候群」等のキーワードで福祉サービスに従事する職員のメンタルヘルス問題はさまざまな対応策も実行されているところであるが、足元の状況を見れば、まだ改善されているとはいえない。職員の健康管理、とりわけメンタルヘルス対策は労働環境を整える上での重要な施策となろう。

*35
令和4（2022）年度の「過労死等の労災補償状況（別添資料2）」。精神障害に関する事案の労災補償状況では、精神障害の業種別請求、決定及び支給決定件数が、業種別でみると医療・福祉（社会保険・社会福祉・介護事業）は請求件数327件、決定件数85件でそれぞれ一番多いという結果である。

326

　メンタルヘルスと関連が強いといわれるもう一つの要因として、職場の人間関係があげられる。ミスが利用者の命にかかわるという責任の重さを伴いながら利用者・家族など人を相手に業務遂行する職場において、職場の人間関係が良好で、いろいろな相談ができ安心して業務にあたれる環境は、働きやすい職場環境ともいえる。また職場の人間関係は、離職の原因においても、理由の上位に入ってくることが多く、人材の確保・定着という観点からも取り組むべき課題といえる。

　こうした職場の人間関係に関連して、近年重視されてきていることに「ハラスメント」への対策がある。本節5「ハラスメントへの対策」のところで解説するが、すでに法整備が行われている職場におけるセクシュアルハラスメント、職場における妊娠・出産・育児休業等に関するハラスメント、職場におけるパワーハラスメントについては、コンプライアンスの観点からも適正な対応が求められる。

　福祉サービスは女性労働者の比率が高い業種であり、妊娠・出産で離職することなく働き続けられる環境づくりは、重要な人材確保策となる。また、男性も含めて職員の仕事と家庭の両立を支援することは、離職を防止する効果や働きがいにもつながることとなろう。

　働きやすい労働環境を整備していくには、これさえやればうまくいくという万能薬のような対策はなく、事業所の外部の環境や内部の状況にあわせて、さまざまな施策を複合的に機能させる必要がある。また、経営層のかけ声だけではうまくいかないことも多いので、いかに現場を巻き込み改善していくかが重要といえる。例えば、労使で協力し、くるみんマーク等取得、第三者評価の受審結果の向上、都道府県単位で行われている認証[*36]（介護分野）等をめざして働きやすい労働環境の整備を進める方法などは、効果的な取り組み方といえよう。

（2）集団的労使関係の特徴

　集団的労使関係の中心的役割を担う**労働組合**の組織率については、厚生労働省の調査からみると、雇用者数に占める労働組合員数の割合、いわゆる推定組織率は低い状態が続いている[*37]。労使関係の個別化が進んでいると考えられるが、実際労働関係に関する事項についての個々の労働者と事業主との間の紛争、すなわち個別労働関係紛争は高い水準で推移している[*38]。

　労働組合との団体交渉が労働者と使用者との対話のパイプであることを考えると、組織率の低下に伴って労使対話のパイプが機能しにくいこ

*36
人材育成等に取り組む介護事業者の認証評価制度は、職員の人材育成や就労環境等の改善につながる介護事業者の取り組みについて、都道府県が基準に基づく評価を行い、一定の水準を満たした介護事業者に対して認証を付与する制度。

*37
厚生労働省「令和4年労働組合基礎調査の概況」によれば、推定組織率（雇用者数に占める労働組合員数の割合）は、16.5％となっている。

*38
厚生労働省「令和3年度個別労働紛争解決制度の施行状況」によれば、総合労働相談件数は124万8,368件で、15年連続で100万件を超え、高止まりしている。

＊39
事業所または企業における生産、経営などに関する諸問題につき労働者ないし労働組合の意思を反映させるため、それらに対して使用者と労働者の代表とが協議する常設的機関をいう。通常、労使協議会、経営協議会等の名称でよばれているものがこれにあたる。

＊40
厚生労働省「令和元年（2019年）労使コミュニケーション調査の概況」によれば、労使協議機関が「ある」事業所の割合を企業規模別に見ると、企業規模が大きいほど多くなっている。また、労働組合の有無別に見ると、労働組合が「ある」事業所では83.9％、労働組合が「ない」事業所では16.8％となっている。

＊41
厚生労働省「令和４年労働組合基礎調査の概況」によれば、医療・福祉分野の推定組織率（雇用者数に占める労働組合員数の割合）は、5.8％で、全産業平均の16.4％よりかなり低い。

とは良好な労使関係においてマイナスとなろう。この問題の解決を補完するように、団体交渉とは別の交渉手段として労使協議制が台頭してきている。[＊39] 労使協議機関の設置は、労働組合設置事業所での導入率が高い[＊40] が、争議行為を予定していないことが多いため、団体交渉に代わって情報の共有や合意形成の手段として機能している現状である。協議内容も労働時間、安全衛生、賃金等を協議する場となっており、幅広く労使対話の手段として機能しているといえよう。

　労働組合と労働者の関係について、主なものとして、労働者は採用後一定期間内に労働組合に加入しなければならず、加入しない場合または組合員資格を失った場合は従業員としての資格も失うというユニオンショップ制と、労働者を採用する際に労働組合への加入を条件としないオープンショップ制がある。令和３（2021）年労働組合活動等に関する実態調査によれば、労働組合の69.8％がユニオンショップ制であるが、医療福祉分野では、その比率は23.3％と低くなっている。

　福祉サービスが含まれる医療・福祉分野での組織率は他の業界に比べて低い組織率となっており、結果として労働組合がない事業所が多い。[＊41] 団体交渉や労使協議制のような常設的機関がないところが多いと考えられるが、個別労働紛争が増加していることも考えると、労働組合との団体交渉や労使協議制に代わる、労使間対話の手段をいかに確保し、機能させていくかが重要になってくると思われる。

❷ 福祉サービス提供組織に係る労働関係法令

（1）労働三法

　日本国憲法第28条では、「勤労者の団結する権利及び団体交渉その他の団体行動をする権利は、これを保障する」とされており、この労働組合を結成する権利である団結権、労働者が使用者と団体交渉をする権利である団体交渉権、その他の団体行動をする権利である団体行動権を**労働三権**とよぶが、この労働三権の原理等を具体化したものが労働組合法と労働関係調整法である。労働組合法と労働関係調整法は集団的労使関係に関する法律といえるが、他方、個別的労使関係については、憲法第27条第2項「賃金、就業時間、休息その他の勤労条件に関する基準は、法律でこれを定める」に基づき制定された労働基準法がある。これら労働組合法、労働関係調整法、労働基準法は総称して労働三法とよばれ、

この労働三法を基本として、さまざまな労働関係の法令が整備されている。

（2）集団的労使関係の関係法令

❶労働組合法

労働三法のうち、労働基準法は労働条件の最低基準を定めたものであるが、最低保障を定めているだけなので、それだけでは労働者の地位向上や労働条件の向上を推進することはむずかしい。そのため**労働組合法**では、労働者が使用者との交渉において対等の立場に立ち、団結権、団体交渉権、団体行動権を保障し、その手続を助成することによって、労働者の地位や労働条件の向上をめざすことが目的規定に明記されている。

主な内容は次のとおりである。

①労働組合

労働者が主体となって自主的に労働条件の維持改善、その他経済的地位の向上を図ることを主たる目的として組織する団体、またはその連合団体をいう。[*42]

②不当労働行為

団結権、団体行動権を侵害する使用者の行為の類型を明確にして、これを禁止し、その違反に対しては裁判所による権利保護に加え、行政委員会による簡易迅速な救済措置が講じられている。類型化されている行為の概要は以下のとおり。

㋐労働者が労働組合の組合員であること、労働組合に加入したり結成したりしようとしたこと、労働組合の正当な行為をしたことなどで、労働者を解雇し、その他これに対して不利益な取扱いをすることなど。[*44]

㋑使用者が雇用する労働者の代表者と団体交渉をすることを、正当な理由なく拒むこと。

㋒労働者が労働組合を結成したり運営したりすることを支配し、もしくはこれに介入すること、または労働組合の運営のための経費の支払いにつき経理上の援助を与えること。[*45]

㋓労働者が労働委員会に対し使用者が不当労働行為に関しての申立てをしたことなど[*46]で、その労働者を解雇し、その他これに対して不利益な取扱いをすること。

③労働協約

労働協約とは、団体交渉の結果、労使で取り決めた労働条件やその

---

*42
ただし、次のものは該当しない。
①役員や雇入れ・解雇・昇進・異動に関して直接の権限をもつ監督的地位にある労働者等（*43）、使用者の利益を代表する者の参加を許すもの。
②団体の運営のための経費の支出につき使用者の経理上の援助を受けるもの（*45）。
③共済事業その他福利事業のみを目的とするもの。
④主として政治運動または社会運動を目的とするもの。

*43
このほかには、使用者の労働関係についての計画と方針とに関する機密の事項に接し、そのためにその職務上の義務と責任とが当該労働組合の組合員としての誠意と責任とに直接に抵触する監督的地位にある労働者、がある。

*44
このほかに、労働者が労働組合に加入せず、もしくは労働組合から脱退することを雇用条件とする、いわゆる黄犬（おうけん）契約がある。

*45
ただし、この経費援助については、「労働者が労働時間中に時間又は賃金を失うことなく使用者と協議し、又は交渉することを使用者が許すことを妨げるものではなく、且つ、厚生資金又は経済上の不幸若しくは災厄を防止し、若しくは救済するための支出に実際に用いられる福利その他の基金に対する使用者の寄附及び最小限の広さの事務所の供与を除く」と

されている（労働組合
法第2条第2号）。

*46
このほかに、中央労働
委員会へ救済命令に対
する「再審査の申立て
をしたこと又は労働委
員会がこれらの申立て
に係る調査若しくは審
問をし、若しくは当事
者に和解を勧め、若し
くは労働関係調整法に
よる労働争議の調整を
する場合に労働者が証
拠を提示し、若しくは
発言をしたこと」も含
まれる（労働組合法第
7条第4号）。

他の事項について、書面で作成し、双方が署名または記名押印したものをいう。労働協約の有効期間については、期間の定めをする場合は3年を超えることができないが、期間の定めがない場合は、90日前までに、当事者の一方が署名しまたは記名押印した文書によって相手方に予告して解約することができる。

労働協約の効力については、個別の労働者と締結する労働契約との関係においては、労働協約の定めに違反する労働契約の部分は無効となり、無効となった部分は労働協約に定めるところによることとなる。また、労働協約を結んだ労働組合に加入していない労働者については、労働組合法第17条の一般的拘束力や第18条の地域的一般的拘束力が適用されない限り、その労働協約は適用されない。

④労働委員会

労働委員会は、各都道府県労働委員会と中央労働委員会があり、使用者委員・労働者委員・公益委員（第三者的立場の代表）で構成され、不当労働行為事件の審査等ならびに労働争議のあっせん、調停及び仲裁をする権限を有する機関である。

❷労働関係調整法

前記④にあるとおり、労働委員会は不当労働行為事件の審査等ならびに労働争議のあっせん、調停及び仲裁を行うが、労働組合法では、不当労働行為事件に関する手続は詳細に規定されているものの、労働争議についての詳細は規定されておらず、労働争議に関してのあっせん、調停及び仲裁に関する事項の詳細は労働関係調整法で規定されている。

したがって、労働組合法と労働関係調整法は補完関係にあり、このことは労働関係調整法の目的規定でも、「労働組合法と相俟つて、労働関係の公正な調整を図り、労働争議を予防し、又は解決して、産業の平和を維持し、もって経済の興隆に寄与することを目的とする」とされていることからもわかる。

ここでいう労働争議とは、労働関係の当事者間において、労働関係に関する主張が一致しないで、そのために争議行為が発生している状態または発生する恐れがある状態をいう。また、具体的な争議行為としては、同盟罷業（ストライキ）、怠業（サボタージュ）、作業所閉鎖（ロックアウト）その他労働関係の当事者が、その主張を貫徹することを目的として行う行為及びこれに対抗する行為であって、業務の正常な運営を阻害するものとされている。

（3）個別的労使関係の関係法令

❶刑法的性格を有するもの

違反すれば強力な罰則規定の適用がある刑法的性格を有するものとしては、以下のものがあげられる。これらは強行法規と位置付けられ、当事者間の合意のいかんを問わずに適用される。

①労働基準法

憲法第27条2項「賃金、就業時間、休息その他の勤労条件に関する基準は、法律でこれを定める」の規定に基づいて制定された、労働者が人たるに値する生活を営むために最低限の労働条件の基準を定めた法律で、原則としてすべての労働者に適用される。[47]

いわゆる強行法規であり、当事者間の合意のいかんを問わずに適用される規定なので、労使の合意に基づき**労働基準法**に満たない労働契約を締結した場合でも、この法律で定める基準に達しない労働条件はその部分については無効となる。

労働基準法に定められている事項は、労働条件の内容となる事項が網羅的に規定されている。主要な部分を列挙すると以下のとおりとなる。

- 契約期間、賠償予定の禁止、前借金相殺の禁止等の労働関係の原則
- 労働契約締結時の労働条件の明示義務
- 通貨払い・直接払い・一定期日払い・全額払いの賃金支払いの原則[48]
- 1日8時間、週40時間を超えて働かせてはいけない労働時間原則とその例外である変形労働時間制、フレックスタイム制、裁量労働制等
- 毎週少くとも1回の休日を与えなければならない休日の原則とその例外である4週4日の変形休日制
- 労働時間が6時間を超える場合は少くとも45分、8時間を超える場合は少くとも1時間の休憩を、労働時間の途中で、一斉に与えなくてはならないという休憩時間の原則とその例外
- 労使協定による法定労働時間を超えて時間外労働をさせる、あるいは法定休日に休日労働させる場合の手続やその上限規制に関すること
- 年次有給休暇、生理休暇等の休暇制度
- 年少者及び女子に対する特別の保護規定に関すること
- 解雇の予告等の解雇手続に関すること
- 労働者の業務上災害への補償に関すること

[47] 船員、同居の親族のみを使用する事業、家事使用人、一般職（特定独立行政法人の職員を除く）、特別職〔裁判所職員〔裁判官及び裁判官の秘書官を除く〕・国会職員・防衛省の職員〕の国家公務員、一般職の地方公務員については、一部あるいは全部が適用されない。

[48] 近年のキャッシュレス決済等の流れを受けて、令和5（2023）年4月から、労使協定と本人同意を要件に、厚生労働大臣の指定を受けた資金移動業者の口座への賃金支払い（賃金のデジタル払い）が、例外的に認められた。

第6章

・制裁規定の制限に関すること

・就業規則に関すること

②労働安全衛生法

　労働者の安全及び衛生に関する事項は、もともとは労働基準法に定められていたが、労働基準法から分離され、**労働安全衛生法**として施行された法律である。したがって、この法律は、労働基準法と相まって、労働災害の防止のための危害防止基準の確立、責任体制の明確化及び自主的活動の促進の措置を講ずる等その防止に関する総合的・計画的な対策を推進することにより職場における労働者の安全と健康を確保するとともに、快適な職場環境の形成を促進することを目的した法令である。

　この法令の主要な部分を列挙すると以下のとおりとなる。

・総括安全衛生管理者、安全管理者、衛生管理者、産業医等の選任、安全委員会、衛生委員会等の設置等に関する事業場における安全衛生管理体制の確立に関すること

・次のように事業場における労働災害防止のための具体的措置に関すること

危害防止基準：機械、作業、環境等による危険に対する措置の実施

安全衛生教育：雇入れ時、危険有害業務就業時に実施

就業制限：クレーンの運転等特定の危険業務は有資格者の配置が
　　　　　必要

作業環境測定：有害業務を行う屋内作業場等において実施

健康診断：一般健康診断、有害業務従事者に対する特殊健康診断
　　　　　等を定期的に実施

③最低賃金法

　賃金の低廉な労働者について、賃金の最低額を保障することにより、労働条件の改善を図り、もって、労働者の生活の安定、労働力の質的向上及び事業の公正な競争の確保に資するとともに、国民経済の健全な発展に寄与することを目的とした法令で、労働安全衛生法と同様に、もともとは労働基準法の規定が分離独立したものである。

　最低基準を定めたものなので、**最低賃金**[*49]未満の賃金しか支払っていない場合には、その部分は無効とされ、最低賃金額と同額の支払いをしなければならず、使用者は労働者に対してその差額を支払わなくてはならない。

　最低賃金には、都道府県ごとに定められた「地域別最低賃金」[*50]と、

---

*49
最低賃金は、最低賃金審議会において、賃金の実態調査結果など各種統計資料を参考にしながら審議を行い決定する。その後、最低賃金審議会から示される引上げ額の目安を参考にしながら、地方最低賃金審議会（公益代表、労働者代表、使用者代表の各同数の委員で構成）での地域の実情をふまえた審議・答申を得た後、異議申出に関する手続を経て、都道府県労働局長により地域別最低賃金が決定される。これらの手続を経て、地域別最低賃金は、例年10月1日から10月上旬までの間に発効されている。

*50
地域別最低賃金には格差があり、令和4(2023)年度では、853円から1,072円の格差があり、全国加重平均は961円となっている。この全国加重平均は、平成29(2017)年3月28日働き方改革実現会議決定において、「年率3％程度を目途として、名目GDP成長率にも配慮しつつ引き上げていく。これにより、全国加重平均が1000円になることをめざす」とされ、2023年度改定で全国加重平均で1,004円を達成した。

特定の産業に従事する労働者を対象に定められた「特定（産業別）最低賃金」がある。特定（産業別）最低賃金は地域別最低賃金よりも高い金額水準で定められていて、地域別と特定（産業別）の両方の最低賃金が同時に適用される労働者には、高い方の最低賃金額以上の賃金の支払が必要となる。

❷民法的性格を有するもの

民法的な性格を有するものとしては、労働契約法がある。労働環境の現状でも見てきたとおり、労使関係が個別化している流れのなかで労働条件が個別に決定・変更される場合が増加するとともに、個別労働関係紛争も増加している。労働契約法が制定される前は、最低基準については労働基準法に規定されていたが、個別労働関係紛争を解決するための労働契約に関する民事的なルールについては、民法及び個別の法律において部分的に規定されているのみであり、体系的な成文法は存在していなかった。

このため、個別労働関係紛争が生じた場合には、それぞれの事案の判例が蓄積されて形成された判例法理を当てはめて判断してきたが、判例法理による解決は、必ずしも予測可能性が高いとはいえず、判例法理自体を労働者も使用者も十分に理解しているとはいえない状況だった。

そのため個別の労働関係の安定に資するため、労働契約に関する民事的なルールの必要性が高まり、労働契約の基本的な理念及び労働契約に共通する原則や、判例法理に沿った労働契約の内容の決定及び変更に関する民事的なルール等を一つの体系としてまとめ、労働契約法が制定された。この法令の主要な部分を列挙すると、以下のとおりとなる。

・労働契約の基本原則
・労働契約の締結に関して、合意により契約が成立するという契約の一般原則を示しつつ、労働者と使用者が労働契約を結ぶ場合に、合理的な内容の就業規則を労働者に周知させていた場合には、就業規則で定める労働条件が労働者の労働条件となることの明確化。
・労働契約の変更に関して、合意により変更するという契約の一般原則を示しつつ、就業規則の変更による労働条件の変更については使用者の一方的な不利益変更はできないことの確認規定を置き、さらに不利益変更であっても、変更後の就業規則の周知とその変更が合理的であるという要件を満たした場合には変更することができることの明確化。

第6章

・就業規則を下回る労働契約は、その部分については就業規則で定める基準まで引き上げられることを規定。

・就業規則で定める労働条件が法令または労働協約に反している場合には、その労働条件は労働契約の内容とはならないことを規定。

・最高裁判所判決で確立しているいわゆる解雇権濫用法理を法定化し、解雇が「客観的に合理的な理由を欠き、社会通念上相当であると認められない場合」には、権利濫用に該当するものとして無効となることの明確化。

・有期契約労働者について、やむを得ない事由がある場合でなければ、契約期間中は有期契約労働者を解雇することができないことを規定。

・有期労働契約が5年を超えて反復更新された場合は、有期契約労働者の申込により期間の定めのない労働契約（無期労働契約）に転換させる仕組みを規定。

・有期契約労働者について、最高裁判所判決で確立している雇止めに関する判例法理（雇止め法理）を法定化し、一定の場合に雇止めを認めず、有期労働契約が締結または更新されたものとみなすことを規定。

・懲戒・出向に関して、権利濫用に該当し無効となる懲戒・出向の効力について規定。

　なお、優位性に関しては、法令、労働協約、就業規則、労働契約の順となる。労働協約で規定した労働条件に反してはならないという規定の解釈上、たとえ就業規則や労働契約の規定のほうが労働者に有利であっても、労働者代表との合意がある労働協約の効力のほうが優先される。しかし、労働組合のない事業所で就業規則と労働契約だけをみた場合は、就業規則で規定した基準に達しない労働条件を定めた労働契約を無効にするだけであって、上回る個別の特約については有効となる。

❸行政（手続）法的性格を有するもの

　❶❷以外の法令は、この❸の性格に分類されるが、該当する法令は非常に多岐にわたる。以下に、福祉サービスに関連が深いと考えられる主要な法令と概要を載せておく。

①**男女雇用機会均等法**（雇用の分野における男女の均等な機会及び待遇の確保等に関する法律）

　募集・採用、配置・昇進等の雇用管理の各ステージにおける性別を理由とする差別の禁止や婚姻、妊娠・出産等を理由とする不利益

取扱いの禁止等が定められている。また、上司・同僚からの職場における妊娠・出産等に関するハラスメント（マタニティハラスメント）防止対策の措置義務も定められている。

②育児・介護休業法（育児休業、介護休業等育児又は家族介護を行う労働者の福祉に関する法律）

　仕事と家庭の両立支援を進めていくために、育児休業、介護休業、看護休暇といった休業・休暇制度と、働きながら育児や介護を行うための所定外労働の制限、時間外労働の制限、深夜業の制限といったことが定められている。また、これらの制度を適用する際の事業主が講ずべき措置とともに、不利益取扱いの禁止や育児休業等に関するハラスメントの防止措置義務が定められている。

③パートタイム・有期雇用労働法（短時間労働者及び有期雇用労働者の雇用管理の改善等に関する法律）

　パートタイム労働法が改正され、短時間労働者だけでなくフルタイマーも含めた有期雇用者全般を対象とする法律となった。さらに有期契約労働者と無期契約労働者との不合理な労働条件の禁止（均衡待遇）を定めた労働契約法20条が廃止され、このパートタイム・有期雇用労働法の中で、不合理な労働条件の禁止（均衡待遇）と差別的取扱禁止（均等待遇）として整理された。また、どのような待遇差が不合理に当たるか等を例示した指針（同一労働同一賃金ガイドライン）も示されている。

④高年齢者雇用安定法（高年齢者等の雇用の安定等に関する法律）

　少子高齢化が急速に進展し、全員参加型社会の実現が求められているなか、高齢者の就労促進の一環として、継続雇用制度の導入等によって高齢者の安定した雇用の確保等を図るための法律である。法改正前から継続雇用制度の対象者を限定する労使協定がある事業所を除き、継続雇用制度により原則として希望者全員を65歳まで雇用しなければならない。

⑤障害者雇用促進法（障害者の雇用の促進等に関する法律）

　障害者の雇用義務等に基づく雇用の促進等のための措置、職業リハビリテーションの措置等を通じて、障害者の職業の安定を図るための法律である。事業主に対し、障害者雇用率に相当する人数の障害者の雇用を義務付けていて、民間企業の場合は2.3%（令和3〔2021〕年3月1日から）となっている[51]。一定の雇用率未達成企業からは障害者雇用納付金を徴収する一方で、障害者を多数雇用して

＊51
この民間企業の障害者雇用率は、令和6（2024）年4月からは2.5%、令和8（2026）年4月からは2.7%に引き上げられる。

いる企業に対して調整金、報奨金で還元する仕組みがある。

⑥労働者派遣法（労働者派遣事業の適正な運営の確保及び派遣労働者の保護等に関する法律）

　福祉サービスで派遣事業を営んでいるところは少ないと思われるが、人手不足環境下では、派遣労働者を活用しているところは少なくない。派遣先として講ずべき措置である苦情処理、正社員募集情報の提供義務等のキャリアアップ支援、安全衛生に関する措置が定められている。

3 休暇・休業制度と福利厚生制度

（1）休暇・休業制度

　休暇とは、「労働する義務がある日について、一定の要件を満たした場合、その労働義務を免除する日」で、休業とは、育児・介護休業法の行政通達によれば、「労働契約が存在したまま、労働義務が消滅することをいい、労働基準法第89条第1号の休暇に該当し、休暇のうち連続して取ることが一般的なもの」となる。この休暇・休業制度には、法律で定められている「法定休暇・休業」とそれ以外の「法定外休暇」に分類できる。

❶法定休暇・休業制度

　法定休暇・休業は、主に次のようなものがある。

①公民権行使の保障（労働基準法第7条）

　労働者が労働時間中に選挙等の「公民としての権利」を行使し、または国会議員や裁判員としての職務など「公の職務」を執行するために必要な時間を請求した場合に取得することができる。

②年次有給休暇（労働基準法第39条）[*52]

　一定期間勤続した労働者に対して、心身の疲労を回復しゆとりある生活を保障するために付与される休暇のことで、「有給」で休むことができる休暇のこと。6か月間の継続勤務と8割以上の出勤率の要件を満たした場合、10労働日の年次有給休暇が付与され、以後1年ごとに付与日数は20日を限度に増加していく。

③産前産後休業（労働基準法第65条）[*53]

　6週間（多胎妊娠の場合にあつては、14週間）以内に出産する予定の女性が休業を請求した場合においては、その者を就業させては

ならず、また、産後8週間を経過しない女性を就業させてはならない。

④生理休暇（労働基準法第68条）

使用者は、生理日の就業が著しく困難な女性が休暇を請求したときは、その者を生理日に就業させてはならないとされている。

⑤育児休業[*54]（育児・介護休業法第5条〜第10条）

労働者が原則としてその1歳に満たない子を養育するためにする休業制度。ただし、子が1歳に達する日において、保育所等への入所を希望しているが入所できない等の事情がある場合は、子が1歳6か月に達するまで取得可能で、また同様の条件で1歳6か月から2歳までの再度の延長も可能となっている。

また、育児休業を取得しやすい雇用環境整備及び労働者に対する個別の周知・意向確認の措置の義務付け等の法改正が令和4（2022）年4月1日に施行され、さらに、男性の取得促進のために出生時育児休業（産後パパ育休）の創設、柔軟な育児休業取得のため分割取得を可能とした法改正が令和4（2022）年10月1日に施行された。なお、常時雇用する労働者数が1,000人超の事業主は、令和5（2023）年4月1日以降、育児休業の取得の状況についての公表が義務付けられることとなった。

⑥介護休業[*55]（育児・介護休業法第11条〜第16条）

要介護状態（負傷、疾病または身体上もしくは精神上の障害により、2週間以上の期間にわたり常時介護を必要とする状態）にある対象家族を介護するための休業制度で、対象家族1人につき通算93日まで申し出できる。

⑦子の看護休暇[*56]（育児・介護休業法第16条の2、第16条の3）

労使協定で対象外にできる者を除いて、小学校就学の始期に達するまでの子を養育する労働者が、毎年4月1日から翌年3月31日までの1年に5日まで（当該子が2人以上の場合は10日まで）、病気・けがをした子の看護または子に予防接種・健康診断を受けさせるために休暇を取得できる制度。

⑧介護休暇（育児・介護休業法第16条の5、第16条の6）

労使協定で対象外にできる者を除いて、要介護状態にある対象家族の介護その他の世話を行う労働者が、1年に5日まで（対象家族が2人以上の場合は10日まで）、介護その他の世話を行うために休暇を取得できる制度。

[*54] なお、育児休業は、年次有給休暇と同様の性格をもち、請求があった場合は、労使協定により申し出を拒むことができる者を除き、休業開始時季を変更できるのみで取らせないということはできない。また、一定の要件を満たす場合は、有期契約労働者であっても申し出できる（⑥の介護休業も同様）。

[*55] この要介護状態とは、介護保険制度の要介護状態区分において要介護2以上であるか、育児・介護休業法別表に定める状態基準に一定以上該当するか、いずれかに該当する場合をいう。

[*56] 半日（所定労働時間の2分の1）単位での取得も可能だが、1日の所定労働時間が4時間以下の労働者及び、労使協定により、半日単位での取得が困難と認められる業務に従事する労働者は、1日単位での取得のみ可能となる。なお、令和3（2021）年1月1日からは、時間単位の取得が可能となり、また1日の所定労働時間が4時間以下の者でも取得できるようになった（⑧の介護休暇も同様）。

第6章

⑨保健指導または健康診査を受けるための時間の確保（男女雇用機会均等法第12条）

事業主は、女性労働者が妊産婦のための保健指導または健康診査を受診するために必要な時間を確保することができるようにしなければならないとされ、具体的には、妊娠中については妊娠23週までは４週間に１回、妊娠24週から35週までは２週間に１回、妊娠36週以後出産までは１週間に１回の健康診査等を受診するために時間を確保しなければならない。また、産後（出産後１年以内）については、医師等の指示に従って必要な時間を確保しなければならない。

⑩育児時間（労働基準法第67条）

生後満１年に達しない生児を育てる女性は、１日２回各々少なくとも30分の育児時間を請求することができる。

仕事と家庭の両立や母性保護に関するものが多いが、女性の比率が多い福祉サービスにおいては、こうした制度の着実な周知と取得促進は働きやすい労働環境を整えることにつながる。さらに近年、育児休業に関連して、くるみん認定、プラチナくるみん認定を取得する法人も出てきており、取得実績が採用等にもよい影響を与えることが期待できる。ほかにも女性活躍推進を進めている事業主には、「えるぼし認定」という制度の活用をしているところもみられる[*58]。

一方、育児・介護休業は、年次有給休暇と同様の性格をもち、請求があった場合は、労使協定により申し出を拒むことができる者を除き、休業開始時季を変更できるのみで取らせないということはできない。そのためギリギリの人員で運営している場合でも拒めないし、また管理監督者も申し出できるので、その労働者が休業中の配置だけでなく、復帰を見越した要員配置も考えておかなくてはならない。休業が長期にわたる制度なので、法人の要員配置の適切な対応と工夫が必要となる。

❷法定外休暇

法人が独自に定めるもので、代表的なものとしては、慶弔休暇、夏期・冬期休暇、リフレッシュ休暇、ボランティア休暇などがある。いずれもその日数や取得の要件、手続等は法人独自に設定できるので、制度の主旨・目的にあわせて、取扱いに不公平があったり、濫用されたりしないよう就業規則に明確に規定することが必要である。

*57
次世代育成支援対策推進法で、常時雇用する労働者が101人以上の企業は、一般事業主行動計画を策定し、外部へ公表・労働者へ周知するとともに、策定した旨を都道府県労働局に届け出る義務がある。この計画を実施し、その目標の達成や男性の育児休業等の取得率等の一定の要件を満たした場合、申請により、「子育てサポート企業」として、くるみん認定が受けられる。さらにくるみん認定を受けた企業で、より高い水準で取り組みを行い特例認定基準を満たした場合は、申請により、特例認定すなわちプラチナくるみん認定が受けられる。

*58
常時雇用する労働者数が101人以上の事業主は、*57の一般事業主行動計画で、女性活躍に関する状況の把握・分析を行うとともに、情報公表の義務が課せられている。女性の活躍推進に関する状況等が優良な事業主に対しては、「えるぼし認定」という制度があり、より水準の高い状況にある事業主には「プラチナえるぼし」という認定制度もある。

（2）福利厚生制度

福利厚生制度もその範囲は広く多岐にわたるが、休暇制度と同様に、法定の福利厚生と法定外の福利厚生に分類される。

❶法定福利厚生

法律で法人や労働者に、その適用と加入を義務付けて、保険料や掛金といった費用の負担を義務付けているもので、代表的なものとしては、労災保険、雇用保険、健康保険、厚生年金保険等がある。

❷法定外福利厚生

法律で義務付けられたものではなく、法人が、労働者の確保・定着やモチベーションの向上、労働者への安心感の提供、法人への帰属意識の向上等を目的として設定した各種施策である。多種多様な制度があるが、厚生労働省の就労条件総合調査では、**表6－13**のような区分で行っている。

〈表6－13〉 就労条件総合調査での法定外福利費の項目

・住居に関する費用	・労災付加給付の費用
・医療・保健に関する費用	・慶弔見舞金等の費用
・食事に関する費用	・財形貯蓄奨励金、給付金及び基金への拠出金
・文化・体育・娯楽に関する費用	・その他法定外福利費
・私的保険制度への拠出金	

（出典）厚生労働省「就労条件総合調査」をもとに筆者作成

ただし、就労条件総合調査では、労働費用の把握のための区分なので、金銭的なものとなっていることは否めない。この区分以外でも、例えば食堂・休憩室・更衣室の利用等の便宜を図ることも法定外福利厚生に含まれる。こうした法定外福利厚生制度を自ら制度設計し運用するのは、人手もかかりなかなか充実させにくい面がある。そのため、外部の福利厚生サービスで代行するケースも多く、福祉サービスにおいても、社会福祉事業または社会福祉事業以外の介護保険事業を加入対象とする福利厚生センター等への加入がみられるところである。

4 メンタルヘルス対策

労働環境の特徴のところでもふれたが、各種調査や統計では、業種別にみてメンタルヘルスに問題を抱えている正社員の割合が医療・福祉分

<table>
<tr><td></td><td colspan="2">〈表6－14〉　4つのメンタルヘルスケア</td></tr>
</table>

セルフケア	労働者自身がストレスや心の健康について理解し、ストレスチェック等の結果を活用し、自らのストレスに気付き、ストレスを予防、軽減する。あるいはこれに対処する
ラインによるケア	労働者と日常的に接する管理監督者が、心の健康に関して職場環境等の改善や労働者に対する相談対応を行う
事業場内産業保健スタッフ等によるケア	事業場内の産業医等事業場内産業保健スタッフ等が、事業場の心の健康づくり対策の提言を行うとともに、その推進を担い、また、労働者及び管理監督者を支援する
事業場外資源によるケア	事業場外の機関及び専門家を活用し、その支援を受ける

（出典）厚生労働省「労働者の心の健康の保持増進のための指針」（平成27年11月）をもとに筆者作成

側注 ＊59
具体的な数値目標は、次のとおり。
・仕事上の不安、悩みまたはストレスについて、職場に事業場外資源を含めた相談先がある労働者の割合を90％以上。
・メンタルヘルス対策に取り組んでいる事業場の割合を80％以上。
・ストレスチェック結果を集団分析し、その結果を活用した事業場の割合を60％以上。

＊60
福祉サービスにおいて常時使用する労働者が50人以上の事業場では、衛生管理者の選任届出、産業医の選任届出、衛生委員会の開催、健康診断の実施と報告、ストレスチェックの実施と報告が義務付けられている。衛生委員会は、原則として毎月1回以上開催し、議事録を3年間保存しなければならず、議長以外の過半数は、労働者の過半数で組織する労働組合がある場合はその労働組合（過半数で組織する労働組合がない場合は労働者の過半数を代表する者）の推薦に基づき指名しなければならない。

＊61
心の健康づくり計画で定めなければならない事項は次のとおり。
①事業者がメンタルヘルスケアを積極的に推進する旨の表明に関すること。
②事業場における心の健康づくりの体制の整備に関すること。
③事業場における問題点の把握及びメンタルヘルスケアの実施に関すること。
④メンタルヘルスケアを行うために必要な人

野で高いとした調査結果や、精神障害の労災補償状況でも、医療・福祉分野では、請求件数・決定件数共に上位を占めている。

　国においても、第13次労働災害防止計画（平成30〔2018〕年度～令和4〔2022〕年度）において、メンタルヘルスに関連して、相談先のある労働者の割合、メンタルヘルスに取り組んでいる事業場の割合、ストレスチェック結果を集団分析し、その結果を活用した事業場の割合について、具体的な数値目標[＊59]を定めて取り組んでおり、「労働者の心の健康の保持増進のための指針」（メンタルヘルス指針）に基づき、対策が進められている。

　この指針においては、まず事業者自らが**ストレスチェック**制度を含めた事業場におけるメンタルヘルスケアを積極的に推進することを表明するとともに、衛生委員会等[＊60]において十分調査審議を行い、「心の健康づくり計画」[＊61]やストレスチェック制度の実施方法等に関する規程を策定することとなっている。この心の健康づくり計画に基づき、メンタルヘルスケアが推進されることとなるが、具体的には、継続的かつ計画的に4つのケア（**表6－14**）が実行されなくてはならないとされる。これら一連の関係を図化すると**図6－13**のとおりとなる。

　この中で、ストレスチェックはその実施と報告が常時雇用する労働者が50人以上の事業場では義務付けられているが、実施と結果報告で終わりではない。ストレスチェックの結果により労働者に気付きを与えてセルフケアに活かしてもらい、さらに高ストレス者等に対しては面接指導につなげて必要な措置を講じてメンタルヘルス不全の防止に役立てることとなる。しかし、もう一方で法令上は努力義務ではあるが、集団分析を行い職場環境の改善まで進めることが大切で、この2つの流れを完結

〈図6-13〉メンタルヘルスケアの具体的進め方

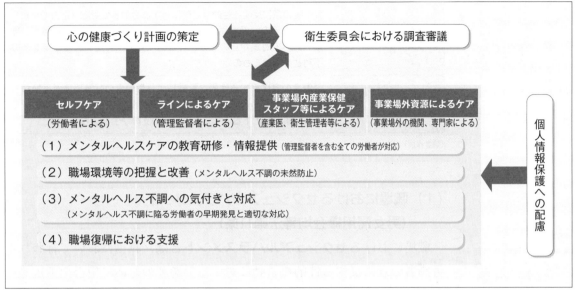

（出典）厚生労働省・労働者健康安全機構「職場における心の健康づくり－労働者の心の健康の保持増進のための指針」8頁

させてよりよい労働環境をめざすことが本来の目的であることを忘れてはいけない。

　小規模事業場については、産業医の選任やストレスチェックは義務化されていないが、規模が小さいほど代替要員の確保がむずかしいことから、健康に働ける職場づくりに向けて、積極的に取り組むべきであろう。

　また、高ストレス者に対しては、本人が申し出た場合に、医師による面接指導を行うこととなるが、産業医の選任がむずかしい場合も、地域[*62]産業保健センターの医師等に面接指導を行ってもらうことができる。メンタルヘルス対策も含めた労働者の健康相談等に、この地域産業保健センターを活用して職場環境の向上を図るべきと考える。なお、面接指導は事業規模に関係なく実施義務があるので注意が必要である。

5 ハラスメントへの対策

　労働環境の特徴でも述べたが、職場の人間関係は、離職の原因においても、理由の上位に入ってくることが多く、人材の確保・定着という観点からも取り組むべき課題といえる。この職場の人間関係において、近年その対策が急がれ、法整備も行われた、職場におけるセクシュアルハラスメント、職場における妊娠・出産・育児休業等に関するハラスメント、職場におけるパワーハラスメントについて解説する。

材の確保及び事業場外資源の活用に関すること。
⑤労働者の健康情報の保護に関すること。
⑥心の健康づくり計画の実施状況の評価及び計画の見直しに関すること。
⑦その他労働者の心の健康づくりに必要な措置に関すること。

*62
産業保健総合支援センターの地域窓口。医師と契約し保健指導や健康相談などの産業保健サービスを従業員に提供することが十分できない従業員50人未満の事業場に対して、産業保健サービスを無料で提供することとなっている。

341

〈表6-15〉セクシュアルハラスメントの内容

対価型セクシュアル ハラスメント	労働者の意に反する性的な言動に対する労働者の対応（拒否や抵抗）により、その労働者が解雇、降格、減給、労働契約の更新拒否、昇進・昇格の対象からの除外、客観的に見て不利益な配置転換などの不利益を受けるもの
環境型セクシュアル ハラスメント	労働者の意に反する性的な言動により労働者の就業環境が不快なものとなったため、能力の発揮に重大な悪影響が生じるなどその労働者が就業する上で看過できない程度の支障が生じるもの

（筆者作成）

（1）職場におけるセクシュアルハラスメント
（男女雇用機会均等法第11条）

　職場における**セクシュアルハラスメント**とは、職場において行われる[*63]労働者の意に反する性的な言動に対する労働者の対応（拒否や抵抗等）[*64]により、その労働者が労働条件について不利益を受けたり、性的な言動により就業環境が害されることをいう。

　事業主、上司、同僚に限らず、取引先、利用者、患者などもセクシュアルハラスメントの行為者になり得るものであり、男性も女性も行為者にも被害者にもなり得るほか、異性に対するものだけではなく、同性に対するものも該当する。また、事業主に対し、他社から雇用管理上の措置の実施（事実確認等）に関して必要な協力を求められた場合に、これに応じる努力義務もある。

　職場におけるセクシュアルハラスメントの内容については、**表6-15**のように対価型と環境型に分類される。

　「労働者の意に反する性的な言動」及び「就業環境を害される」の判断にあたっては、労働者の主観を重視しつつも、一定の客観性が必要とされる。強い精神的苦痛を被る場合には、1回でも該当し得るとされ、継続性または繰り返しが要件となるものであっても、抗議しても改善されず放置された場合等は該当し得るとされている。また、男女の認識の違いにより生じていることを考慮すると、「平均的な女性あるいは男性の感じ方」を基準とすることが適当とされている。

（2）職場における妊娠・出産・育児休業等に関するハラスメント
（男女雇用機会均等法第11条の3及び育児・介護休業法第25条）

　職場における妊娠・出産・育児休業等に関するハラスメントとは、職場において行われる上司・同僚からの言動（妊娠・出産したこと、育児

[*63] 職場とは、労働者が業務を遂行する場所を指し、労働者が通常就業している場所以外の場所であっても、労働者が業務を遂行する場所であれば職場となる。勤務時間外の宴会や懇親の場などであっても、実質上職務の延長と考えられるものは職場に該当する。また、通常就業している場所以外でも、出張先（訪問先）や参加が強制されている宴会なども含まれる。

[*64] パートタイム労働者、契約社員などいわゆる非正規雇用労働者を含む、事業主が雇用するすべての労働者をいい、派遣労働者については、派遣先事業主も、自ら雇用する労働者と同様に、措置を講じる必要がある。

〈表6－16〉職場における妊娠・出産・育児休業等に関するハラスメントの内容

制度等の利用への嫌がらせ型	その雇用する女性労働者の労働基準法第65条第１項の規定による休業その他の妊娠または出産に関する制度または措置の利用に関する言動[65]により就業環境が害されるもの
状態への嫌がらせ型	その雇用する女性労働者が妊娠したこと、出産したことその他の妊娠または出産に関する言動[66]により就業環境が害されるもの

（筆者作成）

休業等の利用に関する言動）により、妊娠・出産した女性労働者や育児休業等を申し出・取得した男女労働者等の就業環境が害されることである。

　職場における妊娠・出産・育児休業等に関するハラスメントの内容については、上司または同僚から行われる**表6－16**のものがある。

　なお、業務分担や安全配慮等の観点から、客観的に見て、業務上の必要性に基づく言動によるものについては、職場における妊娠、出産等に関するハラスメントには該当しない。「業務が回らないから」といった理由で休業等をさせないことは当然該当するが、妊婦健診等ある程度調整が可能な休業等について労働者の意向を確認する行為までがハラスメントとして禁止されるものではない。ただし、労働者の意を汲まない一方的な通告等は該当する可能性があるとされている。

（3）職場におけるパワーハラスメント
（労働施策総合推進法第30条の２）

　改正された「労働施策の総合的な推進並びに労働者の雇用の安定及び職業生活の充実等に関する法律」（労働施策総合推進法）において、職場における**パワーハラスメント**について事業主に防止措置を講じることが義務付けられ、令和２（2020）年６月１日から施行された。なお、猶予されていた中小企業も令和４（2022）年４月１日から義務化されている。

　ハラスメントに対しては、労働者が事業主に相談を行ったこと、または事業主による当該相談への対応に協力した際に事実を述べたことを理由として、労働者に対して解雇その他不利益な取扱いをしてはならないとされている。[67]

　また、法及び指針において、事業主及び労働者双方に対して、ハラスメントの防止のための責務規定が定められており、事業主については、具体的に**表6－17**にあげる措置を講ずることとされている。

*65
ガイドラインでは、労働時間の把握が使用者の責務であること、どのような場合が労働時間となるのかの例示、日ごとに始業終業時刻を把握する必要があることといった原則的なことのほか、把握方法について、原則的にはタイムカード等の記録によること、直行直帰等の例外的な勤務形態で自己申告制による場合の把握方法及び必要な措置等が定められている。

*66
平成26（2014）年５月内閣府 男女共同参画局 仕事と生活の調和推進室「ワーク・ライフ・バランスに関する個人・企業調査」によれば、残業をしている人に対しては、上司だけでなく同僚も、がんばっている人、責任感が強い人といったポジティブイメージを抱く割合が多い。

*67
このほかにも、男女雇用機会均等法においては、女性労働者が婚姻し、妊娠し、または出産したことを退職理由として予定する定めをしてはならないことや、女性労働者が婚姻したことを理由として解雇してはならないことが定められている。さらに、女性労働者を妊娠中または産後１年以内に解雇することは、事業主が妊娠等を理由とする解雇でないことを証明しない限り無効とされることが規定されている。

第6章

　職場におけるパワーハラスメントとは、職場において行われる次の①から③までの3つの要素をすべて満たすものをいう。ただし、業務上必要かつ相当な範囲で行われる適正な業務指示や指導については該当しない。

①優越的な関係を背景とした言動であって、

②業務上必要かつ相当な範囲を超えたものにより、

③労働者の就業環境が害されるもの

＊68
「事業主が職場における優越的な関係を背景とした言動に起因する問題に関して雇用管理上講ずべき措置等についての指針」（令和2年1月15日／令和2年厚生労働省告示第5号）。

　また、指針^{＊68}も定められ、職場におけるパワーハラスメントの代表的な言動の類型として以下の6類型のほか、どの場合に該当するのかなどについても示されている。

①身体的な攻撃（暴行・傷害）

②精神的な攻撃（脅迫・名誉棄損・侮辱・ひどい暴言）

③人間関係からの切り離し（隔離・仲間はずれ・無視）

④過大な要求（業務上明らかに不要なことや遂行不可能なことの強制・仕事の妨害）

⑤過小な要求（業務上の合理性なく能力や経験とかけ離れた程度の低い仕事を命じることや仕事を与えないこと）

⑥個の侵害（私的なことに過度に立ち入ること）

〈表6－17〉職場におけるパワーハラスメント防止のための事業主が講ずべき措置

事業主の方針の明確化及びその周知・啓発	
1	ハラスメントの内容、方針等の明確化と周知・啓発
2	行為者への厳正な対処方針、内容の規定化と周知・啓発
相談（苦情を含む）に応じ、適切に対応するために必要な体制の整備	
3	相談窓口の設置
4	相談に対する適切な対応
職場におけるハラスメントへの事後の迅速かつ適切な対応	
5	事実関係の迅速かつ適切な対応
6	被害者に対する適正な配慮の措置の実施
7	行為者に対する適正な措置の実施
8	再発防止措置の実施
あわせて講ずべき措置	
9	当事者などのプライバシー保護のための措置の実施と周知
10	相談、協力等を理由に不利益な取扱いをされない旨の定めと周知・啓発

上記のほか、職場における妊娠・出産等に関するハラスメントに関しては、次の措置が必要

職場における妊娠・出産等に関するハラスメントの原因や背景となる要因を解消するための措置	
11	業務体制の整備など、事業主や妊娠等した労働者等の実情に応じた必要な措置

（出典）厚生労働省「事業主が職場における優越的な関係を背景とした言動に起因する問題に関して雇用管理上講ずべき措置等についての指針」をもとに筆者作成

「業務上必要かつ相当な範囲を超えた」言動とは、社会通念に照らし、言動が明らかに当該事業主の業務上必要性がない、またはその態様が相当でないものをさすとされている。この判断にあたっては、さまざまな要素（当該言動の目的、当該言動を受けた労働者の問題行動の有無や内容・程度を含む当該言動が行われた経緯や状況、業種・業態、業務の内容・性質、当該言動の態様・頻度・継続性、労働者の属性や心身の状況、行為者との関係性等）を総合的に考慮することが適当とされている。

（4）カスタマーハラスメント

ここまで職場における主に上司、同僚等からのハラスメントに関して述べてきたが、働きやすい労働環境の整備という面では、利用者・家族等からのハラスメント、いわゆるカスタマーハラスメントへの対応も重要となっている。

利用者・家族等からのハラスメントは、セクシュアルハラスメントだけにとどまらず、身体的暴力、威圧的な言動や過剰な要求を繰り返す等の精神的暴力、事実関係が明確でない虐待等の申告等さまざまなものがある。カスタマーハラスメントの要因としては、利用者の特性だけでなく、サービス提供範囲の利用者・家族等の理解不足、サービス提供範囲の施設や職員間でのバラツキ、要望等に対する事業所の不手際や対応不備等が考えられる。

利用者特性以外の要因については、組織としていかに事前に把握し、防止策を立案・実行できるかが問われているといえよう。また、トラブル発生時も、初動対応、事実確認、対処、再発防止の仕組みが組織内に整えられていなければ、更なるカスタマーハラスメントにつながりかねない。安心して働ける環境づくりのためにも、カスタマーハラスメントは個人で対応するのではなく、組織として対応すべき課題といえる。

組織の仕組みを有効に機能させるためにも、利用開始時に利用者・家族等に対して文書等による十分な説明、職員が受けたハラスメントについての報告がスムーズに行われる体制整備、事案に対して速やかな対応や防止策の実行ができる体制整備が求められている。また、報告事例等に基づき、具体的にどんな言動等がカスタマーハラスメントにつながってしまうのかを定期的な研修で行うのも有効であろう。

6 働き方改革と福祉サービスを提供する職場に求められる対応

　わが国が抱える「少子高齢化と労働人口減少」「恒常的な長時間労働」「OECD平均を下回る低い労働生産性」といった課題を解決するため、働き方改革が進められ、働き方改革を推進するための関係法律の整備に関する法律（**働き方改革関連法**）により、労働基準法等の法改正が行われた。

　改正内容は多岐にわたり、フレックスタイム制の拡充・高度プロフェッショナル制度といった改正もあるが、福祉サービス業務の特性上、始業終業時刻を労働者が決めるフレックスタイム制がなじまないこと、高度プロフェッショナル制度の該当職種が想定されないことから、影響があると考えられる次の改正内容を解説する。[*69]

　①残業時間の上限規制　平成31（2019）年4月1日施行
　②勤務間インターバル制度の導入促進　平成31（2019）年4月1日施行
　③年5日の年次有給休暇の取得　平成31（2019）年4月1日施行
　④中小企業の割増賃金の引き上げ[*70]　令和5（2023）年4月1日施行
　⑤労働時間の客観的な把握義務　平成31（2019）年4月1日施行
　⑥産業医・産業保健機能の強化　平成31（2019）年4月1日施行

（1）残業時間の上限規制

　そもそも労働基準法では、労働時間は、原則として1日8時間、1週40時間以内とされ、また休日は毎週少なくとも1回与えることとされているが、この労働時間を超えてまたは休日に労働させる場合は、時間外・休日労働に関する協定、いわゆる３６協定の締結と届出をしていなければならない。

　この時間外労働の上限について、改正によって原則として月45時間・年360時間とされ、臨時的な特別の事情がなければこれを超えることはできなくなった。また、臨時的な特別の事情が想定され、労使が合意して、いわゆる特別条項付き36協定を締結・届出した場合でも、次のような規制がある。

　①時間外労働は年720時間以内
　②時間外労働と休日労働の合計は月100時間未満[*71]
　③時間外労働と休日労働の合計について、「2か月平均」「3か月平均」「4か月平均」「5か月平均」「6か月平均」がすべて1月当た

り80時間以内[*71]

④時間外労働が月45時間を超えることができるのは、年6回（6か月）が限度

福祉サービスでは、早番や遅番といったシフト勤務をしている場合が多い。シフト勤務はなるべく所定労働時間内で勤務し時間外労働を抑制する目的で設定するものなので、恒常的な長時間労働は発生しにくい。ただ、近年の人手不足によって、時間外労働等は増加しているところもあると思われるが、急な退職者への対応や突発的な利用者トラブルによる場合であっても、上限は超えられないので、常に適正な人員の確保と定着を図り備える必要がある。

（2）勤務間インターバル制度の導入促進

勤務間インターバル制度とは、1日の勤務終了後、翌日の始業までの間に一定時間以上の休息時間（インターバル）を確保する仕組みで、今回の改正では努力義務とされている。ただ、例えば夜勤のスタッフが急病で来られなくなり、日勤の職員に時間外労働で対応してもらったとき、時間外対応した日勤職員の翌日のシフトが日勤の場合、その変更を余儀なくされ、さらにその変更によって別の職員のシフトも変更を余儀なくされるといったシフト変更の連鎖が起こると考えられる。義務化されればシフト管理者の負担は増大することとなろう。

（3）年5日の年次有給休暇の取得

年次有給休暇10日以上の付与者に対して、付与日から1年間で5日の取得が義務化され、あわせて有給休暇管理簿の作成を行わなくてはならない。ただし、ここでいう5日には、本人が自主的に取得した日数も含めてよいこととなっている。また、今まで年次有給休暇は、本人が申請する場合、労使協定により計画的に取得する場合だけだったが、今回の改正で、これらに加えて1年間で5日までは使用者が労働者の意見を聞き、時季指定をすることができることとなった。この取得日について意見聴取をすることは義務だが、希望どおりの日に取得させることまでは求められていない。

付与日から1年間に5日以上取得させなくてはならないことから、実務上は、付与日から1年間はいつまでか、累計何日取得したかを労働者ごとに把握することになる。非常勤職員に多く見られる採用日から6か月後に付与しているという場合は、日単位で1年間の期限が到来するの

第6章

で、管理の負担が大きくなる。労働者に有利となるように前倒しで付与日を早めて、月単位、半期単位、あるいは年単位で付与日を統一する斉一的取扱い[*72]等の工夫が必要と思われる。

（4）中小企業割増賃金の引き上げ

月60時間を超える時間外労働に対しての50％以上の割増率が、猶予されていた中小企業にも適用される。ただ、今までも時間外労働には25％以上の割増賃金は支払っているので、60時間超の部分はその差額を追加で支払うだけでよいこととなる。コスト的にはそれほど大きな影響はないと考えられる。

（5）労働時間の客観的な把握義務

今回の改正で労働時間の客観的な把握の目的が大きく変わった。今までは、「割増賃金を適正に支払うため」に客観的な方法での把握を「通達」で定めていたが、これを「健康管理の観点から」客観的な方法等での把握を「法律」で義務付けることとなった。また、この法律は労働基準法ではなく「労働安全衛生法」で定められることとなった。これにより労働時間管理は、健康管理の観点で考えるので、割増賃金の支払義務のない管理監督者等も客観的な把握の対象となる。客観的な把握の方法等については、「労働時間の適正な把握のために使用者が講ずべき措置に関するガイドライン」で定められており、ガイドラインに沿った適切な管理がより一層求められる。

（6）産業医・産業保健機能の強化

産業医に対して、週40時間を超えて行った時間外・休日労働が1か月80時間を超える者の情報提供が必要となり、長時間労働者への面接指導等を確実に履行させる仕組みが強化された。このほか、産業医と衛生委員会との関連を強化する仕組み等の改正も行われた。また、指針に定められた労働者の心身の状態に関する情報を適正に管理するために必要な措置を講じなければならず、職員の健康情報等の取扱規程の整備が必要となった。

これらへの改正対応としては、違法とならないようにするため、労働時間・年次有給休暇の管理サイクルを、ITを活用して、なるべくリアルタイムで把握することや、時間管理の権限を総務系から現場へ移行していくなど、管理方法の改革が迫られている。また、長時間労働をして

いる職員に対して上司は「頑張っている」「責任感が強い」「仕事ができ
る」ととらえている調査結果もあるが、こうしたポジティブイメージ自
体が長時間労働を助長させている面もあろう。使用者及び労働者、双方
とも意識改革、仕事に関する考え方を変容させていく必要もあると考え
る。

第6章

参考文献

- 介護労働安定センター「令和元年度介護労働実態調査」2019年
- 労働政策研究・研修機構「人手不足等をめぐる現状と働き方等に関する調査（企業調査・労働者調査)」2020年
- 労働政策研究・研修機構「職場におけるメンタルヘルス対策に関する調査」2012年
- 厚生労働省「令和2年労働組合基礎調査」2020年

さくいん

アルファベット等

3 C分析 ——————————— 177
36（サブロク）協定 ——————— 346
360度評価 ——————————— 293
4 M 4 Eモデル ——————— 203
4 P分析 —————————— 178
BCP（事業継続計画）————— 173
CSR（企業の社会的責任）——— 180
ICT（情報通信技術）———— 124,221
ISO —————————————— 160
ISO9001 ——————— 185,188
KPI（業績評価指標）————— 290
LIFE（科学的介護情報システム）—— 234
NPM（新公共経営／ニューパブリックマネジ
　メント）——————————— 70
NPO法人（特定非営利活動法人）— 54,78,97
OFF-JT ————————— 323
OJT ————————————— 321
PDCAサイクル ————— 7,190,289
PEST分析 —————————— 176
SDCAサイクル ———————— 192
SDGs（持続可能な開発目標）— 66,181
SDS ————————————— 323
SHELLモデル —————————— 203
SIB（ソーシャルインパクトボンド）—— 262
SWOT分析 ——————————— 172
Ｘ理論 —————————————— 133
Ｙ理論 —————————————— 133

ア

アカウンタビリティ（説明責任）—— 155
アセスメント ——————————— 18
育児・介護休業法（育児休業、介護休業等育児
　又は家族介護を行う労働者の福祉に関する法
　律）————————————— 335
育児休業 —————————— 337
イコールフッティング ———— 43,85
一般財団法人 ——————————— 54
一般社団法人 —————— 54,78,108
医療法人 ————————— 78,102
運営適正化委員会 —————— 9,212
えるぼし認定 —————————— 338
オープンショップ制 —————— 328
オプトアウト ————————— 225

カ

会計監査人 ————————— 51,167
介護休業 ——————————— 337
介護サービス情報公表制度 ——— 209
介護福祉士 ——————————— 12
介護保険制度 ————————— 248
介護保険法 ——————————— 6
科学的介護情報システム（LIFE）——— 234
カスタマーハラスメント ——— 306,345
学校法人 ————————— 78,108
ガバナンス —————— 51,155,159
監事 ————————————— 93,167
管理会計 ————————————— 237
企業の社会的責任（CSR）———— 180
規制改革・民間開放推進会議 ——— 84
期待理論 ————————— 135,291
基本的人権 ——————————— 17
木村忠二郎 ——————————— 30
キャリアパス ————— 283,308
救護法 —————————————— 26
京極髙宣 ———————————— 114
業績評価指標（KPI）————— 290
協同組合 ————————— 78,109
共同募金 ————————————— 29
業務委託 ————————————— 274
業務改善 ————————————— 123
業務執行理事 ————————— 92,166
業務標準 ————————————— 129
居住支援法人 ————————— 111
苦情解決制度 ————————— 211
クラウドファンディング ———— 260
グループスーパービジョン ——— 138
グループダイナミクス ———— 138
くるみん認定 ————————— 338
経営管理 ————————————— 117
経営資源 ————————— 4,116
経営戦略 ————————————— 169
経営分析 ————————— 253,254
経済財政諮問会議 ——————— 84
減価償却 ————————————— 241
憲法第89条 ——————————— 85
公益性 —————————— 86,154
公益通報者保護法 ————— 154,228
公益法人 ————————————— 109
公益法人制度改革 —————— 52,108
更生保護法人 ————————— 112

高年齢者雇用安定法（高年齢者等の雇用の安定等に関する法律） ——— 335

高齢者保健福祉推進十か年戦略（ゴールドプラン） ——— 37, 82

コーチング ——— 296

コーポレートガバナンス ——— 156

個人情報保護法 ——— 223

個人の尊厳 ——— 17

子育て安心プラン ——— 83

誇大広告 ——— 180

子ども・子育て支援新制度 ——— 83

コトラー（Kotler, P.） ——— 180

雇用の分野における男女の均等な機会及び待遇の確保等に関する法律（男女雇用機会均等法） ——— 334

コンティンジェンシー・モデル（状況適合理論） ——— 145

コンピテンシー ——— 142, 293

コンプライアンス ——— 153

サ

サービス管理 ——— 120

サービス評価 ——— 129

サービスマネジメント ——— 8, 10

最低賃金 ——— 332

財務会計 ——— 237

財務管理 ——— 121, 236

財務規律の強化 ——— 51

財務諸表 ——— 161, 239, 240, 253

36（サブロク）協定 ——— 346

残余財産 ——— 45, 94

支援会議 ——— 65

事業活動計算書 ——— 121, 245

事業協同組合 ——— 109

事業継続計画（BCP） ——— 173

資金収支計算書 ——— 121, 245

重田信一 ——— 114

自己決定権 ——— 18

仕事中毒（ワーカホリック） ——— 311

仕事への心の健康度 ——— 311

指導監査ガイドライン ——— 163

持続可能な開発目標（SDGs） ——— 66, 181

児童福祉法 ——— 28

渋沢栄一 ——— 27

シャイン（Schein, E. H.） ——— 308

社会医療法人 ——— 103

社会事業法 ——— 27

社会資源 ——— 19

社会的包摂（ソーシャルインクルージョン） ——— 19

社会福祉基礎構造改革 ——— 8, 15, 38, 118

社会福祉協議会 ——— 31

社会福祉士 ——— 313

社会福祉事業法 ——— 85

社会福祉施設緊急整備5か年計画 ——— 34, 82

社会福祉充実計画 ——— 95

社会福祉充実残額 ——— 51, 95, 263

社会福祉法 ——— 8

社会福祉法人 ——— 32, 84, 154

社会福祉法人会計基準 ——— 94, 118, 121, 238

社会福祉法人制度改革 ——— 49, 61, 262

社会福祉連携推進法人 ——— 60, 89

社会福祉を目的とする事業 ——— 31

社会保障審議会福祉部会 ——— 49, 155

社会保障制度改革国民会議 ——— 48

社会保障制度審議会 ——— 22

社会保障制度に関する勧告 ——— 22

重層的支援会議 ——— 68

重層的支援体制整備事業 ——— 59, 68

住宅確保要配慮者居住支援法人 ——— 111

集団浅慮 ——— 128

集団（の）凝集性 ——— 128, 138

集団力学 ——— 138

恤救規則 ——— 26

障害者雇用促進法 ——— 335

障害者自立支援法 ——— 84

障害者総合支援法 ——— 84

障害者の雇用の促進等に関する法律 ——— 335

消費生活協同組合（生協） ——— 109

情報通信技術（ICT） ——— 124, 221

情報の非対称性 ——— 11

処遇改善加算 ——— 310, 313

職場研修 ——— 304, 319

自立支援 ——— 18

新公共経営（ニューパブリックマネジメント／NPM） ——— 70

人材確保 ——— 273

人材派遣 ——— 274

人材マネジメントシステム ——— 271

人事考課 ——— 292

身体障害者福祉法 ——— 28

人的資源管理 ——— 121

スイスチーズモデル ——— 202

スーパービジョン ——— 322

ステークホルダー ——— 71, 169

ストレスチェック ——— 340

生活困窮者緊急生活援護要綱 ——— 28

生活困窮者自立支援法 ——— 88

生活保護法 ——— 28

正規職員 ——— 273

生協（消費生活協同組合） ——— 109

生産性（の）向上 ——— 125, 136, 217

税制優遇 ———————— 259
成年後見制度 ———————— 207
セクシュアルハラスメント ———————— 342
説明責任（アカウンタビリティ）———— 155
善管注意義務 ———————— 93,168
ソーシャルインクルージョン（社会的包摂）
———————————————— 19
ソーシャルインパクトボンド（SIB）—— 262
ソーシャルマーケティング ———————— 180
組織 ———————— 126
組織構造 ———————— 271
租税特別措置法 ———————— 100
措置制度 ———————— 7,247

タ

第一種社会福祉事業 ———————— 12,78
第三者評価 ———————— 9,125,215
貸借対照表 ———————— 121,242
対人サービス ———————— 304
対人福祉サービス ———————— 7
第二種社会福祉事業 ———————— 78
タックマンモデル ———————— 143
誰もが支え合う地域の構築に向けた福祉サービ
　スの実現－新たな時代に対応した福祉の提供
　ビジョン－ ———————— 57
短時間労働者及び有期雇用労働者の雇用管理の
　改善等に関する法律（パートタイム・有期雇
　用労働法）———————— 335
男女雇用機会均等法（雇用の分野における男女
　の均等な機会及び待遇の確保等に関する法律）
———————————————— 334
地域医療連携推進法人 ———————— 104
地域共生社会 ———————— 56,63,313
地域ケア会議 ———————— 65
地域生活課題 ———————— 58
地域における公益的な取組 ———— 51,61
地域包括ケア（システム）———— 56,57
地域マネジメント ———————— 72
地域力強化検討会 ———————— 58
チーム ———————— 140
チームアプローチ ———————— 139,142
中央慈善協会 ———————— 27
中期計画 ———————— 171
長期計画 ———————— 170
同一労働同一賃金 ———————— 302
動機づけ ———————— 132
動機づけ・衛生理論 ———————— 134
透明性 ———————— 95
透明性の向上 ———————— 51
特定社会福祉法人 ———————— 167
特定非営利活動法人（NPO法人）———— 97

ドラッカー（Drucker, P. F.）
———————— 127,144,151,287

ナ

内部統制 ———————— 157
内部留保 ———————— 51,87,263
日常生活自立支援事業 ———————— 208
日本国憲法第89条 ———————— 28
ニューパブリックマネジメント（新公共経営／
　NPM）———————— 70
認証 ———————— 98
認定NPO法人（認定特定非営利活動法人）
———————————————— 100
認定社会福祉士 ———————— 315
認定上級社会福祉士 ———————— 315
認定特定非営利活動法人 ———————— 100
農業協同組合（農協）———————— 109

ハ

ハーズバーグ（Herzberg, F.）———— 134,298
パートタイム・有期雇用労働法（短時間労働者
　及び有期雇用労働者の雇用管理の改善等に関
　する法律）———————— 335
バーンアウト（燃え尽き症候群）———— 311
ハインリッヒの法則 ———————— 201
パス・ゴール理論 ———————— 146
働き方改革関連法 ———————— 346
パブリック・サポート・テスト ———— 100
パブリックリレーションズ ———————— 231
ハラスメント ———————— 306,341
バランス・スコアカード ———————— 174
パワーハラスメント ———————— 343
非営利性 ———————— 86
非営利法人 ———————— 79
非正規職員 ———————— 274
ヒヤリハット ———————— 201
ヒューマンサービス ———————— 11
評価バイアス ———————— 294
評議員 ———————— 164
評議員会 ———————— 91,164
標準化 ———————— 188
品質マネジメント ———————— 120,184
ファシリテーション ———————— 318
ファンドレイジング ———————— 260
フィードラー（Fiedler, F.）———————— 145
福祉関係3審議会合同企画分科会 ———— 36
福祉関係3審議会合同企画分科会意見具申
———————————————— 22
福祉関係8法改正 ———————— 7,36
複式簿記 ———————— 239
福祉QC活動 ———————— 125

福祉サービス ————— 22
福祉サービス（の）第三者評価 —— 9, 125, 215
不当労働行為 ————— 329
ブルーム（Vroom, V. H.） ————— 135
プログラム・オフィサー ————— 261
プロセスアプローチ ————— 185
保育士 ————— 12
包括的な支援体制 ————— 64
報酬 ————— 297
法定代理受領 ————— 249
法令遵守 ————— 153
ポーター（Porter, l. W.） ————— 135
ポートフォリオ ————— 253
ホワイト（White, R. K.） ————— 145

マ

マーケティング ————— 120, 174
マグレガー（McGregor, D. M.） ————— 133
マズロー（Maslow, A. H.） ————— 132
三浦文夫 ————— 7
みなし寄付金制度 ————— 101
メンタルヘルス ————— 326, 339
燃え尽き症候群（バーンアウト） ————— 311
目標管理制度 ————— 288
目標設定理論 ————— 287
モチベーション ————— 132, 135
モニタリング ————— 156
問題解決 ————— 130

ヤ

有料職業紹介 ————— 279
ユニオンショップ制 ————— 328
要配慮個人情報 ————— 224

欲求理論 ————— 135
4 P分析 ————— 178

ラ

リーダーシップ ————— 144
理事 ————— 166
理事会 ————— 92, 165
理事長 ————— 165
リスクマネジメント ————— 194
リピット（Lippitt, R.） ————— 145
利用者本位 ————— 18
レヴィン（Lewin, K.） ————— 138
労働安全衛生法 ————— 332
労働関係調整法 ————— 330
労働基準法 ————— 331
労働組合 ————— 327
労働組合法 ————— 329
労働契約法 ————— 333
労働災害防止計画 ————— 340
労働三権 ————— 328
労働施策の総合的な推進並びに労働者の雇用の
　安定及び職業生活の充実等に関する法律（労
　働施策総合推進法） ————— 283
労働者協同組合 ————— 109
労働者派遣法（労働者派遣事業の適正な運営の
　確保及び派遣労働者の保護等に関する法律）
　————— 336
ローラー（Lawler, E. E.） ————— 135
ロビンス（Robbins, S. P.） ————— 138

ワ

ワーカホリック（仕事中毒） ————— 311
ワークエンゲージメント ————— 311

社会福祉学習双書2024
第2巻

福祉サービスの組織と経営

発　行	2021年 2 月10日　初版第 1 刷
	2022年 1 月24日　改訂第 1 版第 1 刷
	2023年 1 月24日　改訂第 2 版第 1 刷
	2024年 1 月22日　改訂第 3 版第 1 刷

編　集	『社会福祉学習双書』編集委員会
発行者	笹尾　勝
発行所	社会福祉法人　全国社会福祉協議会
	〒100-8980 東京都千代田区霞が関3-3-2 新霞が関ビル
	電話 03-3581-9511　　振替 00160-5-38440
定　価	2,970円（本体2,700円＋税10%）
印刷所	共同印刷株式会社　　　　　　　　　　　禁複製

ISBN978-4-7935-1443-2 C0336 ¥2700E